独ソ関係の史的分析

1917-1925

独ソ関係の史的分析
1917–1925

富 永 幸 生 著

岩 波 書 店

目　次

序章　イデオロギーと国家利益の交錯

ロシア革命は、イデオロギー的にも、国家や社会体制のあり方の問題としても、その後の歴史のうえにおそらく決定的な影響をおよぼしてきた。ドイツの地位ないしナチズムの擡頭と支配は、第二次大戦終結までの世界の動向にとって最大の焦点のひとつであった。したがって独ソ両国の関係は、たんなる二国家間の関係を越えて、当然第一次大戦後の世界史に深く関わり、そこでの重要な問題の数々を表現するものとなった。

一九一七年のソヴェト・ロシアの出現は、国際関係のなかに、従来のツァーリズム・ロシアとヨーロッパ列強との関係とは異質の要素をもちこんだ。諸国家を横に貫く階級的イデオロギーと運動とがソヴェト・ロシアという国家的背景をもつにいたって、大雑把にいってそれまでの国家単位の国際関係には、右のようなイデオロギー的要素が決定的に重要なものとして加わったのであった。それは、ソヴェト・ロシアや各国の社会主義者の側からすれば、さまざまのニュアンスはあったにせよ、端的にいって世界革命の観点であったし、他方ヨーロッパ列強の支配層の側からは、これまたさまざまのヴァラエティーがあったにせよ、要するに革命の「封じ込め」と反革命の観点であった。

こうしたなかで独ソ関係も第一次大戦前の独ロ関係とは当然に異なったものとなってくる。一九一八年のドイツの敗戦と革命は、基本的にはドイツをブルジョワ国家にとどめたものであったから、独ソ関係は社会主義国家とブルジョワ国家の関係の枠を免れえなかった。しかしながら、戦後のヴェルサイユ体制が異なった理由と背景からそれぞれ独ソ両国を体制の疎外者としたことが、独ソ関係に革命と反革命の対抗イデオロギー的関係で律することの困難な複雑な要素を混在させる最大の条件となった。
ドイツ側では、反ボリシェヴィズムや反ヴェルサイユの観点を東欧と西欧の間に位するドイツ固有の立場とどう調整するかが現実的問題となったし、ソヴェト側でも世界革命の観点——それ自体ソヴェト・ロシアの存続にかかわるという認識と不可分のものだったが——と伝統的な国家間関係との緊張・対抗関係をどう処理するか、一般的にいえば社会主義革命を遂行した国家の、非社会主義国に対する対外政策はどうあるべきかが重要な課題となったのであった。

したがって両大戦間の独ソ関係は、イデオロギーや社会運動が国家的背景をもつにいたった歴史的段階における国家間外交と社会革命ないし「民族解放」運動とが国際関係のなかでどのように関連したかという問題の、まことに興味深い例を示すものであるが、イデオロギーと国家利益の交錯する国際関係は、いうまでもなく、それぞれの歴史的条件下で異なった意味と形態をもってくる。

一九二〇年代においては、ヴェルサイユ体制の両疎外国家が経済的・軍事的必要からも、あるいは国際政治における自国の「安全保障」の見地からも、たがいに接近し紐帯を強める要素は、イデオロギー的障害を乗り越えるに充分豊富であった。とくにドイツにおける革命の展望が革命勢力の度重なる挫折を通じて次第に薄れてくるにつれて、あるいはソヴェト・ロシアにおいて干渉戦と国内戦に耐え抜いた社会主義政権の基礎が次第に固まってくるにつれて、一方の世界革命の観点も他方の革命の「封じ込め」ないし反革命の観点も、独ソ関係のなかでは次第にその比重を減じてきた。

これは、国家間外交の優位、イデオロギーの終焉を思わせるほどのものであったから、ドイツにおける革命勢力を実質的には抜きさしならぬディレンマに追い込むことになった。一九二二年に独ソ両国はラパッロ条約を調印して、戦後初めて外交関係を樹立することになったが、これに対するドイツ共産党の反応が常になく不活潑でお座なりのものであったこともそのディレンマを物語っている。また社会主義国ソ連邦とブルジョワ共和国ドイツが「ラパッロ精神」にのっとってさらに一九二六年ベルリン中立条約を締結したときも、ドイツにおけるすべての政党がこの条約批准に賛成するなかで、反主流派のカール・コルシュなど共産党議員三名だけが反対票を投じ、このディレンマに挑戦した。このこともドイツ共産党がすでに国家間外交の重圧のもとでイデオロギー的選択をなしえなかった事情を表現するものと考えられるであろう。

もちろん、そうはいっても、一九二〇年代の独ソ関係がいわゆる国家利益に基づく無条件の接近と緊張であったわけではない。独ソ両国のいずれも、第一次大戦後の変化した国際的条件のなかで伝統的な均衡政策《バランス・オヴ・パワー》的考慮を払いつつ対外政策をすすめながらも、そこにはイデオロギー的要素が両国の接近に対する一定のブレーキの役を果たしており、そのイデオロギー的要素が対象化されて国家間外交のなかにくみこまれていたというべきであろう。したがって、イデオロギーそのものによって独ソ関係を測るならば、一九二〇年代の独ソ関係は、思いのほか親密であったということになろうが、逆にイデオロギーを客観化ないし相対化するなら、それはきわめて限定された「友好」関係だったといえるのである。

いずれにせよ、一九三〇年代にはいるころの独ソ両国は、戦争と革命後の疲弊した状態からすでに国力を回復してきており、二〇年代の主として国家利益の見地からする「便宜上の結婚」を解消するだけの余裕をもちつつあった。

一九三三年のヒトラー政権成立以降、とくにその翌年のドイツ゠ポーランド不可侵条約を明確な転換として独ソ関係は悪化することになるが、たしかにこれはナチズムのイデオロギーによって惹起されたものだとはいえない。むしろ五カ年計画を通ずるスターリン体制の成立と強化、ヒトラー＝ナチ体制による「均質化《グライヒシャルトウング》」のような両国内部の変化を土台として、国際政治の力学が両国の疎隔をもたらしたのだと見るほうが現実的である。

しかし、それにもかかわらず、ヒトラーの徹頭徹尾反ボリシェヴィズムの東方観とソ連＝コミンテルンのファシズム認識とが、このような独ソの離間に相乗作用を及ぼしたことは否めない。独ソ両国が国力――とくに軍事的・経済的――に裏打ちされ、国際関係において選択の自由が許された程度においてイデオロギーはふたたび重要な役割を果たしたのであった。

ただ、コミンテルンの反ファシズム観もナチスの反ボリシェヴィズム・イデオロギーも、程度と性格を異にしたにせよ、ともに固定観念にとらわれ、現実との乖離をもっていた。このような間隙は、世界がふたたび大戦の危機に直面し、国際政治の磁場が鉄の如き権力政治《パワーポリティクス》の論理に左右されるとき、いやおうなく埋められなければならない。第二次大戦直前の独ソ不可侵条約は、ほとんどイデオロギー的選択を許さない状況下での、イデオロギー的懸隔を越えての独ソの合意であった。

〔付記〕この文章は著者がその訳書であるE・H・カー『独ソ関係史』(サイマル出版会、一九七二)の「訳者まえがき」として書いたものの前半にあたる。ここに本書の「序章」として採った部分につづいて、右の『独ソ関係史』の研究史的な位置づけが述べられているので、以下に、参考のために、その文章を掲げておく。(編者)

こうした二〇年間の独ソの接近と離反、友好と敵対の歴史を、およそあらゆる観点を包摂して鮮やかに描き出しているのがE・H・カーの『独ソ関係史』である。独ソ関係史は、第二次大戦後の欧米で最も関心をあつめたテーマのひとつであり、とくにこのカーの研究の出版以来、現代史研究で相当に活況を呈した分野だった。この問題に関する初期の関心で特徴的だったのは、それが東西世界の「冷戦」を背景に大戦の責任——ナチ・ドイツのそれはいうまでもなかったから、独ソ関係史ではソヴェト・ロシアの責任——問題に集まる傾向のあった点である。本書は、まさにそうした「冷戦」の緊張の高まっていた最中に現われたのだったが、E・H・カーの叙述は当時の反ソ・反共的、あるいは親ソ・反米的見解からほとんど完全に自由である。

概してカーの著作には、外交政策の道徳的批判や政治運動の倫理的評価にとらわれた叙述はないようである。本書のなかでも、主役となるさまざまの人物や、鍵となる重要な諸事件についてあらゆる意味のユートピア的解釈を拒んでいる。たとえば、人格的にも思想的にも問題の多いカール・ラーデクについても、コミンテルンのドイツ政策に関する限り、彼がおそらく最も実質的役割を果たした点を充分に示唆しているし、ヴァイマル共和国の約半分の六年間にわたってドイツ外交を指導したグスタフ・シュトレーゼマンについても、すでに本書発表のころその評価をめぐって論争がおこりつつあったが、カーはシュトレーゼマン外交を歴史的状況のなかに現実的に位置づけている。

あるいはまた、ヒトラー政権成立に際してドイツ共産党と社会民主党が統一戦線をつくりえなかった背景についても、それぞれの側の限界や問題性を醒めた観察力で分析している。そして本書最終章の独ソ不可侵条約についても、両陣営のいわば傾向的な「冷戦史観」とは程遠い怜悧な判断を下しているのである。

このようなカーの著作も戦後まもなく書かれたものだけに、現在の段階からすれば、大きな史料的制約をうけていたのは否めない。

第二次大戦終了時に連合国側に押収されたドイツ文書が、大々的にマイクロフィルム化され、その後一九五〇年代の中ごろから研究者の利用に供されるようになると、独ソ関係史に関しても本格的な研究が陸続とあらわれ、その数は夥しいものになった。最近の欧米における研究書は、一様に厖大な文書史料の山を探索し、独ソ関係のさまざまな側面を一段と明るみに出すことに成功している。

これらに照らして、『独ソ関係史』にも当然個々の事実に関しては修正・補足されねばならぬ箇所がでてきている。しかし、実はこうした研究の先鞭をつけたものこそ本書であったといえるし、さらに本書の意義はその点にとどまらない。

最近の研究は、概してきわめて詳細になってきているので、独ソ関係の一断面、一局面に焦点を合わせることになり、本書のように両大戦間期をとおした独ソの政治・経済・軍事関係の全体像を概観したものはまだ現われていない。しかも、豊富な情報と手堅い分析をもりこんだ最近の個別研究は――対象を限定するならばわずかに例外もあるが――ほとんどが国家間の外交関係を扱ってきたものである。この点本書は、ドイツにおける革命情勢やコミンテルンの政策を視野にいれ、世界革命と国家間関係との問題を含めた総体的な独ソ関係史となっている。

このことは、独ソの国家間関係と両国の内政史あるいはコミンテルンやドイツ共産党史の研究などがそれぞれ別個に孤立して進められてきた事情を考えれば、やはり『独ソ関係史』のユニークな特徴であり、二〇年を経過したいまなお新鮮な問題を投げかけ続けているこの分野の古典たる理由であろう。

著者自身「まえがき」で述べているように、『独ソ関係史』は彼の畢生の仕事である『ソヴェト・ロシアの歴史』の予備作業として執筆されたものだった。だから、ソヴェト・ロシア史の最高権威たる著者が、本書のなかでソ連邦やコミンテルン側の事情について深い造詣を示しているのもしごく当然のことであろう。だが著者の造詣は、ソヴェト史に限られない。両大戦間の国際関係については、その初期のころ彼自身イギリスの外交官としてある程度体験もしたことだったが、そのような体験を越えて科学としての国際関係論の分野で、周知のように、著者はいくつかの先駆的業績を残していた。こうした著者の学問的背景からしても、独ソ関係史の全体像を描いてみせることでは、E・H・カーは余人をもってかえ難い存在であるように思われる。

たしかに最近の詳細な研究は、このテーマの個々の面で大きく貢献してきた。そして著者自身も浩瀚な『ソヴェト・ロシアの歴史』のなかで新史料や文献を渉猟して、『独ソ関係史』の記述をさらに敷衍した叙述を展開している。だが、ソ連邦の公式見解をのぞけば、その後の諸研究も本書の敷いた軌道を基本的には修正しておらず、むしろ豊富な事実で概して補強しさえしているのである。

（一九七二年一月）

第一章　ドイツの敗戦

一九一七年春から翌年秋の崩壊にいたる大戦後期のドイツは、いわゆる戦争目的問題と内政改革＝民主化（または体制変革＝革命）の問題とに焦点をあてて考察することができる。これらの問題のなかに、帝制ドイツの歴史的遺産、ドイツ革命からヴァイマル共和国成立にいたる過程の歴史的制約を確かめる一つの鍵があり、さらに世界史的転換としての第一次大戦のドイツにおける意味が集約的に表現されているからである。

いわゆる戦争目的とは、問題そのものが史上最初の総力戦下の状況に特徴的なものであって、およそ戦争にかかわるあらゆる問題を包含しうる概念であるが、そこには、とくに次の二つの性格を識別することができる。第一は戦争（正確には戦勝）による積極的成果、つまり領土・勢力圏・支配権・償金その他の諸権益獲得のごとき具体的な戦争目標であり、第二は戦争の開始・継続・終結の理由とか意義のごとき大義名分ないし原理的・イデオロギー的な戦争目的である。この二つの性格の戦争目的は大戦の全時期を通じて併存し、同時に相互に作用し合っている。前者すなわち戦争の具体的な目標は、軍事情勢が好転し、勝利への展望が開けていると信ぜられているとき、とくに積極的に前面に押し出される。その担い手は軍部・保守派・政府における併合論者であり、とくに戦争初期において全面的に展開された。他方、後者の戦争理由は、大戦初期には併合論に対抗する祖国防衛論のごとく受動的・説明的であったが、国民の疲労が増し、厭戦気分の蔓延する戦争後期には、「無併合・無償金・民族自決」など戦争終結にかかわる講和原則としてあらわれ、戦争目的論争の中心点となる。この時期の「勝利の平和」と「和解の平和」といった、対立的スローガンは、いずれも講和の原則または戦争継続の大義をめぐるものであり、「勝利の平和」に含まれる第一の意味の戦勝目標も、この段階では対抗スローガンとして固執されたものといえる。

本章ではおもに第二の戦争目的を取り扱うが、これは、国民による外交政策の民主的統制、民主的諸権利の要求と表裏の関係にあり、また連合国側の戦争目的――「民主主義のための戦争」など――と相俟って国内体制の民主化という内政問題と深く関連してくることになる。このような意味の戦争目的と国内民主化とは、結局は開戦以来の「城内平和」の枠組みでの争点であり、それぞれの方向と方法によって国民的協力体制の維持ないし回復を志向するものである。したがって、革命による平和あるいは「帝国主義戦争の内乱への転化」という主張は、右の枠組みそのものへの挑戦であり、まさに「城内平和」Burgfriede に対して「内乱」Burgkrieg (Bürgerkrieg) を対置するものである。そこには本来戦争目的はなく、あるのはいわば革命目的であり、戦争目的批判である。もとより、このような立場から提起される戦争(あるいは平和)と革命という問題は本章の枠組みのなかでの考察の対象となる。(1)

一　戦争目的と社会主義者

一九一七年春のドイツは、開戦以来の「城内平和」が激しく動揺するなかにあった。「城内平和」の維持は、国内の政治的対立をいわば休戦状態に凍結し、国民のあらゆる層のエネルギーを戦争遂行に結集する総力戦体制の前提である。したがって、社会民主党の戦争協力は、政治的にはその最大の支柱であった。しかるに、その社会民主党内では、反対派の党主流派の戦争協力への批判と主流派のそれに対する反撃は激しさを増し、いまや党の組織的・決定的分裂が日程に上っていた。もともと社会民主党が戦争に協力した公式の理由は「祖国防衛」にあり、とくにツァーリズム・ロシアの侵略からの防衛にあった。「反動の牙城ロシアの脅威」(2)は、世界最大の社会主義政党たるドイツ社会民主党の立場からも戦争協力を説明する甚だ好都合な論拠であり、ドイツ国民を縦に貫くショーヴィニズムとも合致した。ところが、一九一七年三月ツァーリズムが打倒され、「民主ロシア」が出現したのは、社会民主党にとって戦争協力の最大の理由のひとつが消滅したことを意味した。ロシア二月革命は戦争目的をめぐるドイツ国内政治に、とくにすでに亀裂のはいった「城内平和」にいかなる作用をおよぼしたのか。

　ロシア革命勃発の報道は数日後の三月一五日にドイツに伝わった。そして三月二七日、ペトログラート・ソヴェトは例の「無併合・無償金・民族自決」の原則に基づく講和原則を発表した。その際の檄は、ロシアの民主主義が世界反動の強力な堡塁ツァーリズムを打倒し、いまやヨーロッパ文化をアジア的専制政治から防衛するという正当化はできなくなったこと、ドイツ人民はロシア人民に倣って自国の絶対主義体制の軛《くびき》を投げ捨てるべきことを訴えている。(3)
こうしたロシアの事態は、ドイツ社会民主党にさまざまな反応を呼んだ。右派の幹部たちはロシア二月革命を歓迎し、ソヴェトの講和原則に賛同し、いかなる略奪政策も放棄するよう政府に圧力をかけることにした。社会愛国主義者ノスケでさえ、二月革命後最初の帝国議会で次のように演説した。ロシアでは絶対主義体制が幸いにも永遠に除去され、いまやドイツ帝制こそヨーロッパの最も遅れた体制であり、したがってプロイセン三級選挙法改正をはじめとする国内改革が必要である、と。彼らは、戦争目的＝講和問題ではソヴェトの民主的講和原則に賛同したが、国内の変革についてはロシアの例に倣うのを拒否した。ドイツ大資本家との闘争に較べれば、ブルジョワ階級の同意を得てツァーリを退位させることは「児戯」に等しい(シャイデマン)。ドイツでは、変革は「暴力的転覆の跡もなく、君主制の崩壊もなしに」行わるべきなのである。多数派はさらに、ベートマン政府が無併合の原則に立つ交渉による平和を「真面目に願っている」と判断して、政府の戦争政策への協力、「城内平和」を支える政策を続けた。(4)

　中央派はすでに一月の反対派代表者会議の声明において、戦争目的に関する限りペトログラート宣言に合致する主張を表明していた。したがって彼らは、ハーゼ、レーデブーアの名でただちにロシア革命に対し祝電を送り、「民族自決権に基づく、無併合・無償金」の講和交渉を開くようドイツ政府に要求した。国内体制についても「帝国主義的・絶対主義的体制」あるいは軍国主義が内・外政の民主化の障碍になるとして、それの除去を主張した(ハーゼ)。さらに「資本主義社会・政府・政府社会民主党・労働組合とその指導者に対して闘争すべきである」(レーデブーア)という立場も表明した。(5) たしかにこれは、多数派よりもラディカルな主張であり、帝制支配層や戦争指導部にとって不快な響きをもっていた。だが中央派の闘争方法は、ロシアの例のごとく帝制支配の転覆を企図するものであったろうか。

四月七日、社会民主党内反対派はかのゴータに集まり、社会民主党から分離して独立社会民主党を結成した。この社会主義政党の「大分裂《シズマ》」は、その歴史の発展のなかで深い根をもつ対立が世界大戦のインパクトのもとで再編成され、組織的分裂にまでいたったものである。(6) 創立大会での決議文(カウツキー起草)は、ロシア二月革命を民主主義と戦争終結=平和への展望において歓迎し、自国の体制変革については政治犯の釈放、検閲の廃止、集会・結社・出版の自由、普通・平等・秘密・直接選挙権等々、ブルジョワ民主主義的諸要求を表明したものであった。これは、たしかに多数派の君主制維持の主張を批判しているが、ペトログラート宣言が呼びかけるような君主制の転覆を公言することなく、革命という言葉も一度も用いていない。重点はもっぱら平和と自由におかれていた。多数派も独立派も、戦争目的に関する限りペトログラート方式を支持するが、双方とも原理的には「祖国防衛戦争」の論理に立っていた。独立派も「真の防衛戦争であり、かつ政府が国民と一致するという前提があれば、戦時公債を支持する」(レーデブーア)という立場だったからである。(7) したがって対立点は現在の戦争の性格、とくにベートマン政府の政策が自衛的であるか否かの判断の相違にあった。内政に関しては、両派の改革要求には強弱があり、事実上の政策の差は僅少であったにせよ、君主制をめぐっては原理的に異なる側面をもっていた。ただ独立社会民主党には修正主義者・マルクス主義中央派・左派(スパルタクス派)などさまざまの傾向が含まれており、新党の方向は不安定たらざるをえなかった。

スパルタクスは、組織的には独立社会民主党内に留まっていたが、もとより祖国防衛の考え方を否定した。彼らはただちに前述の創立決議を、革命的目的にむかって大衆に働きかける意志を欠いている(ルクセンブルク)と批判し、「すべての国の革命なくしては、平和は単なる一時的な戦闘停止にすぎない」のであって、帝国主義戦争に立ちむかう道は「社会の大変動、社会主義のための闘争」だけである、とした。スパルタクスの戦争目的は「革命」であり、「和解の平和」ではない。したがって、「無併合・無償金の和平工作は八月四日の政策のそのままの継続、すなわちプロレタリア階級自身の政策と行動の解体、支配階級と帝国主義への隷属の継続なのだ」とペトログラート方式をも否定した。(8)

いわゆる左翼急進派 Linksradikale は、この時点においてスパルタクスとも別の行動をとった。ブレーメンおよびハンブルク左翼急進派は、ベルリンのユリアーン・ボルヒャルトの「光線《リヒトシュトラーレン》」派とともに、国際社会主義運動において最もボリシェヴィキに近い立場をとってきたグループであり、二月革命に対してはレーニンとラーデクの主張に沿って、これをボリシェヴィキ派による革命の前段階とみた。クニーフとフレーリヒの主宰するブレーメン左派の機関誌『労働者政策』は、独立社会民主党内に留まったスパルタクスが組織としての独自性を放棄したと批判し、急進派独自の組織「ドイツ国際社会主義党」の創設を呼びかけたのである。大雑把にいってアナルコ=サンディカリスト的傾向をもつこの左翼急進派は、ロシア革命との連帯を強調し、「無条件にボリシェヴィキ支持の立場をとった」。(9)

一九一七年春から秋にかけて、ストックホルムで二つの系統の国際社会主義者会議が試みられ、そこでは国際社会主義運動および各国政府の和平工作とのつながりをもつ戦争目的論争が展開されたが、ドイツの社会主義各派の戦争目的に対する立場の相違はその際にもあらわれている。

周知のように、大戦中のインターナショナル運動には二つの潮流があり、一九一七年のストックホルム国際会議も二種類あった。第二インター系の国際社会主義者事務局(ISB)にはペトログラート・ソヴェトが合体し、もう一つのツィマーヴァルト左派の運動(事務局ISK)においてはボリシェヴィキ(ストックホルム会議に反対であり、新しい国際組織創設を主張した)が隠然たる勢力をもってきた。かくして国際社会主義運動の重心がロシアに移り、ストックホルム会議は「ロシア革命の産物」[10]ともいえるのであるが、連合国政府のパスポート交付拒否などで遷延に遷延を重ね、いずれも全体会議を開くことができずに「喜劇」を演ずる(レーニン)ことになる。いずれにせよ前者の国際会議は、端的にいえば、和平の模索の場として設定された。したがって各国社会主義者の戦争目的の明確化がとくに問題とされ、各国政府はそれぞれの立場と思惑でこの会議に関心を示したのであった。

第二インター系の会議には、ドイツ社会民主党からエーベルト、シャイデマン、レギーン、ダーフィトなど錚々たる「社会排外主義者」が集まり、その戦争目的を説明した。彼らは、「無併合・無償金・民族自決」の原則を認めながらも、アルザス=ロレーヌに関しては、それが本来政治的・民族的にドイツに属しているという見解に基づいてフランスへの返還を拒否し、民族自決の原則はドイツ近隣諸国と同様にアイルランド、エジプト、インド、モロッコ、トリポリ、マルタ、ジブラルタルにも適用さるべきだ、とまことに愛国的な見解を主張した。だからこそ、彼らは帰国後外相ツィマーマンおよび皇帝と会見し、その「素晴らしい仕事」を賞讃されたのであった[11]。

独立社会民主党からもベルンシュタイン、ハーゼ、カウツキー、レーデブーアらがこの会議に出席したが、彼らは社会民主党を攻撃しつつ、アルザス=ロレーヌの対仏返還、ポーランド独立国家の承認などを含む彼らの立場を説明し、開戦前の現状《スタートウス・クオー・アンテ》の変更をも認めた[12]。

ペトログラート方式は革命的大衆を誤らせるものだと批判するスパルタクスが、このストックホルム会議を批判し、ボイコットしたのは当然であった。ルクセンブルクは、すでに一九一七年八月、和平工作としてのストックホルム会議に関連し、単独講和は「本質的にはプロレタリアの政策ではなく、純粋にブルジョワの政策である。なぜなら、それは問題の一面的解決と同じことになるからであり、ある特定の国を戦争の軛から解放するために、ヨーロッパ・プロレタリアートの運命を全く無視するものだからである」と述べている。そして、ロシアのプロレタリア独裁は、国際社会主義革命に支援されたときにのみ可能であるとした。戦争目的＝平和の問題全体に対するスパルタクスの立場は九月のもう一つのストックホルム会議（「第三回ツィマーヴァルト会議」）にケーテ・ドゥンカーが提出した覚書によく示されている。この覚書は、⑴平和は「全交戦国の労働者大衆の革命的行動」によってのみ達成される。⑵プロレタリアートの真の平和運動は国際的にのみ遂行される。⑶民族自決権とか国際的軍縮条約・調停などといったことは「空念仏」であり、「ブルジョワ平和主義的ユートピア」である。唯一の道は、国家における政治権力闘争によってのみ切り開くことができるというのである[13]。しかし自国の支配体制に対する最も徹底的批判をもって平和の問題に答えようというスパルタクスの立場は、労働者大衆への影響力からいってもドイツ社会主義者のなかの少数派であり、革命化への権力闘争を展開しうる力関係にはなかった。

二　国内民主化――プロイセン選挙法改正問題

一九一七年春、社会主義者によって戦争目的と国内民主化ないし革命化の問題が提起されているとき、政府の側からも国内民主化が総力戦遂行の一方策として出されてくる。その核心となるのは、プロイセン三級選挙制であった。

プロイセン下院の原級選挙人を納税額によって三等級に区分した不平等・間接・公開選挙制度の改革問題は、すでに戦前にも帝国議会でいくたびか論議されていた[14]。この悪名高い、いわゆる三級選挙制は、もっとも具体的には、プロイセン下院への社会民主党の進出を阻止するものであったから、この選挙制度最大の受益者たるユンカーないし、その政治的表現としてのドイツ保守党が頑固にその改革に反対したのはいうまでもない。また中央党や国民自由党なども、普通・平等・秘密選挙制度の導入による社会民主党の一大躍進に対する危惧を抱きつづけ、決定的な改革に踏み切ることはなかったのも容易に理解できる。ところが総力戦はドイツ国民のあらゆる層の戦争協力なくしては遂行できない。したがって従来の改革反対派や警戒派も改革の高まりに対して新たな態度を要求される。

すでに一九一六年一月一三日、ヴィルヘルム二世は、プロイセン下院開院式の勅語の中で、立法機構における代議制に関して将来改変する可能性を漠然とほのめかした。[15] この勅語は選挙法改正に直接触れてはいないが、実は前年の暮に進歩党のプロイセン下院議員パハニケがベートマン=ホルヴェーク首相に選挙法改正案を議会に提出する必要を説き、それを開院式の勅語で告知するのが適切であると述べたことから、二、三の曲折を経て右のような漠然とした表現の勅語が生まれたのである。[16] いずれにせよ、一九一六年中はこの問題はさしたる進展をみなかった。しかし、一九一七年の春になると、政府がこのような曖昧な表現で済ませるのは、もはや許されない情勢となってくる。ベートマン首相は、三月九日プロイセン貴族院で、[17] 同一四日プロイセン下院で[18] それぞれ演説し、はっきりと三級選挙法改正の必要性に言及する。この改革は「祖国の安寧のために必要」であり、「能うる限り速やかに実行」さるべきであると断言した。しかし同時に彼は外部で敵に攻撃されている期間にこれを実行することはできぬ、としたのであった。[19] これは、一方で大衆の政治的権利を保証する必要を説き、他方で改革反対派をおもんばかり、「疑いなく重大な内部抗争を惹起するであろうこの改革」を延期しようとするベートマンの「対角線政策」を示している。

ところで、政府側が選挙法改正になんらかの意志表示をするのは、このようにロシアにおけるツァーリズム崩壊の前(あるいはほとんど同時)であったが、「城内平和」の維持、すなわち国民のあらゆる層を戦争政策に協力させる方策の最大の論拠をなした専制国家ロシアが消滅し、「民主ロシア」が出現したことは、ドイツの戦争目的およびそれと不可分の国内民主化の問題をめぐる左右の勢力の対立を激化させた。つまりロシア二月革命によってベートマンの「対角線政策」は激しく揺さぶられることになるのである。

ベートマン演説にたいする保守派の攻撃は、三月二八日のプロイセン貴族院で露骨に行われた。貴族院議員フォン・クライスト将軍は、「古プロイセンに手を下すな！」と叫び、同じくフォン・ローン伯は、ドイツ国民は帝国議会よりましな議会をもつべきであって、帝国議会の選挙制度こそ改革すべきだ、と主張した。[20] プロイセン保守派が依然としてかかる頑な態度をとり続けているとき、ロシア革命後最初の帝国議会では国内改革問題が白熱した論議を呼んだ。[21] 三月二九日まずベートマン首相がさきのプロイセン下院での演説を敷衍したが、これに対して社会民主党右派のノスケは、ロシアの絶対主義体制が崩壊したからには帝制ドイツこそヨーロッパでもっとも遅れた国とみなされるであろう、したがってドイツ各邦においてただちに選挙法改正を行うべきだと主張した。[22] 進歩党および中央党はそれぞれの立場から首相演説に賛成を表明した。また議会と帝国政府との関係を再検討するため帝国議会内に憲法委員会を設置する決議がなされたのもこの会期中の議員総会においてであったが、[23] それに関連して国民自由党の併合主義者シュトレーゼマンも、プロイセンの保守派の頑迷な思考を駁し、「議会制度は国民・政府・国家の間の緊密なるパテであり紐帯である」と議会の権限増大を擁護した。さらに彼はプロイセン選挙制度はドイツの問題であって、「かかる大問題を『古プロイセンに手を下すな！』などという言葉で片づけるわけにいかぬ」と演説したのである。[24] もちろん、保守党のヴェスタルプのみは選挙法改正に断固反対した。彼によれば、それは「プロイセンの内政問題」だった。[25]

この議会での論議から一週間、四月七日にカイザーの復活祭勅令 Osterbotschaft が出される。勅令は、プロイセン下院における直接・秘密選挙制実施を準備する旨を述べている。ただし、かかる改革は「わが戦士たちの帰還の秋《とき》到来まで延期せねばならぬ」とし、戦勝の暁には「もはやプロイセンの等級選挙制の余地は存せず」と言明している。[26]この復活祭勅令が、その前日のアメリカの対独宣戦布告、四週間前のロシア革命の勃発という二つの事件がドイツ国民に与える動揺に対処しようとするものであるのは容易に推測される。まず、その点を検討しておこう。

勅令の出される直接の経緯をもっともよく物語るのは、四月の五、六両日に行われたプロイセン政府の閣議である。[27]五日の閣議で、ベートマンは「プロイセン政府なり、皇帝陛下なりが、〔選挙制に関し〕なんらかの措置を講じ、公衆に周知せしめる必要がある」と提案し、内外の緊迫した情勢のもとではプロイセン選挙法改正がいまやドイツ帝国全体の問題になっていると熱っぽく力説した。彼の説くところは、およそ次のようなものであった。戦争の結果、民主的思想が強力に成長するのは避け難いし、それを妨げるのは不可能であろう。重要なのは、それが国家制度に危害を加えることを少なくするよう導くことであり、君主制が民衆的 volkstümlich たることを示すとき、それはもっとも確実に達成される。対外関係からみても内政改革は決定的な意味をもってきた。イギリスは、戦争がプロイセン軍国主義・プロイセン専制主義に対するものだと世界に信じ込ませ、かかる誹謗によってわが敵国のみならず中立諸国で利を占めている。最近ではロシア革命がかくの如き宣伝戦に拍車をかけており、いまやウィルソンも対独宣戦布告[28]においてアメリカの敵はドイツ国民ではなく専制的ドイツ政府だと世界に公言しようとしている。これらすべての中には、わが王朝の存立を危殆ならしめる要素が胚胎している。「いまや積極的目的が提示されねばならぬ。このためには普通・平等・秘密・直接選挙権の約束以外にはなにも残されていない[29]」。

このベートマン提案に対して列席した他の閣僚の反応はどうであったか。彼らは、ロシア革命がドイツの大衆や左翼勢力に及ぼした「陶酔させるような効果」（プロイセン内相フォン・レーベル）や「強力で危険な反作用」（同副首相フォン・ブライテンバハ）を憂慮する。また、「増大する食糧難に加えて〔ロシア革命とかウィルソンのアジ演説の如き〕

外国の革命的・反王朝的思想が侵入すれば、結局わがカイザーに敵対する一大突撃がおこるであろう」(法相ベーゼラー)し、「実際に敵国の諸条件――とくにロシア革命の進展が――わが国内情勢に、わが国民全体に、そして帝国議会に対して強力な作用を及ぼした」(国務相ヘルフェリヒ)と述べている。このような情勢にたいする対抗策として彼らは、三級選挙法になんらかの改正を施す旨皇帝が勅令を発する必要性を認めた。ただ、この日の閣議では改革の具体的内容については決定に至らなかった。(30)

続く翌六日の閣議では、復活祭に発表すべき勅令の草案が審議された。ベートマンは、選挙法改正が戦争終結後に実施さるべきこと、および平等選挙権には言及しないことの二点において前日の提案を修正し、閣僚の賛同をえた。しかし、陸相フォン・シュタインは選挙法改革の約束が軍隊に与える否定的影響に固執し、復活祭勅令を出すこと自体に疑問を表明しつづけた。(31)

ともかく、こうして四月七日の勅令は出されたが、右の閣議が示すように、ここに見られるのは「民主化」の波に対する政府の危機感であり、ロシア二月革命は、アメリカの参戦と同様、その「民主化」を増長するもの、したがって「城内平和」を破壊するかもしれぬ作用をもつものとして懸念されたことである。しかし、内政改革問題は、国外の諸事件に影響されただけではない。いや、むしろ総力戦下のドイツの国内情勢にその影響を受ける条件があったといわなければならない。そのことは、かえってロシア革命の作用をより広範囲に及ぼすことであるが、そうであればこそ、ブルジョワ政党の中に改革への支持もあらわれ、かくてこの問題に関する限り、いわばドイツ帝国の支配層の中で頑固に改革を拒絶する保守派とその他との分裂が明確になったのである。

そのような国内情勢とは、端的にいえば、四月大ストライキに至る戦時下の逼迫した情勢である。四月一五日、パンの配給量は一日一七〇グラムに切り詰められ、青少年追加給付も打切られることになった。四月一六日から一週間ドイツ各地で行われた軍需工場などの労働者による大ストライキは、直接にはこの配給量切り下げを原因としている。しかもこのストライキにおいては、労働者協議会の設立、無併合の即時講和、普通・平等・秘密・直接選挙権などを要求するスローガンが現われてくる。(32) さきに述べた三月末から四月の各議会や閣議での論議もそうだが、復活祭の数日前ハンブルク＝アメリカ郵船会社の取締役社長アルベルト・バリーンが、カイザーの側近フォン・ヴァレンティーニへの書簡(33)で、二月革命のドイツ国内への作用を憂い内政改革の必要を説いたのは、まさにこのような大衆の不満高まりつつあるときであった。また、社会民主党左派が主流派といよいよ訣別し独立社会民主党を結成するのは、まさに復活祭をはさんだ創立大会(四月六日―八日)においてであった。このような「城内平和」に亀裂を刻み込む事態が内政改革を一つの焦点とし、しかもシュトレーゼマンにしろバリーンにしろ、本来社会民主党に敵対する人物が国内改革を主張して帝制支配層の分裂を招きつつあるとき、政府やカイザーが危機意識をもたぬわけはあるまい。四月七日の復活祭勅令は、政府の側での、危機状況に対する一つの対策、しかもきわめて姑息な対策であったといえる。(34)

ところが、いわゆる七月危機を迎える頃には、このような対策はさらに修正され、より大きな譲歩が示されねばならなくなる。無制限潜水艦作戦の失敗、アメリカの参戦、ロシア戦線崩壊の不確かさなど軍事的情勢に対する焦燥感、ドイツ国内情勢の深刻化に対する危機感等々は、たとえば『プロイセン年報』主幹ハンス・デルブリュックに次のようにいわせている。「[この危機を]予防する唯一の手段は、デモクラシーへ大きな譲歩を行なうことです。プロイセンで平等の投票権を含む選挙法改正を直ちに実施すること以外に道はありません」(35)(力点原文)。このような意見は、四月七日の復活祭勅令にあるような譲歩では、もはや情勢の深刻化に対処しえない事情を物語っているものと考えてよい。七月一二日、カイザーは再び選挙法改正に関する勅令(七月一一日付)を発する。この七月勅令は平等選挙権に基礎をおく新法案を次回の選挙で実施できるよう、速やかにプロイセン下院に提出すべく命じたものであったが、実はこれもベートマン首相とヘルフェリヒが協議し、その三日前(九日)カイザー出席のプロイセン御前会議で首相が提案した結果生まれたものであった。

この会議の記録[36]によれば、ベートマンは次のように主張している。多年保守党が権力と影響力をほしいままにしてきたプロイセンに平等選挙権を導入すれば、それは社会民主党の影響力が増大する如き「破壊的変化」を惹起するであろうが、しかし王権の破滅を防ぐためには復活祭勅令を拡大した法案を提出しなければならず、その線に沿ってカイザーがプロイセン政府に勅令を発すべきである、と。しかも彼は、蔓延する食糧危機、戦争四年目を迎えようとする大衆の厭戦気分、緊迫した政治情勢等を指摘しながら、かかる上からの改革案を遅すぎないうちに提示する必要を力説した。列席した他の閣僚も、半数はそれに賛成した。選挙権問題は「いまや以前にましてはるかに危険を増してきた政治的爆発物」であり、首相提案のカイザー勅令は「民主化の作用を制限する可能性を与える」(ヘルフェリヒ)ものであり、それはまた「政治的緊張緩和をもたらし、労働者層や、とくに戦争の経過とともに戦争遂行の全分野での有用な活動を通じて著しくその重要性を増してきたすべての組織労働組合の中に存在する不安を除去するであろう」(通商大臣ジュード)とされた。これら賛成派は国家体制や王権を傷つけない改革に同意し、民主化の要求を先取りしようとしたのである。

選挙制改革の時期や方法についてはともかく、なんらかの改革、あるいは少なくともその約束を与えるべきであると主張する右のような立場は、改革そのものに頑固に反対するドイツ保守党や軍部の反撥を買い、帝制支配層内部の対立を深める結果となった。保守党にとってプロイセン選挙制改革は「プロイセンの歴史的使命を外来の民主主義的傾向の犠牲に供する」[37](力点引用者)ことを意味する。さきの御前会議に列席した閣僚のうち五人は、選挙制改革の提案に反対した。彼らが議会民主化によるプロイセン保守層の特権喪失を恐れたのはいうまでもないが、その際の論拠は、プロイセン蔵相レンツェによればこうである。平等選挙権を約束しても国内の危機緩和に役立たないし、そのような譲歩は一層急進的な要求——婦人選挙権、年齢制限の引下げ等々——を誘発するだろう(38)。しかも平等選挙法を施行すれば、議会が決定的影響力をもち皇帝は自らの意志で閣僚を選べなくなる。憲法には議会主権に関する規定などないが、なおかつ、このような事態は平等選挙法の結果不可避的に生じるのだ。議会制が導入されれば「内閣はフランスと同様目まぐるしく交替し、主導権を握るのは実は議員ではなく彼らの背後の連中 Hintermänner であり、富豪階級 Plutokratie であり、聖職階級 Klerus である」。そのうえ「古来きわめて有能で、卓越したわが官僚制への反動も憂うべきものとなろう(39)」。このような反対のため、七月九日の御前会議でヴィルヘルム二世は決定を保留し、二日後一一日にようやく勅令を出すことに同意したのである。反対した五人の閣僚は直ちに辞表を提出した(40)。

即日ドイツ保守党は、勅令に対する党の立場を表明した。「平等選挙権はプロイセン国家の独自性・歴史的遺産 historische Vergangenheit に合致しない。……むしろそれはプロイセンの確固たる構造を揺がし、この国家をまぎれもなく民主化に売り渡す(41)」と。いうまでもなく保守党にとって民主化 Demokratisierung は、悪のシンボルであり、帝制ドイツの改革は頭から否認されるのだが、選挙法改革要求の高まる波に対して彼らはなんらかの対抗策を提示しようとしたのだろうか。保守党は現状維持にのみ固執しているのではない、とヴェスタルプはいう(42)。保守党は時代の流れを充分認識しており、民主諸政党の方こそ「時代遅れの、偏見に満ちた一七八九年もしくは一八四八年の思想のとりこになっている」のだ。ヴェスタルプの議論はさらに続く。民主諸政党は、機械的な国家観をもち、国家の成員を全く平等な、並列的な一定数の原子《アトム》と同じように扱おうとしており、人間の単純な数を重視する、これは国民主権ではなく多数支配、正確にいえば一党とその指導者の支配を生む。そこには、大都市の大衆あるいは社会民主党の表現を用いれば、工業プロレタリアートという単一階級の排他的支配の危険がある、と。しかし、保守党はこうした

「西ヨーロッパ的民主主義観」や「前世紀の発想法」を激しく非難はするが、改革に対抗する具体案においては職業身分制に基づく選挙制を提案するのみであり、しかもそれは考え方を表明するといった消極的なものでしかなかった。ヴェスタルプは、「各々の然るべき職業や身分に対して単に数量的価値のみならず、経済的・社会的・政治的価値に応じた地位が与えられるような高度に有機的な国家観、そのような新しい思想に進路を開いてやることこそわれら保守党の課題であると思われる」と述べるが、このような「対案」は、「われら保守党は、義務として、〔民主化の〕デマゴーギッシュな波に全力を尽して対抗するであろう」[43]と選挙法改革を攻撃するときほど迫力もなく、また明確さも欠いている。国内改革に真向から反対するドイツ保守党は、軍部に歩調を合わせて、危機に対抗する道を戦争目的の中に見出そうとしたのである。

ところで、プロイセン選挙法改革が反動的保守派の猛烈な反撥を受けるのは、それがたんに選挙制というプロイセン下院の勢力分布に響く手続上の問題に係わるだけでなく、帝国議会をも含めて帝制の支配機構に質的変化をもたらす可能性をもつ議会主義運動と不可分の関係にあったからである。したがって、この議会化の問題を保守派の危機意識との関連で考える必要がある。

三　保守派の反撃——ドイツ祖国党の場合

「議会平和決議」は、その動機、成立の経緯、字句の意味からして、決して併合主義に原則的に対抗するものではなかった。まことに「この決議を手にしてドイツ政府は世界の半分を征服することさえできる」のであった[44]。事実ベートマンに代った宰相ミヒャエーリスは、さっそくこの決議を「随意に解釈する」旨を表明したし、八カ月後ブレストにおけるかの略奪講和もエルツベルガーその人が決議の精神と両立するとして承認したのであった。にも拘らず、これが国内の併合論者の間に呼び起した反作用はきわめて強く、戦争目的と国内民主化にとって重要な問題を提示する。

決議の成立直後からさまざまな併合主義団体が反対運動を開始したが、最初は統一もなく散発的であった。しかし、それに直接触発されて九月初めに成立したドイツ祖国党は、これら併合主義の大同団結運動として最も重要な意味をもっている。ドイツ祖国党結成の案は枢密顧問官ヴォルフガング・カップに端を発する。彼は「勝利のための不屈の意志」、「国家の存続を確保する強力な平和」を必要と考え、元海相ティルピッツ、全ドイツ連盟会長クラース、併合主義的な「ドイツ平和のための独立委員会」(一九一六年成立)の指導者シェーファー教授、鉄鋼業界の大立者エーミール・キルドルフ、農業家同盟の会長ヴァンゲンハイムらを語らって、この組織の成立にこぎつけた。彼らは九月二日のセダン戦勝記念日を選んで、ケーニヒスベルクで創立の檄を発表した(45)。

この檄は、右の各界大立者のほか主に高級官僚からなる二〇名の東プロイセンの有力者が名を連ね、ビスマルクをたたえつつ「腐敗的な政党根性」を難じている。祖国党を創立したのは「ドイツの歴史における最も偉大にして重大なる秋《とき》に、祖国を不統一と党派的分裂という遺伝病から護るため」であったと表明し、さらに、祖国党は政党による政治的立場の別なく愛国的個人および団体を結集する連合政党であって、独自の議会代表は送らず、戦争が終結すれば解散すること、国内紛争を欲せず、国内改革の決定は戦後まで棚上げし、いまは勝利こそ重要であることを説いた。そして「ドイツの自由という高処《たかみ》は天高く聳え、イギリスの猫かぶりやウィルソン輩の喋々する欺瞞のデモクラシー的自由、吹聴されるその恵沢とかを遙かに超えるものだ。……われらは断じて飢餓の平和を欲せず」と宣言した。

祖国党は、表向き階級政党たることを否定し、超党派の組織であるとの立場をとった。したがって、ドイツ祖国党Die Deutsche Vaterlandsparteiという名にも拘らず通常の政党の概念とは異なり、他の政党の党員や他の政治組織の成員も、それらの組織に属したまま個人または団体として祖国党に加盟することができた。しかしながら、創立者の顔ぶれからしても、これがプロイセン大農業の利益を代弁するものであるのは明白だったし、組織活動の実際も全ドイツ連盟や独立委員会と密接な協力関係にあった。それだけではない。キルドルフのほか、シュティネス、フーゲンベルク、デュースベルク、ボルジヒなどドイツ独占資本の有力者が、当初から祖国党で指導的役割を果したか、あるいは重要な関係をもっていた。こうしてドイツ祖国党は創立当初から多額の資金も得ることができたのである。さらに高級官僚とならんで高級将校の支援も受けた。ドイツ保守党からは最も積極的に支持され、軍部や政府も、表向きは無関係を装ったものの、実質的には祖国党に協力した。(46) これらのことからも、祖国党が帝制ドイツの支配層を背景に国内民主化に強く反撥し、分散した従来の戦争目的運動を統合して「勝利の平和」を推進しようとする併合主義団体であったことは疑いないのであるが、重要なのは、それが超党派的国民運動のポーズをとったことであり、そこにこの時点における戦争目的のおかれていた状況が示されている。

一〇月初旬、議会多数派が祖国党と軍部や政府との癒着について質問を発し、議論がおこったとき、祖国党は数日後幹部会の声明を発し、「〔祖国党は〕保守主義でも自由主義でもなく、地主や重工業、あるいは国防協会や全ドイツ連盟」の立場をとるものでもない、と弁明したのであった。さきの檄にもあるように、祖国党は「不偏不党の大政党」、「広範な愛国的人士に基盤をおく一大国民政党」の創設を掲げ、ヒンデンブルク平和以外の「飢餓の平和」は労働者階級の繁栄を破壊するものだと語り、労働者をも吸収した形の銃後の戦線統一をめざし、九月二四日の第一回党大会でも労働者代表に演説させたりしたのであった。このように、既成の戦争目的運動のイメージにもはや依存できない状況において、祖国党は否応なく超階級的姿勢をとらねばならなかった。そして国内改革にも公然とは反対できず、この問題を戦後まで延期しようとしたのである。だが、そうすることも支配層内部の改革妥協派（皇帝を含む）とさえ齟齬する。祖国党はまもなくその綱領を変更し、プロイセン選挙制改革には「いかなる立場もとらない」（ティルピッツ）という譲歩を余儀なくされたのであった。いずれにせよ、国内改革を阻止したり、あるいはそれに沈黙したままで、しかも超党派的国民運動を志向するというのは、この時点ではすでに矛盾であり、ディレンマであった。この矛盾を覆いかくすための祖国党の方途は、いうまでもなく、その組織象徴でもある「勝利の平和」であった。その戦争目的プログラムは、全ドイツ連盟の膨張主義と同じく遠大な計画を掲げ、ベルギー、ロンウィ＝ブリエの鉱床、ノルマンディを含む北フランス地方、ルクセンブルク、オランダなどを併合し、ベルギー領コンゴを含むアフリカ植民帝国の建設、プロイセン領の拡大とポーランド支配、バルト沿岸地域と西ロシアの広大な領土およびウクライナの併合、そして敵国からの巨額の償金等々、赤裸々な野望を表明し、「ドイツの世界的地位の確立」とか「陽のあたる場所」を要求していた。このような旧態依然たる要求をもって、ドイツ祖国党は議会多数派に対抗する戦争目的多数派を結成しようとしたのであるが、国家体制に変更を加えず現状維持のうえに、すなわち彼らの内政観からすれば、ビスマルク帝国と王冠を守ることによって、――したがって国内民主化にはことごとく反対しながら――国民の広範な層を「勝利の平和」という対外的スローガンに糾合しようとしたのであった。(47) それは、まさしく戦争目的の第一の性格――戦勝目標――を標榜したものではあったが、この時点では、むしろ戦争理由に対抗して打ち出されたというべきものであった。

ところで、さきのような祖国党の戦術転換にも拘らず、保守派が内政改革に強い危機意識を抱いていたことは、一二月五日、プロイセン三級選挙法改正案が議会に提出された直後に結成された皇帝忠誠同盟なる組織にも反映されている。この組織は祖国党が「内政上の争点に関与しないと公けに表明した」ため、「共同の敵」と戦う目的で祖国党を補うために結成された。一般に当時保守派にあっては、社会主義も西欧民主主義と同じ次元で、より急進的民主化運動として危険視されていたが、忠誠同盟も、「皇帝に忠誠なるすべての人々へ」という檄で民主化への危機感を訴え、議会多数派の議会主義化の要求が「民主化や社会民主化」の前段階なのだと警告した。皇帝忠誠同盟は、たしかに祖国党ほど人士を集めてもいなかったし、広がりもなかったけれども、大工業家・ユンカーの最も保守的な層の支持を受けており、実質的には、軍部・保守党を背景にドイツ祖国党の別働隊の地位を占め、戦争目的の大同団結運動の一翼を担うものであった。かくしてドイツ祖国党は、創立以来、官辺の協力、保守陣営の後援を得て、一九一八年夏までには総数一二五万人のメンバーを擁し(開戦当時の社会民主党員数約一〇〇万と比較せよ)、地理的には東部・北部ドイツに、宗派的には北部の保守的プロテスタントを地盤に、二五〇〇余の地方支部を有する併合主義団体最大の組織に発展した。(48) しかしながらこの祖国党の消長はドイツの軍事情勢にかかっており、実際にはルーデンドルフの戦争指導の影響下にあった。

四 「勝利の平和」——ブレスト=リトフスク

一九一六年夏以来、帝制ドイツにおける真の権力は軍部にあり、なかでも実権は第一幕僚総監(参謀次長)ルーデンドルフにあった。彼に体現される軍部権力こそ併合主義戦争目的運動の後楯であった。この軍部は、一九一七年春以降の情勢をどう判断し、戦争目的と国内体制の民主化あるいは革命の可能性に対してどう対処したのか。

ドイツの軍部はツァーリズム崩壊の報道を、連合国側交戦力の弱体化、東部戦線での戦闘終結と西部戦線への戦力移動の可能性と結びつけて歓迎した。東部戦線の参謀長マクス・ホフマン将軍は、その日記に(49)「ロシア革命はわれらにとって神の贈物だ」(四月三〇日)、「いまや重要問題は、アメリカ軍の〔攻撃〕準備とロシアの〔軍事的〕崩壊のどちらが速くあらわれるかであり、私は後者がさきだと信ずる」(五月二九日)と記していた。軍部は、この「不意に」おこった二月革命を戦略的好機と見做した。(50) レーニンをはじめスイスに亡命中のロシア人革命家たちのドイツ占領地通過に承認を与えたときにも、軍事的観点からの判断が優先した。(51) しかし、他方ではロシア二月革命のドイツ国内への作用に対処しなければならない。ルーデンドルフによれば、復活祭勅令と「ロシア革命との関連は余りにも明白であり、憂うべき」であった。それは「ロシア革命への叩頭」だったのだ。すなわち、復活祭勅令と七月勅令は、「敵にわが方の弱体ぶりを曝し、革命への恐怖を示したもの」であり、「四月後半のストライキは、破壊分子が政府の恐怖感へ回答したものである。これはまたロシア革命の反作用であり、……戦線に対する恐るべき無関心」であった。「私個人はビスマルクも最適と考えたところの職業身分的基盤に基づく選挙制」を希望し、平等選挙権にはむろん反対していたが、改革を頑固に拒否した理由はそのような彼の政治的信条ではなく、民主化への譲歩がかえって国民の士気《モラール》を減退させ、「精神的戦闘能力を減殺する」という、ここでもやはり軍事指導上の判断によるものであった。「敗戦はまさに労働者にもっとも深刻な作用を与えるのである」から、労働者が責任感と祖国への忠誠心をもってさえいれば、ストライキなど「そもそも問題とはならない」はずであった。(52)

このような信念と主張は、ルーデンドルフの基本的な戦争観または戦争政策と直結している。彼によれば、陸・海軍は祖国のなかに根をもち、それによって生存する。軍はその必要とするものを受取りはしても、それを創り出すことはできない。軍事力は国民の総力に依存し、国民の団結が戦争遂行の前提である。だから国内の不和・抗争・分裂は絶対に避けるべきことだった。かかる論法は、戦争指導者の常套句ではあるが、彼はその国民の総力を戦争と勝利に結集するのは、政治指導の課題であるという。これが政治指導の自律性を容認するものなら、この理窟も文官《シヴィリアン》・優位《コントロール》の完全な否認とはなるまい。しかるに彼は、文官政府が「絶えず和解だの協調だのを語り、国民に戦闘への力強い衝動を与えなかった」と非難し、「無責任の機関」の喧伝する民主化・議会主義化、そうした「時代精神」に不信の念を抱いており、「強力な政府と能率的官僚」をそれに対置した。(53) そして遂には議会多数派の平和決議に憤激して、「軟弱な」ベートマン宰相を失脚させたのである。[54] かくて本来政治問題に中立であるはずの軍部が政治に容喙し、いな、それを従属せしめて軍事独裁、すなわち言葉の古典的意味におけるミリタリズムの体制を維持してきた。彼はこのような軍の政治への介入を、国家への道義的責任感と忠誠心によって説明する。「私は『反動』でも『デモクラート』でもない。ただドイツ国民の至福、文化の繁栄、国力、そして権威と秩序に味方しただけだ」という彼の「超党派」的言辞は、もちろん敗戦の責任（戦争の責任ではない）を文官側に転嫁する「背後の一撃」説への伏線を秘めており、また主として彼の主観的信念をあらわすものだが、同時に、ルーデンドルフ独裁が、彼の保守的政治信条を背景にしながらも、総力戦遂行に必要な戦意高揚をこそその精神的基礎としており、それに依拠していたことを物語っている。このことはさらに、もはや伝統的保守主義の政治理念によっては「城内平和」の再構築はできず、いまや「唯一の表象、戦争と勝利」にこそ最大の重点がおかれ、すべてが軍事的解決にかけられていた状況を示している。[55]

さて、そのルーデンドルフ軍事独裁の戦争目的政策は、一九一七年秋以降にはどのような意味をもってくるのであろうか。同年一一月、ロシアでボリシェヴィキ革命が成功したとき、ルーデンドルフはまず、「労兵ソヴェトの勝利はわれらの観点から望ましい」とし、この機会を東部戦線での勝利に利用するよう指令している。事実、その後の事態は「勝利の平和」の方向にむかって進行した。労兵ソヴェトの「平和の布告」、ソヴェト政府の全交戦国への一連の休戦提案に続いて、ついに一二月二日、中欧同盟側への単独休戦提案（一二月一五日休戦協定）が行われた。一二月二二日よりドイツ軍占領下のブレスト＝リトフスクにおいて単独講和交渉が始まり、一九一八年三月三日、あの「強制的講和《ディクタート・フリーデ》」が調印された。ここではその経過を跡づけるのを割愛しなければならない。重要なのはソヴェト政権樹立とその講和原則、さらにいわゆる人民外交が、ドイツの戦争目的・内政民主化・革命にどうかかわったかである。[56]

軍部の政策については多くを語る必要はあるまい。最高軍司令部は、ボリシェヴィキ革命によってロシア軍が解体しつつあると判断し、東部の軍隊を減じ西部戦線を強化する可能性を「真剣に考えることができた」。だから「〔講和締結の〕遷延はなんとしても正当化できぬ」ことだったし、彼らは「ただ簡明な要求を明確にかつ決然と貫きさえすればよい」のだった。しかも「トロツキーがボリシェヴィキの理念を世界に、とくにドイツ労働者に告げ、……わがドイツを革命化し、倒壊させる意図」をもっているとすれば、講和の強制はいよいよ速やかでなければならなかった。最高軍司令部は、ブレスト交渉の軍部代表ホフマン将軍にこのような方針を指令し、キュールマン外相にそのような圧力をかけ続けたのである。(57)

これに対してドイツ政府の東部における戦争目的は、実質的にはそれ自体併合主義的であったが、その表現法は軍部との対立的要素を多分にもたざるをえなかった。全交戦国へむけたソヴェト新政権の講和の呼びかけに対し、帝国政府は、直ちに議会平和決議を戦争目的の基礎にする旨声明し、一一月二九日、帝国議会でヘルトリング宰相はソヴェト政府の休戦提案を受け、ポーランド、クールラント、リトアニアに関して民族自決の原則を尊重すると述べた。ただ、ドイツ政府が民族自決をいうとき、それは旧ロシアの支配下にあったポーランドやバルト地方のロシアからの分離を指した。宰相や外相の戦争目的は、最高軍司令部との協議ではほぼ基本的に軍部と一致し、ドイツ重工業の東部における権益要求にも沿おうとするものであったが、他方、議会多数派に対する説明では平和決議の線が強調され、やや「穏健」にならざるをえなかった。ドイツ政府は、F・フィッシャー教授も認めるように、内外の情勢を考慮し、軍部のごとく直截な、赤裸々な併合プログラムを公然と押し出すのには躊躇した。「政治的・経済的に新ロシアと友好関係を確立し」、併合という表現を用いないで、東部諸地域をドイツ帝国の防壁に仕立てようとしたのであった。(58)ここにも、むしろ、総力戦のもたらした国内・国外の情勢の変化、すなわち国民大衆や諸地域の民族による権利の主張に対するドイツ支配層の認識や対応の仕方の変化をみることができる。このような軍部・政府の推進する東部政策に対して、ドイツ国内では、一体いかなる批判がどの程度なされたのか。この点こそ、大戦中の民主化運動の鼎の軽重を問うものであり、さらには敗戦につぐドイツ革命の方向性をも示す有力な指標である。

議会多数派は、全体として七月一九日の平和決議の線に立脚して、東部での単独講和交渉に相対した。しかし、平和決議の解釈は実に区々であって、彼らはブレスト交渉の個別的側面についてはたしかに批判もしたが、概して政府の方針説明を承認していった。そもそも、ベートマンを失脚に追い込んだ議会多数派は、後任者ミヒャエーリス宰相の任命に際して、すでに軍部にだしぬかれていた。同じ年の「秋の危機」では、たしかに議会史上初めて宰相罷免を議会が行い、後継者ヘルトリング選任にも議会が関与しているけれども、これも実質的には軍部の意向に沿っていたのであって、軍権力と議会との権力関係の変化を意味するものではなかった。G・リッター教授はドイツ・ミリタリズムが七月危機後に確立したと主張する。(59) この主張の意図と文脈は別にしても、一九一七年夏以後ルーデンドルフ軍権力はたしかにいっそう強固になった。議会主義化の核心問題たるプロイセン平等選挙法案も、議会で遷延を重ねており、一八年五月にはプロイセン下院で否決される状況であった。ブレスト交渉の時期には、総じて議会主義運動は軍部・保守勢力の「勝利の平和」の政策の前に無力化していたのである。

議会多数派のなかでは社会民主党が併合政策にもっとも批判的だったが、徹底的・原理的に批判することはなかった。徹底的な反戦派はもちろんスパルタクスであり、独立社会民主党主流は両者の中間にあった。これら「社会主義者」の論理と対応の仕方のなかにはドイツ革命における方向を測る有力な素材がある。いまなお「城内平和」路線を維持していた社会民主党は、軍部と同様ボリシェヴィキ革命の勃発を東部の講和の可能性と結びつけて歓迎し、シャイデマンがコペンハーゲン、ストックホルムへ赴いて和平工作まで行なった。(60) 周知のごとく、トロツキーは帝政ロシアの秘密条約文書を世界に暴露し、ドイツのプロレタリアートがその例に倣うよう訴えた。秘密外交廃止は、「人民外交」ならずとも、対外政策民主化の最大のポイントであったが、シャイデマンやエーベルトはこれに対して議会演説でこう答えた。協商国側の帝国主義的戦争目的がいっそう明らかになったいま、ドイツは「言葉の真の意味でその生存のために戦わねばならない」、ゆえに社会民主党は戦時公債に賛成する、と。さらに彼らは、ロシアでは国家権力と軍隊が解体しており、プロレタリアと農民が提携できたが、かかる条件を欠くドイツにロシアの戦術を採用すること、デモやストライキによって「政府を背後から攻撃することを拒否」したのであった(61)。

独立社会民主党のハーゼは、議会においてソヴェト政府による秘密条約暴露に言及し、同盟国側の秘密文書の公表を要求しつつ、秘密外交を攻撃した。レーデブーアもさきの多数派の態度を非難した。さらに独立社会民主党議員団は、ブレストにおいてドイツが、ポーランド人、リトアニア人およびレット人の民族自決権を侵害して、ロシア領を併合しようとしていること、そのため講和交渉決裂の危機を招いたこと、国内では併合政策批判が封じられていることに抗議し、重工業・政府・軍部を非難した。厳しい検閲下のこのような独立社会民主党の軍部・政府当局に対する批判は、社会民主党の態度とはきわめて対照的である。しかしながら、それは、戦争終結＝和平への期待からの併合政策批判に重点がおかれ、ボリシェヴィキ革命やブレスト講和交渉に対してドイツの革命化を支点として答えたものではなかった。ことに、ボリシェヴィズムの評価をめぐっては、ロシアにおけるプロレタリア独裁と民主主義の不一致を説き、レーニンの方法にきわめて懐疑的なカウツキー、ボリシェヴィキの「一揆主義」あるいは「ブランキ主義」を批判する論者たちは、ボリシェヴィキの平和政策を支持する左派と論争し、対立を深めた。その結果、スパルタクスを別としても党内の分極化を招き、ことに一月のレーニンによる制憲議会解散後は概して「民主主義」の観点からボリシェヴィズムにいっそう批判的となり、体制転覆によるドイツの革命を課題とする立場はさらに稀薄になった(62)。

これに反してスパルタクス派が、基本的にプロレタリア革命という立場に最重点をおいて講和問題＝戦争目的問題に対決しようとしたこと、ボリシェヴィキ革命を最も熱烈に歓迎し、かつ主体的に受けとめようとしたのはたしかである。彼らは、全面的平和は「大衆闘争・大衆蜂起・大衆ストライキ……つまり労働者階級によるドイツの革命と社会主義共和国樹立によってのみ」達成できるし、「かくてのみロシア革命も救われるのだ」、「一事が万事ドイツ革命にかかっている」(リープクネヒト)という立場をとった。(63) このように、十月革命を東部での戦争終結としてよりも、社会主義世界革命の第一歩とする認識は、スパルタキストに共通のものであったといえる。しかし、現実に独ソ休戦から単独講和が成立してみると、メーリングやクララ・ツェトキーンの場合のようにボリシェヴィキの政策をほぼ全面的に擁護する見解と、リープクネヒトやルクセンブルクの場合のように、ボリシェヴィキの責任追及に力点をおくのではないとしても事態の成り行きにきわめて批判的・懐疑的な見方とに分れた。メーリングやツェトキーンは、カウツキーなど独立社会民主党のボリシェヴィキ批判に対して、ロシアのプロレタリア独裁の方法を擁護し、単独講和の正当性をも説いた。他方、リープクネヒトは、ソヴェトの対独講和交渉が革命政権維持の必要から出たことを理解するが、それがドイツ社会主義者やインターナショナルへの背面攻撃であることを指摘する。そして一一月八日労兵ソヴェト会議の「平和の布告」が「とことんまで徹底的《ラディカール》な反併合主義プログラム」でありながら、反帝国主義の階級闘争に言及していない点を批判するのである。(64) ローザ・ルクセンブルクのブレスト講和批判についてはよく知られている。(65) 彼女は、独ソ条約がドイツ軍部の強化に役立ち、ドイツ革命の可能性を減殺するものだと批判しながらも、ボリシェヴィキは「没落かブレスト=リトフスクかの二者択一の前に立たされている」のであって、「今日ロシアのプロレタリアートの従うべき正しい戦術は存在しない。いずれをとろうとも間違いになる」とボリシェヴィキのディレンマを説明した。このような状況に対する唯一の回答は「ドイツ帝国主義の背後での蜂起・大衆闘争」であり、ドイツ革命なのだと彼女は論じ、ドイツ労働者の主体的受けとめ方を示そうとしたのである。(66) 他方、ブレーメン左派など左翼急進派がボリシェヴィキの戦術を全面的に支持し、独立社会民主党との決裂、急進左派独自の組織創設という従来からの主張を再確認したのはいうまでもない[67]。

スパルタクスが世界革命の見地からドイツ革命を課題としたのは、右にみたとおりであるが、このときドイツにおいてはいかなる革命の展望があったのか。一月末から二月にかけて、首都ベルリン、ライプツィヒ、ルール地方その他の工業都市で戦時下最大のストライキがおこった。ベルリンだけで五〇万の労働者が職場を放棄したこの情勢は、ソヴェト政府指導者たちにもドイツにおける革命的高揚と受けとられ、ブレスト=リトフスク交渉に少なからぬ影響を及ぼした。ベルリンでは労働者協議会《レーテ》(ロシア語の「ソヴェト」)が設立された。しかしそれは、ロシアにおけるソヴェトのごとく、権力機関の一部ではなく、ストライキ実行委員会のごとき性格のものであった。その政治的要求は七項目プログラムとして出され、民族自決に基づく無併合・無償金講和の即時締結、労働者代表の講和交渉への参加などを掲げていたが、社会主義的・革命的変革要求を含むものではなかった。さらに、平和を求めておこったこのストライキを指導したのは、いわゆる革命的オプロイテであって、独立社会民主党でもスパルタクスでもなかった。そしてベルリンの労働者協議会《レーテ》は独立社会民主党員と多数派社会民主党員を中心とする実行委員会指導部を選出し、ストライキの方向はスパルタクスの蜂起の呼びかけを無力にするものとなった。こうして革命的指導性の欠如のままに、一月ストライキはルーデンドルフ権力によって、容赦なく弾圧されてしまうのである[68]。このような事態に照らしてみれば、ルクセンブルクの設定する課題もまた深いディレンマに直面していたといえる。

一月ストライキの挫折はドイツにおける革命情勢への展望を奪うことになった。ドイツ革命勃発という「不確かな要素」(レーニン)は「確か」にはなったが、裏目に出た。トロツキーの期待は破られ、二月一〇日、戦闘はやめるが講和は結ばない、という立場を表明して、ブレスト交渉は決裂した。ドイツ軍は一週間後、東部で戦闘を再開し、濡手で粟をつかむように領土を獲得しながら進撃した。かくて三月三日、ソヴェト新代表団は「ティルジットの和約」に調印した。三月二二日、ドイツ帝国議会において、独立社会民主党は条約が「世界平和、ドイツ帝国、ことにドイツ国民にとって重大な危険を含んでおり」(レーデブーア)、「民主的平和の原則と異なる」(ハーゼ)ゆえに、反対票を投じた。社会民主党は条約の内容と交渉の方法に反対ではあるが、ともかく東部で平和が達成されたという理由で投票を棄権した。(69) その他の議会多数派は多少の疑義を表明したけれども、七月一九日の平和決議の枠組と両立するとの見解をとって賛成した。保守党がこの「世界史に類のない大成果」に快哉を叫んだのはいうまでもない。ヴェスタルプは、ツァーリズムを倒したのは革命のごとき代物ではなく、ドイツの現存の国家体制であり、ドイツ軍の銃剣こそこの成果をもたらしたのである、と誇らかに語った。(70)

かくしてブレスト＝リトフスク条約は批准された。この「強制の講和」は、ロシアに対するドイツ軍部の軍事的圧勝を意味するだけではなかった。これは、「勝利の平和」の「和解の平和」に対する勝利であり、戦争目的運動の国内民主化運動に対する勝利であった。そして、戦時下最大の一月ストライキを弾圧したうえで成立した「略奪の平和」は、ロシアの革命政権にとって「息継ぎの平和」だったとしても、ドイツの社会主義勢力をディレンマにおとしいれ、また彼らの間の不一致を増大させた。軍事権力制圧下のドイツ革命の展望はほとんど不可能になった。こうして、ブレスト講和は、ある意味で戦争目的に国際的な革命を対置した勢力に対する勝利でもあった。

五　崩　壊

西部戦線におけるドイツ軍の春季攻勢は、ブレスト条約批准と前後して三月二一日に開始された。ロシアの戦線離脱のおかげで、このとき初めてドイツ軍兵力は、わずかに連合国軍より優勢であった。そこで最高軍司令部は、アメリカ合衆国の増援部隊が活動し始める前に、決戦を敢行しようとした。ところが、ルーデンドルフは東部で広大な領土の占領政策を続けるために、依然としてそこに一〇〇万以上の軍隊を駐留させていた。それでも、三月・四月の戦闘でドイツ軍は英仏軍に大損害を与え、エーヌ河からマルヌ河まで追撃した。春季攻勢はドイツ軍の戦術的勝利であった。しかし敵側に和を乞わしめるほどの殲滅的打撃を与えることはできなかったし、自軍の消耗も深刻であった。

各種の併合主義団体の間ではドイツの全面的な「勝利の平和」への期待も増大し、彼らはいよいよ強く併合要求を唱導してきた。ドイツは夏までにフィンランド(三月七日)、ルーマニア(五月七日)と講和条約を結び、これによって「ロシアに対する稜堡」として「北方の隅柱」を打ち込み、バルカンにおける石油利権を中心とする「経済的植民地」を手に入れた。六月、軍部の見解と必ずしも一致しないキュールマン外相も罷免された。さらに、八月二七日にはブレストの補完条約を結んで、バクーの石油の二五%、六〇億マルクの償金支払をとりつけた。

こうした事態の進展は、開戦以来さまざまの併合主義計画の総決算である「ゲルマン大帝国」の野望実現の近きを思わせるものがあった。この「インペリウム・ゲルマニアエ」とは、西部ではベルギー、ルクセンブルク、ロンウィ、ブリエをドイツに併合し、フランス、オランダを従属せしめ、東部ではクールラント、リーフラント、エストニア、リトアニアをレヴァルからリガ、ヴィルナにかけ、さらにポーランドの大部分をドイツにつなぎとめ、同時にフィンランド、ウクライナ、クリミアおよびグルジアにまで勢力を拡張し、東南部ではオーストリア＝ハンガリー、ルーマニア、ブルガリアをドイツに編み込み、さらにオスマン帝国に手を延ばし、東地中海を支配してギリシアを従属させ、スエズ運河航行を確保するという、まことに遠大な計画であった。それだけではない。このインペリウムは中欧《ミッテルオイローパ》に呼応する中央アフリカ植民帝国の建設、南アメリカへの拡張、東アジアや太平洋地域での戦前の権益確保をも含む、まことに「世界強国への野望」であった。ところがこれの実現は、西部戦線での軍事的勝利にかかっていたのである。[71]

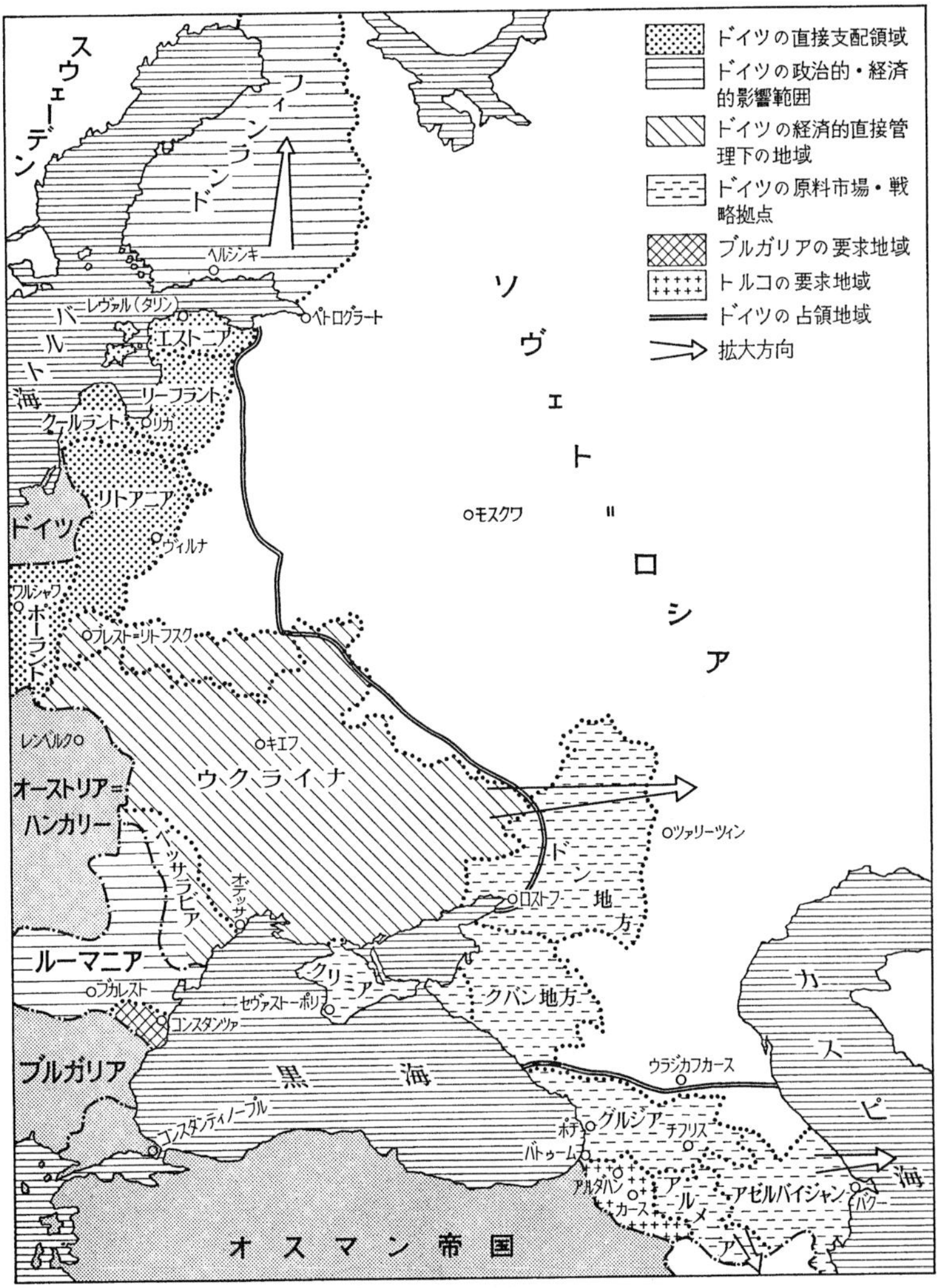

図1　1918年夏頃の東部「新秩序」計画

〔資料〕 Fritz Klein *et al.*(Hrsg.), *Deutschland im ersten Weltkrieg*, III.

しかしその西部戦線では、七月一八日、連合軍司令官フォッシュ元帥が反撃を開始してから形勢が逆転した。ドイツ軍はマルヌの陣地を放棄して退却した。このときアメリカ軍はすでに一二〇万に増大していた。八月八日には、連合軍は四〇〇台のタンクを投入してドイツ軍陣地を突破し、重大な損害を与えた。ドイツ陸軍史上の「暗黒の日」であった。これ以後、フォッシュは休むことなく攻撃を続けた。八月一四日には、スパーの大本営で御前会議が開かれ、ヴィルヘルム二世は「適当な時機に」敵国と外交的交渉にはいる必要を述べた。九月一五日、同盟国オーストリアの和平覚書が発表され、同二六日ブルガリアは投降した。さしものルーデンドルフも、もはや軍事的勝利の見込みはないと判断し、九月二九日、ただちに休戦を申し出るよう帝国政府に要求するとともに、ウィルソン大統領の斡旋を依頼するために国内体制の即刻の改革にも賛同した。

かくてドイツは軍事的に敗れ、ルーデンドルフ軍事独裁の政治的権威は失墜した。彼は独裁権力を放棄し、権力を議会多数派に譲り渡す決心をした。世界史全体のなかで「独裁者がその敵を権力につけようと一生懸命に努力した例はないが、ルーデンドルフは一九一八年の九月から一〇月にかけてまさにこのことをしたのである」[72]。

一〇月二日、議会多数派をメンバーとするマクス・フォン・バーデン内閣が成立し、連合国へ休戦を申し入れた。ルーデンドルフ独裁の陥没によって、「勝利の平和」はその支柱を失った。これまで軍部の表面上の自信のために戦争目的運動は最後までその併合論に固執してきたが、いまや、休戦提案による軍事的敗北と最高軍司令部の国内改革への圧力とによって決定的打撃を蒙ったのである。一〇月二六日、ルーデンドルフは辞任し、ドイツはいまや「上からの革命」によってブルジョワ的議会制民主主義のもとにあったが、しかし権力の所在は流動的であった。やがて、半月のうちに革命の勃発と降伏、ヴィルヘルム二世の退位となって、ホーエンツォレルン王朝が終焉する。ルーデンドルフ軍事独裁陥没以降のドイツは、民主化と革命にとって「開かれた」状況にあった。この流動化した状況が初めて

権力闘争を可能にした。これは、すでにドイツ革命の直接の過程であった。(73)

(1) 本章全体に関する基本的文献四つを挙げておきたい。アルトゥル・ローゼンベルク『ヴァイマル共和国成立史』足利末男訳(みすず書房、一九六九)。Arno J. Mayer, *Political Origins of the New Diplomacy 1917–1918* (New Haven, 1959). アメリカ版のペーパーバックは、*Wilson vs. Lenin* (1964); Hans W. Gatzke, *Germany's Drive to the West* (*Drang nach Westen*). *A Study of Germany's Western War Aims during the First World War* (Baltimore, 1950. Paperback; 1966); Fritz Fischer, *Griff nach der Weltmacht. Die Kriegszielpolitik des kaiserlichen Deutschland 1914/1918* (Düsseldorf, 1961. Sonderausgabe; 1967). なお、この時期に関する重要な史料集も挙げておく。Herbert Michaelis/Ernst Schraepler (Hrsg.), *Ursachen und Folgen. Vom deutschen Zusammenbruch 1918 und 1945 bis zur staatlichen Neuordnung Deutschlands in der Gegenwart* (Berlin, n. d.), I, II および *Quellen zur Geschichte des Parlamentarismus und der politischen Parteien* (Düsseldorf, 1959–)〔以下、*Quellen* と略記〕の各巻が西ドイツで刊行されている。前者は公刊された基礎的史料が全般的に収録されており便利で有益、後者はヴァイマル共和国前史に関する未公刊史料の公開と緻密な校訂で価値が高い。東ドイツからは、*Dokumente und Materialien zur Geschichte der deutschen Arbeiterbewegung*, hrsg. vom Institut für Marxismus-Leninismus beim ZK der SED, 2. Reihe, I–III (Berlin, 1957–1958) および Leo Stern (Hrsg.), *Die Auswirkungen der Großen Sozialistischen Oktoberrevolution auf Deutschland*, 4/I–IV (Berlin, 1959) が出ている。前者は労働運動側の史料(未公刊を含む)を中心に、後者は主として未公刊の軍部・政府・警察側史料を中心に収録し、いずれも重要・貴重なものが多い。

(2) Rosa Luxemburg, *Die Krise der Sozialdemokratie* ("*Junius Broschure*", 1916) がこうしたレッテルの多くの例を挙げている。Cf. Rosa Luxemburg, *Politische Schriften* (Leipzig: Reclam, 1969), 301 ff.

(3) このペトログラート宣言の背景については、長尾久「二月革命から七月事件へ」江口朴郎編『ロシア革命の研究』(中央公論社、一九六八)、四五七ページ以下、参照。この檄のドイツ語訳は、*Spartacus*, 5 (1917. V), in: *Spartakusbriefe*, hrsg. vom Institut für Marxismus-Leninismus beim ZK der SED (Berlin, 1958), 339 ff. に出ている。

(4) 以上、多数派については、三月二六日の社会民主党議員団会議(*Quellen*, III, *Die Reichstagsfraktion der deutschen Sozialdemokratie 1898 bis 1918* [1966], II, 250)、四月一八・一九日の社会民主党拡大委員会の決議(Philipp Scheidemann, *Der Zusammenbruch* [Berlin, 1921], 119 および *Quellen*, IV, *Das Kriegstagebuch des Reichstagsabgeordneten Eduard David 1914 bis 1918* [1966], 225, Anm.) ; *Verhandlungen des Reichstages*, CCCIX, 2835 ff. ; *Vorwärts*, 1917. IV. 3, in : *Schulthess' Europäischer Geschichtskalender 1917*/1, 392 f. ; Phlipp Scheidemann, *Memoiren eines Sozialdemokraten* (Dresden, 1928), I, 356 f. ; *Vorwärts*, 1917. IV. 15, in : R. H. Lutz, *Fall of the German Empire* (Stanford, 1932), I, 352.

(5) 以上、中央派については、*Ursachen und Folgen*, I, 300 f. ; *Dokumente und Materialien*, I, Dok. 199 ; 三月三〇日のハーゼの議会演説(*Verhandlungen des Reichstages*, CCCIX, 2875) ; *Schulthess' 1917*/1, 397. Cf. Carl E. Schorske, *German Social Democracy 1905–1917* (Cambridge, Mass., 1955), 315.

(6) 分裂の解釈については、*ibid.*, chap. XI と、ローゼンベルク『ヴァイマル共和国成立史』、一三一ページを比較せよ。

(7) *Ursachen und Folgen*, I, 303 f. ; *Schulthess' 1917*/1, 377. Cf. Schorske, *German Social Democracy*, 315.

(8) "Zwei Osterbotschaften", *Spartacus*, 5 (1917. V), "Brennende Frage", *Spartacus*, 6 (1917. VIII), in : *Spartakusbriefe*, 350, 356, 362.

(9) ブレーメンおよびハンブルク左翼急進派については、Hans Manfred Bock, *Syndikalismus und Linkskommunismus von 1918–1923* (Meisenheim am Glan, 1969), 72 ff. ; Peter Lösche, *Der Bolschewismus im Urteil der deutschen Sozialdemokratie 1903–1920* (Berlin, 1967), 76 ff., 91 f. ; Gerhard Engel, "Johann Knief und die Bremer Linken in der Vorgeschichte der KPD", in : *Das Ringen um eine Wende* (Berlin, 1968) 参照。本文の典拠は、*ibid.*, 56 ; *Arbeiterpolitik*, 1917. V. 5, in : *Dokumente und Materialien*, I, Dok. 209. なお Dok. 182, 183, 184, 194, 195, 196, 197 をも見よ。

(10) Edwyn Bevan, *German Social Democracy during the War* (London, 1918), 161. ストックホルム会議については、Merle Fainsod, *International Socialism and the World War* (Cambridge, Mass., 1935. Reprint; New York, 1966), 124 ff. ; Julius Braunthal, *History of International*, II (London, 1967), Pt. 1 とくに 65 ff. ; Hildemarie Meynell, "The Stockholm Conference of 1917", *IRSH*, V (1960). なお、レーニン「ストックホルム会議について」、「ツィムメルヴァルド問題

について」『レーニン全集』二五（大月書店）、二八八ページ以下、三二九ページ以下、参照。

(11) *Vorwärts*, VI. 16, in: *Schulthess' 1917*/1, 642–647; Scheidemann, *Memoiren*, II, 20, 46; Ebert an Zimmermann, 1917. VI. 29, in: Horst Lademacher (Hrsg.), *Zimmerwalder Bewegung. Protokolle und Korrespondenz* (The Hague, 1967), I, 523.

(12) Bevan, *German Social Democracy*, 175 f.; Olga Gankin/H. H. Fisher (eds.), *The Bolsheviks and the World War. The Origin of the Third International* (Stanford, 1940), 648 f.

(13) *Spartakusbriefe*, 360, 352 f.; Angelica Balabanoff, *Die Zimmerwalder Bewegung 1914–1919* (Leipzig, 1928), 92.

(14) 三級選挙制および戦前の改革問題については、邦語文献として村瀬興雄『ドイツ現代史』（東大出版会、一九五四）、第三、四章および飯田・中村・野田・望田『ドイツ現代政治史』（ミネルヴァ書房、一九六六）、六六ページ以下、一九九ページ以下を参照。また、Reinhard Patemann, *Der Kampf um die preußische Wahlreform im Ersten Weltkrieg* (Düsseldorf, 1964) は、大戦中の当問題に関するもっとも詳細な研究であり、その Einleitung は大戦までの三級選挙制の発展を簡潔に記述したもの。

(15) 勅語の抜粋は、*Ursachen und Folgen*, I, Dok. 159.

(16) Patemann, *Der Kampf*, 36 ff. なお、パハニケは、改正案上程が必要なのは、開戦以来深刻化した厭戦気分を一掃するためであり、また改革は対外的にも有利な作用を及ぼす、と述べている。

(17) *Ibid.*, 52.

(18) 演説の抜粋は、*Ursachen und Folgen*, I, Dok. 162.

(19) *Ibid.*

(20) *Ibid.*, 55.

(21) Johann Viktor Bredt, *Der deutsche Reichstag im Weltkrieg. Das Werk des Untersuchungsausschusses*, 4. Reihe: *Die Ursachen des deutschen Zusammenbruchs im Jahre 1918*, 4/VIII (Berlin, 1926), 162 ff. 本書は、帝国議会各政党のプロイセン三級選挙制に対する態度、および背景について最も要領を得た記述である。

(22) *Verhandlungen des Reichstages*, CCCIX, 2566 f, 2837 ff. もちろん、社会愛国主義者ノスケは、改革はロシアのごとき革命なしに行わるべきことを主張したし、社会民主党右派は、四月三日の『フォーアヴェルツ』紙の主張のごとく、平等選挙制や議会主義は「強制的変革の跡をとどめず、帝制の倒壊もなくして」達成さるべきだという立場をとった。*Vorwärts*, 1917. IV. 3, in: *Schulthess'* 1917/I, 392 f.

(23) 憲法委員会成立経過については、*Quellen*, I, *Der interfraktionelle Ausschuß 1917/18* (Düsseldorf, 1959), I, Einleitung, xi–xxxv をみよ。

(24) *Ursachen und Folgen*, I, Dok. 163. なお、ここでシュトレーゼマン自身も述べているように、国民自由党内部はこの問題で必ずしも一致していない。これについては、Patemann, *Der Kampf*, 57 f. 参照。

(25) *Verhandlungen des Reichstages*, CCCIX, 2857 ff. 彼の演説の一部は、*Ursachen und Folgen*, I, Dok. 164.

(26) 勅令は、*ibid.*, Dok. 166.

(27) 閣議の議事録(抜粋)は、*Die Auswirkungen*, 4/II, Dok. 24, 25 に一〇ページにわたり収録されている。

(28) アメリカの対独宣戦は、この閣議の翌日の四月六日だが、四月二日ウィルソンは上院に開戦のメッセージを送った。

(29) *Die Auswirkungen*, 4/II, Dok. 24.

(30) *Ibid.* なお、Fischer, *Griff*, 439 は、レーベルをはじめ閣僚の中からベートマン提案へ「強い異論」(massiver Protest) が表明されたと述べている。この東独の史料集にある議事録には、それほどのものはない。同議事録によれば、レーベルはむしろ「一般平等選挙権にさえ注目していた帝国宰相の〔復活祭勅令という〕配慮に理解をも」示している。しかし、いうまでもなく、閣僚たちはロシアのごとき事態を極度に恐れ、選挙法改正の結果に対し深刻な懸念を表明している。また、Hellmuth Weber, "Zum Problem der Wahlrechtsreform in Preußen", in: *Politik im Krieg 1914–1918*, hrsg. von Fritz Klein (Berlin, 1964), 192 および *idem*, *Ludendorff und die Monopole. Deutsche Kriegspolitik 1916–1918* (Berlin, 1966), 78 は、ベートマン提案が全然閣僚の同意をえなかった、と述べている。必ずしもそうではないことは、本文にも記した通りである。

(31) *Die Auswirkungen*, 4/II, Dok. 25.

(32) 四月ストライキについては、Fritz Klein *et al.* (Hrsg.), *Deutschland im ersten Weltkrieg* (Berlin, 1969), II, 676 f.;

Heinrich Scheel, "Der Aprilstreik 1917 in Berlin", in: *Revolutionäre Ereignisse und Probleme in Deutschland während der Periode der Großen Sozialistischen Oktoberrevolution 1917/1918*, hrsg. von Albert Schreiner (Berlin, 1957), および Leo Stern の解説 "Der Aprilstreik 1917" (*Die Auswirkungen*, 4/I, Kap. VI) を比較参照。

(33) *Die Auswirkungen*, 4/II, Dok. 22.

(34) 社会民主党右派はこの復活祭勅令を歓迎したが、そのようなところに政府の側で勅令の中に四月ストライキの効果を減殺する作用を見ようとしたことが推測される。Cf. Fischer, *Griff*, 440 f.

(35) "An den Chef des Geh. Zivilkabinetts v. Valentini", 1917. VII. 1 (*Die Auswirkungen*, 4/II, Dok. 132). なお、デルブリュックは、元来プロイセンの平等選挙制に反対の立場にあった。Cf. Annelise Thimme, *Hans Delbrück als Kritiker der Wilhelminischen Epoche* (Düsseldorf, 1955), 38.

(36) *Die Auswirkungen*, 4/II, Dok. 143. なお、七月勅令の出される前後の経緯については、Patemann, *Der Kampf*, 89 ff.

(37) プロイセン下院保守党議員団長フォン・ハイデブラント (Ernst von Heydebrand und der Lasa) の演説 (1917. V. 17), *Ursachen und Folgen*, I, Dok. 169.

(38) 前注(37)。

(39) レンツェのこの部分の発言は、Kuno von Westarp, *Konservative Politik im letzten Jahrzehnt des Kaiserreiches* (Berlin, 1935), II, 272 f. に収録のもの、*Ursachen und Folgen*, I, Dok. 171 はその1部、なお、*Die Auswirkungen*, 4/II, Dok. 143 にはこの部分は省略されている。

(40) レンツェ、自治相フォン・ショルレマー、フォン・レーベル、文相フォン・トロット・ツー・ゾルツおよび陸相フォン・シュタインの五人、ただし陸相だけは留任し、前四名は八月五日に辞任。Patemann, *Der Kampf*, 93. Anm. 4.

(41) Wilhelm Mommsen (Hrsg.), *Deutsche Parteiprogramme* (München, 1960), 404 f.; *Ursachen und Folgen*, I, Dok. 174.

(42) 以下 Westarp, *Konservative Politik*, II, 512 f. による。なお参照、*Ursachen und Folgen*, I, Dok. 176.

(43) *Ibid.*, Dok. 164.

(44) ローゼンベルク『ヴァイマル共和国成立史』一七四ページ。

(45) Karl Wortmann, *Geschichte der Deutschen Vaterlandspartei 1917–1918* (Halle, 1926), 25 ff. 檄の全文および署名者リストは, *ibid.*, 29–32.

(46) Alfred Kruck, *Geschichte des Alldeutschen Verbandes 1890–1939* (Wiesbaden, 1954), 84; Karl-Heinz Schädlich, "Der 'Unabhängige Ausschuß für einen Deutschen Frieden' als ein Zentrum der Annexionspropaganda des deutschen Imperialismus im ersten Weltkrieg", in: *Politik im Krieg 1914–1918*, 64. 大工業家との関係および資金面についてはポツダム文書館所蔵の史料によって明らかにされた。*Die bürgerlichen Parteien in Deutschland*, I (Leipzig, 1968), 620 f., 624. Cf. Wortmann, *Vaterlandspartei*, 98 f.

(47) 以上, *Verhandlungen des Reichstages*, CCCX, 3714 ff., 3766 ff. なお cf. *Quellen*, I, *Der Interfraktionelle Ausschuß*, I, 213 ff. および *Quellen*, III, *Die Reichstagsfraktion*, II, 335 ff.; Wortmann, *Vaterlandspartei*, 27–30, 41–52; *Die bürgerlichen Parteien*, 622 ff.

(48) E. O. Volkmann, *Die Annexionsfrage des Weltkrieges. Das Werk des Untersuchungsausschusses*, 4/XII–1 (Berlin, 1929), 145 ff.; *Die bürgerlichen Parteien*, 620, 625 ff.; Wortmann, *Vaterlandspartei*, 72 f.

(49) *Die Aufzeichnungen des Generalmajors Max Hoffmann*, hrsg. von F. Nowak (Berlin, 1929), I, 165 f.

(50) ただし, この好機を逸した責任は帝国政府の側にある, という。*Ibid.*, II, 168; Max Hoffmann, *Der Krieg der versäumten Gelegenheiten* (München, 1924), *passim*; Erich Ludendorff, *Meine Kriegserinnerungen 1914–1918* (Berlin, 1919), 327, 355.

(51) もっとも,「レーニンの帰国の結果, なにがおこるかは当時何人も予想できなかった」(*Die Aufzeichnungen des Generalmajors Max Hoffmann*, II, 174)。なおこの「封印列車」に関しては, Werner Hahlweg, *Lenins Rückkehr nach Russland* (Leiden, 1957); Z. A. B. Zeman, *Germany and the Revolution in Russia 1915–1918* (London, 1958). また Z. A. B. Zeman/W. B. Scharlau, *The Merchant of Revolution. The Life of Alexander Israel Helphand (Parvus)* (London, 1965) も参照。

(52) Ludendorff, *Kriegserinnerungen*, 355 ff.; Erich Ludendorff, *Urkunden der Obersten Heeresleitung über ihre Tätigkeit 1916/1918* (Berlin, 1920), 395 f., 292.

(53) Cf. Ludendorff, *Kriegserinnerungen*, 2–7 ; *idem*, *Urkunden*, 402.

(54) 本章でほとんど割愛せざるをえないこの「七月危機」については，最近の対立した見解として，cf. Gerhard Ritter, *Staatskunst und Kriegshandwerke. Das Problem des ›Militarismus‹ in Deutschland*, III : *Die Tragödie der Staatskunst. Bethmann-Hollweg als Kriegskanzler* (München, 1964), 12. Kap. ; Fischer, *Griff*, 12. Kap.

(55) Ludendorff, *Kriegserinnerungen*, 7, 440. なお，*Die Auswirkungen*, 4/II, 838 f. 参照。軍部内にはグレーナーのように，自由な国内体制が戦力を昂めるという認識をもつものもあった。しかしかかる考え方は戦争末期まで発言力をもてなかった。Cf. Wilhelm Groener, *Lebenserinnerungen*, hrsg. von Friedrich Frhr. Hiller von Gaertringen (Göttingen, 1957), 557.

(56) Zeman, *Germany*, 75. ブレスト講和についても最も包括的，かつ劇的叙述は，現在でも John Wheeler-Bennett, *Brest-Litovsk. The Forgotten Peace* (London, 1938) である。なお Werner Hahlweg, *Der Diktatfrieden von Brest-Litowsk 1918 und die bolschewistische Weltrevolution* (Münster, 1960) ; Ritter, *Staatskunst*, IV : *Die Herrschaft des deutschen Militarismus und die Katastrophe von 1918* (München, 1968), 2. Kap. ; Günter Rosenfeld, *Sowjetrußland und Deutschland 1917–1922* (Berlin, 1960) ; Fritz Klein *et al.* (Hrsg.), *Deutschland im ersten Weltkrieg*, III, Kap. III, V, ; *Fischer, Griff*, 18. Kap. また *Von Brest-Litowsk bis Rapallo*, I (Berlin, 1967) (ソ連，東独の共同作業による史料集) など参照。

(57) Ludendorff, *Kriegserinnerungen*, 408, 436, 441, 443, 445.

(58) *Verhandlungen des Reichstages*, CCCXI, 3947 ; *Von Brest-Litowsk bis Rapallo*, I, Dok. 17, 23, 26, 30, 31, 42, 47, 54, 60, 61, 73, 81, 127, 132, 153, 171, 192, 197, 215, 216, 258 ; *Quellen*, I : *Der Interfraktionelle Ausschuß*, II, とくに Dok. 130, 147, 164 ; Fischer, *Griff*, 634, 651.

(59) Ritter, *Staatskunst*, III, 551 ff. とくに 584 f.

(60) Scheidemann, *Memoiren*, II, 104 ff. Cf. Lösche, *Der Bolschewismus*, 104, 106.

(61) *Verhandlungen des Reichstages*, CCCXI, 3950, 3972 f. ; Lösche, *Der Bolschewismus*, 117 ff. ; Scheidemann, *Memoiren*, II, 101 f.

(62) *Verhandlungen des Reichstages*, CCCXI, 3959 f., 3978 ; *Dokumente und Materialien*, II, 56 ff. ; Lösche, *Der Bolsche-*

wismus, 107, 120 ff.

(63) *Dokumente und Materialien*, II, 51 ; Rosenfeld, *Sowjetrußland*, 13.

(64) *Revolutionäre Ereignisse*, 326 ; Lösche, *Der Bolschewismus*, 112, 123, 127 ; Clara Zetkin, *Ausgewählte Reden und Schriften* (Berlin, 1960), I, 767 ff., II, 3 ff. ; Franz Mehring, *Gesammelte Schriften*, XV (Berlin, 1966), 761 ff. なお参照、Lösche, *Der Bolschewismus*, 108, Anm. 23.

(65) たとえば、西川正雄「ローザ・ルクセンブルクとドイツの政治」『史学雑誌』六九編二号（一九六〇）、参照。

(66) *Spartakusbriefe*, 354 ; *Spartacus*, 1918. IX., *ibid.*, 453 ff. 彼女はこの中で次のように述べる。「実際ブレスト講和はロシアの革命的プロレタリアートがドイツ帝国主義の前に屈伏したもの以外のなにものでもない」。*Ibid.*, 454.「ドイツの銃剣に腰かけた社会主義革命、ドイツ帝国主義の庇護のもとでのプロレタリア独裁——そんなものはかつて経験したこともない怪しげなものになろう。それに、なによりもまったくのユートピアであろう」（力点原文）と。*Ibid.*, 458.

(67) *Dokumente und Materialien*, II, Dok. 6, 18.

(68) 七項目プログラムは *ibid.*, Dok. 28. 蜂起の呼びかけは、Dok. 25, 26. なお、一月ストについては、前注（32）の諸文献および Richard Müller, *Vom Kaiserreich zur Republik* (Wien, 1924–1925), I, 102 ff. 参照。

(69) *Verhandlungen des Reichstages*, CCCXI, 4540–4544, 4536. なお、社会民主党議員団内部では賛否両論が対立した。その詳細は、参照、*Quellen*, III, *Reichstagsfraktion*, II, 386 ff.

(70) *Verhandlungen des Reichstages*, CCCXI, 4462 ff., cf. *Ursachen und Folgen*, II, 183.

(71) 以上、Gatzke, *Drive to the West*, 292 ff. ; Fischer, *Griff*, Dritter Teil, 675 ff., 684 ff., 534 ff. 参照。

(72) ローゼンベルク『ヴァイマル共和国成立史』、二四〇ページ。

(73) 次章参照。

第二章　ドイツ革命

一　革命史研究の観点

一九一八年から一九年にかけてのドイツは、敗戦と帝制の崩壊、革命と共和国の成立を経験した。この一連の変動は、ロシア十月革命を規範にすれば、革命の失敗であり、裏切りであった。いわゆる「裏切り」史観では、特定の立場や組織の原理的無謬性と大衆運動の普遍的革命性が前提になり、ロシア革命の普遍的影響力が強調される。革命挫折の原因は日和見主義者・修正主義者の反革命的作為に帰せられ、革命的指導者については個々の思想と行動の過誤が右の尺度から批判されることになる。「裏切り」史観でなくとも、さまざまのニュアンスで革命の挫折を語るとき、成功すべき革命像は多くの場合ロシアのボリシェヴィキ革命であった。(1)

他方では、右の観点とはちょうど逆に、「ボリシェヴィズムに対する防衛」にこそドイツ革命の積極性を求める流れがある。この傾向は、仮政権を担当した社会民主党の政策決定においてはボリシェヴィズムへの恐怖が最も重要な要因の一つであっただけに、彼らの政策と思想を弁護するものとして当時から存在し、とくに「冷戦」下の西側の研究でも顕著にみられた。(2) そこでは、多かれ少なかれ「民主主義」と「独裁」が無媒介的に二律背反とされ、ボリシェヴィズムとの対決が民主主義の擁護と等置される傾きがあった。しかしまた、社会民主党の「革命」政権が、事態収拾に際し、人民軍を創設するより旧軍部に依存したこと(「エーベルト＝グレーナー同盟」)、協議会《レーテ》を労働者の権力機関として確立するより旧官僚機構を温存しつつブルジョワ議会主義を選び、むしろ資本家と妥協して社会化計画の換骨奪胎を計ったこと、これらは、解釈に差異はあっても、誰しも否定できぬところであった。少なくとも旧軍部と旧官僚への依存が、ヴァイマル共和国の民主的発展に阻害的要因となった点は、当時からほとんど承認されてきた。

とすれば、社会民主党の反ボリシェヴィズム政策が同時に民主主義的発展の芽をも摘みとったことに着目する見解が、最近の西ドイツにもみられるのは蓋し当然であろう。それらは、当初ほとんどロシアの「ソヴェト」と同一視された協議会《レーテ》という組織の実態をあらためて検討し、そこにボリシェヴィズムではなくて「民主主義」の可能性を探り、協議会組織を政治権力と結合させて民主化を実現し定着しえなかったところに社会民主党の責任、総じて革命の失敗の要因、ひいてはヴァイマル共和国の脆弱さを見るのである。(3) さらにはまた、既成の組織と異なるこの協議会制度《レーテジステーム》のなかに労働者の自己管理と直接民主主義の思想をみる視点もあらためて検討されつつある。(4) すでに一九三〇年代にドイツ革命の積極的成果ではなくその失敗を「民主主義」の観点から論じたローゼンベルクの著作は、(5) 右のような最近の研究であらためて認識されているようだが、わが国の研究状況を顧みるとき、(6) われわれとしては、「急進的民主主義史観」とでもいうべきローゼンベルクの見方を、たとえばローザ・ルクセンブルクの革命論とともに、あるいはそれとの対比において留意すべきであろう。

未完の『ロシア革命論』をはじめ、彼女が獄中や革命の渦中で書いたドイツ革命論は、ドイツ社会主義者の非革命性を糾弾しながらも、繰り返し大衆の未成熟とその教化の必要を強調し、大多数のプロレタリア大衆の明確な意志と自覚的な同意のあるときにのみ権力を獲得すべきことを説いている。(7) このような革命の展望は、ひとしくプロレタリア独裁を志向しながらも、その後の社会主義の歴史のなかで毀誉褒貶をうけてきたものだが、(8) 右に述べてきた脈絡のなかでボリシェヴィキ革命を規範としない革命論としてあらためて注目されるのである。

以下の記述では、革命の全局面を分析することは断念し、革命の初期の段階の政治的意味を確かめながら、プロレタリア革命派の問題に重点をおき、それを通じて、以上のさまざまの観点を検討する一作業にしたいと思う。[9]

二 革命の発生

ルーデンドルフ軍事独裁権力が陥没したあと、帝国議会多数派は突如政権の座につくことになった。このマクス内閣は、休戦の実現と国内民主化という相互に不可分な課題に直面し、一九一八年一〇月末には帝国憲法を改正した。皇帝の権能を縮小するとともに議会の権限を強化することによって「上からの改革」をすすめ、法制的にはブルジョワ議会制民主主義を実現したのである。憲法改正にみられる国内体制の民主化は、「君主専制主義」の除去を要求する連合国側の休戦条件に対して、この社会民主党・ブルジョワ諸政党政府が皇帝退位問題を回避するための努力でもあった。ところが国家権力の流動化した状況下で改革をすすめるには、逆に平和と秩序を必要とする。その意味でも民主化と休戦とは相関関係にあったのだが、それだけに帝国政府は「ボリシェヴィズムの危険」に対抗し「下からの革命」を防止しなければならなかった。だが、マクス内閣はこれらの課題を果すまえに十一月革命にいたる大衆的高揚の大波をかぶって退陣することになった。[10]

他方、戦争に対して議会主義化ではなく革命を対置するスパルタクス派は、「ドイツ帝国主義の崩壊」をみて、一〇月七日、ブレーメン左派など左翼急進派も交えた非合法下の全国会議をベルリンで開いた。この会議は、ウィルソン流の国際連盟構想とそれを支持する独立社会民主党指導部をも批判し、急進派の「人民革命」綱領ともいうべき路線をきめた。それは、政治犯の釈放、戒厳令・祖国補助勤務法(総動員法)の廃止など当面の諸要求とともに、銀行資本および鉱山・精錬所の没収、大中土地所有の没収と農業労働者・小農代表による生産管理、軍隊の徹底的変革など七項目の要求を含むプロレタリア独裁への若干の方針を掲げたものであった。
この会議はまた、各地に権力機関としての労兵協議会をつくるよう訴えるとともに武装蜂起の準備を示唆しており、このころのスパルタクスの非合法ビラにもそのような呼びかけがみられた。[11] だが彼らは大衆的・組織的基盤を欠いていたため、こうした呼びかけの実効は少なかったようである。具体的な蜂起計画は、リープクネヒトが釈放された一〇月末から検討された。すでに彼は、一〇月二六日から、ベルリンの革命的オプロイテ執行委員会にでてゆき、予想される政府側の「挙国的防衛」計画実施に対して一一月三日の大衆集会とデモを提案していたが、準備不足を理由に退けられたようである。一一月二日には独立社会民主党幹部のハーゼ、レーデブーア、バルト、ディトマンら、およびドイミヒ、リヒャルト・ミュラーらが出席したオプロイテ執行委で、四日(月曜日)の行動計画が論議された。ここでは、バルト、レーデブーア、ドイミヒも四日の蜂起を主張し、スパルタクスは決定的な武装蜂起の前段階として大衆的示威運動を提起した。だがハーゼやディトマンは、休戦成立前の蜂起そのものに反対し、結局これらの案は否決され、蜂起はR・ミュラーの案で一一月一一日に延期されることになった。[12]
オプロイテやスパルタクスなどプロレタリア革命派がいまや蜂起を主張するのに、独立社会民主党右派の指導者はなお議会主義に傾いて躊躇し、他方政府派社会民主党が革命を防止しようとしているとき、ドイツ各地は革命の渦にまきこまれた。プロレタリア革命派の指導者たちも、解き放たれた大衆のエネルギーに乗りこえられたのである。
そのような大衆レヴェルでの革命的動きは、首都ベルリンからではなく、まず各地方都市から個別的に発生した。[13]
一〇月二八日に対英海戦のためドイツ大洋艦隊に出撃命令が下された。キール軍港では、この無謀な命令とそれへの不服従を発火点として水兵の反乱がおこった。[14] 作業拒否で約一〇〇〇名が逮捕され、彼らの運命について不穏な噂が広まるにおよんでキールにおける一連の雪崩現象が始まる。一一月三日の日曜日、水兵たちが逮捕者の釈放をもとめて集会と「平和的」デモを行なったとき、パトロール隊の発砲で八名が死亡し二九名が負傷した。翌四日、水兵たちは兵士協議会をつくるとともに軍隊内の指揮系統に造反した。将校たちは武装解除され、戦艦のマストには赤旗がひるがえった。反乱水兵たちは、同日夜までに、キール市の情勢を完全に支配し、「権力はわれらの掌中にあり」と宣言した。いまやこの勢いに労働者が合流し、両社会民主党系の労働者による協議会も成立して、翌五日全市がゼネストにはいった。

キールにおける労働者・兵士の運動は、驚くほど速やかに、かつ容易に成功した。しかし、彼らはこれを確保し発展させるプログラムと力量を欠いていた。もともと反乱の直接の動機は、戦争の継続と無意味な犠牲の強要に対する彼らの抗議であって、兵士協議会の要求項目[15]も、即時休戦、ホーエンツォレルン王朝の退陣、戒厳令の廃止、逮捕水兵・政治犯の釈放、普通選挙制、そして軍隊内の待遇改善など、当面の最も切実な内容のものであった。ただこうした民主化要求も、反乱の急速な広がりと、警察権力や軍隊内秩序と規律の瓦解状況のなかで生まれたのであった。キールの革命は、既成政治組織の中央指導部との緊密な連絡はなく、四年間の大戦の重圧に対していわば「自生的」に発生し、運動自体に指導性が確立しないままに、急速に発展し成功したものであり、権力を掌握した水兵と労働者には、その後の状況を指導する理論も政策も欠けていたのである。

だからこそ、彼らは、ベルリン政府がキール情勢の急進化を抑えるために派遣した社会民主党右派のノスケを歓迎し、兵士協議会の共同議長に選出した。君主制擁護者でさえあるノスケは、さらにキール総督の地位を継ぎ、反乱した労働者・兵士から情勢の指導権を委ねられた。かくしてキールには六日から秩序と平穏が回復したが、事態が収拾されたのは、「超人的偉業を成し遂げた[16]」ノスケの力量にあるのではなく、反乱した兵士・労働者が、端的にいって、なによりも戦争終結と民主化、すなわち秩序をこそ志向していたからであり、また旧権力側もさしたる抵抗をみせず、

ドイツにおける協議会《レーテ》の成立

Institut für Marxismus-Leninismus beim ZK der SED (Berlin, 1968), 167 などから

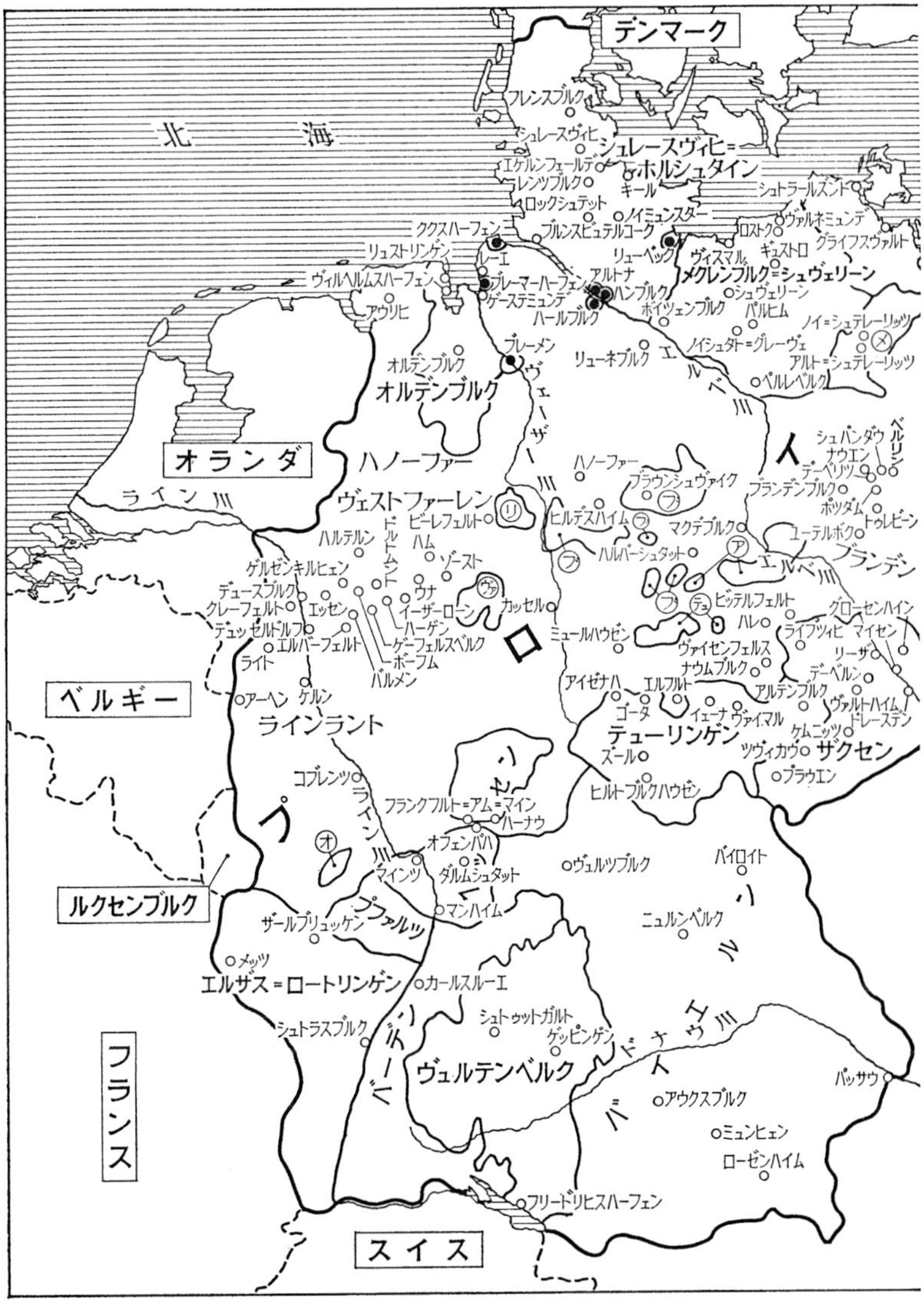

図2　1918年11月9日までの

〔資料〕 *Illustrierte Geschichte der Novemberrevolution in Deutschland*, hrsg. vom
作成.

むしろ容認し妥協したからであった。遅れてキールに到来した独立社会民主党の党首ハーゼはノスケに先を越されてほとんど指導力を発揮できなかった。やがて、キールの労兵協議会では急進化をおし留めようとする社会民主党勢力の主導権が容易に確立することになる。

他方、キールの情勢とは別個に南ドイツのシュトゥットガルトでは、一一月四日、主要な工場の労働者たちがストライキにはいり、「戦争をやめろ！　共和国万歳！」のスローガンのもとに三万人がデモ行進に参加した。これらはスパルタクス派の呼びかけと指導下に行なわれた。この過程で生まれた労兵協議会の要求も、キールと異なり、前述のスパルタクス全国会議の路線に沿う社会主義的内容を含む協議会《レーテ》による権力掌握をめざしていた。(17) じつは、このストライキは、当地のスパルタキストが二日前のベルリンにおける前述の蜂起計画に合わせて——一一日に延期されたのを知らずに——開始したものであった。だが、彼らの指導する労兵協議会は、武装蜂起による権力奪取を敢行したのではなく、実際にはデモの渦を背景にヴュルテンベルク政府の内相と交渉し、社会主義的要求を突きつけたのである。彼らは『赤旗《ローテ・ファーネ》』を発刊することができたが、やがてリュックやタールハイマーなど指導者が逮捕されると、急進化はストップして、一一月九日には両社会民主党が連合政府をつくり、シュトゥットガルトの事態は穏健化した。そのほかフリードリヒスハーフェンでも、同様にスパルタクス指導下に急進的情勢がかもし出されたが、ほぼシュトゥットガルトとおなじ経過をたどった。

この間、全国的規模で湧出してきた邦《ラント》権力に反抗する革命的運動は、キール反乱を導火線としている。この解き放たれた大衆のエネルギーは、首都ベルリンに臨時政府ができる一一月一〇日までに、全国百数十の地域になんらかの協議会を成立させるにいたった(図2参照)。ここで各地の革命情勢の詳細に深入りすることはできない。若干の例を瞥見しながら、革命の発生と協議会《レーテ》成立の特質を指摘するにとどめなければならない。

左翼急進派の拠点であったハンブルクではキールの直接の衝撃のもとに、一一月六日水兵たちが革命化し、それに独立社会民主党とヴォルフハイムやラウフェンベルクらの左翼急進派が指導する労働者が合流して、同夜までに労兵協議会が市の情勢を支配した。この臨時協議会《レーテ》は、市政府に対し公共の交通機関・食糧供給を委せるよう要求する一方、政治権力を握った協議会が、公共の平穏と治安の維持に責任をもち、「暴徒その他の不正分子には容赦なく処分を下す」と宣言した。(18) 彼らはまた、社会民主党の『ハンブルガー・エヒョー』編集局を占拠して、八日、フレーリヒを主幹とする『赤　旗《ローテ・ファーネ》』なる機関紙を発行した。しかし、数日後に改選されて成立した労兵協議会では、ここでも旧体制の諸機関の温存をはかる社会民主党が多数をとり、優勢となった。

ミュンヒェンでは、(19) オーストリアの崩壊にともなって連合軍がバイエルン南部国境から進攻するかもしれないという危機感が深まり、戦争の速やかな終結への希望はとくに強かった。すでに一〇月末から平和への示威運動が高まっていたが、一一月三日、独立社会民主党員クルト・アイスナーなどの指導する集会は、ベルリン政府の「挙国的防衛」計画に反対し、即時休戦と「国民政府」の樹立などを要求した。(20) 集会後のデモ行進は独立社会民主党員の政治犯三名の釈放をもたらしたが、この成果をみて社会民主党は運動に積極的に加わらざるをえなくなった。

一一月七日、テレージエンヴィーゼ広場で両社会民主党合同の巨大な集会が組織され、これが決定的事態に発展するにいたった。キールの成功に勢いづけられ、兵士や労働者が兵営や工場からこの大衆集会に参加し、集まった人数は一五万とも二〇万とも報ぜられた。そこではアイスナーほか多数が演説し、皇帝の退位、王朝の廃止、ウィルソンの休戦条件受諾、行政機構の完全な民主化、八時間労働日などの要求がだされた。集会のあと、兵士や労働者は、アイスナーを先頭に街頭を行進し、兵営では将校たちを逮捕した。このような事態に対して、警察や軍司令部は自ら無力を宣言して手を打たなかった。かくてこの日のうちに、ミュンヒェンは完全に労働者・兵士の手に握られ、ドイツで最も古いヴィテルスバハ王朝も倒壊した。同夜、アイスナーはバイエルン共和国を宣言した。翌八日、労兵農の協議会《レーテ》が結成され、そのメンバーと一部ブルジョワ政党からなる臨時国民評議会《ナツィオナルラート》が成立し、アイスナーを首班に両派社会民主党の構成する「民主・社会」共和国政府が誕生した。アイスナーの市民への訴えは、平和と秩序を強調しており、「バイエルンでは社会主義者の兄弟喧嘩は終った」と述べていた。(21) バイエルンの他の都市も、ミュンヒェンの例にならった。

その他の地方都市でも、「革命勃発」に際してなによりも重要な起動力となったのは、戦争終結への希望であった。多くの都市で最初に動いたのが水兵や兵士であり、ついで労働者が合流して旧権力倒壊・民主化運動へと発展したのも、それとの関連で理解される。このことはさらに、運動の最も重要な目的が休戦協定の成立(一一月一一日)で果されてしまい、運動がそれを越えるときには、平和の問題で主導権をとるのが著しく困難になることを示唆している。

また革命情勢は、二、三の例を除けば、多かれ少なかれ、キール反乱が飛火して爆発し、革命派の組織的運動を乗りこえて拡がった。その際急進派の運動への浸透度は小さく、多少とも運動を組織したのは独立社会民主党であった。そして兵士と労働者による地方権力掌握も、キールに限らず、概して旧権力のわずかの抵抗と瓦解現象のなかで実現したのである。社会民主党は、大抵の場合、後から運動のなかにはいり、党の組織的地盤を利用して労兵協議会に有力な地歩を築き、こうして革命の成果をつかむとともに、運動の急進化にブレーキをかけた。

革命発生時に各地に成立した協議会《レーテ》の名称や観念はロシアの「ソヴェト」に由来していたとしても、協議会《レーテ》は階級闘争の組織ないし権力機関としてであれ、あるいは改革のための議会の代替としてであれ、労働組合を含む既成の政治組織との関係について当初明確なヴィジョンを欠いていたし、その実態は右のような情勢から生まれた「即興的」かつ「妥協的」な性格を帯びていた。(22)

三　首都ベルリンの革命

首都の動向は革命の帰趨に決定的である。ベルリンの情勢は、全国各地における革命運動の発生と旧権力の雪崩現象が刻々と伝えられるなかで次第に緊迫した。一一月七日にはマルク地方(含ベルリン)軍司令官が独立社会民主党の集会を禁ずるとともに、ロシアに倣った労兵協議会は「現存国家体制と矛盾し公共の安全を脅かす」という理由でその設立を禁止する布告を発した。内務省でも不穏な事態に備え軍事的手段を含む対抗策を協議していた[23]。同じ日、社会民主党幹部会と同党議員団は、政府に対し、皇帝退位(八日正午まで)、政府内での同党の増強、プロイセン政府の即時改革などの要求が拒否されれば、閣僚を引き揚げる旨の最後通告を提出した。翌日になっても退位問題は未解決であった。しかし同党は、政府を脱退すれば休戦を妨げることになるという理由で、最後通告の期限を休戦成立まで延期すると発表した[24]。革命前夜の社会民主党は、こうすることによって首都の大衆に隠忍自重を求め蜂起の勃発を抑えようとしたのである。

蜂起計画を一一日に延期した革命派の間では、革命的オプロイテ執行委員会でリープクネヒトがその後も速やかな蜂起を繰り返し主張していたようである。八日、ドイミヒが逮捕され、蜂起準備が官憲に洩れる危険もあらわれた。同夜執行委員会は翌朝のゼネストと武装決起を呼びかける決定を下したといわれる[25]。しかし、バルト、ハーゼを含みレーデブーア、リープクネヒト、ピークら一〇名の署名で出された八日付執行委員会の檄文は、「平和・自由・パン」のため工場や兵営を去るよう呼びかけているが、日時の設定もなく、内容も不明瞭であった。その点、同日、リープクネヒトとマイアー名で出されたスパルタクスのビラは、労兵協議会代表による権力獲得をはじめ、やや具体的スローガンを掲げているが、マイアーの起草したこの檄にしても、旧権力打倒と権力掌握の具体的行動指針を欠いていた[26]。

いずれにせよ、スパルタクスやオプロイテたちはこれらの行動を通じて首都の革命勃発と大衆行動にいかなる役割を果したのか。

スパルタクス派の組織的影響力は一般に弱く、その指導下にあるものは数千を越えることはなく、活動的メンバーもせいぜい一〇〇〇名ほどだったといわれる。革命前後の檄の配布部数は不明であり、その効果も不確かである。(27) 指導者についても、獄中にあったルクセンブルクは一一月八日(ただしベルリン到着は一〇日)、レオン・ヨギヘスは九日に釈放され、ツェトキーンは南ドイツで病床にあった。革命前夜ベルリンで主に活動した指導者は、一〇月二三日に出獄したリープクネヒトのほかはマイアーやピークであった。

ベルリンの金属労働者の組織を背後にもった革命的オプロイテ(バルト、ドイミヒ、R・ミュラーなど代表的人物は独立社会民主党左派に属していた)は、組織の壊滅を危惧して蜂起計画に概して慎重であり消極的であった。これに対し、労働者大衆の組織的基盤を欠くスパルタクスのリープクネヒトはもっぱら大衆行動を説いたが、そこには、組織的劣勢を補うためにも引続く反乱状況を通じて大衆を獲得していこうとした事情があった。オプロイテ側指導者が、こうした戦術を「革命的遊戯《レヴォルツィオネーレ・ギムナスティーク》」と評すれば、リープクネヒトはオプロイテを、「あまりに技術的準備に重点をかけすぎる機械的見解」をもつものと批判している。(28) これらの適否はともかく、現実には「革命」は革命派が大衆に決定的な衝撃をあたえる前に勃発したのである。

一一月九日、皇帝の退位と休戦の成立は、間近に迫りながらもいぜんとして不確かなままであった。(29) この日ベルリンの街頭には朝から人々が集まり始め、異常な速さで膨れあがった。ピストル・小銃・手榴弾を携行した労働者・兵士の姿もみられ、もはやこれは平穏な平和デモではなかった。発電所が占拠され、市電が停止した。「秩序維持」のため払暁からベルリンへ出動していたナウムブルク第四狙撃大隊のなかには、肩章や勲章を捨てて命令を拒否する兵士たちがあらわれた。彼らは兵士協議会をつくり、デモ隊側に移って武器を配った。政府の信頼するベルリン警備隊の戦闘態勢も崩れており、はやくも警官は街頭から姿を消していた。

午後になると、労働者・兵士の一隊が悪名高いモアビート監獄へ行進し、政治犯を釈放した。警視庁にむかった別のデモ隊はその建物を取り囲み、独立社会民主党員アイヒホルンらが警視総監に明け渡しを要求した。すでに午後一時半ころマルク地方軍司令官は、軍隊と警察に武器を使用しないよう指令していたが、警官は武器をおさめ、フォン・オッペン総監も抵抗せずに警視庁の明け渡しに同意した。さらに街頭の大衆は、中央郵便局・ヴォルフ通信社・帝国議事堂を占拠し、議事堂・市庁舎・ブランデンブルク門には赤旗が立てられた。

夕刻、王宮の厩で労兵の一隊と護衛兵の将校たちとの間にかなり激しい武力衝突がおこり、これは深夜まで続いた。またウンター・デン・リンデン通りのベルリン大学附近でも激突があった。これらの衝突では結局将校たちの抵抗が沈黙させられた。犠牲者は比較的少数であった(労兵側死者は一五名ともいわれる)。

この日のベルリンにおける大衆行動は組織的計画によって惹き起こされたのではなく、自然発生的におこったものだったが、あたかも中央の指令によるごとく、各処でほとんどいっせいに動き始め、街頭の大衆行動は微弱な抵抗を圧倒してほぼ完全な勝利をおさめた。しかし、この大衆蜂起の成功はまだ革命の序曲でしかない。以後、この成果がいかに確保され定着されるか、あるいは発展させられるかが、ドイツ革命の帰趨を決する問題となった。

朝からの逼迫した情勢のなかで、この日正午までに、マクス・フォン・バーデン宰相は、軍部にも見放されたヴィルヘルム二世がついにドイツ皇帝(とプロイセン国王)を退位したことを声明し、さらに社会民主党のエーベルトを後継者に指名し、憲法制定議会選挙を告知した。(30)

マクス公に政権を求めて委譲された社会民主党は、この日の午後になって、蜂起した街頭の大衆に「ゼネスト!」

と題する『フォーアヴェルツ』の号外を出し、実はそのなかで労働者・兵士に「平穏と秩序」を守るよう訴えていた。さらに「宰相エーベルト」名で、食糧の生産と運搬・交通機関を妨害しないこと、街頭から去ることを訴えた市民へのビラを出す一方、全国の官庁、官僚に対してはドイツを内乱と飢餓・無秩序から救うため新政権へ協力し支持するよう求めた。午後二時ころシャイデマンも議事堂の窓から、集まった群集に皇帝の退位を告げ、「自由ドイツ共和国万歳!」を叫んだ。シャイデマンの宣言は、この期におよんでもなお王制維持を望んでいたエーベルトの憤激をかったが、これも群集の急進化を防止し、情勢の主導権を握ろうとする努力のあらわれであった。[31]

他方リープクネヒトは、朝から街頭に飛び出しデモ隊の先頭にも立って活動していた。午後四時すぎには、彼も王宮のバルコニーから群集に演説し、「自由社会主義ドイツ共和国」を宣言した。

これよりさき、エーベルトは宰相に指名された直後から独立社会民主党に入閣を求めていた。リープクネヒトの名声を利用するため、彼の入閣の可能性も示唆されていたといわれる。しかし、レーデブーアは政府派社会民主党との連立にきっぱりと反対し、独立社会民主党内の意見は分裂した。さきの宣言のあと議事堂内にあらわれたリープクネヒトは、行詰まっていた討論に加わり、彼の強い主張で入閣のための六項目要求が出された。そうしたのは、これが拒否されるのを見越してリープクネヒトが社会民主党の正体を暴露しようとしたのだとも、大衆の休戦成立への期待を考慮したためだともいわれる。[32] いずれにせよ、革命の方向を大衆的基盤のうえに据えるためには、いかにして平和の問題で主導権を握るかが、決定的に重要であった。

むろん社会民主党幹部会は、右の六条件の核心的項目を拒否した。すなわち、独立社会民主党の要求するように、㈠「行政・立法・司法の全権力をすべての勤労人民と兵士の選ぶ代表の掌中におく」のは、これがある階級の一部の独裁を意味するのなら、「われわれの民主的諸原則と矛盾する」し、㈡「一切のブルジョワ閣僚を除外」するのは、国民への食糧供給を著しく害する危険がある、というのである。また、㈢休戦成立まで三日間の期限つき入閣条件については、社会民主党側は、連立は少なくとも憲法制定議会開催まで必要であると回答した。このため、両党の連立政府交渉はその日のうちには決着をみなかったので、独立社会民主党は、党首ハーゼのキールからの帰りを待ち、リープクネヒトを除外してさきの条件を変更することにした。その結果、政治権力は労兵協議会の掌中にある、制憲議会問題は事態の正常化後に論ずる、双方が対等の資格で各〻三名の閣僚をだし、ブルジョワ専門大臣《ファッハミニスター》はたんに補佐的機能をもつものとする、独立社会民主党はハーゼ、ディトマン、バルトを送る用意がある、と回答したのである。[33] エーベルトは直ちにこれを受諾した。こうして党幹部会レヴェルでの両党連立政府は、すでに一〇日の午後には成立した。

一方、九日の大衆行動に指導性を発揮しえなかった革命的オプロイテたちは、同夜帝国議会内で開かれていたベルリン兵士協議会《レーテ》の集会でひとつの決議を採択させるのに成功した。現在のベルリン労兵協議会《レーテ》は恣意的に構成されているので、一〇日午前中に工場と部隊を基準にこれを選出しなおし、同日午後ブッシュ曲馬館でその新労兵協議会の総会をひらき、臨時政府を選出するという決議であった。[34] これは、両社会民主党幹部の合意で成立した連立政府を牽制するものであり、現実にはこの総会によっていわば批准されるのが政府成立の要件となるような事態をもたらした。

前にみたように社会民主党は、革命勃発の際に地方でもベルリンでも下からの大衆運動には概して遅れをとり、後からその収拾に乗りだしているが、中央政権獲得の問題では敏速かつ巧妙に動いた。九日夜から一〇日にかけて党の組織と人材とを最大限に活用し、ベルリン労兵協議会総会で、両党連立政府、止むなくばエーベルト＝シャイデマンの社会民主党単独政府の承認をかちとるために、制憲議会開催に賛成の代議員獲得工作を精力的に展開したのである。[35]

これに反してスパルタクスは、革命の課題やイデオロギーをもって労働者・兵士の大衆に働きかけるのが主な活動となる。彼らは九日、保守系の『ベルリン地方新聞《ロカール・アンツァイガー》』社を占拠し、機関紙『赤旗《ローテ・ファーネ》』を刊行し始めた。これらの情宣手段を通じて政府派社会主義者を批判し、大衆に街頭を去らずそこに留まるよう訴えながら、旧軍事・警察力の解体と人民の武装、労兵協議会による全権力の掌握をスローガンに掲げ、「プロレタリア社会主義的平和」の即時実現と社会主義社会への変革を説いたのである。[36] だが、もとよりその意味での平和は社会主義革命を前提とする。スパルタクスにおいて平和(休戦)と革命とは、革命の勃発したいまも、理論的には関連づけえても、現実に政府が休戦交渉をすすめている現状では、ロシアのボリシェヴィキの場合と異なり、休戦を掲げることと革命の推進を訴えることとには、当面合致しないディレンマにあった。とすれば、スパルタクスが「四年間革命を裏切り続けてきた」シャイデマン流の社会主義者とそれに協力するものを政権につけるな、と呼びかけても、[37] 休戦内閣の成立が急務であるとき、その説得力はさして期待できなかったのである。

四　臨時政権と労兵協議会《レーテ》——二重権力か

ベルリン労兵協議会総会は、一〇日の夕刻五時からブッシュ館で開かれ、三〇〇〇名ほどの代議員が集まった。代議員たちは、エーベルト、ハーゼの演説に喝采を送り、リープクネヒトのそれには野次を飛ばした。[38]

革命的オプロイテは、この総会で左派だけの実行委員会を選出しようと企てていた。しかし、激論のすえ結局社会民主党七、革命的オプロイテ(=独立社会民主党左派)七の計一四名の労働者と、社会民主党ないしブルジョワ政党の影響下にある一四名の兵士で構成する「大ベルリン労兵協議会執行評議会《フォーアツークスラート》」が成立することになった。さらに、総会は、社会民主党のエーベルト、ランツベルク、シャイデマン、独立社会民主党の前記ハーゼ、ディトマン、バルト三名からなる「人民代表評議会《ラート・デア・フォルクスベアウフトラークテン》」という名の臨時政府を承認した。

こうして革命情勢を支配していたベルリン労兵協議会は、執行評議会《ラート》と臨時政府《ラート・デア・フォルクスベアウフトラークテン》という二つの機関を選出ないし承認したのだが、当初両機関の権限関係は規定されず、曖昧なままだった。労働者・兵士の大衆運動から生まれた協議会の代表機関たる執行評議会には「あらゆる権限があり、またいかなる権限もなかった」[39]。それでもこの執行評議会が、以後政党幹部の組閣した臨時政府に対抗していかなる権限を主張し獲得してゆくかは、革命の方向を左右する可能性をもつ問題であった。それとともに両者の対抗と妥協の関係は、革命的労働者・兵士の力量および連立政府の性格を物語るものでもあった。

一一月一一日、ドイツは連合国側と休戦協定を締結した。はやくもこの日、執行評議会はすべての市町村・邦・国および軍当局の命令が執行評議会の委託によって行わるべきことを声明し、翌日にも評議会の決定のみが法的効力を有する旨決議した。解釈によっては、これは執行評議会による立法・行政権の掌握を意味し、政府の権限と衝突するものだった。ところが、評議会メンバーのドイミヒやレーデブーアも含む独立社会民主党幹部会は、一二日、党員に政府支持を要請していたし[40]、バルトにいたっては評議会と政府双方のメンバーであった。それに、前述のように、全体として評議会メンバーの大多数は社会民主党の影響下にあったから、両機関の関係は、必ずしも人的ないし党派的に律しうる対立関係にはなかった。

政府の側では、一三日、労兵協議会《レーテ》を議会に、執行評議会を旧帝国議会における本委員会にみたてて、それが行政権を有さない、という見解を発表した。その後一八日に双方が協議した結果、評議会は「監督権」とドイツおよびプロイセン政府閣僚に対する任免権をもつこと、さらにベルリン執行評議会の機能は全国の労兵協議会《レーテ》大会が開催され中央評議会《ツェントラルラート》が選ばれるまでの暫定的なものとされた。これは、実質的には全行政権をエーベルト＝ハーゼ政府に委ねることを意味したし、事実、二三日の協定ではそのことが明文化された[41]。しかも、評議会の「監督権」の意味も不明確であったので、政府側、とくに社会民主党閣僚はこれを限定し縮小しようと努めた。そして政府側は、戒厳令廃止、結社・集会・出版・信条の自由、祖国補助勤務法廃止をはじめ、八時間労働日(一九一九年一月一日から)、普通・平等・直接選挙権の導入などブルジョワ民主主義的改革を布告し(一一月一二日)、実質的には立法権をも行使してゆく既成事実を重ね、執行評議会の権限はますます低下していった。

いずれにせよ、評議会の機能が暫定的だとすれば、早晩、労兵協議会《レーテ》全国会議を開催し、協議会権力《レーテマハト》の位置づけをする必要があった。ところが、この問題は、社会民主党が推進し、いまや論議の焦点となっていた国民議会選挙と競合関係に立っていた。当初、エーベルトらは協議会全国会議に当然消極的だったが、これを通じてかえって社会民主党の立場を強化し、ベルリン執行評議会を抑えることによって国民議会開催にこぎつけるためにも、全国会議の開催に同意するにいたった。

ところで、この争点――国民議会か協議会制度か――に対する諸派の立場はいかなるものであったのか(42)。右派社会民主党の立場の背景には、協議会体制とボリシェヴィズムの同一視があり、基本的には彼らは協議会と議会制民主主義を対置させ、前者を否定し、速やかな国民議会選挙を主張した。

独立社会民主党は、右派のハーゼやディトマンなども、民主主義と協議会制度を両立させ、協議会を革命の機関・担い手とみなすとともに、国民議会の招集にも賛成した。ただし、革命の成果を確保するために議会選挙をできるだけ先へ延ばすよう主張する反面、ボリシェヴィキ恐怖から無制限の協議会支配はテロルと内乱を意味するものとして忌避した。一二月はじめカウツキーは、「国民議会と協議会大会」という論文を発表し、協議会なる機関は、革命の第一段階では権力の独占的担い手として最も有効であり、革命の地固めの第二段階でも労働者の利益代表機関として一定の意味をもつが、国家機関としては不適当であり、国民議会の招集が必要になるのであって、協議会は過渡的・段階的なものであると論じた。他方、ドイミヒやレーデブーアら左派も、プロレタリアの「専制的」独裁には反対したが、協議会制度を新しい民主主義制度と考え、ボリシェヴィズムか議会制民主主義かの二者択一的発想を拒否した。ドイミヒによれば、協議会制度は従来のブルジョワ議会制度と異なる立法・行政権力を体現し、「プロレタリアの生々とした力によって、下から上へ有機的に民主化」を達成しうるものであった。こうした協議会認識は革命的オプロイテに広くみられ、やがて彼らは既成の政党組織を越え経営協議会《ベトリープスレーテ》に基盤をもつ「純粋協議会制度」を志向するようになる。(43)

スパルタクスはプロレタリア独裁と議会白痴病《クレティニスムス》を対置させ、国民議会賛成者を「ブルジョワジーの手先であり、小市民の無意識的イデオローグ」(ルクセンブルク)だと批判する。ルクセンブルクは、「プロレタリア独裁は社会主義の意味での民主主義にほかならぬ」と述べてプロレタリア独裁と民主主義を対置させる議論に反駁しようとした。しかし、国民議会を排して「全権力を協議会へ！」というスパルタクスのスローガンも、労兵協議会で彼らが劣勢である現状では、それの改造・変革の要求と結びつかざるをえない。『赤旗《ローテ・ファーネ》』や赤色兵士団の檄には、ルクセンブルクを議長にした「ドイツ中央労兵協議会」の設置、地方労兵協議会の再選、不適当な分子の排除と「労兵議会《パルラメント》」の設置などの要求があらわれている。(44) それでも一二月下旬には、スパルタクス中央は現実の労兵協議会における力関係を判断して国民議会選挙参加を決定せざるをえなかった。だが、かかる戦術転換はスパルタクスの団員にも、容易に理解されなかった。

左翼急進派は、社会民主党や独立社会民主党右派に支配されている協議会の現状に対して、スパルタクスほど労兵協議会権力に固執しなかった。ブレーメン左派のクニーフは、労兵協議会が革命の起動力にならぬとして、もっぱらその浄化を主張した。むろん「プロレタリアによる政治権力の奪取」というような表現は使われるが、(45) 一一月末に彼らの指導したストライキの要求に「労兵協議会へ権力を！」の項目がないのもそのためであったろう。

さて、以上のような見解と立場が錯綜しているとき、ドイツ労兵協議会全国会議は一二月一六日から五日間、ベルリンで開かれた(46)。会議の代議員総数四八九名のうち約六〇%が社会民主党系、独立社会民主党系九四名のうち僅か一〇名(総数の二%強)がスパルタクスであった。そのほかの急進左翼としては「統一革命派」と称する、ハンブルク左派のラウフェンベルクなど一〇名のグループがあったが、スパルタクス代議員のなかにはリープクネヒト、ルクセンブルク両名も選ばれていなかった。スパルタクスは、会議の前日、独立社会民主党左派と大会対策を練っているが、会議では、協議会権力をめざした予定の提案は提出すらできず、また右二人の指導者に審議権を与えよという動議も否決された。

だが、会場のプロイセン下院の建物のまわりには、当日スパルタクスや革命的オプロイテの呼びかけで二五万人が集まったといわれる。集会ではリープクネヒトなどが演説し、エーベルト政府退陣や赤軍の創設などの要求をもって、場外から会議へ圧力を加えた。しかし会場内では、一九一九年一月一九日(日曜日)に国民議会選挙を行なうという社会民主党のマクス・コーエンの提案が四〇〇対五〇票で可決された。これに反して、協議会に立法・行政の最高権能を与えるという協議会制度を骨子にした独立社会民主党ドイミヒの提案は、三四四対九八票で否決された。

他方、会議場にはいりこんだ兵士たちの要求に端を発して、「ハンブルク七項目」とも称される議題外の決議が社会民主党右派の阻止工作にもかかわらず成立した。これは、軍の指揮権は執行評議会の監督下に臨時政府が行使する、軍隊内の等級・肩章・勲章を廃止する、兵士協議会が軍の規律を管掌する等々を内容とし、軍権力を協議会と臨時政府の側に移そうとするものであったが、こうした挑戦は、当然一一月一〇日のグレーナー＝エーベルト秘密協定にも抵触したし、これの実現はその後軍部とエーベルトに阻まれることになる。

会議はまた、(一)国民議会によるなんらかの規定ができるまで臨時政府に立法・行政権を委譲する、(二)ドイツおよびプロイセン政府に対して議会的監視を行ない、かつ閣僚の任免権をもつ中央評議会《ツエントラルラート》を設置するという社会民主党提案を可決した。しかし、中央評議会の権限、とくに「議会的監視」の意味は論議を呼び、閣僚のハーゼが「すべての法律案《ゲゼッツエントヴュルフェ》は中央評議会に提出され、すべての重要議案《ゲゼッツエスフォーアラーゲン》は中央評議会と協議される」という解釈を示した。ところが独立社会民主党代議員がこの党首の解釈に満足せず、C・ガイアー議員は「中央評議会は法律の公布に先立って、承認または否認する完全な権限をもつ」という案を出した。これは社会民主党側の猛烈な反対、とくにエーベルトの長広舌によって否決され、ハーゼの解釈が二九〇対一一五票で採択された。これをみて独立社会民主党代議員は、中央評議会に代表を送らないことに決定した。実は、この不参加を強く主張していたのは、F・ヘッカート、O・ブラス、R・ミュラー、レーデブーアなどスパルタクスと独立社会民主党左派の代議員であって、彼らはさらに党の閣僚の政府脱退も要求していた。

かくして中央評議会は社会民主党だけで構成されることになった。革命における大衆組織として下から発生した労兵協議会は、理念的には臨時政府に対抗する権力機関でありえても、現実には政府の補完物的機能を果してきた。しかもいま協議会の選出した全国的中央機関からスパルタクスはもちろん独立社会民主党ものぞかれ、革命権力は制度的にも臨時政府へ一元化されることとなったのである。

なお、全国会議は、社会化を、機の熟した企業、とくに鉱山から速やかに開始するよう政府に委託するというヒルファーディングの案を採択した。だが、その後の過程でこの社会化も骨抜きにされ、挫折したのは周知のとおりである。

五　プロレタリア革命派

労兵協議会全国会議は、自ら協議会権力《レーテマハト》への道を閉ざし、国民議会の優位が確立される一方、急進派をほとんど決定的に中央権力から遠ざけた。これはまた革命における潮流の変化、革命勢力の力関係の転換を反映するものであった。政府内での独立社会民主党の地位はいっそう弱体化し、協力態勢は不安定となったから、三名の閣僚の政府脱退は、いまや時間の問題であった。こうした情勢変化にプロレタリア革命派はどう対処したのか。

革命勃発直後の一一月一一日、スパルタクス・グルッペはベルリンのホテル「エクスツェルジオア」に集まって一三名からなる中央指導部を設け、スパルタクス団《ブント》と称することになった。これは、独自の組織結成へのひとつの階梯であった。だが、さほど重要でない若干の地区の労兵協議会をのぞけば、スパルタクス団の大衆への浸透、大衆的基盤の創出は進展せず(47)、しかも、組織的にはいぜんとして独立社会民主党内に留っていたから、大衆に党の右派幹部との区別を明らかにすることはそれだけ困難であった。

労兵協議会全国会議前の一二月一四日、スパルタクス団中央は『赤《ローテ・》旗《ファーネ》』にルクセンブルクの起草した「スパルタクス団はなにをめざすか？」を掲載し、独立の党組織への準備を一歩すすめた。翌一五日には独立社会民主党のベルリン臨時総会で、ルクセンブルクが、エーベルト政府脱退、国民議会招集拒否、労兵協議会による全政治権力掌握、反革命の武装解除とプロレタリアの武装、ベルリン執行評議会への最高国家権力付与、即時党大会招集などを要求したが、国民議会選挙の準備を求めたヒルファーディング提案に、四八五対一九五票で敗れた(48)。この総会の結果は、スパルタクス団に独立の革命政党を結成する必要をはっきり認識させた。

他方、左翼急進派の諸グループはどのような動きを示したか。オットー・リューレを中心とするドレースデンの急進派は、革命勃発後一週間にして、「資本主義にとって唯一の実際的危険である共産主義（ボリシェヴィズム）を圧殺する」のに手をかしている両社会民主党との協力破棄を表明し、共産主義者のみが革命を完成しうる、という立場を鮮明にしたが、このとき彼らはすでにドイツ国際共産主義派（ＩＫＤ）と名乗っていた。(49) ハンブルクの急進派も『赤旗』のなかで、議会主義は直接の闘争手段とならず、有効なのは大衆ストライキと革命的蜂起であり、その基礎になるのが統一組織、すなわち「革命的労働者党」であると主張した。さらに、「左翼急進政党」は、国民議会招集を拒否して全政治権力を労兵協議会へ集中し、革命を「完全にボリシェヴィキ的航路に導く」ように要求した。(50)

クニーフを指導者とするブレーメン左派も、一一月二三日、ドイツ国際共産主義派とグループ名を変更した。クニーフはその理由を次のように説明した。この名称は国際帝国主義との闘争、「ロシアの同志たちとその革命的闘争方法に、公然かつ無条件に連帯すること、……またロシア革命をドイツを越えて西方へ運び、かくしてヨーロッパの革命、世界の革命とするための、われらの神聖にして真摯な意志を意味する」と。数日後さらに、国民議会による「民主主義」は「ブルジョワ独裁」であり、協議会内の左派代表は国民議会反対の宣伝を展開し、社会民主党と決裂せよと求め、そこでもボリシェヴィキとの連帯を説いている。(51) クニーフはまた『労働者政策《アルバイターポリティーク》』でも独立社会民主党との原則的対立、大衆ストライキ、政治的大衆行動の重要性を強調した。こうした主張とならんでブレーメン左派は、翌月にはいると「スパルタクスのために」なる論説をかかげ、ロシアのボリシェヴィズムの闘争方法を用いる「スパルタクス団の革命的行動を心底から信頼する」と述べてこれを賞讃した。(52)

ドイツ国際共産主義者の各派は一二月一五日から一七日までベルリンに集まり第一回全国会議を開いた。ここに結集した左翼急進派は、「原則的宣言」を採択し、「直ちに共産主義を招来するという目的」のためのプロレタリア独裁の機関として「労働者と共産主義赤衛軍の協議会《レーテ》」を挙げ、最高権力はその中央評議会《ツェントラルラート》の手にある、と決議した。彼らはまた、「従来のスパルタクス、左翼急進派その他どんな名のものであろうと、あらゆる共産主義分子」を糾合し、「基本的には連合方式《フエデラティーフ》の組織」を創立することを主張した。各地の経営協議会《ベトリーブスレーテ》についても、「労働者による経営の監督ではなく、全生産の掌握と調整」を強調し、スパルタクスと独立社会民主党左派が共同で政権をとった場合の協力条件として「即時……」という形容詞を冠した九項目の要求を挙げている。(53)

こうした国際共産派の急進的主張がどれだけ大衆の自覚と結びついていたかはともかく、右のような動きは、スパルタクスとの合同が一歩すすんだことを物語る。やがて一二月二四日、彼らは第二回全国会議をひらき、㈠両派の間の原則上および戦術上の対立は情勢の発展によって乗り越えられ、形式上の相違になった、㈡組織形態における相違――「上からの厳格な中央集権的形態」をとるスパルタクス団、「階級闘争の過程においてはじめて下から中央集権化する自律的地方グループ」の国際共産派という相違――は革命の経過のなかで解消した、㈢「ドイツ共産党(スパルタクス団)」の創立大会を開き、組織の規約、党の綱領を確立するようにする、㈣合同はドイツ革命の全状況の要求であって、労働者階級の孤立した前衛陣営は偉大な歴史的任務の前に立たされており、国際共産派は各地区で合同問題に取組む、という四項目からなる決議を採択した。(54)

スパルタクス団の側でも、二二日、国民議会選挙問題を議するため独立社会民主党大会の開催を要求すると同時に(党幹部は二四日「交通事情のため」拒否した)、スパルタクスの全国会議を一二月末に招集することにした。翌二三日の『赤旗《ローテ・ファーネ》』は、この会議の開催を公示するとともに、議会という舞台を大衆の革命化に利用するため、革命的プロレタリアの国民議会への参加の方向を示したルクセンブルクの論説を発表した。もっともスパルタクス団の組織を担当してきたヨギヘス、左翼急進派の理論的指導者クニーフは、なお合同に「渋い顔をした」が、かつてブレーメン左派を指導し、いまやロシアのボリシェヴィキとしても影響力をもつカール・ラーデクが両派の旧来の対立は現在有害無益であることを説いて合同を働きかけたという。[55]

かくて一二月二九日、スパルタクス団は非公開の全国会議をもち、ヨギヘスなど三名の反対があったが、独立社会民主党と訣別して新党を結成することに踏みきった。翌三〇日からドイツ共産党創立大会が、ベルリンのプロイセン下院の宴会場で三日間にわたって開かれ、これにドイツ国際共産主義派も加わった。この大会の『議事録』[56]は、一一月九日の政治革命をもたらした大衆のエネルギーが次第にブルジョワ民主主義的方向に収束され、前日の独立社会民主党閣僚の脱退によってまさに社会民主党の単独政権が生まれようとする時点において、プロレタリア革命派がいかなる問題を抱えていたかを象徴的に示している。

大会には各地方代表百数十名が出席したが、多くの重要都市からの代表が欠落していた。これは各地におけるスパルタクスの組織状況の遅れを示すものだが、出席者についても、革命一〇周年に出版された党の公式文献『絵入りドイツ革命史』は、次のように書いている――「戦前からルクセンブルクなどと社会民主党内急進左派として革命運動に携わってきた人々と並んでここに出席していたのは、戦時下で革命的宣伝活動を担ってきたが、政治的経験の余りにも乏しい若い労働者たち、戦争の苦難をなめてきた兵士たち、戦争と健気に戦い、迫害されて左傾化した平和主義者たち、急進的労働運動のなかに自らの理想追求の肥沃な原野をみたサンディカリストたち、革命の嵐によって高揚させられた芸術家やその他のインテリたち、要するに革命だというので突如運動のなかに引きずり込まれ、はじめて自らの政治的価値を示さねばならなかったような分子であった。こうした新参者は、たしかに、革命的熱狂と行動への決意を示したが、余りに政治的経験に乏しく理論的知識は皆無であって、概して気分的に判断し、それによって大会のメンバーや決議に非常に強い影響をあたえた」（力点原文）と。

このような証言は、指導者の責任の所在に言及していない点では曖昧な叙述であるが、大会参加者の傾向と会場の雰囲気を伝えるものとしては重要であり、ほぼ正確なものと承認されている。しかし、『議事録』によれば、対立は「政治的経験に乏しい」分子と革命指導者の間だけではなく、スパルタクスと左翼急進派の間にもあり、それは意外に大きかったことが判明する。

創立大会最大の争点は、国民議会選挙参加か拒否かであった。スパルタクス中央は、それまで国民議会招集に対する激しい攻撃の論陣を展開してきたし、いまでも基本的にはそれを「炎上させ粉砕すべき反革命の砦」として否認する立場を固持しているにもかかわらず、すでに一週間前、戦術的理由から選挙への参加を決めていた。これを報告した中央の一人パウル・レーヴィは、国民議会が反革命の構築せんとする城であることを認めながらも、数百万のドイツ人民を背景にしてこの砦にプロレタリア代表を送り込みそこに燃え木を投げ込むよう提案した。彼の演説は、終始野次で妨害されたが、それに対して彼は答えた。手榴弾をもって街頭へ出よ！　と諸君はいう。しかし、街頭行動は、議会活動の不可欠の補完物というべきであって、たとえ国民議会を物理的力をもって粉砕できても、果してそれでブルジョワジーの、反革命の真の権力を打破できるだろうか、否である！　と。

これに対しては、戦中リープクネヒトとならぶ急進派の国会議員で、いまはドレースデンの左翼急進派の指導者リューレが真先に、きっぱりと反対意見を述べた。「街頭こそ最大規模の舞台」であり、「笑止千万のあの惨めな議会」を粉砕し、ここベルリンに新政府を樹立することがわれらの任務だ、まだ二週間はあるではないかと主張して、盛んな喝采を浴びた。こうした国民議会粉砕論には、一般にロシアのボリシェヴィキの方法を範とする傾向が強かった。ルクセンブルクはそれに対して、レーヴィを援護しつつ、ボリシェヴィキが制憲議会を解散したときには、すでに「トロツキー＝レーニン政府」というプロレタリアの権力掌握があったし、ロシア革命は一九〇五年から始まり、以後大衆の成熟の積み重ねがあったが、ドイツには「一一月九日の貧弱な半革命」しかなく、大衆は未成熟なのだ、と反論した。彼女はまた、ボイコット論の革命的エランを高く評価するが、思慮深さ、真摯さの欠けているのを残念がり、機関銃か議会主義かという考え方は、すっきりはしていようが、必要なのは洗錬されたラディカリズムであるとした。だからこそ協議会制度《レーテジステーム》を獲ちとるには未成熟であった大衆を教化しなければならないのだが、それを議会主義を通じて実践しようと説いたのであった。

大会では賛否両論がほぼ交互に出されたが、参加論には激しい野次が飛び、盛んな拍手をうけて立ったルクセンブルクも演説の終りでは「弱い拍手」しか受けなかった。概して参加論が力関係の不利から戦術的考慮を強調するのに対し、ボイコット論は国民議会の反革命性を強調して、原則的立場を固持している。中央の一人としてリープクネヒトも、参加支持の発言をしたが、彼は午前の部での新党結成報告でも「国民議会はブルジョワ議会主義の再確立、階級支配の復位、社会革命の絞殺を意味する」と述べていたし、この討論でも必ずしも参加を絶対的なものとして固執していないふしもみられた。結局、中央の提案は六二対二三票で否決され、国民議会選挙ボイコットが決定した。

「経済闘争」についても労働組合脱退論が優勢を占め、即時社会化の意見も飛び出した。国際共産主義派は、共産党を経済闘争と政治闘争を結合する統一組織として位置づける提案をだしたが、ルクセンブルクは協議会《レーテ》をこそ基礎にすべきだと反論し、彼女の発言で労組脱退問題はようやく棚あげされることになった。

次に行われたルクセンブルクの「綱領」演説は、『共産党宣言』へ立ち返ることを説いて満場の拍手を浴びた。討論の過程では——彼女は疲労のためすでに退場していた——ふたたびボリシェヴィキの戦術への傾きを示しながら、まずフレーリヒが綱領の「プロレタリア革命は……一切のテロルを必要としない」という箇所に疑義を挟んで議論がおこった。またオイゲン・レヴィーネは大中農業経営の所有地が没収されるのに、小農に土地所有を認めている点に異議を挟んだ。続く組織問題の報告はエーバーラインが行なった。彼は「若い同志」を意識して中央指導部独裁の印象を和らげるのに気を配りながら、新党は協議会《レーテ》組織を根幹に据えるという原則を述べているが、彼の報告はいかにも具体性を欠き、はからずも新党結成には組織的準備が不充分だったことを示している。

他方、大会と並行して大晦日から革命的オプロイテとの合併交渉が行なわれていたが、交渉は難航し、ために大会は翌日まで延長されることになった。レーデブーアやR・ミュラーなどオプロイテ側代表は、共産党の「原則的反議会主義」と国民議会ボイコット決議の撤回、組織内での対等性、街頭戦術での事前協議等々を要求し、結局合意に達せず交渉は決裂した。スパルタクス側に移る決意をしたオプロイテは七―八名にすぎなかった。大会に経緯を報告したリープクネヒトは、これを交渉の成果とし、オプロイテに根を張る独立社会民主党の度し難い影響を糾弾して喝采を浴びた。オプロイテ側では、スパルタクス団に集まった失業者、「正常な仕事に就けない労働嫌い」、「アナルコ＝サンディカリスト的一揆主義者」が、一二月六日・二五日の諸事件にみられるように、直接的暴力行動・テロル的手段に訴えたこと、大会決議にみられる「プチブル分子の革命的性急さ」に最大の懸念を抱いたものと考えられるが、決裂の背景には両者の労働者大衆、とくに組織労働者への影響力・動員力の相違があったというべきであろう(57)。

こうしてスパルタクス団は国際共産主義派との合併には成功したが、ベルリンのプロレタリア中の「中核部隊の精神的代表者」(ルクセンブルク)であり、「最良の、最も行動力のある部分」(リープクネヒト)ともいうべき革命的オプロイテとの統一には失敗した。

数日後『赤旗《ローテ・ファーネ》』の論説の中で、ルクセンブルクは創立大会について次のようなことを述べている。ドイツ共産党は革命の第二段階への転換点に成立した。一一月九日の主として兵士の革命を労働者の革命に変えるためには、より一層の政治的成熟・訓練・強靱さが要請される。「いまや、到るところにみられた革命的気分のかわりに不屈の革命的確信を、自然発生的なものにかわって系統的なものを置くこと、……労兵協議会制度を瞬間的に生まれた即興物から、プロレタリアートに社会のすべての公権力を確保してくれる、あの青銅の甲冑に変えることが重要だ」と。そうすることは、「綱領」にいう如く、「段階的に、一歩一歩、プロレタリア革命特有の苦しい経験のゴルゴタの道を通って」のみ可能であったろう。とすれば、以上のような経緯と内容の新党結成(「統一」)はきわめて深刻な問題を呈示しており、その意味で彼女の言葉は創立大会の経過と結果に対する鼓舞であるとともに警告でもあったといえる。

ドイツ共産党が創立された一九一八年から一九年への変り目までに、すでにエーベルト政権はボリシェヴィズムを抑止する方向では安定・強化してきていた。一二月六日・二五日のベルリンにおける諸事件では、社会民主党は反革命と結んでもスパルタクスと対決し、それを弾圧する姿勢を示した。「十一月革命」で打倒され、あるいは後退した旧権力・旧勢力も、当初は比較的無抵抗であったが、次第に社会民主党と妥協し、それを梃子に部分的には復元し始めていた。

このような情勢下でのドイツにおけるこの「前衛党」の成立は、たしかに「遅すぎた」というべきであろう。この「若い党」は、ルクセンブルクが期待したように健全に育っていく前に、一九一九年一月闘争に突入し、壊滅的打撃をうけた。新党に鼓舞と警告をあたえたルクセンブルクも、大衆煽動者リープクネヒトとともにこの未熟な権力闘争に加わり、虐殺された。その後一九一九年前半にドイツ各地で企てられた協議会《レーテ》共和国をめざす権力闘争でも、プロレタリア革命派は惨敗に終った。その意味では、以上のような新党結成は、やはり「時機尚早」だったといえる。支柱を失い、まだ固まらない組織も壊された「若い党」は、それまでの経過への反省から、やがて「レーニン主義的」党の建設、「ボリシェヴィキ化」の道をたどり始める。そして行手には「スターリン化」が待っていた。

一九一九年一月一九日の国民議会選挙では社会民主党が圧勝し、中央党・民主党のブルジョワ政党といわゆるヴァイマル連合を形成し、大戦中のこの帝国議会多数派がドイツ最初のブルジョワ共和国の政権を担当した。この年夏のヴェルサイユ条約とヴァイマル憲法の成立は、一九一八―一九年のドイツ革命の終焉を象徴するものであった。

（1）ロシア革命を同時期の革命の比較研究の対象としてではなく規範とする立場は、一般に公式のマルクス主義文献にみられる。最近の東ドイツのものでは、*Illustrierte Geschichte der Novemberrevolution in Deutschland*, hrsg. vom Institut für Marxismus-Leninismus beim ZK der SED (Berlin, 1968) が集大成的叙述である。ソ連の研究は、さしあたり J.S. Drabkin, *Die Novemberrevolution 1918 in Deutschland* (Berlin, 1968)〔ロシア語からの独訳〕をみよ。ドイツ革命を「ある程度プロレタリア的手段と方法をもって遂行されたブルジョワ民主主義革命」と規定するとき、そこにはプロレタリア革命の可能性が前提とされ、その失敗の際の「裏切り」が内包されている。なお、マルクス主義文献のドイツ革命評価の変遷について、簡単には、Helmut Neubauer, *München und Moskau 1918/1919* (München, 1958), 7 ff., 93 ff. をみよ。

（2）Cf. Reinhard Rürup, *Probleme der Revolution in Deutschland 1918/19* (Wiesbaden, 1968), 5 f.

（3）代表的文献は、Walter Tormin, *Zwischen Rätediktatur und sozialer Demokratie* (Düsseldorf, 1954); Eberhard Kolb, *Die Arbeiterräte in der deutschen Innenpolitik 1918/19* (Düsseldorf, 1962); Peter von Oertzen, *Betriebsräte in der Novemberrevolution* (Düsseldorf, 1963); Peter Lösche, *Der Bolschewismus im Urteil der deutschen Sozialdemokratie 1903–1920* (Berlin, 1967).

（4）たとえば、Dieter Schneider/Rudolf Kuda, *Arbeiterräte in der Novemberrevolution—Ideen, Wirkungen, Dokumente* (Frankfurt a. M., 1968) をみよ。なお、参照、Oertzen, *Betriebsräte*, 9 f., 69 ff.

（5）アルトゥル・ローゼンベルク『ヴァイマル共和国史』吉田輝夫訳（東邦出版、一九七〇）。

（6）本章の観点からそれを次のように要約することができる。村瀬興雄（『ドイツ現代史』〔東大出版会、一九五四〕）は、限られた欧米の文献により、革命史研究の道にいくつかの踏み跡を残した。村瀬の研究は、ボリシェヴィズム尺度論ともいうべき吉村励（『ドイツ革命運動史』〔青木書店、一九五三〕）や、その逆のボリシェヴィズム＝スターリニズム批判の猪木正道（『ドイツ共産党史』〔弘文堂、一九五〇〕）のいずれとも趣きの異なる穏健なアプローチを示している。篠原一の画期的業績（『ドイツ革命史序説』〔岩波書店、一九五六〕）は、革命の政治過程における大衆＝エリート関係を綿密に、かつ鮮やかに分析して、わが国の研究水準を一挙に引きあげた。その際、革命側エリートの一糸乱れぬ統制力と革命的大衆の秩序性とがドイツ革命の対概念として分析の基準となっており、そのようなものとして暗黙のうちにボリシェヴィキ革命が想定されている。その後これほど立入った研究はでていないが、林健太郎（『ワイマル共和国』〔中央公論社、一九六三〕）の記述は、最近の西ドイツの研究成果のうえに、民主主義とプロレタリア独裁を対置させ、極左派の行動と思想をともに批判し、ルクセンブルクの思想の「独断」性をも指摘する。他方、最近の上杉重二郎（『ドイツ革命運動史』上〔青木書店、一九六九〕）と上林貞治郎（『ドイツ社会主義の成立過程』〔ミネルヴァ書房、一九六九〕）は、いずれも基本的には東ドイツの見方を踏襲している。また、最近のドイツ現代史の通史（飯田収治・中村幹雄・野田宣雄・望田幸男『ドイツ現代政治史』〔ミネルヴァ書房、一九六六〕）には革命の過程に関する記述と考察がほぼ欠落している。

（7）たとえば、彼女の起草した「スパルタクス綱領」（富永幸生「ドイツ共産党創立大会」『現代史研究』二四〔一九七〇〕、五三―五六ページに仮訳所収）参照。なお、ルクセンブルクについては、Peter Nettl, *Rosa Luxemburg* (London, 1966), II, 706 ff. 参照。

（8）西川正雄「ローザ・ルクセンブルク解釈の流れ」『歴史学研究』二三九（一九六〇）、をみよ。

（9）ドイツ革命史の基本的文献・史料については、簡単なリストが篠原、前掲書に挙げてある。また最近革命五〇周年前後に夥しく出版された文献・史料については『現代史研究』二四、一三―一四ページおよび七五―八四ページ、参照。

（10）敗戦にいたる諸問題については、前章を参照。前章注（1）に挙げた史料集は、本章でもなお基本的である。またマクス内閣については、次の基本的史料を参照。Prinz Max von Baden, *Erinnerungen und Dokumente* (Stuttgart, 1927), Dritter Teil; *Quellen zur Geschichte des Parlamentarismus und der politischen Parteien* (Düsseldorf, 1959–)〔*Quellen* と略記〕, II, *Die Regierung des Prinzen Max von Baden.*

（11）*Dokumente und Materialien zur Geschichte der deutschen Arbeiterbewegung*, hrsg. vom Institut für Marxismus-Leninismus beim ZK der SED, 2. Reihe, II (Berlin, 1957), Dok. 89 および Dok. 86–88, 91, 94 参照。

（12）以上、Emil Barth, *Aus der Werkstatt der deutschen Revolution* (Berlin, n. d.〔1919〕), 42 ff.; *Illustrierte Geschichte der deutschen Revolution*, hrsg. von der KPD (Berlin, 1929), 203 f.; Wilhelm Pieck, *Gesammelte Reden und Schriften*, I (Berlin, 1959), 414 ff. などを比較参照。

(13) 以下，特に記さない限り，各地方の動きについては全体として最も詳細な叙述である *Illustrierte Geschichte der Novemberrevolution*, 97–147, 162–165 および各地の比較分析をした Eberhard Kolb, *Die Arbeiterräte in der deutschen Innenpolitik 1918/19*, 62–113 を参照。

(14) キール反乱については，Gustav Noske, *Von Kiel bis Kapp* (Berlin, 1920), 10 ff.; Leo Stern (Hrsg.), *Die Auswirkungen der Großen Sozialistischen Oktoberrevolution auf Deutschland*, 4/IV (Berlin, 1959), Dok. 778–781 もみよ。

(15) 要求項目は，*Dokumente und Materialien*, 2. Reihe, II, Dok. 111.

(16) Max von Baden, *Erinnerungen und Dokumente*, 585.

(17) *Dokumente und Materialien*, 2. Reihe, II, Dok. 112, 113.

(18) Gerhard A. Ritter/Susanne Miller (Hrsg.), *Die deutsche Revolution 1918–1919. Dokumente* (Frankfurt a. M., 1968), 52 f.

(19) ミュンヒェンの革命に関する文献・史料は，最近のものだけでも枚挙にいとまがない（『現代史研究』二四，参照）。本章で触れない一九一九年春の協議会《レーテ》共和国の問題も含めて，とりあえず Helmut Neubauer, *München und Moskau 1918/1919*; Allan Mitchell, *Revolution in Bavaria 1918/1919* (Princeton, 1965); Karl Ludwig Ay, *Die Entstehung einer Revolution* (Berlin, 1968); Franz Schade, *Kurt Eisner und die bayerische Sozialdemokratie* (Hannover, 1961) など参照。

(20) 要求項目は，*Dokumente und Materialien*, 2. Reihe, II, Dok. 110.

(21) 要求項目と訴えは，Ritter/Miller (Hrsg.), *Deutsche Revolution*, 55 ff., 58 f.

(22) ただし，協議会の実態も，各派のヴィジョンも，革命の過程で発展ないし変質するし，実態は地域によっても異なる。これらの詳細については，本章注(3)の諸文献参照。

(23) *Dokumente und Materialien*, 2. Reihe, II, Dok. 122, 123.

(24) *Ibid.*, Dok. 121, 128. なお，*Quellen*, III, *Die Reichstagsfraktion der deutschen Sozialdemokratie 1898 bis 1918*, II,

513 ff.

(25) Cf. J. S. Drabkin, *Die Novemberrevolution*, 148 ff.; Wilhelm Pieck, *Gesammelte Reden und Schriften*, I, 423 ff.

(26) 檄文は *Dokumente und Materialien*, 2. Reihe, II, Dok. 126, 127.

(27) Cf. Tormin, *Zwischen Rätediktatur und sozialer Demokratie*, 35. Anm. 4; Richard Müller, *Der Bürgerkrieg in Deutschland* (Berlin, 1925), 85; *idem*, *Vom Kaiserreich zur Republik* (Wien, 1924–1925), I, 141.

(28) Cf. *Illustrierte Geschichte der Deutschen Revolution*, 203; Pieck, *Gesammelte Reden*, I, 415; R. Müller, *Vom Kaiserreich zur Republik*, I, 129 ff.

(29) 以下一一月九日の大衆的動きについては，前注(13)の文献のほか，とりあえず R. Müller, *Vom Kaiserreich zur Republik*, II, 9 ff.; Hermann Müller-Franken, *Die Novemberrevolution. Erinnerungen* (Berlin, 1929), 41 ff. なども参照。

(30) この劇的局面については従来から仔細に語られてきている。簡単には，*Quellen*, II, 614 ff. の史料と注解をみよ。

(31) *Dokumente und Materialien*, 2. Reihe, II, Dok. 130, 132, 133. なお，参照，H. Müller-Franken, *Novemberrevolution*, 53; Friedrich Stampfer, *Die ersten vierzehn Jahre der Deutschen Republik* (Offenbach, 1947), 65; Philipp Scheidemann, *Memoiren eines Sozialdemokraten* (Dresden, 1928), II, 313.

(32) たとえば，*Illustrierte Geschichte der Novemberrevolution*, 155 f. をみよ。

(33) 以上の文書は，*Dokumente und Materialien*, 2. Reihe, II, Dok. 131, 141 にある。また *Quellen*, VI, *Die Regierung der Volksbeauftragten 1918/19* (Düsseldorf, 1969), I, Dok. 3, Dok. 6 参照。

(34) この点，Eberhard Kolb/Reinhard Rürup (Hrsg.), *Der Zentralrat der Deutschen Sozialistischen Republik, 19. 12. 1918–8. 4. 1919* (Leiden, 1968), xi ff. に詳しい。

(35) Cf. R. Müller, *Vom Kaiserreich zur Republik*, II, 41 f.; H. Müller-Franken, *Novemberrevolution*, 48, 61 f., 69.

(36) *Dokumente und Materialien*, 2. Reihe, II, Dok. 129, 138, 142; cf. Drabkin, *Die Novemberrevolution*, 163 f.

(37) *Dokumente und Materialien*, 2. Reihe, II, Dok. 138, 142.

(38) たとえば，J. S. Drabkin, *Die Novemberrevolution*, 165 ff.

(39) Richard Müller, *Vom Kaiserreich zur Republik*, II, 54.

(40) *Dokumente und Materialien*, 2. Reihe, II, Dok. 148, 150. 以下、特に記さない限り、Kolb/Rürup (Hrsg.), *Der Zentralrat*, xi–xxvii ; *Quellen*, VI, *Die Regierung der Volksbeauftragten*, I, xcii–cxiii を参照。

(41) 協定文は *Dokumente und Materialien*, 2. Reihe, II, Dok. 199 にもあるが、テキストの異同については Kolb/Rürup (Hrsg.), *Der Zentralrat*, xxi, Anm. 42 をみよ。

(42) 以下、この問題については、特に記さないかぎり、Kolb, *Die Arbeiterräte in der deutschen Innenpolitik 1918/19*, 138 ff., *passim* ; Oertzen, *Betriebsräte in der Novemberrevolution* のほか、Lösche, *Der Bolschewismus im Urteil der deutschen Sozialdemokratie*, 215 ff. もみよ。

(43) この点については Oertzen, *Betriebsräte*, 69 ff ; Eberhard Kolb, "Rätewirklichkeit und Räte-Ideologie in der deutschen Revolution von 1918/19", in : *Deutschland und die Russische Revolution*, hrsg. von H. Neubauer (Stuttgart, 1968), 94 ff. ; Schneider/Kuda, *Arbeiterräte in der Novemberrevolution*, 65 ff. などもみよ。

(44) 以上、スパルタクスについては、*Dokumente und Materialien*, 2. Reihe, II, Dok. 140, 179, 196, 204 をみよ。

(45) ただし、ハンブルクのラウフェンベルクの場合は異なる。左翼急進派については、cf. *ibid*., Dok. 183, 203, 212. なお Hans Manfred Bock, *Syndikalismus und Linkskommunismus von 1918–1923* (Meisenheim am Glan, 1969), 90 f. 参照。

(46) 以下、全国会議については、Kolb/Rürup, *Der Zentralrat*, xxvii–xxxv, Dok. 1–7 ; *Illustrierte Geschichte der Novemberrevolution*, 246 f. をみよ。なお、篠原一『ドイツ革命史序説』、八七ページ以下、も参照。

(47) *Illustrierte Geschichte der Novemberrevolution*, 192–198.

(48) *Dokumente und Materialien*, 2. Reihe, II, Dok. 225, 256 に双方の提案がある。

(49) *Der Kommunist* (Dresden), 1918. XI. 16, in : *ibid*., Dok. 171.

(50) *Die Rote Fahne* (Hamburg), 1918. XI. 21, in : *ibid*., Dok. 183.

(51) *Der Kommunist* (Bremen), 1918. XI. 28, in : *ibid*., Dok. 198. なお、cf. *ibid*., Dok. 212.

(52) *Der Kommunist* (Bremen), 1918. XII. 5, in : *ibid*., Dok. 230.

(53) *Ibid.*, Dok. 258, 259. なお、この会議は、ベルリンの『光線』派の指導者ボルヒャルトを「戦時中に革命的労働運動に害を与えた」との理由で追放をきめている。

(54) *Ibid.*, Dok. 275.

(55) *Illustrierte Geschichte der deutschen Revolution*, 264.

(56) 最近発見された大会速記録は、Hermann Weber (Hrsg.), *Gründungsparteitag der KPD. Protokoll und Materialien* (Frankfurt a. M., 1969) にある。従来大会報告としては *Bericht über den Gründungsparteitag der KPD* (*Spartakusbund*) (Berlin, n. d.〔1919〕) があった。これらの史料、および以下の記述については、注(7)の富永幸生「ドイツ共産党創立大会」を参照。

(57) Cf. Richard Müller, *Der Bürgerkrieg in Deutschland*, 85–90.

第三章　ドイツ帝国政府の対ソ断交

一九一八年一一月四日におこったキール軍港における水兵の反乱は、ドイツ革命の直接の導火線となった。ちょうど同じ日の夕刻、ベルリンではソヴェト大使館宛外交用トランクが運搬中にフリードリヒ街駅で壊れ、なかからドイツ語で印刷された革命煽動文書が発見され、ドイツ官憲に押収される事件があった。その翌日、ソヴェト大使ヨッフェはこの事件でヴィルヘルム街の外務省に抗議を申し込んだ。だがドイツ帝国政府外相 Staatssekretär des Auswärtigen ゾルフは、同大使に対して、ソヴェト大使館員ともどもドイツの国外に退去するよう申し渡したのだった。その際ゾルフは、ソヴェト政府がブレスト＝リトフスク条約第二条[1]に違反した行為を繰り返してきたという理由を述べた。この通告はソヴェト大使館側に「青天の霹靂の如く」映ったという。[2]果して、ドイツ側の措置がさほどまで予想外のことだったかどうかは別として、これは同年三月のブレスト講和によって樹立された独ソ外交関係の事実上の断絶を意味するものだった。

本章は、さしあたり、ドイツ側の対ソ断交にいたる背景について若干の事実を整理し、あわせて論点を指摘するにとどめ、対ソ政策全般の考察を意図するものではない。

一　ブレスト＝リトフスクから「十月政府」まで

ドイツにおけるソヴェト大使館のはらむ問題については、すでにブレスト講和締結直後からドイツ軍部筋の危惧するところであった。ブレスト交渉における軍部代表を務めた東部司令官ホフマンは、ソヴェト大使館をブレスト=リトフスクなどドイツの占領地に設けるか、ベルリンに設置するとしても、協商国側との全面講和の後でそれを承認すべきだと勧告していた(3)。最高軍司令部のルーデンドルフ将軍も、ホフマンの意見に同意して「占領地区のどこかの都市」でソヴェト代表との交渉を続ければよいという見解をもっていた。わけても、ブレスト交渉でソヴェト全権代表も務めたことのあるヨッフェの大使着任には一再ならず警告を発していた。ドイツの敗戦後まもなく一気に書きあげた回想録のなかで、彼はこんな憤懣を投げつけている。「私がヨッフェ氏の活動と彼のベルリン駐在の危険性とをいまいちど外務省に知らせてやったところ、ほかの場所よりベルリンのほうがヨッフェの面倒をよくみられると答えてきた。ここなら彼によく目が届くというのだ。だが、如何せん、その目というのが盲だったのだ(4)」と。

事実、ルーデンドルフ将軍の悔むごとく、外務省は、軍部の主張を実行するのは「国際法的かつ実際技術的」理由から困難であるという見解をとっていて、けっきょく軍部もこの「最たる危険人物」ヨッフェのベルリン着任を阻むことはできなかった。ヨッフェは、三〇名の人員とともに四月一九日ベルリンに到着した。翌日彼は、外交慣例どおりカイザーに接見することなく、外務次官 Unterstaatssekretär im Auswärtigen Amt のブッシェ(ときの外相キュールマンは病気中)に会い、レーニンの署名のある信任状を手渡した。その際ブッシェがブレスト条約第二条を遵守するよう強く念を押したところ、ヨッフェは他国の内政に干渉するのは「全く許されない」ことだと答えたという(5)。

だが、いうまでもなく、これによってボリシェヴィズムの革命宣伝の危険に対するドイツ側の警戒心が緩んだわけではなかった。大使着任の翌月、はやくもマルク地方軍司令部はヨッフェとドイツ独立社会民主党の接触について陸軍省の注意を喚起している(6)。その報告によれば、ソヴェト大使館で催されたメーデー祝賀会に独立社会民主党から帝国議会議員のハーゼおよびオスカル・コーン、プロイセン下院議員のアードルフ・ホーファーや老メーリングらが出席し、なかでもハーゼはインターナショナルのために乾杯の辞を述べたという。さらに同報告は、ヨッフェが帝国議会議員ベルンシュタインやリープクネヒト夫人をも大使館サークルに引き入れようとし、また一九一六年四月以来「軍事拘引下にあるロシア国籍をもつ」マルフレフスキ博士[7]を経済顧問にしようとしている、と伝えている。ボリシェヴィキが果して修正主義のチャンピオンたるベルンシュタインまで近づけようとしていたかどうかをはじめ、この報告には少なくとも疑わしい記述もまじっているが、これを受けた陸相フォン・シュタインは、外国代表がわが帝国の国体に反対し、反体制分子と接触するなど我慢ならぬことだ、としていた。同じころルーデンドルフ将軍もヨッフェと独立社会民主党との交流を軍事的理由から忍び難いものとして危険視し、宰相ヘルトリングに、これを阻止するよう要請している。[8]

六月になると、「ロシア大使館がボリシェヴィキ的教義をドイツの労働者の間で〔直接ではないとしても〕間接的に助成」している旨がマルク地方軍司令官フォン・リンジンゲンの報告にあらわれている。[9] さらに七月には、独立社会民主党のブライトシャイトが大使館の「文化部 literarisches Büro」の責任者と考えられ、彼の夫人も館内で働いていること、メーリングやユリアーン・ボルヒャルトも大使館と連絡をとっていて、こうした連中がボリシェヴィズムの路線に沿った活動を展開しようとしている、と報告されている。[10]

ドイツの左翼とソヴェト大使館の接触に関する右のような報告は、むろん外務省にも送られていた。外務省は、これに対して、「煽動を抑制するよう〔ヨッフェに〕真剣に警告する」という立場をとっているが、[11] それ以上強硬な措置をとっていないのは特徴的である。たとえば、ウクライナなどドイツ占領地でボリシェヴィキがドイツ人労働者に武装蜂起の煽動を行っているという報告をうけたときも、外相キュールマンは、一方でソヴェト大使にブレスト条約違反は放置できないと申し入れながらも、他方カイザーに対しては「当面、ボリシェヴィキ政府の立場をぐらつかせ、別

の政府に席を譲らざるをえなくさせることには関心のない」ことを述べている。(12)

しかし、このキュールマンは、議会でルーデンドルフの「勝利の平和」と異なる「交渉による平和」を示唆したため一九一八年七月初めに更迭され、代わって同月九日、かつてのペテルスブルク駐在海軍武官のヒンツェが外相に就任した。それはドイツ公使ミルバハがモスクワで左翼エスエル党員に暗殺された(六日)直後であった。(13)この事件のため、ボリシェヴィキ政権の対独政策の動揺や変更、あるいは左翼エスエル政権成立の可能性さえ懸念されたし、他方ではベルリンにおけるソヴェト代表の革命宣伝活動への懸念もさらにたかまってきたが、新外相のもとで外務省の立場が大きく変わった徴候はみられないのである。ボリシェヴィキ政権は、左翼エスエルの反対にもかかわらず、ともかくもブレスト講和を受けいれているのであり、その限りではボリシェヴィキの支配はロシアにおける軍事的麻痺を意味し、したがってヒンツェにしてもボリシェヴィキ政権の存続に関心をもつことになった。(14)こうした政治的・軍事的観点と絡んで、ドイツ政府の対ソ政策に経済的利益への期待がひそんでいたのはいうまでもない。やがてこの八月末にはブレスト=リトフスク講和の補完条約が調印された。この交渉の経過(15)を追うのはここでの関心ではないが、端的にいって、ドイツはこの条約によってあらたにソヴェト政府からバクーの石油の二五%、六〇億マルクの償金支払をとりつけることになるのであり、この経済的側面が対ソ関係継続の最も重要な鍵の一つとなっている。

ところで、この時期のドイツ政府が、軍部の「勝利の平和」に沿って、東部において軍事・経済的にさまざまの意味での併合主義的戦争目的を追求しつつあったことはしばしば指摘されてきた。だが、そのための方途としてボリシェヴィキ政権との関係を継続するか否かに関しては少なからぬ意見の対立がみられた。代表的なものは、暗殺されたミルバハの後任として自らモスクワに赴いた政界の大物ヘルフェリヒと新外相ヒンツェの東方政策をめぐる意見の相違である。若干この問題に言及しておこう。

七月末に赴任したヘルフェリヒは、前任者と同様、ボリシェヴィキ政府との関係維持にきわめて否定的であって、わずか二週間たらずでモスクワ滞在を切りあげベルリンに舞い戻ってしまった。彼は、宰相ヘルトリングや外相ヒンツェの対ソ政策に同意できず、その一〇日後には辞表を提出したのであった(16)。その際彼がカイザーへの上奏を依頼して宰相宛に書いた長文の覚書(17)は、対ロシア政策に関する当時の有力な見解をよく物語っている。その覚書の趣旨を簡単に記しておこう。

ボリシェヴィキの支配はそもそも少数派の支配であり、ソヴェト大会もレーニン、スヴェルドローフ、トロツキーの意のままになる道具にすぎないのであって、現在のロシアではいわばジャコバン派が支配している。ボリシェヴィキはミルバハ暗殺後左翼エスエルの反抗を抑止しようとはしていない。

だが、彼らのテロや国民経済のサボタージュはロシア・ブルジョワジーの結集を促進しているし、支配を維持するための軍事力も動揺してきており、外国干渉軍の脅威に対抗する力をもっていない。〔外務人民委員〕チチェーリンは八月一日、北部、東南部における内外の敵に対抗するためドイツの協力を要請してきたほどである。

かかる情勢に対してドイツの政策はいかにあるべきか。東部で新たな戦線が出来るのを防止することが第一である。これは、「従来はボリシェヴィキ政権の維持によって最も容易に達成できるように見えた」。この点では「ブレストの締結後ボリシェヴィキ支配の存続はわれわれにとって強い利益であった」。だが、この政権の存続が不可能になった場合、われわれには、「大々的な積極的軍事干渉によってボリシェヴィキ支配を支えるか、適当な時期にボリシェヴィキと手を切り、ボリシェヴィキを解体させる勢力との関係に道を開くか、どちらかの選択だけが残されている」(大意)。

以上のような情勢判断のもとにヘルフェリヒは、後者の道を選ぶしかないと結論する。すなわち、ロシアにおけるすべての非ボリシェヴィキ・グループには、ドイツがボリシェヴィキの支柱だと映っている。このため、彼らはドイツに背を向けるだろうし、協商国側はこれを巧みに利用するだろう。これを防止できるのは「ボリシェヴィキと断固手を切ること」のみである。しかるに、たとえばコルチャークなど反ボリシェヴィキ勢力と接近する試みは、これまでのところ成果をあげていない。それというのも、ボリシェヴィキとの絶交とかペテルスブルク近郊での軍事的デモンストレーションとかブレスト条約の改定とかを基礎にして交渉することにベルリンの外務省が同意していないからだ。「換え馬の用意がないときは馬をおりてはならぬ、という格言は半分の理しかない。自分の馬がへたばったと見るや、換え馬がなかろうと、私なら馬を飛び下りる」(大意)。

このようにヘルフェリヒは、ボリシェヴィキの崩壊を前提として議論をすすめているのだが、そのような状況の到来したときにボリシェヴィキ政権に肩入れしていることの不利を指摘し、ブレスト条約の若干の修正を基礎にして来たるべきロシアの新政権との関係を樹立できるし、またドイツの軍事的・民族的《フェルキッシュ》利益を確保できると説いて、進行中のブレスト補完条約にブレーキをかけようとしたのであった。このような意見は、すでに彼がモスクワ赴任以来しばしば表明してきたところであって、かなり個性的響きの強いものではあったけれど、当時必ずしも孤立した見解でもなかった。

右の覚書にもみえるように、八月一日チチェーリンはヘルフェリヒに対してイギリス干渉軍がムルマンスク上陸(三月九日)からアルハンゲリスクに進駐しつつあるのに対抗すべくドイツ軍の協力を要請したが、ヘルフェリヒはこの機をとらえてドイツの軍隊を動かし、逆にボリシェヴィキ政権そのものを打倒すべきであると提案していた。この提案は一時、ルーデンドルフにも支持され、そのための東部軍の増強も考慮されたのであった。[18] しかし、このようなボリシェヴィキ政府を打倒して反革命勢力の政権を支えるという冒険的企ては、この時期のドイツ帝国政府の政策とはならなかった。政府側の論拠は右の覚書より前の八月六日外相ヒンツェがルーデンドルフへむけた電文にすでによく示されていた(19)。ヒンツェの直接の意図はヘルフェリヒ流の対ロシア政策を駁することにあったが、その要旨は次のごときものであった。

背後に国民の支持をもったロシアの新政府をドイツの軍隊でもって支えることはできるかも知れない。だが、そのような政府ならドイツの支持を必要とはしまい。むしろ、北部の協商国軍、東部のチェコ軍団、南部のアレクセーエフ将軍等に対抗して、新たに増強されるドイツの軍隊をさしむける可能性がなお残っている。ボリシェヴィキ政府はそうしたドイツ側の干渉を求めてきた。その他の政府は、じきに協商国側に与してしまう。たしかにボリシェヴィキは破産してきてはいるが、われわれはまだ赤衛軍の暴動とか農村の武装兵士の反乱については聞いていない。われわれはボリシェヴィキの崩壊の始まるのを期待はするが、いまのところ、その急速な終末を望んだり、それをもたらすべき動機はない。ボリシェヴィキは邪悪な、虫の好かぬ連中である。だが、そのことはわれわれがブレスト講和を強制する妨げとはならなかった。ボリシェヴィキが有用である限り、彼らとの共同を好むか好まないかは重要なことではない。政治のなかに感情をもち込むのはぜいたくな浪費というものだ。ロシアのブルジョワジーは様々の異質なグループに分散しており、それを統合するには天才が必要だ。そのような天才はまだみあたらない。ブルジョワ諸派は一つだけ共通点を、つまりドイツに対する敵意をもっている。ロシアの軍事的麻痺、それをボリシェヴィキは他のどんな党派よりも巧く処理しており、しかもそのためにわれわれはただの一兵、一マルクも使わずに済んでいる。われわれがロシアの国土をしぼりあげるのを喜ぶロシア人はないのであるから、ロシアの無力状態に満足しておくべきである。

ボリシェヴィキは、協商国と対立しているロシアの唯一の党派であり、ロシアにおけるブレスト講和の唯一の代弁者である。ヘルフェリヒは、ブレスト条約の修正、なかでもウクライナの大ロシアへの返還、さらには戦前のロシア国境の回復によってのみロシアの他の勢力と共同が可能だと申し出ているが、一体われわれはボリシェヴィキを利用したという悪評から免かれるために四年間の闘争と勝利の果実を手放さねばならないのであろうか。われわれは彼らと共同するのではなく、彼らを利用し尽すのである。それが政治的なのであり、また政治というものである。クリミアやドネーツ盆地は言うに及ばず、バルト、リトアニア、ウクライナを放棄する結果となるようなブレスト条約の修正を最高軍司令部は同意しようとするのであろうか(大意、力点は原文)。

以上のように、ヒンツェの主張はヘルフェリヒやルーデンドルフのボリシェヴィキ政府打倒の政策に反対し、ブレスト条約に基礎をおく対ソ関係維持を企図したものであった。しかしまた同時に、このヒンツェの覚書が、帝国政府の積極的な東方併合政策を物語っているのは否定できない。これが一九一四年のベートマン=ホルヴェークの九月覚書に匹敵する重要性をもち、それ以来の一貫した東方政策における戦争目的の絶頂点を示しているというフィッシャーの解釈には多少の単純化があるとしても[20]、たしかにここには帝国政府の東方政策がより巧妙な、摩擦の少ない併合主義政策であったことを示しており、それだけにルーデンドルフ将軍としても右のヒンツェの提言を容れざるをえなかったものと思われるのである。

さて、このようにして、ドイツ政府は一九一八年夏、チェコ軍団の反乱、連合国干渉軍や国内反革命勢力による深刻な脅威にさらされていたソヴェト政府に対し、関係を絶つよりもそれを維持する方策をとることになった。しかし、そのことがベルリンにおけるソヴェト大使館の活動への警戒心を解消しなかったのはいうまでもない。しかも、まさにこの夏を境にしてドイツの西部戦線の状況は転換し、日を追うにつれてドイツの敗色は濃くなってくるのであり、それにつれてボリシェヴィズムへの恐怖は増大してきたようにみえるのである。

ブレスト補完条約が八月二七日に調印されてから旬日を経ずして、ドイツ側は早くもブレスト条約第二条(煽動、宣伝の禁止)違反について苦情を表明した。これに対して、九月一八日、外務人民委員チチェーリンは、ロシア労農政府は条約義務を守り、違反には遅滞なく然るべき措置をとると約したが、この条約義務の範囲は必ずしも一義的でないことをドイツ側報道機関の実例に言及しつつ論じた。そして、「労農政府は、両国の体制の相違にもかかわらず、ドイツとの善隣関係と平和的共生(мирное сожительство)の維持を断固として願う」と述べて、両国側の相互抑制を求めたのである。(21)数日後、ヨッフェもドイツ外務省に対してソヴェト政府機関の煽動活動を否定し、「労農政府はブレスト講和条約調印後、ドイツ帝国やその同盟国の政府に対して、あるいは国家組織とか軍隊組織に対して、ただの一度なりともなんらかの煽動を許したおぼえはない」と断言していた。(22)

同じころ、ドイツ帝国内務省では軍部、外務、内務、警察など関係各省庁の代表会議が開かれ、ソヴェト大使館の「対独敵対活動」とそれへの対抗措置を検討している。このときにも外務省側の代表は、独立社会民主党議員がロシア大使館の建物に頻繁に出入りしているからとて、この事実だけで政府間の正式の苦情の対象とするわけにいかないと述べていた。(23)

二　対ソ断交へ

この間ドイツでは軍事的敗北につづき、一〇月二日には議会多数派よりなるマクス・フォン・バーデン公の「十月政府」が成立し、連合国への休戦の申し入れと「上からの改革」によって新たな状況が開けつつあった。そのようなときに行われた一〇月一四日の関係各省の会議でもボリシェヴィズム宣伝の「深刻な危険」が指摘されている。ただ、ここでも外務省側の発言にみられるのは、ドイツ側の強硬な措置がペトログラートのドイツ外交代表への強い報復措置を招きかねないという憂慮であった。それのみか、ヒンツェにかわって一〇月四日マクス内閣の外相を兼任することになった植民相ゾルフも、この時点で、さきのチチェーリンの要請にこたえるかのように、ボリシェヴィキ政府を不利にするような報道を抑制したほどであった。[24] しかしながら、休戦提案から革命前夜にいたる流動化した情勢のなかで、ボリシェヴィキ政権との関係を維持しようとする政策は、ドイツ国内におけるソヴェト側の革命煽動を理由に、次第に軍部や内務省側からの強い圧力にさらされ、右のような外務省側の対応も一定の緊張関係をはらみながら、冒頭に述べた対ソ断交にいたる半月ばかりの間に決定的に変容することになる。

一〇月後半には、帝国政府あるいはプロイセン政府内でボリシェヴィキの活動に関する会議は頻繁に開かれている。一〇月一六日、関係各省の事務当局者会議に外務省側から出席した東方問題担当官のナドルニは、ハンブルクとシュテティーンのソヴェト領事館開設の許可を取り消すことには反対の意向を示しているが、他方ソヴェトの宣伝活動に関する「確定的材料を入手するため」ソヴェト外交急使の荷物を検閲するのは願わしいことだとしている。[25] ところが、この二日後プロイセン内務省で行われた関係閣僚の会議は、外務当局の措置の手ぬるさに強い不満を表明した。この会議の記録によれば、列席した閣僚たちは、口々にボリシェヴィキの危険を説き警告した。プロイセン蔵相ヘルクトが、ソヴェト大使館の強力で陰険な革命煽動を非難すれば、プロイセン国務相レーデルンも独立社会民主党のレーデブーアやハーゼのみならず、同党内左派のスパルタクスやその他の左翼急進派とソヴェト大使ヨッフェの結びつきを追跡し監視すべきこと、またモスクワにドイツ総領事館だけが残っているのに対応させてベルリンにも大使館のかわりに治外法権をもたぬ総領事館だけを置けば事足りることを主張した。こうした措置をとる前に充分の材料を入手すべきだという慎重な意見を述べたのは、この記録の示す限りでは、進歩国民党の貿易相フィッシュベックくらいのものであった。結局この会議は、外務省との文書のやり取りでは埒のあかぬことを確認し、プロイセン内相が宰相へ直接に書簡を送ることを決めた(26)。その結果、内相ドレーフスは翌一九日にマクス宰相にプロイセン政府内の一致した意見として、「ソヴェト外交代表を直ちにベルリンから、さらに総じてドイツから退去(Entfernung)」させるよう提案したのだった(27)。

かくして、対ソ外交関係断絶の問題は議会多数派からなる帝国政府の閣議でも論ぜられるにいたったのである。一一月四日に起るトランク事件との関連でしばしば引用される一〇月二八日の帝国政府閣議はその最初のものであった(28)。まず午前の閣議では、各閣僚からソヴェト大使館が「革命計画のセンター」となり、ドイツの左派勢力と協力していることが指摘されたが、証拠が乏しいため、対ソ断交ではなく、ヨッフェの即時追放を通告してみることが示唆されたにとどまり、これの検討は午後の全閣僚会議にもちこされた。その閣議には、とくにプロイセン内相ドレーフスも列席することになった。内相は、帝国政府閣僚たちに、ソヴェト大使館が「計画的に革命を画策」しているが、治外法権をもっているため確証をつかめないこと、したがってモスクワに抗議のノートを送り「ロシア大使館をベルリンから他の場所に引き移す」よう求めるべきだと提案した。これに対するナドルニの発言は、外務省がこの時点で対ソ断交をなお時機尚早としていたことを示している(外相ゾルフは午前の会議にはちょっと顔を出しているが、この夕刻の閣議には欠席)。ナドルニは、ソヴェト大使館の外交用トランクに宣伝材料が沢山あるだろうことは充分推測できるが、証拠が不充分であるし、ヨッフェはこれを否定してブレスト条約第二条を尊重する意向を繰り返し言明している、と説明した。そして、ドイツ側の大使館追放措置はロシア在留ドイツ人の生命の危険を招きかねない(29)し、ドレーフス提案を断行してみても結局はロシア側の宣伝を防ぎきれるものではないという理由で難色を示し、むしろ外務省としては社会民主党やその機関紙などを通じて対抗宣伝をやるよう提案したのだった。

ところが、社会民主党の閣僚シャイデマンはむしろドレーフス提案に同意し、ソヴェト大使館と独立社会民主党の結びつきを過小評価してはならないと警告したうえ、さらに次のように続けた。確かに証拠は充分ではなく、大使館の治外法権に公然と干渉するのは避けねばならない。「だが、たとえば不審な外交用トランクが運搬中に偶然二つに壊れる場合には、多分〔証拠〕資料を入手できるだろう(30)」。そうすれば、現ソヴェト大使を召還させるようモスクワに要求もできようし、ドイツの対ソ石炭供給を差控えるなりしてロシア政府に強い圧力を行使できる、と。この閣議では、しかしながら、具体策までは決定されなかった。このあたりの閣議には宰相マクスは病気で欠席していた。議長をつとめていた副宰相フォン・パイアーが、議事を纏めて、ロシア大使館の革命的宣伝活動の徴候を従来以上に探索すること、証拠資料の入手については一部局の統一的指揮下に行うのが望ましいことを確認するにとどまった。

この閣議から一週間後、事実「トランクが二つに壊れる」事件がおこるのだが、帝国政府の意志が対ソ断交に統一されるにいたるまでには、外務当局が判断を変える必要があった。その点を検討するために、われわれはここで、少しさかのぼって、マクス内閣成立とともに出された休戦提案の成行きを行論に必要な限りで瞥見しておかねばならない(31)。

マクス内閣は成立の翌日(一〇月三日)、ウィルソンに和平の斡旋を依頼した。一〇月八日のウィルソンの回答はドイツにさまざまの反響を及ぼしたが、戦時閣僚会議はこれに積極的に答えることに決め、最高軍司令部も敢えて異を唱えなかった。一〇月一二日ゾルフ外相は、ウィルソンの平和プログラムの受諾をワシントンに伝え、占領地の撤退を約束した。ウィルソンの第二次回答(一〇月一六日)は、より厳しい条件を出し、無制限潜水艦作戦や西部戦線撤退に際してなされた破壊行為の如き「非合法で非人間的策略を遂行するドイツの戦闘力」の除去を求め、このことによってヴィルヘルム二世の退位と最高軍司令部(ＯＨＬ)の影響力の排除を示唆した。この回答に対しては、翌日ルーデンドルフやホフマンも列席した閣議が行われ、激論が続いた(32)。この段階でも、最高軍司令部は、すでに決定的にぐらついていた軍部の権威を防衛せんがため、敗戦の責任の回避を狙って必死の努力をしている。ルーデンドルフは、すでに閣議の前に、政府に宛てて次のような質問を発していた。[33] すなわち、「㈠国内情勢は全軍隊の東部から西部への移動を許すであろうか、それともボリシェヴィズムが国内に浸透する危険が存在しているのだろうか？ ㈡ドイツ国民は……わが軍事情勢が国境を越えて侵入する敵を防ぐのに充分強力であるという意識をもつならば、最後まで戦闘を続けるであろうか、それともこの問題を無条件には肯定できぬほど抵抗の士気は疲弊してしまっているのだろうか」と。こうしてルーデンドルフは、閣議の席上、この期に及んでなお呆れるほど楽観的な軍事的見通しを述べたのだった。すでに前日の戦時閣僚会議においてゾルフ外相が非難しているように、[34] こうした軍部の言辞は敗戦＝休戦の責任を政府側に転嫁する余りに強引な企図を含んでいたので、文官側とくにゾルフの激しい憤激をかったのだった。

ドイツ国内の政治勢力や有力者の休戦に関する意見も、保守派と改革派の間ではなお相当の相違をみせていたが、政府に近い有力者の間に「いまウィルソンの講和を得ることができなければ、おそくとも来春にはクレマンソーの講和を結ぶ恐れがある」(A・バリーン)というような判断もあって、結局ドイツ政府はウィルソン返書に前向きに答えることになった。それでも、やはり帝国政府は、一〇月二〇日のドイツ側ノート(無制限潜水艦作戦の放棄と国内改革を約束)の責任に軍部をまき込むことには失敗したのである。しかし、いずれにしても、第三次ウィルソン回答(一〇月二三日)は、休戦をドイツの戦線強化に利用しようとしていた最高軍司令部の最後の希望を打ち砕いてしまった。[35] 一〇月二六日ルーデンドルフは辞任し、グレーナーが後継者となった。グレーナーの任命に際しては「プロイセンの人間より南ドイツの人間の方が議会の連中をうまく扱うであろう」という配慮が働いていたようだが、彼がスパーの大本営に到着したときには、もはや軍事作戦をたてる余地すらなかった。「うまく行こうが、まずく行こうが、撤退は実行されねばならない」状態だったのである。[36]

さて、さきに述べた一〇月二八日の閣議が行われたのは、このようにドイツの軍事的敗北が決定的に認識され、ルーデンドルフの軍事独裁が陥没してアメリカに対する休戦提案交渉が大詰めに近づいているときであった。そのようなとき外務当局はなお対ソ断交に難色を見せていたのである。さきの閣議の直前にゾルフから宰相に宛てられた報告(37)（実際にはナドルニの起草になる）も、閣議におけるナドルニ発言の背景を示していた。それによると、対ソ断交を行えば、ブレスト条約に基づくロシアからの金およびその他の物資供給を期待できなくなるし、ロシアにおける在留ドイツ人やドイツの経済的利益を危うくする結果を招きかねない、また対ソ断交を行うとすれば、ボリシェヴィキ政府の崩壊、あるいは少なくともドイツがその崩壊に積極的に働きかけうるごとき情勢にタイミングを合わせるべきだ、というのである。ところが、その数日後、外務当局はこのような留保を放棄して対ソ断交の潮時だと判断するにいたった。右の閣議の翌日、ヨッフェは、ドイツ軍が東部撤退の際にロシアの財貨を持ち去ったことを理由に、すでに予告されていた対ドイツ金輸送の中止を通告してきていたが(38)、その二日後の一〇月三一日付のナドルニの覚書(39)には、この機をとらえて対ソ断交に踏みきる理由が明確に述べられている。そこには、ソヴェト側の金輸送停止のほかに、ボリシェヴィズム宣伝の危険および予想されるロシアの政治的発展があげられている。すなわち、ナドルニの判断によれば、ドイツにおけるボリシェヴィズムのセンターたるソヴェト大使館を撤去させるのは、そのための証拠は不充分ではあるが、コミュニスト対策に好都合であるし、「世論」の鎮静をもたらすであろう。それに、ロシアのボリシェヴィキ支配はどのみちもはや永続的ではありえない。「講和になろうと、戦争が続こうと、協商国はやがてボリシェヴィキに結末をつける見通しだ」からである。彼は、北ロシア、シベリア、カフカース、アストラハンにおける連合国の干渉戦争にボリシェヴィキ政権殲滅の可能性をみたのであった。こうした彼の見通しはきわめて断定的である。彼はいう。ダーダネルス海峡が開放されればボリシェヴィキ政府は滅亡する。「ボリシェヴィキの即時崩壊が確実に予想できるとすれば、もはやそれにしがみついておくことは許されない。ボリシェヴィキは、つねに東部で平穏を保つためのたんなる必要悪の手段にすぎなかったのだ。この手段を利用したがために、われわれはあたら多くの共感を失ってしまった。もはやこの手段は役立たず、近々消滅することが予想される。しかもどのみちわれわれには危険となるものなのだから、いまやこれを押しのけるべきときである」、と。

こうして、ゾルフ＝ナドルニの外務省は、二カ月前のヘルフェリヒの議論張りに、しかし遙かに絶望的な状況のなかで、換え馬のあるなしにかかわらず、馬を乗り換える決意をしたのであった。それにしても、対ソ関係の維持が「つねに東部で平穏を保つためのたんなる必要悪の手段にすぎなかった」のだとすれば、この文書は、外務当局の東方政策が基本的にはルーデンドルフ軍事独裁下の戦争目的＝「勝利の平和」の枠内で東部の軍隊を西部に投入するという戦略を支える外皮であったことをも示している。[40] だからこそ、ナドルニは東部司令官ホフマン将軍をベルリンに招き、対ソ断交の結果として東部における戦闘が再開される可能性について一応の検討を行い、その結果、ボリシェヴィキの弱体ぶりからして、戦闘再開の可能性はないという結論をえていたのである。そこで彼は、対ソ断交による摩擦を出来るだけ避けるため、その表向きの理由としては、㈠ボリシェヴィキの宣伝活動、㈡ブレスト条約の不履行、㈢ミルバハ暗殺に対するソヴェト政府の対応（この頃、ボリシェヴィキ政府が逮捕されていた左翼エスエル党員を釈放する意図であることが伝えられていた）、を挙げることを考慮した。[41]

以上のような外務省の立場をさらに広い文脈のなかで物語っているのは、右の覚書の数日後（ただしトランク事件より前）に書かれたと推測される省内の一覚書である。[42]

ドイツの東方政策を展望したこの覚書は、まず、ボリシェヴィキ以外の勢力が支配する将来のロシアに期待し、そこでの共感を失わぬため、最後の瞬間にボリシェヴィキ・ロシアをかばうことは許されないとしている。ついで、ドイツの東方政策は、対外政策全般と同様、議会多数派政府とウィルソンのプログラム——従ってブレスト講和、なかんずく周辺諸国政策の修正を条件とする——に立脚するが、しかし、依然として、民族の原則 Nationalitätenprinzip を援用してロシアを政治的に分散化させると同時に、東部の全領域において出来る限り政治的共感と経済的活動の可能性とを獲得するよう狙うものであるとしている。そして、これを実行するためには、㈠ボリシェヴィキ政府と外交関係を切断すること、㈡カフカースと、場合によってはポーランドを除いて、ドイツ軍を占領地域に残留させるか、またはボリシェヴィズム防止のため占領地域にその地の軍隊の創設を支援することが考えられる、と述べている。ここには、絶望的な軍事情勢のなかで、一九一七年七月の議会平和決議に表現される「和解の平和」に基礎をおくはずの「十月政府」の講和方式が外務当局によっていかに解釈されていたかが現われているし、またウィルソンの一四カ条に託したドイツ外務省の期待がいかなる性質のものであったかが示されている。さらに、ここに、休戦と講和後にかけてバルト地方で展開されたフォン・デア・ゴルツ将軍の軍事行動へつながる政策の萌芽を読みとることもできるであろう。

ともあれ、以上によって、ドイツ革命の前夜にドイツの軍部および政府内部ではすでに対ソ断交の方針に関して意見一致があったことが確認される。これを実行に移すには、まず口実となる有力な「証拠」が必要であったし、それをただちに対ソ断交に結びつけるだけの情勢の切迫が必要であった。

三　「ボリシェヴィズムの危険」

「証拠」は一一月四日のトランク事件で手に入れることができた。この事件の翌日のドイツ政府の公式発表によれば、ソヴェト外交急使のトランクが「突きあたって損壊し、ドイツ語で印刷され、ドイツの労働者・兵士に武装闘争を訴えた檄文が地面に落ちて出てきた。そのひとつにはスパルタクス・グルッペの署名があり、他のひとつは闘争のための詳細な指示をあたえて、殺人とテロルを要請したものであった。トランク全体は監視つきの部屋に確保された」(43)。ソヴェト側の見解は、一一月九日の外務人民委員会の声明にあるが、それによれば、このトランクの差し押えはドイツ側の一少佐(フォン・レット自身のことか?)によって指揮され、警察に引き渡された、という(44)。ここにもみられるように、事件の細部は、史料によって少しずつ異なっているし、実は今日でも不明の部分が少なくない。たとえば、トランクから出てきたという文書について、あるいはそもそも文書がトランクから出てきたのかどうかについても確証はあたえられていない(45)。あるいはまた、このような事件を誰が仕組んだのであるか、具体的には一〇月二八日の閣議におけるシャイデマンのヒントがいかなる経路を通って実行に移されたのかについても必ずしも詳らかではない。最近のある研究は、対ソ断交に踏み切った外務省に勧められてシャイデマンが実行させたのだろうとしている(46)。一〇月末にベルリン警視総監フォン・オッペンが参謀本部に宛てた報告(47)のなかにも、そのような推測を補強するような箇所がある。すなわち、そこには、ソヴェト大使館の革命煽動活動および政府転覆のための武器・弾薬援助に政府が無策であることに対しては、「社会民主党内右派のなかにも」危惧があり、警察としても「外務省の希望に沿って」、きわめて困難ではあるが、証拠資料の発見に努めている旨が記されている。

いずれであるかは、さしあたり、ここでは副次的なことである。事件の細部がどうであれ、これが作為的なものである印象はどうにも免かれないのであり、全体の脈絡からいえば、これはあくまで対ソ断交を実行するためのきっかけであり口実でしかなかった。われわれにとって重要なのは、ドイツ政府によるこの事件の取り扱い方である。

はやくも事件の翌日モスクワ駐在総領事はソヴェト政府にベルリンの大使館員の国外退去について通告している。国外退去の理由としては、前日の事件にみられるようなボリシェヴィキの革命宣伝、ブレスト条約違反およびミルバハ暗殺の不満足な事後処理をあげているが、これはほぼ一〇月三一日のナドルニ覚書にすでに提起されていたものであった。そしてこれらの諸点の解決をみるまで相互の外交代表を引きあげるようソヴェト政府に要請した。(48) これと同じ日、ベルリンでは冒頭で述べたように、外相ゾルフがヨッフェに六日夕刻に特別列車でベルリンを去るよう通告した（右のモスクワ総領事の通告でも「六日夕刻」となっていた）。ところが内務大臣と警視総監は、夕刻では遅すぎるから早朝六時に退去させるよう要求した。こうしたきわめて迅速な措置は中央党の閣僚エルツベルガーの支持もうけている。彼は五日の閣議で、ロシアと完全に断交したことを国民にはっきり知らせるのはいいことだ、と述べた。(49) さらにこの同じ閣議は、ソヴェト外交代表の国外退去を具体的にどのように強制するかを討議している。その模様は次のようなものだった。

ナドルニ　マルク地方軍司令官（フォン・レット）と警視総監は、ソヴェト大使館を閉鎖し、誰一人館外に出さぬようにする――ただし館内に入ることはできる――意向である。これは外交慣例に反するし、ロシア側の報復措置を予想せねばならない。なお、リープクネヒトも館内に居るので逮捕されるだろう。(50) ソヴェト外交官が明朝六時頃自発的に大使館を退去しない場合は、治外法権を失い、個人として強制退去させる。

フォン・レット　今夜にも退去させるべきだ。今夜誰かの外出を許すと、明日の早朝にも一揆がおこりかねない。

エルツベルガーおよび**レーデルン**　今夜一二時頃にでも、明朝六時頃に立ち去るよう通告してはどうか。

ドレーフス　ただちに大使館を閉鎖せねばならぬ。これは緊急に必要だ。

ジーモンス（外務省参事官）　大使館が革命策動に責任があるからには、監視措置をとるのは国際法的には完全に許されることだ。ただ、報復措置を招くかどうかは考慮すべきである。

フォン・パイアー　彼らは今日にもこれ以上の策動をやりかねない。それを防ぐために大使館を今夜中に警察の監督下におくのに躊躇することはない。

シャイデマン　連中は今夜にも立ち去らねばならない。ただ、明朝早く一揆の起るという心配はあるまい。（明朝六時に退去するよう今夜一一時に大使に通告することで、フォン・パイアーが閣僚の了解をとる。）

ナドルニ　差し押えたトランクはまだ駅に保管してある。ゾルフ外相はヨッフェにトランクを携行してよいと述べてしまったが、軍司令官はそれを押収し点検させようとしている。

フォン・レット　トランクを開けてみるのは絶対に必要だ。そうすれば、大使館の操り糸がどこに通じているかが分るだろう。(51)

この閣議は、ほとんどの閣僚がヨッフェの速やかな退去を求めているのをよく示している。六日早朝、事実、ヨッフェらは警官の厳重な警戒のもとに大使館を立ち去り特別列車でミンスクにむかって発たねばならなかった。そのとき大使館から出されたものは一八六名を数えたが、うちドイツ人は独立社会民主党のオスカル・コーンだけであった。(52)ドイツ政府の性急とも思えるこうした措置が、まさにこの時点での革命情勢の切迫を反映していることは容易に想像できる。トランク事件と同じ日に発生したキール軍港の水兵の反乱、キール市に成立した労兵協議会《レーテ》は翌五日全市のゼネストを導き、全国各地における労兵協議会成立の嚆矢となろうとしていた。これに対して、政府は急拠社会民主党右派のノスケを派遣して同市の秩序回復にあたらせていた。ドイツの対ソ断交は、また各地の革命情勢、首都ベルリンにおける革命勢力の動きに対するソヴェト大使館の「策動」、あるいは革命の拠点としての役割を恐れた結果であったのは明らかである。それと同時に、ボリシェヴィキがさらに今後そうした役割を果しつづけることへの予防措置でもあったと考えられよう。

右の閣議では、ソヴェト大使館があたかもドイツの革命勢力に蜂起の指令さえ発しかねないといった懸念も表明されている。これは政府内の緊迫感がそれほどまでにたかまっていたことを示しているが、実はちょうどこの頃、プロレタリア革命を志向するグループのなかではスパルタクスと革命的オプロイテがベルリンで蜂起の計画をたてていた。ただ一一月二日に、当初一一月四日(月曜)と予定していた行動を同一一日に延期したのだった。閣議でのレットやシャイデマンの発言が直接こうした動きとどう関連するのかは議事録からは明らかではない。しかし、この時期、閣議での閣僚たちの発言がドイツにおける協議会《レーテ》運動に強い危機感を示しており、しかも一般にドイツの協議会運動をロシアのボリシェヴィズムと結びつけ、そこでのソヴェト外交代表の指導性を懸念していたことは指摘するまでもない。

ところで、これまでもしばしば触れてきたソヴェト大使館とドイツの革命勢力との関係は、実際のところいかなるものであったのだろうか。ドイツ側公文書にみえる情報は果してどのくらい正確であったのだろうか。先まわりしていえば、ソヴェト大使館とドイツの左翼との接触の全容を明らかにする史料はいまだきわめて不足しているようである。にもかかわらず、ここで若干の断片的な材料を加えて整理しておくのも、とりあえず無益ではあるまい。むろん、ここでの問題は、ボリシェヴィキとドイツ革命運動の関係一般ではなく、四月末ヨッフェが赴任して以来の大使館とドイツの左翼の直接のかかわりに限定される[53]。

まず、ドイツの左翼のなかでもスパルタクスの有力な指導者の多くは当時獄中にあって、直接には大使館と連絡のとれない状態にあったことに留意しておく必要があろう。まず、ローザ・ルクセンブルクは一六年七月以来ベルリンのバルニム街の婦人監獄に、ついでポーゼンのヴロンケ要塞に、最後にはブレスラウ(ヴロツワフ)の監獄にあり、出獄したのは対ソ断交後の一八年一一月八日(ベルリン到着は一〇日)であった[54]。リープクネヒトは同じく一六年一二月以来ルッカウ刑務所にあったが、一八年一〇月二三日に釈放された。ただ、彼の釈放に際しては、レーニンが直ちにベルリンのヨッフェに筆記電話を入れリープクネヒトに「もっとも熱烈な挨拶」を送るよう伝えており、早速翌二四日の夕方ソヴェト大使館で歓迎会が催されている。そこに出席したものには、ハーゼ、バルト、オスカル・コーンなど独立社会民主党の指導者や老メーリングがあった。当時ベルリン滞在中のブハーリンもこの歓迎会に加わり、リープクネヒトがこのときボリシェヴィキと完全に一致していることを「誓い」、「直接かつ確固として」蜂起について語ったことを報告している。(55) つぎに、レオン・ヨギヘスも一八年一月ストライキの後、同年三月に他のスパルタクス指導者とともに逮捕され、彼らの多くは一一月革命勃発の際にはじめて釈放されている。革命前の数カ月間ベルリンで活動していたと思われるスパルタクスの指導者としては、たとえば、E・マイアー、W・ピーク、P・レーヴィ、H・ドゥンカーなどがあった。マイアーは、一六年に一時逮捕・拘禁されたこともあったが、一八年には『スパルタクス書簡』の主幹のごとき役割を果していたし、ヨギヘス逮捕後はスパルタクスの実際の指導を担っていた。その彼は同年夏にはソヴェト情報局(ROSTA)のドイツ支部の責任者であったというから、ソヴェト大使館から『書簡』をはじめその他の宣伝活動のために財政援助をうけていたことは充分に考えられる。(56) また、兵役拒否で一時逮捕・拘禁され、その後オランダに逃れていたピークについては、代理を通じてヨッフェと連絡していたらしいことを示す軍部の情報(57)(一〇月一五日付)がある。ただし、彼がベルリンに戻るのは一〇月二六日であるから、直接の接触はあったとしても限られたものであろう。つぎに弁護士でもあったレーヴィは、他の指導者たちのように逮捕された経験はなく(後の一九年一月蜂起の際も不思議と逮捕を免れている)、少なくとも革命前にすでにスイスからドイツに移っており、しばしばベルリンにもいたはずだが、ソヴェト大使館との接触については官憲の情報にもあらわれていないし、レーヴィ研究をみてもこの点は不明である。(58) ただし、ヘルマンおよびケーテ・ドゥンカー夫妻については、彼らが大使館と連絡をとっていたというベルリン警視庁の情報がある。(59) また、さきにも言及したマルフレフスキはロシア国籍であったから、ヨッフェの仲介で五月末に釈放された。彼は家族とともに直ちにロシアに送られたが、その際妻と娘が彼の身の廻りのものを大使館に運び込んでいる(60)。なおH・エーバーラインもベルリンで活動を続けていたが、ソヴェト大使館との接触については明らかでない。

スパルタクス以外の左翼急進派との関係については、ベルリンの「光線《リヒトシュトラーレン》」派指導者ユリアーン・ボルヒャルトに関する断片的な情報がある。彼の名は、さきに引用した軍部の報告のなかにもあらわれているが(前注(10))、九月上旬外務省にはいった機密報告のなかにも次のような記述がみえる(61)。「ユリアーンは、大使館の新聞局で文書活動の顧問として働いており、ロシアの訓令の翻訳を検討している。そこには、ほかに四〇―五〇名の婦人が勤務しているが、彼は自分の執務室をもっていて、毎日数時間そこで仕事をしている」と。周知のように、ボルヒャルトは大戦中ツィマーヴァルト左派の運動で最もレーニンに近かった人物である。実はレーニン自身、六月中旬にヨッフェ宛の書簡で、ドイツの労働運動の文献の蒐集と出版を通じて宣伝活動を強化すること、そのためにボルヒャルトを雇ってその仕事に従事させることを指令していた(62)。このことからすると、少なくともボルヒャルトがその種の仕事をしていたことに関する限り、右の報告の信憑性はたかいと考えられる。

その他オット・リューレやブレーメン左派とソヴェト大使館の直接の接触を示す史料は見あたらない。ひとつには、この時期における彼らの活動舞台がベルリンでなかったことが直接の関係を稀薄にしたのかも知れない。だがドイツ国際共産主義派(IKD)に結集する左翼急進派がボリシェヴィキの立場に近接していたこと、とくにラーデクとブレーメン左派の緊密な関係を考慮すれば、直接ヨッフェとの接触でないとしても、なんらかのルートを通ずる連絡を否認することはできないであろう。当時、ジノーヴィエフはジャーナリストとの会見でボリシェヴィキが大量の資金をもってボリシェヴィキの蜂起の合図を待っているドイツの種々の労働者組織と緊密に接触を保っているのを誇っていたという。[63] また獄中にあったり、ベルリン以外の地域にいたスパルタクスの指導者にしても、間接的になんらかの連絡をもっていたことは当然考えておくべきであろう。事実ヨッフェ自身も宣伝活動に携わり、とくにミュンヒェンを中心とする南ドイツでは大使館の援助のもとで大きな成功をおさめつつあったという情報もある。[64]

しかし、史料的には、むしろ独立社会民主党(スパルタクスもまだこの党に属しているが)の指導者との関係がもっとも頻繁で具体的である。ヨッフェ自身、後年(一九二七年)スターリン体制に絶望して自殺する前、記録のためにわざわざアメリカの一記者と会見して、こう語っている。彼は、さまざまの機密情報をドイツの「急進派の指導者」に流し、彼らに武器や宣伝文書あるいは一〇万マルクの資金をあたえたし、ほとんど毎日暗くなると「独立社会民主党左派の指導者たち」が、戦術問題を相談するためウンター・デン・リンデンの大使館にこっそりと入ってきて、彼の忠告、指導、資金を求めた、と。[65] 独立社会民主党指導部に対するソヴェト大使館のドイツ革命援助の実体については、すでに対ソ断交後にもふたたび——さらにその一年後にも——ドイツで政治問題化したことがあり、実は、ヨッフェ自身がそれに火をつけたのであった。この点に関する若干の数字を挙げておこう。

国外退去の途中ソヴェト大使館員の一人が列車内に領収書などの資料を置き忘れた。それらによると、九月二一日—一〇月三一日までにソヴェト大使館はモーゼル銃一五九丁、ブローニング二八丁、パラベルム拳銃二三丁、薬莢二万七〇〇〇発、総額一〇万五〇〇〇マルク分を購入したことになっていた。[66] この資料を入手したドイツ側はこれを新聞に公表した。これに対してヨッフェは、その報道は不正確であるとして、一二月五日、ハーゼ(このときは臨時革命政府の外務担当閣僚)への無電で次のように述べた。すなわち、購入した武器は、御存じのように、それより遙かに多く、武器購入のためバルト(彼も閣僚)に託した資金は一〇万余マルクではなく、数十万マルクであって、自分のベルリンにおける活動は独立社会民主党の大臣閣下のハーゼやバルトの諒解のもとに行われたのだ、と。この暴露は臨時政府内部で物議をかもし、ゾルフの辞任をひきおこしたのだった。[67] さらにヨッフェは、一二月中頃、独立社会民主党指導者たちが武器購入にあてられた資金と政治情報資料を受けとっていたこと、自分が国外退去させられる前夜ソヴェト大使館の法律顧問をやっていた帝国議会議員オスカル・コーンに五〇万ルーブリを手渡し、そのうえドイツに預金されている一〇〇〇万ルーブリをドイツ革命のために利用する権限もあたえたことを公表したのだった。この数日後、外務人民委員チチェーリンもこの援助額を確認した。[68]

以上のように、主として独立社会民主党への資金援助については、むしろソヴェト側や当事者の言明もあってかなり具体的である。もちろん、ソヴェト大使館とドイツの左翼との関係の細部にわたる確認はなお困難であるとしても、上述のところから指摘しうる特徴は、ドイツ労働運動内部の諸対立にもかかわらず、ボリシェヴィキの革命援助が続けられている点であろう。すなわち、ボリシェヴィキの援助には諸グループとのイデオロギー的親近性による選択基準とか政治理論上の原則が必ずしも貫かれておらず、急進的な左派の非難する独立社会民主党指導部との関係がむしろもっとも実質的であった印象が残る。また、たとえば左翼急進派といっても、ボルヒャルトのようにスパルタクスやブレーメン左派などから排除された人物との関係が続いている点も特徴的である。いずれにせよ、ドイツ政府のボリシェヴィズム活動への危惧は対ソ断交の背景を説明するものでもあり、これに関するさまざまの政府情報は、おおむね信憑性をもっていたと考えてよいであろう。このようなボリシェヴィキの革命宣伝そのものについては、文脈や事実の力点のおき方は異なるとしても、ほとんどの文献が認めているし、またそもそも革命運動が国家的表現をとるとき当然に直面する問題であった。[69]

われわれの行論に立ちもどるならば、こうしたボリシェヴィキの活動がドイツ政府内の危機感を対ソ断交に踏み切らせるまでにたかめていたことが重要であろう。その点については、さきの一〇月二八日の閣議に、ルーデンドルフの後任としてはじめて出席したグレーナーが軍事情勢全般について報告したあと、「ヒンデンブルクと私の総括的意見を申せば、軍隊が防がねばならぬ最悪の敵は、銃後の影響による神経衰弱であり、迫り来る憂うべきボリシェヴィズムである」[70]と述べているところをあげれば充分であろう。

とすれば、ドイツ政府を対ソ断交に踏み切らせた情勢の緊迫とは、まず第一に「ボリシェヴィズムの危険」だったと結論しても差し支えなさそうである。ところが、対ソ断交の「決定的要因はボリシェヴィズムの危険だった」という主張[71]には、実は微妙な問題がともなっているのである。「ボリシェヴィズムの危険」とは、第一義的にはドイツ国内の革命勢力に対する支配層の危機意識のあらわれだと解すれば、おそらくそのこと自体には異論もないであろう。しかしマクス・フォン・バーデン内閣成立以来の最大の関心事であった休戦と「下からの革命」運動とは不可分に結びついており、閣議でもこれらを軸にして戦線の状況、国内改革、皇帝退位問題等が討議されてきたのであった[72]し、こうした脈絡で考えるなら、対ソ断交に踏み切らせた情勢の切迫についても、いま少し別の角度から考えてみる必要がでてくるのである。さらにそれとの関連では、「ボリシェヴィズムの危険」の内容をドイツにおける協議会《レーテ》運動そのものへの危機意識と、ロシアのボリシェヴィズムの直接的浸透の脅威とに――この点、当事者の意識ではおおむね渾然一体なのであるが――一応わけて考えておく必要もあろう。

それというのも、対ソ断交の動機をめぐっては、現在でも東西の文献には明らかな見解の対立があるからである。たとえば、ソ連や東ドイツの文献では、ドイツ政府が連合国との休戦交渉に有利な条件をつくろうとした点が強調される[73]。その際、しばしば引用されるのはレーニンの発言である。さきのモスクワ駐在ドイツ総領事のソヴェト大使追放の通告を手にして、レーニンは、一一月六日、全ロシア・ソヴェト大会の席上、「われわれは、ドイツ政府がイギリス、フランスの帝国主義者との同盟をめざして全力をあげるのを知っていた」と演説し、その二日後にも「ドイツがわれわれの大使を追い出したのは、イギリス、フランスの政策との直接の協定によるものではないにしても、ドイツにたいして寛大にしてくれるように、彼らのお役に立とうとした行為であった」と述べた(74)。

これに反して、たとえば西ドイツの研究は、対ソ断交の背景に連合国との休戦交渉への配慮があったとはいえない、少なくとも史料的には証明できないとしている。対外的考慮は対ソ断交後にはじめて認められるが、それ以前には「ほとんどどんな役割も果していない」のであって、むしろ、ボリシェヴィズムの危険こそ決定的要因だと主張するのである(75)。いうまでもなく、この場合、外部からの――つまりソヴェト大使館を通じての――ボリシェヴィズムの危険がかなりの程度存在していたという認識が前提にあり、英米との反ボリシェヴィキ共同歩調の意図を否認する傾向が強い。たしかに、いまだ交戦中の連合国とともにドイツが対ソ干渉戦争の方向に進むような意図を直接明確に示すドイツ側ないし連合国側の史料はあらわれていない。けれども、さきに引用した一〇月三一日の覚書では、すでに連合国の対ソ干渉戦の発展をにらみながら対ソ政策を論じていた。それに対ソ断交を断行する際に外交当局が連合国の反応を計算にいれなかったとするのはあまりに素朴な判断であり、いわば「史料主義」の陥穽であるというべきであろう(76)。実際、対ソ断交の措置はただちに連合国の歓迎をうけた。また、すでにみたように一九一八年の夏ドイツ政府はロシアの反革命勢力と結合する路線を排してボリシェヴィキとの関係維持を決定したが、その時と較べてこの段階のほうがボリシェヴィキ政府崩壊の可能性が大きかったとは考えられない。したがって前述のナドルニのボリシェヴィキ政府崩壊の見通しも根拠は薄く、ロシア内部の情勢の展開が実際には対ソ断交に重要な役割を果したとは思えない。むしろ、とくに休戦提議前後から絶望的なまでに変化していたドイツの前線および国内の情勢こそ決定的なものとなっていた。この状況下ですでに醸成されていた国内の不穏な情勢こそソヴェト大使館の活動を格別に警戒させるものであった。つまり、「ボリシェヴィズムの危険」といっても、なによりもそれはドイツ国内の「下からの革命」に対する危機意識であった。休戦＝平和を実現することは、とりもなおさずその危機を切り抜ける最も有望な道として「ボリシェヴィズムの危険」と不可分の関係にあった。これを要するに、国内の「下からの革命」防止と休戦の実現こそ対ソ断交に踏み切らせた情勢の切迫を物語るものである。ただ、西ドイツの研究の主張するように、ドイツ革命の勃発を経るなかで休戦＝講和のためにドイツ政府が連合国の反ボリシェヴィズムを大いに利用する構えを明確に示し、連合国と「共同して東部のボリシェヴィズムと闘う」[77]（エルツベルガー）路線が遙かに大きな比重を占めるようになるのはいうまでもない。この点は、革命によって成立する臨時政府（人民代表委員政府）およびヴァイマル連合政府の対ソ政策の考察によって明らかになるであろう。

（1）ブレスト条約第二条には「締約国は、他方の政府または国家・軍隊諸組織に対していかなる煽動ないし宣伝も中止するものとする。この義務は、ロシアにかかわる場合、四国同盟諸国により占領された領域にも適用されるものとする」と定められている。*Handbuch der Verträge 1871–1964*, hrsg. von Helmuth Stoecker (Berlin, 1968), 172. この長大な条約（正文はドイツ語、ロシア語、ハンガリー語、ブルガリア語およびトルコ語）の全文は *Документы Внешней Политики СССР*, под ред. министерства иностранных дел СССР, Том I– (Москва, 1957–) I, 119–204 に、大部分は *Deutsch-sowjetische Beziehungen von den Verhandlungen in Brest-Litowsk bis zum Abschluß des Rapallovertrages*, hrsg. vom Ministerium für Auswärtige Angelegenheiten der DDR und Ministerium für Auswärtige Angelegenheiten der UdSSR, 2 Bde., I: 1917–1918 (Berlin, 1967), 455–504 にも収録されている。また、正文ではないが、英文テキストの抜粋なら、斉藤孝編『ヨーロッパ外交史教材』（東大出版会、一九七一）、三六ページ以下、にもある。なお、第二条の意味については、Edward Hallett Carr, *The Bolshevik Revolution, 1917–1923*, III (London, 1953), 71 f.

（2）M. J. Larson, *Als Experte im Sowjetdienst* (Berlin, 1929), zitiert in: Günter Rosenfeld, *Sowjetrußland und Deutschland 1917–1922* (Berlin, 1960), 131.

（3）*Die Aufzeichnungen des Generalmajors Max Hoffmann*, hrsg. von Karl Friedlich Nowak, 2 Bde. (Berlin, 1928), II,

218.

（4）Erich Ludendorff, *Meine Kriegserinnerungen 1914–1918* (Berlin, 1919), 519. 彼はさらに続ける、「ヨッフェ氏はドイツ国民の戦闘能力をゆるがすことができた。それは協商国だけでは、封鎖と宣伝をもってしても決してできなかったほどのものだった」と。

（5）Cf. Winfried Baumgart, *Deutsche Ostpolitik 1918. Von Brest-Litowsk bis zum Ende des Ersten Weltkrieges* (Wien/München, 1966), 335, 337, Anm. 13. なお、バウムガルトのこの書は本章の対象となる時期におけるドイツの対ソ政策の最も詳細な研究であり、本章も素材について最も多くを負うている。

（6）*Die Auswirkungen der Großen Sozialistischen Oktoberrevolution auf Deutschland* (*Archivalische Forschungen zur Geschichte der deutschen Arbeiterbewegung*, 4. Reihe), hrsg. von Leo Stern, 4 Bde. (Berlin, 1959), III, Dok. 575.

（7）Julian Marchlewski (1866–1925). 匿名としては、Karski または Johannes Kämpfer を使用。ポーランドのヴウォツワヴェク(Włocławek)生れの社会主義者。一八九六年以来一九一九年まではほぼドイツで活動。ローザ・ルクセンブルクやレオン・ヨギヘスらとともにポーランド王国リトアニア社会民主党（ＳＤＫＰｉＬ）の創立者。スパルタクス・グルッペの結成にも参加。一九一六年以来投獄され、一八年五月末ソヴェト政府によってドイツ人戦時捕虜と交換され、一時、全ロシア・ソヴェト中央執行委員として活動した。詳しくは Horst Schumacher/Feliks Tych, *Julian Marchlewski-Karski. Eine Biographie* (Berlin, 1966); Horst Schumacher, *Sie nannten ihn Karski* (Berlin, 1964) を参照。

（8）*Auswirkungen*, III, 1365 f., Anm (a).

（9）Baumgart, *Deutsche Ostpolitik*, 339.

（10）*Ibid.*, 340, Anm. 25.

（11）*Ibid.*, 340.

（12）*Ibid.*, 346 f., Anm. 58.

（13）ミルバハ暗殺の状況については、Gustav Hilger/Alfred Meyer, *The Incompatible Allies. A Memoir-History of German–Soviet Relations, 1918–1941* (New York, 1953), 1 ff. の叙述が詳しい。

(14) Baumgart, *Deutsche Ostpolitik*, 248.

(15) この点については、とりあえず、*ibid.*, Kap. V-1 (258-303) 参照。

(16) モスクワ滞在前後のヘルフェリヒについては、*ibid.*, Kap. IV-2 (233-257) および John G. Williamson, *Karl Helfferich, 1872-1924. Economist, Financier, Politician* (Princeton, 1971), 270-285 参照。

(17) 覚書は、*Von Brest-Litowsk*, I, Dok. 255 (709-716) にもあるが、ヒンツェの興味深い書き込みとともに Baumgart, *Deutsche Ostpolitik*, Anhang, Dok. 6 (394-400) に収録されている。

(18) Cf. Fritz Fischer, *Griff nach der Weltmacht. Die Kriegszielpolitik des Kaiserlichen Deutschland 1914/1918* (Düsseldorf, 1961), 766 f.

(19) このヒンツェの覚書についても Baumgart, *Deutsche Ostpolitik*, Anhang, Dok. 5 (392-394) を見よ。なお、cf. *ibid.*, 247; Fischer, *Griff nach der Weltmacht*, 768 ff.

(20) フィッシャーは、「ベートマン=ホルヴェーク、ツィマーマンから一本の一貫した線がさまざまに揺れながらもキュールマンを経てヒンツェにいたり、一九一八年の半ばに――すでに言葉の徹底した意味で――最高点に達した」と述べている (*ibid.*, 771 f.)。多少の単純化というのは、この電文そのものはルーデンドルフを説得せんがために、殊更併合主義的ねらいを強調しているとも考えられるからである。ただし、ロシアを革命化する政策は革命体制の支持を不可避たらしめた、というフィッシャーの指摘は示唆に富んでいる。

(21) *Документы*, Док. 342 (485-489); *Von Brest-Litowsk*, Dok. 266 (772-776).

(22) 1918. IX. 21, in : *Документы*, Док. 349 (494-496).

(23) Baumgart, *Deutsche Ostpolitik*, 348 f.; cf. Rosenfeld, *Sowjetrußland und Deutschland*, 128.

(24) Baumgart, *Deutsche Ostpolitik*, 349.

(25) *Ibid.*, 350, 355, Anm. 88.

(26) 会議の議事録は、*Auswirkungen*, IV, Dok. 722 (1627-30). なお、この席上陸相ショイヒは、シャイデマンもヨッフェ大使の追放を主張していると伝えている。またボリシェヴィキの革命宣伝に関する軍部の詳細な分析は Dok. 723 (1630-36) にみられる。

(27) 1918. X. 19, in: *Dokumente und Materialien zur Geschichte der deutschen Arbeiterbewegung*, hrsg. vom IML/ZKdSED 2. Reihe, I (Juli 1914–Okt. 1917), II (Nov. 1917–Dez. 1918), III (Jan. 1919–Mai 1919) (Berlin, 1958, 1957, 1958), II, Dok. 97 (256–258).

(28) Philipp Scheidemann, *Memoiren eines Sozialdemokraten*, 2 Bde. (Dresden, 1928), II, 252f.; Max von Baden, *Erinnerungen und Dokumente* (Stuttgart, 1927), 519ff., 523 以後、大方の研究書で言及されている。閣議の議事録は、*Auswirkungen*, IV, Dok. 754a (1689f.), Dok. 754b (1691f.); *Die Regierung des Prinzen Max von Baden* (*Quellen zur Geschichte des Parlamentarismus und der politischen Parteien*, 1. Reihe, Bd. 2), bearbeitet von Erich Matthias/Rudolf Morsey (Düsseldorf, 1962), Dok. 100 (397f.), Dok. 102 (412f.) にあり、以下はこれに基づく。なお、この日の閣議は午前と夕刻の二度開かれている。午前のものは戦時閣僚会議であり、夕刻のものは全閣僚会議である。戦時閣僚会議は宰相、副宰相、外相のほかレーデルン、エルツベルガー、グレーバー、シャイデマンだけから成るもので、のちにはハウスマンも加わることになった。この会議には通常プロイセン首相代理フリートベルクとプロイセン陸相ショイヒも列席する慣例となっていた。

(29) このような論法はしばしば用いられるが、ミルバハ暗殺に続いてウクライナのドイツ占領軍最高司令官ヘルマン・フォン・アイヒホルン元帥のキエフでの暗殺(七月三〇日)などがおこっており、一般に、こうした左翼エスエルのテロ行為をボリシェヴィキが抑制しえない、あるいは奨励さえしているという見方が広がっていたため、ある程度の説得性をもつものであった。もっともエスエルのテロルの動機からして、必ずしも対ソ断交がテロルを誘発するという論法はでてこないのだが。

(30) Scheidemann, *Memoiren*, II, 252f. の記述には、閣議の冒頭にシャイデマンは、宰相(欠席中!)から面とむかって証拠資料入手の方法をたずねられたので、人夫をつかって、トランク運搬中に石段でトランクの角を肩から落とさせることを提案した、とある。議事録に照らした場合、このほかにもシャイデマンの記述には大幅な誇張がある。なお、Prinz Max von Baden, *Erinnerungen*, 580 には「一一月四日の夕刻計画的に二つに壊れた」とある。

(31) 以下、休戦提案に関しては、*Ursachen und Folgen. Vom deutschen Zusammenbruch 1918 und 1945 bis zur staatlichen*

Neuordnung Deutschlands in der Gegenwart, hrsg. von Herbert Michaelis/Ernst Schraepler, I– (Berlin, n. d.), II, Kap. X に収録された関係史料を参照。

（32） 議事録は、*Die Regierung Max v. Baden*, Dok. 64 (220–242).

（33） *Ibid.*, 205 f.

（34） *Ibid.*, 206.

（35） Fritz Klein *et al.*, *Deutschland im ersten Weltkrieg*, 3 Bde. (Berlin, 1968–1969), III, 472.

（36） Wilhelm Groener, *Lebenserinnerungen. Jugend, Generalstab, Weltkrieg*, hrsg. von Friedrich Freiherr Hiller von Gaertringen (Göttingen, 1957), 440 f.

（37） Cf. Baumgart, *Deutsche Ostpolitik*, 353. ここでは未刊行ドイツ外務省文書(PA. D 131 adh. 3. Bd. 2)から引用されている。ただしそのマイクロフィルム Microfilm T–120, ACP 368〔Deutschland 131, adh. 3/1–122〕, National Archives, Washington, D. C. にはその報告は見あたらない。

（38） *Документы*, I, Док. 380 (543 f.).

（39） Baumgart, *Deutsche Ostpolitik*, 356 f. に大要が引用されている。

（40） この文書および次注の文書はまた、フィッシャーのテーゼをむしろ補強するものでもあるが、彼の著書にはこの時期の分析はない。

（41） Baumgart, *Deutsche Ostpolitik*, 357.

（42） PA. D 131, Bd. 54, zitiert in : *ibid.*

（43） *Norddeutsche Allgemeine Zeitung*, 1918. XI. 5 (Abendausgabe), zitiert in : *Die Regiering Max. v. Baden*, 510. Anm. 7, あるいは、*Vossische Zeitung*, 1918. XI. 5 (Abendausgabe), in : *Ursachen und Folgen*, II, Dok. 484 (531).

（44） 「ソヴェト全権代表部のベルリン追放の詳細に関する外務人民委員会の声明」(一一月九日)、*Документы*, I., Док. 394 (560 f.).

（45） 後年、オーストリア・マルクス主義の雑誌 *Der Klassenkampf*, 1927. XII. 1 は、次のように述べている。「発見」された文書というのは、ロシアで書かれたものでも印刷されたものでもないし、ロシアで詰められたものでもなく、ロシアから送られたものでもない。それは、ドイツの警察がドイツでトランクにもぐり込ませたものであった。しかもそれはスパルタクス指導者のP・レーヴィの起草した檄文であった(したがって警察は容易に入手できた)と。Cf. *Illustrierte Geschichte der deutschen Revolution* (Berlin, 1929. Reprint ; Frankfurt a. M., 1968), 196 ; Rosenfeld, *Sowjetrußland und Deutschland*, 130 f.

(46)　Baumgart, *Deutsche Ostpolitik*, 354 ff. その根拠としては、ナドルニ、ブリュッヒャーの回想録および閣議その他でのナドルニの発言をあげている。他方、Peter Lösche, *Der Bolschewismus im Urteil der deutschen Sozialdemokratie 1903–1920* (Berlin, 1967), 211, Anm. 155 は外務省の発議についてはこれを疑問視している。

なお、すでに九月末にドイツ側の外交トランクがペトログラート駅で運搬中に壊れるという先例もあった。このときは大使館員護身用に送られたというモーゼル銃が押収された。Baumgart, *Deutsche Ostpolitik*, 354 f., Anm. 88.

(47)　*Die Regierung Max v. Baden*, 414, Anm. 6 に引用。

(48)　この通告は、『レーニン全集』(大月書店、一九五三―六九)第二八巻、一四九ページ以下。この全文は、レーニンが一一月六日、ロシア革命一周年記念に際して第六回全ソヴェト臨時ロシア大会の席上で読みあげたものである。ドイツ語全文は、レーニンの著作から *Dokumente und Materialien*, II, Dok. 118 (299–303) ; *Ursachen und Folgen*, II, Dok. 485 (531–533) に採られている。また、*Документы*, I, Док. 394 にもロシア文が付されている。

(49)　一一月五日の閣議議事録は *Die Regierung Max v. Baden*, Dok. 129 (526–545), bes. 541 ff. 以下、閣議の模様はこれに基づく。

(50)　リープクネヒトはルッカウ刑務所から一〇月二三日に出獄し、翌日ソヴェト大使館で歓迎会が催されている。彼は釈放直後からベルリンで東奔西走の活動を始めていたから、このときも大使館内に居ることは物理的には可能だが、後述のように、これは誤った情報であった。

(51)　最後のナドルニとレットの発言から次のような問題も生まれる。㈠外相ゾルフがトランクの携行を許したのは、たんなる軽率のためか、あるいは彼がこの事件のからくりを知らなかったためなのか。いずれにせよ、㈡ナドルニが、トランクから出たという文書の内容と出所をソヴェト側に知られるのを不都合と考え、レットに発言させてトランクを押収しておこうとしたのか。しかし、いまのところ、これらは推測するしかない。

(52) *Документы*, I, 562; Rudolf Nadolny, *Mein Beitrag* (Wiesbaden, 1955), 63, zitiert in: *Die Regierung Max v. Baden*, 545, Anm. 72. なお、ヨッフェらの退去の有様については、*Illustrierte Geschichte der deutschen Revolution*, 197 参照。

(53) 以下、スパルタクスその他の左翼急進派の経歴や活動状況のデータについては、特記しない限り、Hermann Weber, *Die Wandlungen des deutschen Kommunismus. Die Stalinisierung der KPD in der Weimarer Republik*, 2 Bde. (Hannover, 1969); Manfred Bock, *Syndikalismus und Linkskommunismus von 1918–1923* (Meisenheim am Glan, 1969); *The Bolsheviks and the World War. The Origin of the Third International*, ed. by Olga Hess Gankin and H. H. Fisher (Stanford, 1940) などに付された「経歴」、*Geschichte der deutschen Arbeiterbewegung. Chronik*, hrsg. vom IML/ZKdSED 3 Bde. (Berlin, 1965–1967); *Deutsche Geschichte in Daten*, hrsg. vom Institut für Geschichte der Deutschen Akademie der Wissenschaften zu Berlin (Berlin, 1967) などによる。

(54) ロシア二月革命のあと、一九一七年六月ころ、ルクセンブルクは旧ロシア領ポーランド生れであることを利用してロシアに赴く計画を抱いたようである。最近刊行された秘書のマティルデ・ヤーコプ宛書簡で二度にわたり(六月二日と六日付)自分のロシア語の出生証明を書留で送るよう依頼しているのもそれを物語っている。しかし、間もなく、今度は送らないで欲しいと頼んでおり、結局この計画は中止されたらしい。Rosa Luxemburg, *Briefe an Mathilde Jacob 1913–1918*, hrsg. von Narihiko Ito (Tokio, 1972), 93, 94, 95. こうした形での出獄は見込の薄いこと、ドイツの革命運動に彼女が必要であることを説いて計画の断念を勧めたスパルタクス指導者の書簡(これも最近公表された。Cf. Ottokar Luban, "Zwei Schreiben der Spartakuszentrale an Rosa Luxemburg [Juni 1917; 5. Nov. 1918]", *Archiv für Sozialgeschichte*, XI [Hannover, 1971], 231)も、おそらくこの間に獄中のローザに届いたものと思われる。ネトルのルクセンブルク伝も、一九一七年七月および再び翌一八年に、マルフレフスキのように、ローザのロシアへの移送の問題がおこったが実現しなかったこと、この計画を中止したのは彼女がドイツ革命の到来を不可避だと信じそれに参加したかったからだと述べている。J. P. Nettl, *Rosa Luxemburg*, 2 vols. (London, 1966), II, 679. ただし、この試みを断念したきっかけとしては、このころのマティルデ宛手紙からも、他の同志たちの説得や実際的な困難さがあったことなどを考慮すべきであろう。

いずれにせよ、本稿の行論との関連で重要なのは、一八年にこの問題が再燃した、とネトルが特別の典拠なしに述べている点である。ボリシェヴィキ革命後、とくにベルリンにソヴェト外交代表が到着してからは、たしかにそのような計画実現の可能性は、前年の場合と較べて大きかったといえる。事実マルフレフスキの場合は成功した。しかし、まさにブレスト補完条約が締結された一九一八年夏に、彼女はボリシェヴィキ批判を含む「ロシアの悲劇」(拙訳『未来』五四［一九七一］)を書き、他のスパルタクス指導者の躊躇をおしてそれを『スパルタクス』に公表させたし、さらにその議論を展開するために、つづいて間もなく有名な『ロシア革命論』を執筆したのである。なお、死後に公表されたこの『ロシア革命論』におけるボリシェヴィキ批判の妥当性を強調する立場から、レーヴィは、ローザは獄にありながらソヴェト大使館を通じてロシアの新聞・雑誌・パンフレットの類を残らず入手できた、といい(Paul Levi, *Zwischen Spartakus und Sozialdemokratie. Schriften, Aufsätze, Reden und Briefe*, hrsg. und eingeleitet von Charlotte Beradt [Frankfurt a. M., 1969], 96)、逆にP・フレーリヒは、彼女のボリシェヴィキ批判を緩和する意味合いから、獄中の彼女はロシアの事情については情報不足だったと述べている(フレーリヒ『ローザ・ルクセンブルク』伊藤成彦訳［思想社、一九六七］、三二〇ページ)。

以上のような点を考え合わせると、この段階でソヴェト大使館を通ずるローザの釈放、ロシア行きの計画は、たとえあったとしても、積極的に推進されたとは考えられないであろう。

因みに、ローザ死後一〇年目に秘書マティルデ・ヤーコプが書いた追憶によれば、すでに一八年一一月七日の夜に釈放の知らせが彼女に届いたが、その夜は宿泊すべき場所もなかったので、翌朝までブレスラウの監獄に留まった。そしてローザは汽車の便がなかったのでマティルデに車を呼ぶように電話したが、車も来ず、やっと一〇日になって汽車の便でベルリンにむかった、という。*Leipziger Volkszeitung*, 1929. I. 15, zitiert in: Paul Frölich, *Rosa Luxemburg. Gedanke und Tat* (Frankfurt a. M., ^{3}1967), 306, Anm. 4; cf. Nettl, *Rosa Luxemburg*, II, 713.

(55)　『レーニン全集』第三五巻、四〇一ページ。さらにこの点、東ドイツの研究 Arnold Reisberg, *Lenins Beziehungen zur deutschen Arbeiterbewegung* (Berlin, 1970), 327 参照。

なおリープクネヒトの演説に関しては "Liebknechts Rede in der Sowjetbotschaft 1918", *BzG*, XV-6 (1973), 947 ff. 参照。

(56) Carr, *The Bolshevik Revolution*, III, 77は、この点、多額の援助であったことを示唆している。しかし、マイアーの後年の証言によれば、『スパルタクス書簡』の発行部数は一九一六年前半は五〇〇程度、それ以後も五〇〇〇—六〇〇〇程度であったこと、スパルタクス中央の経費も月額三〇〇〇—五〇〇〇マルクであって、ソヴェト大使館が設置されてからはある程度増大したが、そもそもスパルタクスの組織が文書類を配布できる規模は小さく、その組織に相応する量以上の宣伝材料はつくらなかったために援助額はかなり低かったものと考えられる。*Die Ursachen des deutschen Zusammenbruchs im Jahre 1918* (Das Werk des Untersuchungsausschusses der Deutschen Verfassungsgebenden Nationalversammlung und des Deutschen Reichstages 1919–1928, 4. Reihe), 12 Bde. (Berlin, 1927–1929), V, 115 f. ; Eberhard Kolb, *Die Arbeiterräte in der deutschen Innenpolitik 1918/19* (Düsseldorf, 1962), 49.

(57) Baumgart, *Deutsche Ostpolitik*, 340, Anm. 26.

(58) たとえば Charlotte Beradt, *Paul Levi* (Frankfurt a. M., 1969). Luban, "Zwei Schreiben", 236 f. によれば、レーヴィは革命勃発直前の一一月にはベルリンにいた。

(59) Lösche, *Der Bolschewismus*, 210. ただし典拠を示していない。もっとも、ケーテについては、一九一七年春からは彼女の職場の関係と三人の子供の世話で活動は著しく困難になったという。Cf. Luban, "Zwei Schreiben", 228, 234, Anm. 45.

(60) Schumacher/Tych, *Marchlewski-Karski*, 261 ; Schumacher, *Karski*, 146. なお、釈放に関する軍部の報告は、*Auswirkungen*, III, Dok. 574.

(61) Zitiert in : Baumgart, *Deutsche Ostpolitik*, 340, Anm. 26.

(62) 1918. VI. 18, Ленин—Иоффе, in : В. И. Ленин, *Полное Собрание Сочинений*, 5 изд., L (Москва, 1965), 103. 因みに、この五版ではヨッフェ宛書簡が八通追加されている。（参照、『レーニン全集』第四四巻、九五—九六ページ。）

(63) Lösche, *Der Bolschewismus*, 210.

(64) 1918. X. 5, Generalkonsul (Petersburg) an AA (AA, ACP 368/20). とくに南ドイツのシュトゥットガルトにはこのころクラーラ・ツェトキーン、レーヴィ、タールハイマーなどがいた。

(65) Louis Fischer, *Men and Politics* (New York, 1941. Reprint ; 1966), 26.

(66) Baumgart, *Deutsche Ostpolitik*, 365, Anm. 133.

(67) さしあたり、*Soviet Documents on Foreign Policy*, ed. by Jane Degras, 3 vols. (London, 1951-1953), I, 126. ゾルフ辞任については、Wolfgang Elben, *Das Problem der Kontinuität in der deutschen Revolution* (Düsseldorf, 1965), 110 f. 参照。

(68) Cf. Baumgart, *Deutsche Ostpolitik*, 366 ff. この時点でのヨッフェの言明やハーゼ、バルトなどの反論の政治的意味については別の論稿で扱う予定。またコーンが後年国会調査委員会で行った証言やヘルフェリヒとのやりとりについては、*Ursachen des deutschen Zusammenbruchs*, V, 69; VI, 24 f.; Williamson, *Helfferich*, 302 ff. 参照。

(69) Cf. Reisberg, *Lenins Beziehungen*, 326.

(70) *Die Regierung d. Max v. Baden*, 532, Anm. 22.

(71) Baumgart, *Deutsche Ostpolitik*, 359.

(72) この点は、全体として *Die Regierung Max v. Baden, passim.* に如実に示されている。

(73) たとえば、Rosenfeld, *Sowjetrußland und Deutschland*, 131; B. Ponomaryov/A. Gromyko/V. Khrostov (eds.), *History of Soviet Foreign Policy, 1871–1945* (Moscow, 1969), 102 f.

(74) 『レーニン全集』第二八巻、一五二、一六八ページ。ヨッフェ追放を知らせる電報がモスクワに届いたときのことをK・ラーデクは次のように書いている。「これはどういうわけなのだろうか？　社会民主党がわれわれの煽動を恐れているのだろうか？　イリイーチは事柄に別の解釈を下した。ドイツは協商国に屈服して、ロシア革命との闘争で彼らに助力を申し出ているのだと」。Karl Radek, "November—Eine kleine Seite aus meinen Erinnerungen", in: Otto-Ernst Schüddekopf, "Karl Radek in Berlin. Ein Kapitel deutsch-russischer Beziehungen im Jahre 1919", *Archiv für Sozialgeschichte*, II (Hannover, 1962), 121.

(75) Baumgart, *Deutsche Ostpolitik*, 359 f.; Horst Günther Linke, *Deutsch-sowjetische Beziehungen bis Rapallo* (Köln, 1970), 20, Anm. 97.

(76) 当時モスクワでドイツ人捕虜送還業務に携わっていたヒルガーはむろん対ソ断交決定に関与する立場にはなかったが、彼が次のように述べているのは示唆的である。「内政においてボリシェヴィキとのあらゆる結びつきはきわめて危険であったが、対外政策においてもそれはますます負担だと見なされた。……ベルリンの政策立案者たちは連合国から穏健な講和をうる手段を探しはじめた。ロシアとの断交は連合国の恩恵をうる試みであったのだろう」。Hilger/Meyer, *The Incompatible Allies*, 19.

(77) Baumgart, *Deutsche Ostpolitik*, 366, Anm. 137.

第四章　パリ講和会議と独ソ関係
――ヴェルサイユ・モスクワ・ヴァイマル――

はじめに

ロシア問題のパリ会議への効果は……深甚であった。モスクワなくしてパリは理解できない。ボリシェヴィキとボリシェヴィズムは、一度たりともパリに代表者を出せなかったのに、事あるごとに強力な勢力であった。ロシアはパリでプロシア〔プロイセン〕よりも決定的な役割を演じた。プロシアの理念は完膚なきまで挫かれたのに、ロシアの理念の力はなお上昇しつつあったからだ。

これは、パリ講和会議に参加したアメリカの歴史家R・S・ベイカーの記述である(1)。

第一次大戦がそれ以前の戦争と較べて未曾有の規模の戦争であり、イデオロギー的にも社会的にも当事者の予想と意図を遙かに越えた影響をもたらし、それまでの国家間の関係に対しても最も深刻な変更をせまるものであったとすれば、この世界戦争の終結をめぐって一九一九年一月一八日から開かれたパリ講和会議も、まことに史上いかなる戦争処理の会議よりも錯綜した広範な課題に直面したのであった。それは、たとえば一〇〇年前のナポレオン戦争を処理したウィーン会議と比して、規模や問題の広がりが遙かに大きいばかりでなく、さまざまの次元で新しい要素を抱えることになった(2)。そのひとつは、列強の指導者たちが国家間の関係を調整するのに、各国の内政状態に著しく規制されざるをえず、いわゆる「外政の優位」の明白な後退を余儀なくされたことであった。

そもそも第一次世界大戦が史上最初の総力戦であったというのは、戦争指導者が国民のさまざまの層の要求を組込まずには戦争を遂行しえなかったことを意味していた。とすれば、この戦争の終結の仕方もまたそれぞれの国の内部情勢、大衆的ことに民族的感情を無視してはありえなかったのは当然であろう。パリ会議における列強の指導者たちの想定する新しい国際秩序は、彼らの想定する関係諸国の国内体制の安定を前提とする。その前提が流動的であるとき、当然彼らの努力は各国の情勢を安定させること、すなわち国際秩序の前提を固定させる方向にむかう。パリ会議の最中にベーラ・クンによるハンガリーのソヴェト革命が勃発したとき、列強の政治家たちは対ハンガリー講和条約を延期せざるをえなかったし、われわれの考察の主な対象であるドイツの場合でもバイエルンのレーテ共和国の推移は戦勝国の対独講和条件の検討に重要な影響をあたえた。概して言えば、休戦協定以後のドイツにおける革命情勢の推移はヴェルサイユ条約の成立のもう一つの軸であった。

ドイツに限らず、大戦後のヨーロッパ全般に、あるいは非ヨーロッパ地域においても、それぞれの国家や民族の内部ではとるべき新しい体制をめぐって内乱的様相をもはらむ危機的状況が生まれていた。パリにおける列強指導者たちの前には、世界的規模の関連をもち比類なく複雑で流動きわまりない問題が山積していたが、その際彼らが最大の脅威と感じたのが、ツァーリ・ロシアの領土に成立したボリシェヴィキ政権であり、ロシアの国境を越えて存在する「ボリシェヴィズムの恐怖」であったのは明らかであろう。彼らにとって、ボリシェヴィズムは、まことに「国際的内乱の時代」(3)における国際秩序の破壊者であったからである。

戦勝諸国は、ドイツに懲罰を加えることによって——と言っても、実質的にはその負担の多くを非ヨーロッパ地域に転嫁させながらであるが——期待はずれに終ろうとしているそれぞれの戦争目的の一部を辛うじて実現させ、それを通じて自国の「内乱」を多少とも緩和させようとした。ボリシェヴィズムの脅威を除去し、あるいは封じ込めることは、そのような方向とたしかに一面で補完的でありながらも、敵国ドイツに関する限り、対独制裁の強化はボリシェヴィズムの危険を増大させるというディレンマがあった。(4) にもかかわらず、ドイツ懲罰とボリシェヴィズムへの対抗——もっとも極端な場合の対ソ軍事干渉をはじめ、各地におけるさまざまの反革命的干渉——とは、パリ講和会議のもっとも重要な目標とならざるをえなかった。

だからこそ、パリ講和会議は公式にはロシア革命の代表を除外して出発したにもかかわらず、「ボリシェヴィキとボリシェヴィズムは、事あるごとに強力な勢力であった」(ベイカー)のである。

以上のような脈絡から、本章ではパリ講和会議がドイツの革命情勢の推移とどうかかわるか、ボリシェヴィズムの脅威にどう対処するか、かつそのような枠組のなかでドイツの対ソ政策がどう展開されるかを検討しておこうと思う。いささか順序が前後するが、まずさまざまの問題点を例示していると思われるヴェルサイユ条約中のロシア関係の条項をあらかじめ確認することから始めることにする。

一　ヴェルサイユ条約のロシアに関する条項

厖大な分量のヴェルサイユ条約のなかで直接ロシアに関して規定した条項を以下順次とりあげ、それぞれに注釈を加えておく。(5)

第八七条第三項　「本条約に規定されざるポーランド国境は、追って主要同盟・連合諸国によって定められる」。

第八七条は、ヴェルサイユ条約第三部「ヨーロッパに関する政治条項」第八篇「ポーランド」(第八七—九三条および付属条項）の最初の条文で、ポーランドの国境に関するものである。

その第三項は、具体的にはポーランドの東部国境、すなわちソヴェト・ロシアとの境界について述べたものである。右の条項が示しているように、ポーランドの東部国境は、西部国境（ドイツとの境界）と異なり、ポーランドも調印国であるヴェルサイユ条約のなかでは規定されなかったし、同日同じヴェルサイユで調印された「主要同盟・連合諸国とポーランド間の条約[(6)]」のなかでも右の条項とほとんど同文の規定があるだけで国境画定は未決定のままにされた。

このことは、その後のソヴェト＝ポーランド関係にとってはもとより、独ソ関係にとっても重要な意味をもつことになる。（一九二〇年七月一〇日のイギリス政府の覚書——いわゆるカーゾン線、ソヴェト＝ポーランド戦争終結にともない一九二一年四月三〇日に発効したリガ条約および翌二二年一一月二八日のソヴェト＝ポーランド両政府の協定、一九三九年八月二三日の独ソ不可侵条約およびナチ・ドイツのポーランド侵攻後の一九三九年九月一七日付ソ連邦の対ポーランド通告等々がこの規定との関連でとくに問題となる。）

因みに、「主要同盟・連合諸国」The Principal Allied and Associated Powers という用語については、ヴェルサイユ条約の前文冒頭に、アメリカ合衆国、イギリス帝国、フランス、イタリアおよび日本を指す、と規定されている。そして、たんに「同盟・連合諸国」という場合は、右五国および、ドイツを除くその他の二二の調印国、言い換えればドイツ以外の全調印国のことを指すと述べている。なお、ヴェルサイユ条約には、「主要同盟諸国」The Principal Allied Powers（英仏伊日の四国）とか、たんに「同盟諸国」（独・米を除く全調印国）という用語、あるいは後出のように「一同盟国もしくは一連合国」An Allied or Associated Power（同盟諸国の一またはアメリカ合衆国）という用語も使用されている。要するに、「連合国」Associated Power というのは、この場合アメリカ合衆国を指している。

第一一六条　「ドイツは、一九一四年八月一日において旧ロシア帝国の部分であったすべての領土の独立を恒久かつ不可譲のものと認め、かつ尊重することに同意する。

第九篇(財政条項)第二五九条および第一〇篇(経済条項)第二九二条の諸規定に従い、ドイツは、ブレスト=リトフスク諸条約ならびにドイツがロシアのボリシェヴィキ政府と結んだその他のすべての条約、約定、協定の廃棄を最終的に受諾する。

同盟・連合諸国は、本条約の諸原則に基づいて、ロシアがドイツより補償および賠償をうる権利を正式に保留する」。

第一一六条は、次の第一一七条とともに、第三部「ヨーロッパに関する政治条項」第一四篇の「ロシアおよびロシア諸国家」をなしている。(本条中に言及されている第二五九条、第二九二条については後出。)

対ロシア条項を作成するにあたって、戦勝国が主として意図したのは、第一に、一九一九年当時のロシアの流動的な情勢から将来西寄りの政府が出現することを期待し、そのようなロシアのもつべき権利を確保しておくこと、第二に、ブレスト=リトフスク条約その他の既成の条約とか将来考えうる独ソ条約などを通じてロシアにおけるドイツの影響力が増大するのを阻止することであった、といわれている。(7)

ドイツは、すでに一九一八年一一月一一日の連合国側とのコンピエーヌにおける休戦協定でブレスト=リトフスク条約およびその付属条約の廃棄を約定していた。これを理由にドイツ代表団(ただし、周知のように会議に出席したものではない)は本条第二項は不必要であると主張したし、また第一項についてはドイツがロシアに対する領土的野心を有せず、また該当地域に対して干渉する意図のないことを理由に不適当だと宣言したが、連合国側は、第三項についてと同様、条約草案の変更を認めなかった。

第三項の、ロシアに対独賠償請求権を与える条文は、この時点の戦勝国の意図に関しても、またその後の独ソ関係史において果した役割からも重要な意味をもっている。すなわち「ロシア政治会議」を組織してパリ講和会議における戦勝国と接触していた反ボリシェヴィキのいわゆる白色ロシア人たちが対独賠償権を要求しており、第三項の規定は戦勝国が将来のロシアの政治情勢を流動的とみて、ボリシェヴィキ政府にかわる別の政権を期待していたことを反映している。しかし、現実にはボリシェヴィキ政権が存続した。連合国側が承認していた最後のロシア政府はケレンスキーの臨時革命政府であり、十月革命以後は一九二四年に英仏伊などがソヴェト政府を承認するまで、主要同盟・連合諸国のいずれかが承認するロシア政府は存在しなかったことになる。したがって、法的にはこの規定は少なくともその時点までソヴェト政府に対独賠償権をあたえたことには必ずしもならない。しかし一種の潜在的な権利をいずれかのロシア政府が有すると解釈されることに違いはなく、その意味で一九二二年のジェーノヴァ会議の際に連合国側がソヴェト政府の賠償請求権を承認するかも知れないという危惧——根拠はなかったが——がドイツ代表を独ソ間のラパッロ条約締結に踏みきらせることで一定の役割を果したのである。

同年四月一六日調印のラパッロ条約において、独ソが世界大戦にかかわる戦費および戦争被害に対する補償請求を相互に放棄することが約された。この規定は、一九二二年一一月五日の独ソ両国の協定によって、さらにウクライナ、ベロ=ロシア、グルジア、アゼルバイジャン、アルメニアの各社会主義ソヴェト共和国および極東共和国にも拡大適用されることになった。これはソヴェト社会主義共和国連邦(CCCP)形成のための外交的措置のひとつであったが、ラパッロ条約を両国関係の基礎として確認した一九二六年四月二四日調印のベルリン条約(批准書交換による発効は六月二九日)によっても再確認されたといってよい。そして、このベルリン条約の有効期間は五年間であったので、一九三一年六月二四日にベルリン条約更新のための議定書が調印され、(8)終結の通告があるまで延長された。さらに、一九三六年一一月二五日に調印された日独防共協定でもベルリン条約は破棄されなかったし、またこの日独防共協定は一九三九年の独ソ不可侵条約後もそれと併存して効力をもっていた。一九四一年六月の独ソ戦勃発によって右の独ソ両国間の条約は事実上停止するが、正式に廃止されたわけではない。

以上のように、本条第三項にあるロシアの対独賠償請求権はラパッロ条約で取り消され、その後法的にはなんら変更を加えられていない、といえる。

なお、ヴェルサイユ条約で使用される The Maximalist Government in Russia なる用語は「ボリシェヴィキ政府」を指している。

第一一七条　「ドイツは、同盟・連合諸国が一九一四年八月一日において存在していた旧ロシア帝国の全部もしくは部分に現在成立している諸国家もしくは将来成立する諸国家と締結することのあるすべての条約または協定の完全なる効力を承認し、そこで定められる右の諸国家の国境を承認する義務を有する」。

第一一七条については、とくにロイド＝ジョージが三月二五日のフォンテンブロー覚書のなかでドイツ＝ロシアの提携の可能性について論じ、戦勝国が旧ロシア領に関して行う取りきめをあらかじめドイツに承認させる必要を説いており[9]、四月七日に四巨頭会議(英米仏伊)が各国外相会議にそのような条項を準備するよう要請した結果起草されたものである。

当然、ドイツ代表団はそのような将来の戦勝国側の取りきめをあらかじめ承認することに抗議し、それらをドイツ側が知りえたときにのみ、またそれらがドイツ国境にかかわり、東部隣接諸国との関係を損わないと判断できるときにのみ、承認しうる旨の見解を提出した。しかし戦勝国は条文の草案に変更を加えることはなかった。

第二五九条第六項　「本条約第一〇篇（経済条項）第二九二条を損うことなく、ドイツは、一九一八年一一月一一日の休戦協定第一五条に規定された、ブカレストならびにブレスト=リトフスク諸条約およびそれらの補足諸条約によって明らかにされている利益の破棄を確認する。

ドイツは、前記諸条約のもとで受取ったすべての通貨手段、正貨、有価証券、流通証券をルーマニアか場合によっては主要同盟・連合諸国に移譲する義務を有する」。

第二五九条は、第九部「財政条項」（第二四八―二六三条）中の一条で、賠償支払に関するもの。この第六項および次出の第二九二―二九三条は、前出第一四篇第一一六―一一七条の規定を敷衍したものである。

ソヴェト・ロシアは、ブレスト=リトフスク条約によって九万三五九六キログラムの金（約三億二〇〇〇万ループリ相当）をドイツに引き渡していたが、すでに一九一八年一二月にドイツはそれを同盟・連合諸国側に寄託していた。ルーマニア政府はルーマニアの占領中にドイツが発行した銀行券として二六億七三〇〇万マルクを返還すべきだという要求をだしたことがある。賠償委員会 The Reparation Commission はこの要求を本条の規定に該当しないとして承認しなかった。

因みに、ルーマニアは一九一八年五月七日にドイツ側とブカレスト講和条約を締結した。この条約はたしかにルーマニア政府には批准されていなかったが、決定的にドイツの敗色の濃くなった一一月九日（ドイツと連合国側の休戦協定の二日まえ）、ルーマニアはドイツに再び宣戦を布告した。ところがその理由は、ドイツがブカレスト条約に違反した規模の占領軍を駐在させたというものであった。これはきわめて軽率な行為であった。なぜなら、宣戦布告の根拠をブカレスト条約の侵犯にもとめたことは同条約の効力を認めることを意味したからである。他方、一九一六年にルーマニアが協商国側に立って参戦した際の協定の条件は、敵国と単独で講和を結ばないことであったから、ルーマニアはみずからこの条件を破ったことになり、したがってこの協定で約束されたブコヴィナ、バナートおよびトランシルヴァニアの領土獲得の要求は効力を失うことにもなるのだった。このようなことからパリ会議におけるルーマニアの立場は法的には弱いものであった。(10)

ところで、本項に規定されているのは、大戦中ドイツがロシアまたはルーマニアから獲得した資産をルーマニアまたは「主要同盟・連合諸国」へ引き渡すことだけであって、それらのロシアへの返還についての規定はなにも含まれていない。これは、戦勝国が承認しうるようなロシア政府の成立を期待し、それまでロシアから獲得したものを彼らが保管するものと諒解された。

第二九二条　「ドイツは、ドイツが一九一四年八月一日以前に、もしくはその後本条約の効力発生までに、ロシア、もしくはその領土が以前ロシアの一部を形成していた国家または政府、もしくはルーマニアと締結したすべての条約、協約あるいは申し合わせは廃棄されており、また廃棄されるものであることを認める」。

第二九三条　「一同盟国もしくは連合国、ロシア、もしくはその領土が以前ロシアの一部を構成していた国家または政府が、一九一四年八月一日以降、軍事占領の理由により、もしくはその他の手段により、もしくはその他の原因により、ドイツまたは一ドイツ国民に対し各種の利権、特権、恩典を認可すること、あるいはなんらかの公の権威の法令により認可さるべく許可することを余儀なくされた場合には、かかる利権、特権および恩典は事実上(ipso facto)本条約によって無効とされる。

この失効により生じうるいかなる賠償または補償も、本条によってその契約を解除される同盟諸国ないし連合国、あるいは諸列強、諸国家、諸政府もしくは公権威に対して請求されることはない」。

第二九二条および第二九三条は、第一〇部「経済条項」(第二六四―三一二条)の第二篇「諸条約」中のもの。第二九二条にいう条約の主なものは、次の諸条約を指し、前記第一一六条にいう条約や第一一七条にいう諸国家と関連している。

①ドイツ、オーストリア＝ハンガリー、ブルガリア、トルコとウクライナ人民共和国間の講和条約(一九一八年二月九日、於ブレスト＝リトフスク)
②ドイツとウクライナ人民共和国間の補足法制・政治条約(一九一八年二月九日、於ブレスト＝リトフスク)
③ドイツ、オーストリア＝ハンガリーとウクライナ間の穀物、亜麻仁および経済物資に関する諸協定(一九一八年四月九日および二三日、於キエフ)
④ドイツ、オーストリア＝ハンガリーとウクライナ間の財政条約(一九一八年五月一五日、於キエフ)
⑤ドイツ、オーストリア＝ハンガリー、ブルガリア、トルコとロシア間の講和条約(一九一八年三月三日、於ブレスト＝リトフスク)
⑥ドイツとロシア間の補足法制・政治条約(一九一八年三月三日、於ブレスト＝リトフスク)
⑦ドイツとロシア間の補足財政および民法諸協定(一九一八年八月二七日、於ベルリン)
⑧ドイツとフィンランド間の講和条約(一九一八年三月七日、於ベルリン)
⑨ドイツとフィンランド間の通商および航海に関する協約(一九一八年三月七日、於ベルリン)
⑩ドイツとフィンランド間の講和条約ならびに通商および航海に関する協約への追加議定書(一九一八年三月七日、於ブレスト＝リトフスク)

⑪ドイツ、オーストリア＝ハンガリー、ブルガリア、トルコとルーマニア間の講和条約(一九一八年五月七日、於ブカレスト)
⑫ドイツとルーマニア間の講和条約を補足する経済政策に関する条約(一九一八年五月七日、於ブカレスト)
⑬ドイツとルーマニア間の講和条約を補足する法的問題に関する条約(一九一八年五月七日、於ブカレスト)

ドイツ代表団は、右のようなさまざまの取りきめをすべて破棄すれば、ドイツの関係諸国との正常な経済関係をもも危殆ならしむるものだという抗議を行なった。戦勝国側は、第二九二条はドイツがロシアと経済的関係をもつことを妨げるものでないと通告したが、条文そのものにはいかなる変更も加えなかった。

第四三三条　「ドイツがブレスト＝リトフスク条約およびロシアのボリシェヴィキ政府と結んだすべての条約、協約、協定の廃棄を最終的に受諾する本条約における諸規定の実施のための保証として、かつバルト海沿岸地方およびリトアニアにおける平和と善政の回復を確保するために、現在前記の領土にあるすべてのドイツ軍部隊は、主要同盟・連合諸国の政府がこれら領土の内部情勢を勘案したうえで時機が適当であると考え次第、ドイツの国境内に帰還するものとする。これらの部隊は、ドイツのための補給品を獲得する目的をもつすべての徴発、没収ならびにその他の強制的措置を控えるものとし、また、エストニア、ラトヴィア、リトアニアの臨時諸政府によって採られることのあるごとき国家防衛の措置をいかなる方法によっても妨害せざるものとする。

その他のいかなるドイツ軍部隊も、撤退中、または撤退の完了後、当該領土に立入らざるものとする」。

第四三三条は、第一四部「保証」の第二篇「東ヨーロッパ」の条文である。

バルト地方に残留していたドイツ軍の撤退問題は、パリ講和会議中からその後にかけて連合国の対ソ政策、独ソ関係、ドイツの軍部の問題としても重要な意味をもっている。この問題については、後に詳細に分析しなければならないが、取りあえず、ここでは次の諸点を記しておく。(11)

すでに一八年一一月の休戦協定第一二条には、旧ロシア領からの撤退について、本条と同様にドイツ軍は連合国が「その時機が到来したと見なし次第に」撤退すべし、との規定があったが、ヴェルサイユ条約では、さらにドイツがバルト地方で軍を増強したり、バルト諸国の問題に干渉したりできない条項が追加されたのであった。

バルト問題がパリ会議で最初に論議されたのは一九一九年三月である。戦勝国のバルト政策には、統一した明確な方針が欠如しがちであったし、バルト地方の情勢の流動性を反映して、しばしば変更されたのが特徴的であった。ドイツ軍の残留を認めることは、バルト地方をドイツの支配下におく危険があり、さりとて、ドイツ軍に代る連合国側の軍隊を派遣することなしに、またバルト地方の政府を承認することなしに、ドイツ軍の撤退を強いるなら、この地域をボリシェヴィズムの影響下におく危険がある、と考えられた。休戦協定や講和条約中に、本条のごとく、撤退の時期を明記しなかったのは、基本的には戦勝国側の右のようなディレンマを反映している。

たとえば、あの連合国最高司令官フォッシュ元帥でさえ、五月中旬の段階では、ドイツ軍のバルト撤退の動きに対して、休戦協定下の義務を守ってその地に留っておくよう注意を喚起すべしと主張していた。また、米代表団のハーバート・フーヴァーも、その少し前にはバルト地方のドイツ軍の指揮にあたっていたフォン・デア・ゴルツ将軍に秩序回復のためにリガを占領するよう要請さえしていたのである。ところが、同月下旬には、外相会議がバルト地方の軍事力が組織され次第ドイツは撤退すべきこと、バルト諸国への食糧、武器等を供給し、イギリスの軍事使節団を派遣することで意見の一致をみた。さらに六月になると、バルトにおけるフォン・デア・ゴルツの軍隊がリガ占領(五月二二日)以来さらに北方へ進み白系ロシアとともにペトログラート進撃を開始したとの報告に拍車をかけられて、四巨頭会談がさきの外相会談の決定を考慮することなく、ドイツ軍の即時完全撤退を決定した。彼らには、ドイツとロシアの反動勢力の同盟が、ボリシェヴィズムの脅威と同様、危険なものと思われたのである。換言すれば、この頃になって、ドイツ軍をバルトにおけるボリシェヴィズムに対する防壁として位置づける政策が転換されるのである。こうして、六月一八日、ドイツ政府にバルト地方撤退の命令が伝えられる。後に詳細に検討するように、ドイツ政府およびフォン・デア・ゴルツの撤兵遷延策と反抗に面して、この命令はしばしば繰り返され、撤退が行われるのはようやく一二月中旬であった。

以上がヴェルサイユ条約中のロシアに関する諸条項である。いうまでもなく、パリ講和会議における「ロシア問題」のすべては条約そのものには現われていない。むしろ明文化されなかったところにこの問題の特徴があったともいえるのであるが、戦勝国側の対ロシア政策の若干の問題点はこれら諸条項にもはっきりと示されている。以上の諸条項の規定を要約すれば、㈠ポーランド＝ロシア国境を未画定のままに残しておくこと、㈡独ソ諸協定を廃棄させることによってロシアにおけるドイツの権益等を放棄させること、㈢ロシアの対独賠償請求権を漠然と「ロシア」のために保留しておくこと、㈣バルト地方のドイツ軍撤退は戦勝国の適当と考える時期に行わせること、となろう。

パリ講和会議における戦勝国指導者は、全体としては対独制裁という大前提のうえに立ちながら、広大な旧ロシア帝国の処遇とボリシェヴィズムへの対抗策を世界政治的脈絡で考慮していかねばならなかったが、その際彼らは不安定なロシア情勢のなかにソヴェト政権崩壊の可能性を期待しつつも、ロシアの将来の政治権力の行方をなお流動的だとみなし、対ロシア政策に最終的な決断をつけかねていた。右のロシアに関する諸条項は、このような不確定な要素を表現していたと考えられよう。これは、また、ある意味ではロシアの将来の事態の展開に弾力的に対応しようとしていたことを示しているのだが、こうした姿勢は、たとえばボリシェヴィキ革命の数カ月後に発表されたウィルソンの一四カ条がロシアに関して「ロシアみずからが選択する体制のもとで自由な国家社会へ参加することを衷心より歓迎する」と述べたときの両義性――すなわち形式的には民族自決の原則を示すとともに他方ボリシェヴィキ政権以外の政治権力の樹立の可能性に期待すること――をパリ講和会議の段階でなお継続していたことを意味するであろう。

ロシアに関する条項は、また、パリ会議における戦勝国指導者が旧ロシア領土内でドイツ帝国が獲得した領土、権益、影響力を剝奪することによって、ボリシェヴィキ政権であれ、反革命勢力であれ、将来のロシアに成立または定着する政権と戦後のドイツの結合を予防しようとする政策を反映している。このドイツ＝ロシア接近の予防政策は、対独制裁の必要とロシアの事態への見通しとのかね合いの問題である。

いずれにせよ、ヴェルサイユ条約に明文化されるにいたったロシア関係の条項も、パリ講和会議における「ロシア問題」を考察することによって、さらに全体的脈絡のなかで位置づけることができるであろう。

二　パリ講和会議と第三インターナショナルの成立

一九一九年一月、第一次世界大戦の講和会議がパリで正式に開催されようとしていたとき、第三インターナショナルの創設もちょうど具体的な日程にのぼりつつあった。ヴェルサイユ条約と国際連盟の成立が戦勝国による戦後の世界再編成の試みだったとすれば、第三インターナショナルすなわちコミンテルンの創設はそのような戦後体制に対抗する共産主義運動の国際的組織化の試みであった。

国際連盟とコミンテルンという二つの国際組織がほぼ同じ時期に成立しつつあったのは、第一次大戦後の国際関係の性格を物語るまことに象徴的な事件であり、われわれは大戦末期におけるロシア革命とアメリカの参戦がもつ世界史的意義につながるものとしてこれを捉えることができるであろう。

ところが、従来、パリ講和会議とコミンテルンの成立を直接のテーマとして論じた研究は、管見の限り、ほとんど見あたらない。おそらくこれは、伝統的なヨーロッパ史学の場合、パリ会議の問題が概して外交史や国際政治史の研究対象とされ[12]、他方コミンテルンの問題がほとんどもっぱら労働運動史・革命運動史の枠内で扱われる[13]結果、両者がそれぞれ別個に論ぜられることが多いことにもよるであろう。しかし、いわゆる「外政の優位」が後退を余儀なくされた第一次大戦後の世界について論じようとするとき、外交史と革命史を切り離して歴史の構成を試みるのは、きわめて不適切なアプローチであるといわざるをえない。にもかかわらず、――いま、個別研究の場合を問わないとすれば――こうしたアプローチは、西ヨーロッパ史学の一般的傾向であるというだけでなく、ある意味で、ブルジョワ史学を批判するソ連や東ドイツのマルクス主義史学においてもみられるのである[14]。

ロシア革命の問題に最も包括的な視野と洞察を示しているイギリスのE・H・カーや、ヨーロッパの伝統的外交史に「抵抗」するアメリカのA・J・メイアー(もっとも、彼もアメリカ史学の基準からすればマルクス主義者とされるらしい!)の研究は、それぞれ革命史と外交史の結合の仕方で見事に成功した数少ない例だといえる[15]。だが、そこでもコミンテルンの成立とパリ会議の直接の係わりは分析されていない。これは、一見奇妙に思えるのだが、実はそこにはそれ相応の理由があった。

コミンテルン創立(第一回)大会(三月二日―六日)そのものは、最近の一共同研究が最も詳細に解明している[16]ように、当初ドイツの党の強力な反対のため「創立大会」としてではなく、たんに「国際会議」として開催され、いわば「即席の大会」に移っていったというような事情があったし、とくに構成メンバー等においてはこれを共産主義者の国際的組織の第一回大会とするには疑わしい要素をもっていた。それだけに、この当時ウィルソン大統領がロシアに派遣していたブリットもコミンテルンの誕生について一言も報告していなかったし、パリ会議の戦勝国指導者もほとんど気付くことはなかったのである。E・H・カーがいみじくも指摘しているように、創立大会は「当時ロシアの外では――いや内部でさえも――ほとんど注意をひかなかった。それは後年の発展と成果に照してのみこの年の顕著な事件のひとつとして回顧され、正当に記述することができるのである」[17]。

われわれも、パリ講和会議とコミンテルン成立との、いわば直接の外交史的関係が少なくとも戦勝国側に存在していなかったことをあらかじめ確認しておかねばならない。そのうえでパリ会議の推移とコミンテルン成立のもつ意味を探るのがこの節での意図である。

(一) プリンキポ提案

パリ会議における戦勝国のロシア政策のなかでコミンテルン創設に多少とも直接の関連を有するものとして言及されるのは、一九一九年一月二二日のいわゆるプリンキポ提案である[18]。これはまたロシア問題に関するパリ会議の最初の主要な決定であった。この提案の成立については、すでに多くの研究で詳述されているし、わが国でも相田重夫氏の論文に詳しい[19]。ここでは、出来るだけそれとの重複を避け、むしろイギリスの政策にやや重点をおいて、連合国の対ロシア政策の問題状況を一通り述べておくことにしたいと思う。

一九一八年一一月の対独休戦協定後のさまざまの協議を経て戦勝諸国が翌年一月パリの講和会議に集まるころ、ロシアではソヴェト政権と諸列強の干渉軍、国内反革命軍との間にいまだ戦闘が続行中であった。ロシアは、大戦に参加した列強のうち戦闘の停止していない唯一の国であって[20]、講和会議に代表を送る状態にはなかった。それにもかかわらず、あるいはそうであったからこそ、ロシア問題は、大戦の終結を確認し戦後の体制を編成しようとする戦勝諸国にとって当初から重大な関心とならざるをえなかったのである。パリ講和会議は、実質的には、一月一二日米英仏伊の四巨頭がケードルセー（フランス外務省）の外相会議室に会したときにはじまったが、すでにこの最初の機会からロシア問題が討議された。それは、実に対ドイツ講和問題より先に議せられたのであった。アメリカ国務長官ランシングによれば、戦勝国代表たちが「真先に考慮すべき、最も有力で、きわめて差し迫った問題は、とくにボリシェヴィキ問題に関連するロシアの情勢であることが相互に諒解されていた」のである。(21)

イギリスでカーキ選挙が行われ、ふたたびロイド=ジョージの連合政府が成立してからほぼ二週間を経た一九一八年一二月三〇・三一の両日、すでに英帝国戦時閣議は来たるべき講和会議に備えて二日間続けてロシア問題を討議していた。(22)この閣議の席上カナダ首相ロバート・ボーデンはカナダ軍の対ソ干渉戦への参加をしぶり、むしろ交戦中のロシアの諸勢力の代表をパリに招いて「国際連盟」の影響下にロシアに安定政権をつくるよう圧力をかけるべきだと発言している。これは、のちのプリンキポ提案となる考えが閣議で論議された最初のものであった。(23)このボーデン案は無任所相G・N・バーンズからも支持された。かつて労働党の党首であったバーンズは、ロイド=ジョージの戦時内閣に入閣し、その後脱党して新内閣に留まっていた閣僚だが、彼は、まずボリシェヴィズムと戦うには大規模に戦う以外にないのであって、棒片で犬小屋をつついて犬を怒らせるごとき藪蛇は無意味であること、したがってボリシェヴィキを含むロシアの諸派を集めて意見の調整をさせるのが賢明であること、かりに、これが失敗すれば、そのときは干渉も正当化されるだろうこと、を述べている。ただし、アメリカの援助なくして力づくでボリシェヴィズムを弾圧することはできないから、干渉は経済的圧力に限るべきである、とつけ加えているのが注目される。つまり、イギリスないし英帝国が独力で対ロシア軍事干渉を成功させる可能性について、すでにこのときには悲観的見解があらわれていたのである。

だからこそ、統一党(保守党)の封鎖担当相だったセシル卿や陸相から植民相に転じたミルナー卿も、ロシアの内乱当事者がパリへ来る要件として戦闘の停止、領土の現状維持を挙げながらも、さすがに武力干渉を公然と唱えることはせず、白系ロシアへの物質的・財政的援助、あるいはボリシェヴィキの「侵略」の脅威を受けている国々への援助を主張したのである。(24)

閣僚のなかで一貫して直接の対ソ軍事干渉を公然かつ執拗に提唱したのは、カーキ選挙後の新内閣で陸相兼空相となった自由党のウィンストン・チャーチルであった。翌三一日の閣議は、この対ソ強硬論者チャーチルと軍事干渉に反対する首相ロイド=ジョージの論争の様相を呈した。

当時四四歳のチャーチルの議論は、ほぼ次のようなものだった。——対ソ干渉は五大国の共同行動によって遂行すべきだ。かりにアメリカが拒めば残りの英仏伊日の四国でもよい。戦わずに満足な解決が得られるのなら、交渉に賛成もするが、「わが方の見解を強制する力と意志」を示さぬ限り、そのような機会はない。ロシア人がわれわれに従うなら援助もしよう、だが拒むなら、武力をもってしてもロシアの情勢を回復させ、そこに「民主的政府を樹立」することを彼らに告げてやればよい。「ボリシェヴィズムはロシアの住民のほんの一部を代表するにすぎず、連合国の後援のもとで行われる総選挙によってそれは一掃されるであろう」。ロシア問題は緊急であり、いまだに継続している戦争の唯一の部分である。これを無視して講和を締結しても、それは勝利でもない勝利、平和でもない平和である。

このようなチャーチルの強硬論には、しかしながら、戦時内閣閣僚および枢密院議長のカーゾン卿も全面的支持をあたえることはなかった。カーゾンは英軍のカフカース駐留の主張こそ続けたものの、イギリスの対ソ直接軍事介入の力量には重大な疑問をもっていた。たしかに、彼も、セシルやミルナーとともになんらかの積極策をとることに傾いてはいたけれど、チャーチルの一方的軍事介入策には躊躇したし、統一党総裁の蔵相ボナー・ローや外相バルフォアも慎重な態度をとったのであった。しかも強硬論を唱えるチャーチルにしても、軍事介入の成功の見通しを明確にもっていたかどうか疑問であり、少なくとも軍事介入実行の具体的方策については語っていないのである。

軍事的成功の見通しが立たない情勢があったればこそ、首相ロイド=ジョージの反論が、それ自体明確な具体策を欠いたままだったとしても、結局この日の閣議の一応の結論となったのだと思われる。二週間前のカーキ選挙までは、ロイド=ジョージも対独強硬派、対ソ干渉論者に与していたが、いま新しい連合政府の首相としてパリ講和会議に臨もうとするときに展開する議論は軍事介入の不毛性をつく限りではきわめて説得力のあるものであった。ロシア問題が緊急であり、この解決なくして戦争の終結はありえないとする点では彼もチャーチルと同意見であった。だが、その結論は、いかなる形の軍事介入にも断固反対するものであった。――

第一に、軍事介入はおそろしく重大な企てである。大戦中、ドイツはペトログラートから遠く隔ったところでロシアの僅少な部分を占領していただけであった。……その間ドイツ=オーストリアは一〇〇万もの兵員をあの泥沼に釘づけにされ、そこから抜けだすことも出来なかったのだ。われわれの場合、一〇万以下の連合国軍隊がロシアのほんの外辺にいるにすぎない。ボリシェヴィキは兵力を三〇万にまで増強したし、三月までにそれは一〇〇万を越えるかも知れない。ロシアの心臓部に進軍し、この国を占領するだけの軍隊をわれわれはどこで見つけることができるのか？　すでにドイツ、パレスティナ、メソポタミア、カフカースにむける軍隊を工面しなければならなかった。オーストラリア、カナダ、南アフリカなど自治領諸国は、ロシア征服のためなにを貢献できるのだろうか？　このためのイギリス軍を見つけるには募兵せねばならないが、たとえこれを議会が承認してくれたとしても、はたして兵士が出征するかどうか疑問である。わが市民軍は、自由のためならどこにでも赴く用意がある。だが、彼らにボリシェヴィズム弾圧が自由のための戦争だと納得させることはできない。

さらに、もう一つの理由がある。軍事介入は、まさにわれわれが破壊しようと着手した勢力そのものを強めるだけになる危険がある。フランス革命の教訓を無視してはならない。あのときも、フランスを支配した少数グループによる恐怖が存在していたが、それはボリシェヴィキの恐怖と同じくらい悪質な、あるいはもっと悪質なものだった。フランス革命のときもイギリスは援助を頼まれた。トゥーロンとヴァンデーはリガとウクライナにあたる。われわれの介入の事実そのものがダントンをしてフランス愛国主義を結集させ、テロルを軍事的手段にすることを可能ならしめたのだ。……フランスは、われわれへの激しい憎悪をもつ一大軍事機関として組織されたではないか。ロシアでは日本に対する激しい感情が強まってきている。その日本ごとき同盟国と結んで、一体われわれは、このような介入によって一億を越える住民に対する「革命」戦争に面とむかう用意があるだろうか? 「ロシアが自らをボリシェヴィズムから解放するなら、それはひとつの救済であろう。が、外国の軍隊によって解放するのはロシアにもヨーロッパにも禍いとなるかもしれない。……〔それは〕ロシアにボリシェヴィズム権力を確立するひとつの確実な方法なのである。ボリシェヴィキを射つためにわが兵士たちを派遣すれば、そこにさらに多くのボリシェヴィキを創り出すことになろう。最善のことは、ボリシェヴィキがロシアの感情を代表しないときに起るかも知れないし、多分起るだろうように、彼らがひとりでに失敗するにまかせることである」。——

右の発言のなかには、ロイド=ジョージが大戦中、労働組合会議(TUC)において労働者を含めた国民大衆を戦争遂行に結集させるために行なった有名な戦争目的演説を彷彿させるものがある。おそらく彼は、カーキ選挙で下院議席を増大させた労働党およびその背後の支持者の動向を考慮したのであろう。だが、彼が以上の論拠から最後に提案できたのは、結局さきのボーデン案への賛同を要請することであった。閣議はロシアに対する首相の全般的政策に承認をあたえたが、イギリスが協力してきた現存政府に対するボリシェヴィキの外部侵略 external aggression のある場合には、軍事介入以外のあらゆる方法でその政府を支持する権利を留保した。この留保条件は、いうまでもなく、かなり曖昧で幅広い解釈の余地を残すものであり、白系ロシア反革命軍に対するソヴェトの攻撃も「外部侵略」だとするなら、反革命軍のソヴェト攻撃も間違いなく「外部侵略」ということになり、さらにイギリスは反革命軍に軍事的・物資的援助をあたえているのであるから、すでにイギリス自身が軍事介入を続けていることになるであろう。(25)

いずれにせよ、新年になって早々の一月二日バルフォア外相はパリ、ローマ、ワシントン、東京の各イギリス大使に訓令を出した。(26)それは、「モスクワのソヴェト政府、オムスクのコルチャーク将軍、エカチェリノダールのジェニーキン将軍、アルハンゲリスクのチャイコフスキー氏および旧ロシア領諸国に対し、これ以上の侵略、敵対行為、報復を控え、パリに代表を送って恒久的解決の条件を諸列強と討議する」ことを呼びかけたメッセージ(27)を送るよう四大国政府に提案せよ、というものだった。この訓令には、さらに、右のような行動が、ロシアの隣接諸国、ことに「数週間のうちに絶滅される危険にある」バルト諸国をソヴェトの侵入から守るため緊急に必要なものであること、しかしロシア諸勢力への呼びかけは討議のため密かに出された示唆にすぎず公けに承認された既定の政策ではない、という注意がつけられていた。実は、一九一八年末から翌年一月にかけての時期にはベロ=ロシア、ウクライナ、バルト海沿岸地方の情勢が連合国側にとって急速に悪化しつつあった。ドイツ軍は、休戦協定の規定によれば、まだロシアにとどまる義務があったにもかかわらず、この時期には占領地を撤退しつつあったし、赤軍の進行とともに各地にソヴェト政府が陸続と樹立されていたからである。(28)右のメッセージ案への注釈は、バルト地方のこのような事態をイギリスが懸念していたことを示していたのであろう。

右の提案、すなわちバルフォア覚書 aide-mémoire は米仏伊日の四カ国に送られた。これに最も強く反対したのはフランスであった。外相ピションは、ボリシェヴィキごとき「犯罪的政権とはいかなる協定を結ぶこと」も拒否するとして物議をかもした。(29) いよいよ一月一二日にパリに四首脳が集まったとき、フランスは、すでにパリにある反ボリシェヴィキ・ロシア人グループ、いわゆるロシア政治会議などから「あらゆる色合いの意見」を聴取できるのであるから、ボリシェヴィキ代表をパリに招く必要はない、と強く主張した。このような反対論のため、ロイド＝ジョージは、ボリシェヴィキ政府を連合国と対等なものとして講和会議に招こうと意図するものではないと弁明せざるをえなかったが、全般的ロシア政策を検討すべきだとしてほぼ次のような議論を展開している。(30)

連合国は対ソ干渉軍を撤退させるか増強するかを決定しなければならない。……フランス革命で土地をもらった農民たちが革命を受けいれたと同じ理由で、ロシア農民もボリシェヴィズムを受けいれている。ボリシェヴィキは事実上《デ・ファクト》の政府なのだ。……ドン政府やアルハンゲリスク政府やオムスク政府は、どれもこれもましな政府ではないのに、われわれはそれらを承認している。しかるにボリシェヴィキの承認を拒否している。たしかにボリシェヴィキはロシアを代表してはいまい。だが、リヴォーフ公は間違いなく代表していないし、サヴィンコフだってそうである。フランス革命に際してイギリス政府が亡命者《エミグレ》たちをフランス代表とみなしたためその後二五年にわたる戦争となったが、われわれは、まさにそのときと同じ誤りをおかしているのだ。ロシア農民は、トロツキーに対して、おそらくフランス農民がロベスピエールに対して感じたと同じように感じているだろう。……アジアの半分を形成するシベリアとヨーロッパの半分を形成するロシアでいまだ交戦中であるとき、連合国が恒久平和を樹立したなどと宣言しないよう望む、と。(31)

このように、ロシア代表問題はパリ会議の冒頭から問題となったのである。アメリカ大統領ウィルソンも、ボリシェヴィキがロシア内部で政治的あるいは軍事的になお優勢な地位を保っているとする情報をえていたので、(32) ロイド＝ジョージの情勢判断にほぼ同調した。これに対して、フランス首相クレマンソー、外相ピション、フォッシュ将軍、あるいはイタリア外相ソンニーノ(首相オルランドは内閣危機のためこのときは一時帰国中)は、こうしたやや現実的な評価を拒んでかたくなに反ボリシェヴィズムの態度を固執していた。たしかに、大雑把に言えば、パリ会議初期における対ロシア政策をめぐる論点は、対ソ軍事干渉を継続するか対ソ交渉を考慮するかであり、その際英米と仏伊との対立をいかに調整しうるかであったが、このような国家間の意見の対立と同時に、むしろ各国内部に両論が存在していたことが重要であろう。

軍事的にも経済的にもロシア問題に最も深くかかわっていたイギリスの場合は、さきにみたロイド=ジョージとチャーチルの両論のように、閣内にすでに大きな対立があった。パリにおけるイギリス代表団のなかの統一党首ボナー・ローは、このころ概して自由党の首相と足並みを揃えることが多く、まさに連立内閣のもう一本の柱であったのだが、その彼もロイド=ジョージに、ボリシェヴィズム問題では保守党が強硬であること、この点で英首相がクレマンソーと言い張るなら、「あなたの政府は割れる」かも知れない、と微妙な発言をしたといわれる。(33) ロイド=ジョージ連合内閣の有力閣僚のなかでは、カーゾン卿がカフカースへの格別の執着からチャーチルの公然たる対ソ武力干渉論を部分的には支持していた。(34) しかし、チャーチルやカーゾンはこの時期にはロンドンに居残ってそれぞれの部署の仕事に携っていた。バルフォア、セシル、モンタギュー、バーンズ、レディング卿(ワシントン駐英大使)などパリにいた講和会議のイギリス代表団は、多少の留保はあっても概して首相ロイド=ジョージの意見に従った。また、英帝国代表団の自治領を代表するボーデン・カナダ首相やヒューズ・オーストラリア首相もロシアに深入りするのには批判的であり、ボリシェヴィキがロシアの住民の強固な支持をえていることを認めていたのである。(35)

一月一三日の英帝国代表団の会合は、そのような彼らの態度を示している。たとえば、ヒューズは、ロシア内部でのボリシェヴィキの行動そのものではなく、彼らの外部侵略のみにイギリスは関心をもつべきだ、と発言している。

これに対してバルフォアは、ボリシェヴィキがフィンランドやエストニアなど彼らがすべての権利を放棄した地域に侵入しているとロをはさんでいる。これに対するロイド＝ジョージの発言は、かなり親ソ的な響きをもっていた。いわく、「われわれがポーランド、フィンランド等々で侵入だと見なしているものは、もしかすると実際には地域住民の側での自然発生的なボリシェヴィキ運動だったかも知れない」と。いずれにせよ、英首相はこの際講和会議で提唱すべきものとして次のようなイギリスの方針を述べていた。すなわち、(1)「ボリシェヴィキ地域」の内政には不干渉、(2)旧ロシア帝国からの独立を宣言した国々が外部から侵入されたときは、その国々への援助。しかし「侵入」が事実上「それらの国内部の二つの政治勢力間」の戦闘である場合には不干渉、(3)ボリシェヴィキの支配下にはなく、また独立も宣言していない部分については、連合国は「軍隊を除いて、能うる限りでどんな財政的・物質的援助をもあたえるべきである[36]」と。

このような方針は、その後の「十人委員会」におけるロイド＝ジョージの議論の基礎となっている。彼は、一月一六日の会議で連合国の三つの選択肢をあげて次のように論じている[37]。

(1)まず、対ソ軍事介入。ボリシェヴィズムは、ドイツ軍国主義がそうであったように、文明への危険な運動である。したがって、われわれはそれを破壊しなければならない。だが、一体誰がこれを実行できるのであろうか？　ドイツ・オーストリアは一〇〇万の軍隊を投入して、ロシア全土のほんの外辺に進駐できたにすぎない。しかも当時はボリシェヴィズムは脆弱で分裂していた。だが、いまは強力になり恐るべき軍隊をもっている。西側連合国のうちどの国がロシアに一〇〇万もの兵力を送る用意があるのだろうか？　一〇〇〇人ばかりなら行くだろうが、あらゆる報告からしてシベリアと北ロシアの連合国軍隊は戦闘の継続に乗り気でなく、帰国する決意をしている。武力をもってロシアに秩序をもたらすやり方はイギリスのとらぬところである。ほかにどの国がそれをやろうとするのか知りたいものである。

(2)第二の政策は、防疫線《コルドン・サニテール》で知られる隔離政策である。これは、ボリシェヴィキ・ロシアの包囲攻撃、すなわち住民の飢餓を意味する。われわれの封鎖は、ボリシェヴィキがかり集めた無頼漢どもではなく、普通の住民を殺すことになる。これは、人道的理由からだけでも支持できない。この政策を続けてボリシェヴィキを打倒できると言われたりするが、一体ロシアでは誰が彼らを打倒できるのであろうか？　チェコ軍団はボリシェヴィズムに感染していて信頼できないし、コルチャーク軍も信頼できない。ジェニーキンが四万人ほどの軍隊で占領している地域といえば、黒海沿岸の小さな裏庭ともいえるものなのだ。ジェニーキンはコルチャークを承認したというが、彼らの間には広大なボリシェヴィキ地区が介在しているから連絡はとれない。そのうえ、コルチャークはロシアに旧体制を復活させようとしている。だからチェコ軍団も彼の大義名分には不熱心なのだ。彼らは、もう一つのツァーリズム体制を樹立するために戦う気はないのである。防疫線政策は新しい世界を創るに役立たないだろう。

(3)われわれの考えうる唯一の方法は、すでに提案したように、さまざまのロシア政府代表が相互に休戦したあと、パリで会合するよう求めることである。

ロイド=ジョージの議論にはウィルソンも同調した。彼は、アメリカ側の情報でもロシアでボリシェヴィキ支持が強いこと、干渉はソヴェトを強化するのに役立っていることを指摘したのだった。しかし、フランスとイタリアはなおも反対の態度をとり続けた。両国代表は、この問題を再討議するよう要求し、「十人委員会」は一月二〇、二一日の両日に再開されることになった。その際には元駐ロシア仏大使のヌーランスとデンマークの駐ペトログラート公使スカヴェニウスが証言のため出席し、反ボリシェヴィキの議論を展開した。ヌーランスは、ボリシェヴィキの力量を出来るだけ過小評価し、彼らを打倒する連合国側の努力が足りない点を論証してみせようとした。翌二一日の会議ではスカヴェニウスが証言し、東はチェコ軍とコルチャーク、南はジェニーキン、西はポーランド軍、北は連合国とロシア軍というように東西南北からボリシェヴィキの中枢を攻撃するべきだと主張し、そのためには一五万の兵力(志願兵)を投入すればよいと提案した。(38)

スカヴェニウスが証言を終って会議場を出た後、ウィルソン大統領は、ストックホルムのバックラーからの報告を読みあげた。バックラーは、大統領がさきにソヴェト側の意向を打診するためリトヴィーノフと接触するよう派遣していた米国務省のスタッフであったが、彼の報告は、後述するように、ソヴェト側が連合国側と交渉にはいる用意のあることを確認したものであった。この報告は、ヌーランスやスカヴェニウスの証言の、さなきだに疑わしい効力をかき消すような効果をもったようだ。(39)

ウィルソンの援護射撃に勢いをえて、英首相はこれまで繰り返してきた論拠をいっそう強くおしだすことになった。すなわち、対ソ軍事干渉を実行する能力の欠如という、いかなる政治的立場にとってもきわめて現実的な点を強調して、彼はいう。現在、イギリス帝国は一万五〇〇〇から二万余の兵力をロシアに送っている。スカヴェニウスは一五万必要だというが、カナダ兵はロシアと戦うのに駐留するのを欲せず撤兵を決定した。その他の連合国軍も同様の支障をきたしている。イギリスでも、もしこれ以上軍隊を送ろうとするなら反乱の起ること請合いである、と。イタリア外相ソンニーノが志願兵を募ってはどうか、と発言すると、ロイド=ジョージはそんなやり方で一五万人を集めるのは無理だと一蹴し、米仏伊の代表に一五万人の軍隊のため各〻どれだけの兵力を提供できるのかと問うたのだった。ウィルソン大統領とクレマンソー首相は、「全然」と答えた。ちょうど会議に戻ったオルランド首相もイタリアに派兵の余裕のないのを認めた。では、一体どうするのか? 会議は、ロイド=ジョージの提案を受けいれるほかはなかった。かくしてウィルソンがロシア各派への呼びかけの起草を委ねられることになった。(40)

ウィルソンの草案は、翌二二日の会議で若干の字句修正を経て列席者全員に承認された。この招請状は[41]、まず、連合国の「唯一の目的は、ロシア国民を助けることにあり、彼ら自身の問題を彼ら自身の方法で解決する権利をいかなるやり方によっても妨害しないことにあった」と、ウィルソン流の字句で飾られている。さらにすすんで、いかなる方法、種類の外部からの指図もない、ロシアの民族自決の「絶対的権利」を承認し、「革命を留保なく認め、いかなる事情においても反革命のあらゆる企てに支援をあたえない」ことまで宣言している。ついで、連合国が「現在シベリアあるいはこの戦争が終結する前のヨーロッパ・ロシアの(フィンランドを除く)境界内のどこかで政治的・軍事的権力を行使ないし行使せんとしているすべての組織グループにマルマラ海のプリンキポ島へ代表を送るよう招請する」と述べ、会談の日取りとして二月五日を設定した。ただし、そこには、各勢力間でそれまでに戦闘の停止、「戦前のヨーロッパ・ロシアの境界外の住民もしくは領域、あるいはフィンランド、あるいは一四カ条のなかでその自治的行為が考慮されているような住民もしくは領域にむけられた」すべての軍隊の撤退、侵略的行動の中止が実現さるべきだという条件がつけられていた。

この条件には、重要な意味がひめられていた。一月二〇日夜の英帝国代表団内部の意見調整の際、バルフォア外相が大戦中協商側に忠実であったロシア勢力に対するイギリスの「義務」の問題に触れ、「われわれが撤退するとしても、彼らを欺くべきではない」と述べた。これに対して、ロイド=ジョージは、そのような「義務」の存在を否認し、スマッツやモンタギューの支持もえているが、結局は、旧ロシア領に樹立されうる独立国をボリシェヴィキの侵入から保証すべきことに合意したのであった[42]。この点が、右のプリンキポ提案に盛りこまれているとみるべきであろう。つまり、右の条件は、実際にはもっぱら赤軍のバルト地方、カフカース、ウクライナ撤退を要求しているのであって、連合国側のロシア内基地の維持、封鎖の続行、反ボリシェヴィキ・グループへの援助継続などの可能性を残すもので

あった。(43)

一月二三日、連合国はこの招請状を正式にロシア各勢力に送るかわりに、報道関係者にコミュニケとして発表し、同時に短波のラジオ放送でロシアに流した。(44)

「ロシア問題」をめぐるパリ講和会議最初の具体的措置である、右のプリンキポ提案の成立過程にみられるいくつかの特徴点は、次のごとく要約することができる。

まず、第一に、対ソ交渉への反対論に固執していたフランス、イタリアにしても、あるいはイギリスの指導者内部の強い対ソ干渉論者にしても、大量の兵力をロシアに投入するだけの軍事力を決定的に欠いているのを認めざるをえなかったことである。そのような軍事的事情のもとではロイド＝ジョージの線にかわる代案を提起することはできなかったのである。プリンキポ提案成立の底流には、四年間の総力戦のあとのこのような客観的事情があった。

第二に、講和会議で最も強硬な反対論をぶっていたクレマンソーも、結局はこのために最後に折れることになったのだった。だが、彼が「屈服した」のは、それなりの計算があったとすべきであろう。彼は、「原則としてボリシェヴィキとの会談には賛同できない」が、戦勝国内部の「不一致の外観さえ」――とくにドイツに対しては――見せてはならない、と述べて、ロイド＝ジョージ－ウィルソン案への譲歩の理由を説明している。(45)これは、おそらく半分の真理であろう。クレマンソーは、紛れもなく反ボリシェヴィズム論者であり、対ソ強硬論者であるが、それにもまして彼の最大の関心事はドイツに対していかなる講和条件を強制するかであって、パリ会議初期の段階でロシア問題に関して英米に譲歩するのも、いわば本番に備えて貸しをつくることを意味したであろう。さらに重要なことは、プリンキポ会議がかりに実現したとしても、それによって防疫線《コルドン・サニテール》というフランスの対ソ政策が排除されるとは限らない、ということがあった。(46)またクレマンソーは、就中ボリシェヴィキをパリに招くことに強硬に反対していたが、この点は妥協案によってとりのぞかれている。すなわち、すでに一月二〇日夕刻の英帝国代表団の会合でパリにかわってサロニカないしレムノスが提案されていた。これは翌日の会議でもウィルソンの妥協案として提案され、結局彼の草案ではコンスタンティノープルから数マイルのマルマラ海上のプリンキポ島が選ばれたからである。[47]

つぎに、イタリアの場合もオルランドやソンニーノは、ボリシェヴィキを打倒するだけの軍事力を創出できないことを認めざるをえなかったし、そのためプリンキポ提案を承認した。だが、彼らは自国内の不安定な政情をボリシェヴィズムの脅威と結びつけて出席者たちへの警告あるいは訴えをやめなかった。オルランドの論法は、イタリアは戦争の疲弊からいま不況期を経験しつつあり、戦争の報酬を期待した大衆の愛国心が深刻な幻滅を味わったり、経済的危機状況からボリシェヴィズムに有利な材料が創り出される場合には、ボリシェヴィキの革命が勝利するかも知れない、といったものであった。[48]つまり、プリンキポ方式を承認するのと引換えにボリシェヴィズムの脅威の除去、すなわち講和会議におけるイタリアの戦勝の成果を実現させる保障を求めるごとき議論を行なっているのが特徴であった。

さらに、日本の牧野伸顕男爵も二一・二二日の会議では米英の案に賛成した。その理由は、シベリアにおける反ボリシェヴィキ干渉はすでに目的を達成したというものであったが、日本とてアメリカのシベリア撤兵の可能性にとくに危惧を感ずる理由はなかったであろう。

最後に、プリンキポ提案の成立は、必ずしもソヴェト政府の承認を意味しなかったのはいうまでもない。英米の指導者によるロシアの軍事情勢の判断がより現実的であったのは明らかであるが、そうであるからこそソヴェト赤軍が優勢な軍事展開を示している情勢に対して連合国は対ソ戦略の再検討を要請されたのであって、プリンキポ提案はまさにそのような意味の外交攻勢の側面をもっているのは否めない。そしてまた、プリンキポ提案は、前述のように条件をつけることによって戦勝国の世界再編成の試みにおけるひとつの方向、すなわち国境を越えるイデオロギーとしてのボリシェヴィズムとロシアにおける政治権力としてのソヴェト政権を「封じ込める」政策の足場を残したものであった。すなわち、かりにこの提案がロシアの各勢力の会議開催に発展したとしても——実際にはプリンキポ提案は失敗に終るのだが——そのような方向の政策がとられることが予定されていた、といえるであろう。

ところで、一月二一日の会議の席上、ウィルソンが読みあげ、プリンキポ提案成立に一役かったバックラー報告とはいかなる性質のものであったのか？ この点を振り返ることが、われわれの行論であるコミンテルンの成立とパリ講和会議の問題を説明するひとつの結び目となるであろう。

（1） R. S. Baker, *Woodrow Wilson and the World Settlement*, II (Garden City, N. J., 1922), 64.

（2） この点については、最近の野心的な研究である Arno J. Mayer, *Politics and Diplomacy of Peacemaking. Containment and Counterrevolution at Versailles, 1918–1919* (London, 1968) が最も示唆的であり、とくにその Prologue を参照。

（3） *Ibid.*, 11, 29 f.

（4） この場合でも、たとえば、フォッシュ元帥（連合国最高司令長官）の立場・主張によく表われているように、強大なポーランドを作ることは、対独制裁とボリシェヴィズム防止の両方に役立つものと考えられた（*ibid.*, 411）。

（5） ヴェルサイユ条約のテキストとしては、U. S. Department of State (ed.), *The Treaty of Versailles and After. Annotations of the Text of the Treaty* (Washington, D. C., 1947) を使用する。注釈についても、特に記さない場合は、本書中の該当条文の前後に付された注釈に依拠している。なお、条文そのものは、H. W. V. Temperley (ed.), *A History of the Peace Conference of Paris*, 6 vols. (London, 1920–1924), III, 100–336 にもある。

（6） *The Treaty of Versailles*, 791–808 に収録。

（7） Cf. J. M. Thompson, *Russia, Bolshevism, and the Versailles Peace* (Princeton, 1966), 309 f. なお、ロシア関係条項については、*ibid.*, 309–314 の簡潔な記述も有益であり、また、第二次大戦後まもなくの研究 B. E. Stein, *Die 'Russische Frage' auf der Pariser Friedenskonferenz 1919–1920* (Leipzig, 1953), Original: *'Русский Вопрос' на Парижской Мирной*

Конференции 1919–1920 (Москва, 1949) もソ連の立場からすでに重要な問題点を論じている。

(8)　この交渉経緯については、Harvey Leonard Dyck, *Weimar Germany and Soviet Russia, 1926–1933. A Study in Diplomatic Instability* (London, 1966), 229–236 参照。

(9)　この点に関しては、Temperley (ed.), *The Peace Conference of Paris*, VI, 544 に極めて簡単な抜粋もあるが、詳細な分析については、Mayer, *Politics and Diplomacy*, 579–584 参照。

(10)　これらについては、簡単には、M. S. Anderson, *The Eastern Question, 1774–1923 : A Study of International Relations* (London/N. Y., 1966), 356 f. 参照。

(11)　さしあたり、H. G. Linke, *Deutsch-sowjetische Beziehungen bis Rapallo* (Köln, 1970); Thompson, *Russia, Bolshevism, Versailles*, 336–340 参照。

(12)　Temperley (ed.), *The Peace Conference of Paris* は、その代表的なものであろう。

(13)　たとえば、Julius Braunthal, *History of the International*, 3 vols. (London, 1966–71), II, 162–181 をあげることができる。

(14)　たとえば、W. P. Potjomkin (Hrsg.), *Geschichte der Diplomatie*, III/1,2 (1919–1939) (Berlin, ^{2}1948), III/1, 41–85, Original : *История Дипломатии* (Москва, 1945) ; Stein, *Die 'Russische Frage'*, 55 ff. ; *Die Kommunistische Internationale. Kurzer historischer Abriß*, hrsg. vom IML beim ZK der KPdSU (Berlin, 1970), 43–71 などがあげられる。

(15)　E. H. Carr, *A History of Soviet Russia. The Bolshevik Revolution, 1917–1923*, III (London, 1953) ; Mayer, *Politics and Diplomacy*.

(16)　Branko Lazitch/Milorad M. Drachkovitch, *Lenin and the Comintern*, I (Stanford, Calif., 1972), 50–88. なお、James W. Hulse, *The Forming of the Communist International* (Stanford, 1964), 1–35 ; Merle Fainsod, *International Socialism and the World War* (Cambridge, Mass., 1935. Reprint ; New York, 1966), 201–211 をも参照。

(17)　Carr, *Bolshevik Revolution*, III, 116.

(18)　たとえば、*ibid.*, 110 ff. ; Hulse, *Forming of Communist International*, 6 ; Richard H. Ullman, *Anglo-Soviet Relations, 1917–1921*, II : *Britain and the Russian Civil War* (Princeton, 1968), 113, n. 30 など参照。

(19) 相田重夫「ソヴェト政権をめぐる列強の外交」江口朴郎編『ロシア革命の研究』(中央公論社、一九六八、六二五—六七六、とくに六四〇ページ以下)は、米国務省編のアメリカ外交文書その他の基本史料を検討し、どちらかといえば、アメリカの政策に焦点を合わせた優れた論文であって、貴重な邦語文献である。ただ、本章の関心であるコミンテルン創立との関連には触れていない。プリンキポ提案については、相田論文に挙げられた文献のほか、すでに Stein, *Die 'Russische Frage'*, 62 ff. にも詳しいが、最近相ついで出版された Thompson, *Russia, Bolshevism, Versailles*; Mayer, *Politics and Diplomacy*; Ullman, *Anglo-Soviet Relations*, II の三著が最も有益である。

(20) トルコにおけるイタリア軍の上陸や、イギリスに支援されたギリシア軍の軍事行動とムスタファ・ケマル軍との戦闘は、もう少し後のことになる。

(21) Cited in : Mayer, *Politics and Diplomacy*, 417.

(22) これら閣議の議事録のうちロシア問題に関する箇所の抜粋は、David Lloyd George, *The Truth about the Peace Treaties*, I (London, 1938), 198-200, 325-330 にある。なお、cf. Ullman, *Anglo-Soviet Relations*, II, 95 f.; Mayer, *Politics and Diplomacy*, 319 f.

(23) Cf. Thompson, *Russia, Bolshevism, Versailles*, 94; Ullman, *Anglo-Soviet Relations*, II, 95.

(24) ミルナーは、ボリシェヴィキの隣国への「侵略」に注意を喚起しているが、これに対してロイド=ジョージは、ジェニーキンやコルチャークも「侵略」をやめねばならぬと発言している。Lloyd George, *Truth about the Peace Treaties*, I, 200.

(25) *Ibid.*, 327-330.

(26) Cf. Ullman, *Anglo-Soviet Relations*, II, 99 f.

(27) メッセージ案は、U. S. Department of State, *Papers Relating to the Foreign Relations of the United States* [*F. R.*]. *Russia 1919* (Washington, D. C., 1937), 2-3.

(28) この点については、さしあたり、ソビエト科学アカデミー『世界史 現代』江口・野原・林監訳、第二巻(東京図書、一九六四)、三三七—三四三ページ、参照。

(29) ピションの見解が *L'Humanité*(フランス社会党機関紙)およびロンドンの *Daily Mail*(保守党機関紙)にすっぱ抜かれて

問題となった件については、とくに Ullman, *Anglo-Soviet Relations*, II, 101, n. 4 参照。

(30)　この日の会議については、*F. R. The Paris Peace Conference, 1919*, 13 vols. (Washington, D. C., 1942–47), III, 471–481, 490–491.

(31)　ロイド＝ジョージは、ロシア問題の議論のなかで、しばしばフランス革命とロシア革命、およびそれらをめぐる国際情勢の比較をするのだが、クレマンソーの反ボリシェヴィズムを次のように皮肉っている。「クレマンソーの如き人々はフランス革命のときのテロルとなると、抑圧者に対する大衆の反乱のなかでは不可避だったといって、なんでも寛恕するのだが、……ロシア革命でなされる暴力や恐怖となると、どちらかといえばそれを挑発するものは〔ロシアの場合が〕大きかったのに、ロシアに厳しい判断をした」と。*Truth about the Peace Treaties*, I, 331.

(32)　Cf. Mayer, *Politics and Diplomacy*, 417 f.

(33)　クレマンソーはロイド＝ジョージがどうにもならないので、バルフォア外相に会って工作しようとしたらしい。ある夕食の席でロイド＝ジョージはこの行為がイギリス代表団を裂こうとするものだと憤慨したのに対して、ボナー・ローが本文のごとく述べたものである。ロイド＝ジョージは「もしそうなら、政府は割れた方がよい」と口走り、「あの老ぼれ〔クレマンソーのこと〕の首根っ子を捕えてやらねばならん」と付け加えたという。Cf. Thompson, *Russia, Bolshevism, Versailles*, 102; Mayer, *Politics and Diplomacy*, 418–419, n. 7; Ullmann, *Anglo-Soviet Relations*, II, 106.

(34)　ロイド＝ジョージは、この両名が閣内で対ソ干渉論の「熱心で倦むことのない擁護者」であったとして次のように皮肉っている。「〔カーゾン卿は〕グルジアをボリシェヴィズムの汚染から救うことにひどく関心をもっていた。彼はカフカースに格別の愛着をもっていた。数年前、彼はその地を訪問し、その勇敢な山岳人に大いなる感嘆の念を抱いたのであった。彼らをレーニンやトロツキーの専制に売り渡すという考えは、彼をぞっとさせたので、彼はイギリス軍をグルジアに留めておくために最後まで戦ったのである。だが、最も侮り難く、手におえない反ボリシェヴィキの主唱者はウィンストン・チャーチル氏であった。彼は、疑いもなくコミュニズムへの正真正銘の嫌悪感をもっており、われわれがみなそうだったように、ロシア皇帝や皇后、たよりのない彼らの子供が野蛮に殺害されたことにひどい不快感をもっていた。彼のなかに流れる公爵家の血はロシア大公たちが根こそぎ絶滅されることに逆流したのであった」と。*Truth about the Peace Treaties*, I, 324 f.

(35) この点、cf. Ullman, *Anglo-Soviet Relations*, II, 102 f.

(36) Cf. *ibid.*, 103.

(37) *F. R. Peace Conference*, III, 581-583.

(38) *Ibid.*, 623-628, 629-633. ヌーランスの証言は概して信頼のおけない性質のものだった。彼が、連合国軍と白系ロシア軍は北ロシアで赤軍と一対二の割合で対していると述べると、ロイド＝ジョージはすかさず英軍一万六〇〇〇名がたった五〇〇〇名のボリシェヴィキと対峙している、とイギリス側の数字をあげて反論した。ヌーランスは、それはいかに赤軍が少ない勢力であるかを証明するものだ、といささか詭弁を弄している。

(39) メイアーは、この報告が「実質的に会議の方向をプリンキポ支持に変えた」というのはちょっと誇張だ、と述べており (Mayer, *Politics and Diplomacy*, 427, n. 6)、トンプソンは「プリンキポ提案採択を確実にするのに役立った (instrumental)」としている (Thompson, *Russia, Bolshevism, Versailles*, 105, 92)。

(40) この日の会議については、*F. R. Peace Conference*, III, 647-653, 663-668 を参照。*The News of the World* 紙の社主でパリ会議の期間中新聞協会の代表としてイギリス政府と報道機関の連絡の責任者であったリデル卿は、会議の合間に各国指導者と極めて頻繁に談合しているが、彼は――日付に思い違いがあるようだが――、次のようなエピソードを紹介している。アメリカ大統領は会議室からでてくると、自分のタイプライターを取り寄せるよう指示した。そこにいた報道関係者たちは、アメリカの美人速記者でも現われるのかと想像していたところ、まもなく使いの者が使い潰したタイプライターを盆にのせてやってきた。大統領は、それを会議の終った部屋の隅におかせて、会議で要旨を決定していた長文の覚書を仕上げるため、トントンとたたきはじめた。世界で最も偉大な指導者の一人がこんな風に仕事を片づけているのを眺めるのは奇妙な光景であった、と。Sir G. Riddell, *Lord Riddell's Intimate Diary of the Peace Conference and After, 1918-1923* (London, 1933), 13 f.

(41) *F. R. Peace Conference* III, 676-677 ; *F. R. Russia 1919*, 30 f. にある。

(42) Cf. Ullman, *Anglo-Soviet Relations*, II, 106 f.

(43) Cf. Mayer, *Politics and Diplomacy*, 431 ; Stein, *Die 'Russische Frage'*, 75.

(44) *Документы Внешней Политики СССР*, под. ред. министерства иностранных дел СССР, Том I-(Москва, 1957), II, 45-48 にこのラジオ放送二種類が収録されている。

コーツによれば、ソヴェト政府への無線メッセージはフランス政府の電波妨害にあったという。W. P. Coates/Zelda K. Coates, *A History of Anglo-Soviet Relations* (London, 1945), xiii. 因みに、この本(初版一九四四年)はきわめて親ソ的な立場から書かれているのだが、——ある意味では自然のことながら——ロイド＝ジョージの序文が付されており、彼に対する評価は高い。英ソ関係におけるロイド＝ジョージの役割に関する好意的評価は、ソヴェト側でも、たとえばマイスキーの回想録(『一九三〇年代』木村訳[みすず書房、一九六七]、六二ページ以下)にみられる。

(45) *F. R. Peace Conference*, III, 650.

(46) クレマンソーの譲歩の理由については、とくに cf. Thompson, *Russia, Bolshevism, Versailles*, 107.

(47) サロニカとレムノスは、いずれもギリシア領。プリンキポは同名の群島のなかのひとつ。かつては流刑地だったが、この時代までには避暑地として多くのホテルがあり、ロシアからも近く、代表たちが他国を経由せず海から到着できる点、さらに敗戦国トルコの領土であるから、サロニカやレムノスの場合のようにギリシア政府の意向を打診する手間が不必要であった点などが、連合国にここを選ばせた理由と思われる。いずれにせよ、重要なことは、ここならパリその他西欧の都市の場合と較べ、ボリシェヴィキの宣伝を封ずるのに便利だと考えられた点であろう。

(48) *F. R. Peace Conference*, III, 647-653, 663-668.

(追記) うかつにも、脱稿後になって、プリンキポ提案を扱った次の二つの邦語文献のあることに気づいた。すなわち、坂井秀夫『現代の開幕』(福村出版、一九六九、五三ページ以下)および細谷千博『ロシア革命と日本』(原書房、一九七二、一九五ページ以下)である。前者は、イギリスを中心に、イメージ論の角度から記述している。後者は第一次史料に依拠してアメリカの政策決定を中心に論じたもので、注(19)で言及した最近の諸研究よりすでにほぼ一〇年前に書かれた注目すべき成果である。

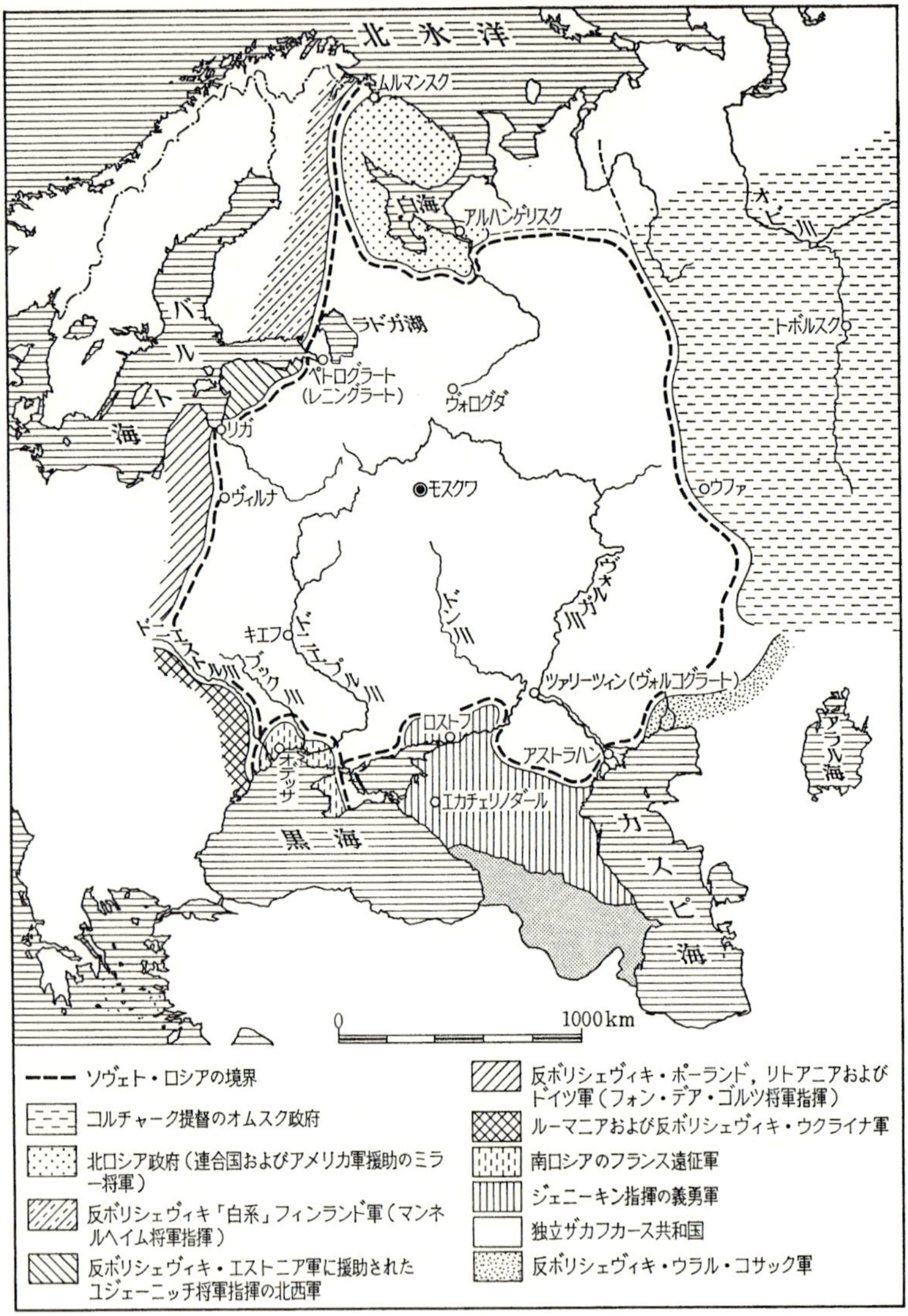

ロシア,1919年3月15日

J. M. Thompson, *Russia, Bolshevism, Versailles*, 168 の地図に基づく.

イギリスのロシア干渉経費(1918. 11 以降)*　　(単位：1000 ポンド)

	イギリス陸海空軍費	海上輸送費	臨時政府むけ資金	ロシア軍への食糧補給品	ロシアむけ軍需用品(marketable)	現金および用品(marketable) 合計	ロシアむけ軍需用品 (non-marketable)
北ロシアにおける軍事作戦費	5,650① 2,000② 9,447③ 0④	1,940 1,220 3,160 133	750 600 1,350 0	1,000 1,400 2,500 0	2,800 5 1,762 0	12,140 5,225 18,219 133	5,770 0 244 0
ザカフカースにおける軍隊維持費	2,500 500 3,051 503	360 50 410 0	—	—	—	2,860 550 3,461 503	—
黒海・バルト海における海軍作戦費	5,200 1,150 6,370 2,518	—	—	—	—	5,200 1,150 6,370 2,518	—
計	13,350 3,650 18,868 3,021	2,300 1,270 3,570 133	750 600 1,350 0	1,000 1,400 2,500 0	2,800 5 1,762 0	20,200 6,925 28,050 3,154	5,770 0 244 0
バルト諸国(含北西ロシア軍)への援助	10 195 177 17	100 55 338 68	—	125 55 200 0	350 180 735 157	585 485 1,450 242	2,250 1,150 391 109
コルチャークへの援助	1,250 180 1,430 59	590 75 1,523 0	—	30 0 80 0	6,410 5 5,000 0	8,280 260 7,983 59	6,150 0 523.5 0
ジェニーキンへの援助	150 105 194 246	310 140 2,295 350	—	550 0 850 295	5,840 680 5,856 1,566	6,850 925 9,195 2,457	19,200 800 1,794.5 321
計	1,410 480 1,801 322	1,000 270 4,156 418	—	705 (ママ) 55 1,080 295	12,600 865 11,591 1,723	15,715 1,670 18,628 2,758	27,600 1,950 2,709 430

* Ullman, *Anglo-Soviet Relations*, II, 365-368 より作成.

各欄中の数字の説明. ①は, 1918 年 11 月の休戦時から 1919 年 7 月 31 日までの数字(1919 年 8 月イギリス政府発表). ②は, 1919 年 8 月 1 日から同年 10 月 31 日までの数字(1919 年11月発表). ③は, 1918 年 11 月の休戦時から 1919 年 10 月 31 日までの数字(1920 年 7 月発表). この③が①と②の合計に必ずしも合致していないのは, ③が, ①, ②の算定時以後に追加されたデータおよび評価基準の変更をもとに修正されたものだからである. ④は, 1919 年 11 月 1 日から 1920 年 3 月 31 日までの数字(1920 年 7 月発表).

要するに, 各欄の右側と左側の数字は算定の基準が異なるので, 完全な比較は困難だが, それでもこの 4 種類の数字から各時期の経費の推移が大まかながら知られるであろう.

第五章　ローザ・ルクセンブルクのロシア革命論をめぐって

はじめに

ローザ・ルクセンブルクのロシア革命観は、いまでも、彼女の革命思想全体の評価にとって最も重要な問題を含んでいる。これの考察には、あの最も有名な『ロシア革命論』だけの分析では不充分であることも明らかである。ルクセンブルクの革命思想は、当初からロシアの事態に深くかかわっていたものであって、ことにたとえば一九〇五年の革命前後の彼女のロシア分析をぬきにしては彼女のロシア革命観を全体的に論ずることはできない。ロシアの事態は、そもそも、ルクセンブルクの政治活動と出発点から不可分の関係にあり、ロシア問題は彼女みずからの問題でもありつづけたからである。

だが、ここでの試みは彼女のロシア革命観そのものを系統的に検討することではない。そうではなく、一九一七—一八年の時期——けだしそれは最も重要な局面だが——における彼女のロシア革命観を問題にしてみようと思う。ただし、本稿によって、彼女の『ロシア革命論』の評価をめぐる論議に結着をつけようと意図するものではない。筆者の関心は、もっぱらドイツの社会主義者にとってロシアのボリシェヴィキがいかなる意味をもったかにあり、ルクセンブルクのロシア革命論の問題をその一つの場合としてみておくことにある。したがって、彼女の『ロシア革命論』

の妥当性を検討することもここでの課題ではない。

『ロシア革命論』の評価なら、わが国でもかつて西川正雄氏の優れた論稿が発表されている。[1] その記述には、現在なら個々の点で補うべきところもあるけれど、数多くの分析のなかで、基本的にはいまなお最も委曲をつくした堅実な考察である。[2] いまここで屋下に屋を架する必要はあるまい。また、そこでの分析視角は、ローザ・ルクセンブルクの思想を当時のドイツの政治、換言すればドイツ革命の情勢のなかで捉えようとしたものであって、これまた現在あらためて強調されてよいところである。

それにもかかわらず、このような題の論稿を草するのは、一つには、ルクセンブルクのロシア革命論の提起した思想的あるいは現実的問題はロシアのボリシェヴィキと、ドイツの社会主義者の関係を考えるのにきわめて重要な手がかりを含んでいるように思われるからである。さらにもう一つの直接の動機は、ローザ・ルクセンブルクが一九一七—一八年に獄中で書いた諸論説が、いったい、なぜあのように激しいボリシェヴィキ批判を含んでいたのか、という疑問である。あらかじめ誤解を避けるために言っておけば、彼女のロシア革命論には一種のデュアリズムがあった。一方でボリシェヴィキの歴史的偉業に対する絶大な賞讃、他方でボリシェヴィキの現実の政策に対する仮借ない批判がそれである。ルクセンブルクは、ロシア革命の置かれていた恐るべき困難さを誰よりも深く洞察していた。それゆえ、ロシア革命はロシアのボリシェヴィキだけでは救うことができない、ヨーロッパの、そしてとくにドイツの革命こそがこのディレンマを克服する唯一の道である。このような形で右のデュアリズムには主体的な回答があたえられていた。そうであればこそ、彼女のロシア革命論の一部分をとり出して評価するのが不毛であるのは自明のことである。

それを承知で、あえて彼女のロシア革命論のなかのボリシェヴィキ批判だけを取りあげ、それがなぜあのような激しさを帯びているのか、もっぱらこの疑問に目を向けてみようと思う。しかし、本稿の実際の構成では、この問題にいたるまでに、かなり廻り道をすることになる。まず、『ロシア革命論』の出版と、それをめぐる論議の方から見ておくことにしたい。この部分が不釣合に長文になっているのは、本稿が一九二〇年代のドイツとソヴェト・ロシアの関係についての研究ノートを兼ねているからである。

一　小冊子『ロシア革命論』の出版

一九一八年秋、当時のドイツ領ブレスラウ(現ポーランドのヴロツワフ)にあった監獄で鉛筆とインクで書かれたローザ・ルクセンブルクの未完成手稿が『ロシア革命――一つの批判的評価』と題してはじめて出版されたのは、彼女の死後三年ほど経った頃のことである。ルクセンブルクの草稿と同じくらいの長さの序文を付してこれを出版したのが、パウル・レーヴィであったのもよく知られている。(3) この小冊子が出版されると、踵を接するように、いくつかの反応があらわれた。なぜ、パウル・レーヴィはこの頃になってようやく、あるいははやくもこの頃、ルクセンブルクの草稿を出版したのか。

まず、この小冊子『ロシア革命論』の現われるまでの背景を見ることから始める。

(一)　P・レーヴィの失脚

周知のように、レーヴィはルクセンブルク、リープクネヒト、ついでレオン・ヨギヘスが殺害されたあと、若いドイツ共産党(KPD)を指導することになった人物である。KPDは、彼の指導のもとに、議会や労働組合に対する政策を転換することになり、党内の若干の有力な左翼急進主義者が党外に去るのを余儀なくさせた。こうした転換はロシアのボリシェヴィキ、少なくともレーニンやラーデクの方針と一致したものであった。一九二〇年夏からは、スパルタクス団を中心に僅か五万の党員を抱えるだけだったKPDは、ドイツ独立社会民主党(USPD)左派との合同の道を進みはじめ、同年末には三五万の党員を擁する大衆政党となるのに成功した。党は、この合同によって、独立社会民主党のもっていた数十の機関誌や労働組合内での勢力を獲得し、そのうえ国会における独立社会民主党左派の議席も加えることができた。レーヴィは、この新しい合同共産党(VKPD)においてUSPD左派からのE・ドイミヒとともに共同議長のポストを占めることになる。はやくも一九二一年一月、レーヴィは左翼勢力のさまざまの機関に対しブルジョワ政府に対する闘争での統一戦線を呼びかけた。しかし、このいわゆる「公開書簡」政策は成功しなかったばかりか、党内の左派の反撥をかうことにもなった。

同年一月イタリア社会党のリヴォルノ大会が開かれた。それに出席したレーヴィは、イタリア社会党右派との分裂を要求するコミンテルン執行委員会(EKKI)の派遣した代表たち[4]のやり方に反撥し、ドイツに帰国したのち二月末にVKPD中央委員会 Zentralausschuß においてコミンテルン代表を批判する所見を採択させようと試みた。しかし、これは二八対二三票で否決され、かわってA・タールハイマーとW・シュテッカーの提出したコミンテルン支持決議が同じく二八対二三票で採択された。こうしてレーヴィは、党内左派とコミンテルン側の圧力で党議長の辞任に追い込まれるのである。このとき、レーヴィと連帯して、O・ブラス、E・ドイミヒ、A・ホフマン、クラーラ・ツェトキーンの四名が中央 Zentrale のメンバーを辞任した[5]。

その後ひと月もしないうちに、党はいわゆる三月行動に突入した。これが惨めな失敗に終ったあと、レーヴィは『われらの道――一揆主義に抗して』と題する小冊子[6]を発表し(四月一二日)、そのなかで三月行動を「史上最大のバクーニスト的一揆」ときめつけ、ときのVKPD中央の政策および間接的にコミンテルン代表(とくにベーラ・クン)

を批判する。このようなレーヴィの行為に対し、党中央は四月一五日、規律違反を理由に彼の党からの除名を決定した。(7) ＥＫＫＩも、この頃、レーヴィとその支持者の行動を遺憾とし、党指導部内の規律の欠如、党内における右翼分派の形成の傾向に警告を発していた。ただ、注目すべきは、レーヴィと彼を支持して党中央を辞任した四名とを区別し、すでに彼らの間にくさびを打ち込もうと試みていることである。ＥＫＫＩは、この四名の名を挙げることなく、三月行動直後のレーヴィの声明からして、「彼らが誤りを認め、訂正する」ことを期待していたからである。(8)

しかし、五月三―五日に開かれたＶＫＰＤ中央委員会は、記名投票の結果三六対七でさきの党中央の決定を承認すると同時に、レーヴィを支持したツェトキーンら八名の中央委員会メンバーに対する不信表明をも採択した。(9) これは、中央委員会における左派の意見の強さを示すものであると同時に、おそらく、わずかながらもＥＫＫＩの方針との微妙な差を示すものであろう。

レーヴィは、右の中央委員会に出席して弁明する機会を与えられた。だが彼はもっぱら三月行動の当否を論じ自己の見解の正当性を主張した。他方、議長Ｗ・ピークはこの問題をもっぱら党規律の違反問題として処理したのであった。そこでレーヴィは五月中旬、さらにもう一つの文書を発表して、党内部の対立関係を外部で公然と論難し、また「規律違反」を重ねる。右の機会に行なった彼の抗弁を収めた『何が罪か――三月行動かその批判か』と題する小冊子(10)がそれである。それればかりではない。レーヴィの機関誌ともいうべき『ソヴェト』は、さきの彼の小冊子にちなんで『われらの道』と改題され、(11) 三月行動と指導部批判の論説を掲載し続けた。このようなレーヴィの反抗的な行為は、彼がもはや後戻りできぬ地点に立っていたことを意味するのだが、注目すべきことに、この段階ではまだコミンテルン、とくにレーニンに対する公然たる批判は控えられていた。少なくとも党内のレーヴィ支持派は、むしろ六月二二日から開催されるコミンテルン第三回世界大会にかけて、党中央のいわゆる攻勢理論の誤りだったことを内外の共産主義者に明確に印象づけるべく努めていた。レーヴィの立場を擁護し、いわゆるレーヴィ一派 Leviten の路線を党のさまざまの機関で最も積極的かつ公然と主張しつづけていたのは、すでに六〇歳をこえ、内外に知名度の高かったツェトキーンである。ツェトキーンはさまざまの機会にレーヴィを擁護した。前述のように二月末にはレーヴィとともに党中央を辞したし、レーヴィを査問した前記中央委員会でも彼の追放に反対した一人だった。彼女はまたレーヴィら反対派の『ソヴェト』五月号にも三月行動を論じた論説を寄稿している。(12) 彼女は、レーヴィ辞任後、ブラントラー、タールハイマー、P・フレーリヒ、それにE・フリースラントらに代表される党指導部を批判していたから、レーヴィも小冊子『われらの道』をすでに発表前に彼女に見せさえしていたようだ。ツェトキーンはレーヴィ宛手紙でいう。「あなたの小冊子を私は最初から最後の言葉まで細心の注意を払って読みました。これは全く立派なものです。だが、それの帰結するところに思い違いするわけにはいきません。あなたはこのために排除されるでしょう。……だから切にお願いするのです。覚悟のほぞをかため、御自分の魂をどこかに棚上げするのです。……私が消したところを削除するか変更するかして下さい。……あなたのいうことすべては正しいのですけれど、あるいはまさにそれ故に……」(13) と。

このようにツェトキーンは、レーヴィとともに三月行動と党主流を批判し、『われらの道』の内容には賛意を表しながらも、党、ひいてはコミンテルンに反抗するやり方を避けるよう忠告する。しかし、レーヴィはかまわず小冊子を発表してしまった。そして結果はまさにツェトキーンの予言通りになった。はやくも、ここに、攻勢理論の批判者として同じ立場にある両者がドイツおよび国際労働運動のなかで別々の道を歩む素地が表われていた。両者はそれぞれ別の背景——人脈や性格——をもっていたことも明らかである。レーヴィという人物には、これといった致命的な欠陥があったわけでもないのに、やや繊細で神経質な性格の彼は、ヨギヘスのごとき独裁的な指導者の権威を欠き、リープクネヒトのごとき熱血の闘士のイメージもなく、ルクセンブルクの理論的・思想的深さには遠く及ばなかった。これら殺害された先達に較べれば、ひとまわり小型の指導者であった。たしかに堅実な弁護士として能吏ではあったろうが、若いKPD＝大衆政党を強力に統率しうる指導者ではなかったであろう。それでいて、いやそれゆえに、自尊心の強いレーヴィは党内にわりと多くの敵をもっていた。老ツェトキーンにしても、その失った三人の同志――レオン、カール、ローザの資質をもっていたわけではない。だが、彼女はすでに婦人運動の闘士として国際的名声をもっており、婦人の社会主義者として象徴的存在であった。とうとうと流れ出て万事を押し流すような彼女の弁論術は、たしかに知性の鋭さ、理論の深さ以上の役割を果し、多くの聴衆のなかにいよいよそのような象徴的存在としてのイメージを強めた。ヨーロッパ労働運動の有力な指導者たちとの長い共同の闘争歴、またレーニンやクループスカヤ夫人との親交、こうしたものが、ドイツの党内あるいはコミンテルン内で、以後彼女がしばしば遭遇した危機、微妙な立場にあっても、ほぼ一貫して――そして今日にいたるまで――名誉ある地位を占めえたことにあずかって力があったものと思われる。

(二) コミンテルン第三回世界大会

一九二一年六月二二日から七月一二日までモスクワで開かれたコミンテルン第三回大会には、実に、総勢四一名のドイツ代表が出席した。そのうち五名はドイツ共産主義労働者党(KAPD)、八名は共産主義青年団の代表であった。VKPD代表としては、それぞれ二五名が主流派を、二名が反対派を構成していたが、ツェトキーンは共産主義婦人同盟の代表として出席した。[14] 大会で党主流派を批判する反対派を形成したのはツェトキーンを筆頭に右の二名の反対派代表であったP・ノイマン、H・マールツァーン――レーニンの特別の要請で出席したといわれる[15]――およびP・

フランケンと――ツェトキーンによれば――ミュラー[16]等であった。

ツェトキーンと二名の反対派代表は、大会中さまざまの会議で発言し、いわゆる攻勢理論と三月行動における指導を批判し、ＥＫＫＩのラーデクやドイツ代表団の主流派と激しい論戦を交えることになった。従来レーヴィの政策を支持してきたラーデクも、いまやレーヴィとその支持者をことごとく非難し、ＶＫＰＤ中央を弁護する立場にあった。大会はトロツキーの報告を皮切りにコミンテルン執行委議長ジノーヴィエフの活動報告を聞いたが、すでにここではやくもジノーヴィエフはＫＰＤによるレーヴィの除名をＥＫＫＩが承認している旨をあっさりと報告し、レーヴィ問題は落着したと断言した[17]。それにもかかわらず、レーヴィの名がこの大会議事録のなかで最も頻繁に現われていることが示しているように[18]、大会の全日程を通してこの問題は白熱の論議を生んだ。とくにジノーヴィエフ報告に続く六月二六・二七日の第五・六回会議の討議で、ラーデクはマールツァーンやノイマンを嵩にかかって攻撃し、ツェトキーンの発言に執拗に半畳を入れながら、反対派の主張を論難したのであった。野次と揶揄の飛び来るなかでツェトキーンが懸命に抗弁し続けているのは、まさに反対派が大会では少数派として孤立している有様を物語っている[19]。だが、三月行動をめぐる彼ら反対派の見解そのものの妥当性は、否定すべくもなかった。だからこそ、主流派のあの当時の攻勢理論、三月行動における大衆動員の準備不足はＥＫＫＩによっても批判されたのだ。いや、むしろ三月行動におけるＥＫＫＩの責任が巧妙に回避されたのであった。大会は三月行動をレーヴィなどのいう「バクーニスト的一揆」ではなく、五〇万もの労働者が参加した階級闘争であり、「一歩前進」であると総括する。こうして、三月行動当時の実際の指導者――とくにコミンテルン派遣のベーラ・クンやＶＫＰＤ中央――の責任は追及されることなく、かえってそれだけレーヴィなどの態度がことさら非難されることになるのであった。

したがって、ＶＫＰＤのドイツ代表内部の対立は、容易には、少なくとも理論的には解消される性質のものではなかった。[20] 考えうるのは妥協であった。ツェトキーンは、いったんはレーヴィとともに党を去ることまで考えたが、党に留まる決心をさせたのはレーニンであったともいわれる。[21] たしかにツェトキーンはモスクワ滞在中になんどかレーニンに会い、ドイツの事情を説明し自己の見解を述べた。レーニンもまた彼女が党主流派と妥協するよう説得を試みた。したがってツェトキーンらは、少数派として孤立していたとはいえ、レーニンの一定の支持をえていたのも事実である。

ツェトキーンは、最初一九二四年に出版した『レーニンの思い出』のなかにこのときのレーニンの見解について彼女流の筆で記している。

おそらく大会前に会ったときであろう、ツェトキーンが攻勢理論の危険性を指摘すると、レーニンは自信に満ちた笑顔で、それを一笑に付して言った、「あなた、一体いつから悲観論者の仲間入りしました？　御心配にはおよびません、大会では『攻勢理論学』の樹木がむやみに伸びることはありますまい。……連中は、革命から学ぶことなしに、われわれが革命を『作った』とでもいうつもりなんでしょうか？……そもそもあんなのは理論といえる代物なんでしょうか？　幻想です、空想《ロマンティーク》です、それ以外のなにものでもない。だからこそ、そいつは『詩人と思索家の国』で発明されたのです。わがベーラ〔・クン〕の手助けで製造されたのでしょうが、彼とて詩人に恵まれた国の出身で、いつも左よりもっと左にいるのを義務と思っている人間なのです。われわれには詩作したり夢想したりすることは許されません」。[22]

すでに四月一六日のレーヴィとツェトキーン宛手紙でも表明していたところだが、レーニンはこのように攻勢理論には厳しい見解を抱いていた。[23] だが、同時にツェトキーンらが党の同志からではなく党全体から委任されている地位を去ったことを鋭く批判した。そしてレーヴィ問題ではレーニンはこんなふうに語っている。この問題はパウルが自ら迷い込んだ「袋小路」である。スイスで彼と知り合ってから、パウル・レーヴィの才能を高く評価し期待もかけてきた。彼はひどい迫害の時代にも「勇敢で賢明で献身的だった」。彼の労働者との関係には「ある冷たさ、なにかこう『よそよそしく振舞う』ところ」も感ぜられたが、彼のプロレタリアートとの堅い結びつきを信じていた。だが、小冊子が現われてからは疑わしくなった。彼には「独善主義、独りよがりの強い性向と文士の虚栄(Literateneitelkeit)」がある。たしかに三月行動の徹底的な批判は必要だ。だが、彼のやったことは「残酷に党を引き裂くこと」だった。「彼はただまったく一方的に、過度に、意地悪く批判した」。彼は党になに一つ方向をあたえず、「党との団結精神を失わせた」のだ。「それが同志たちに隊伍を組ませ怒らせたのだし、彼らをレーヴィの批判にある多くの正しさに対して聾で盲にしてしまったのだ」。

ツェトキーンは、レーヴィが小冊子を書いたのは、自らの生命を犠牲にして祖国を救おうとした伝説のローマ人と同じ気持からであって、彼の意図はまったく純粋で没我的であった、とレーヴィを弁護した。すると、レーニンは答えた。そうかも知れぬが、政治で問題なのは意図ではなく、効果である。大会はレーヴィを非難するだろうが、それは「彼の基本的な政治的観点のゆえではなく、ただ規律違反のためである」。だから、レーヴィには回復の道がある。まことに気の毒には思うが、彼はしばらく謹慎しなければならない。コミンテルン大会の決議に従い規律に服し——たとえば無署名で党の新聞などに書いたりできる——、真面目に振舞うなら、「三、四カ月後には私も公開書簡で彼の名誉回復を要求いたしましょう」[24]。

ツェトキーンは、その後も、一度は反対派グループの四人をひきつれて[25]、またさらにもう一度は大会終了後モスクワを発つ直前にレーニンと話し合っている。この最後の機会には彼女の方からもレーヴィ復帰のためのいくつかの条件を出している。すなわち、レーヴィは国会の議席を党に返還し、彼の雑誌『われらの道』の発行も停止する、その際最終号に第三回大会の客観的な記事を掲載するとともに、大会のレーヴィに対する裁定は誤りで非論理的だと見なすが、それにもかかわらず大義のためにそれに服する旨の声明を出す、というものであった。そうすれば、従来からのレーヴィ個人の見解を変更する必要もなくなる。またこれは政治家および人間としての雄々しい克己心の行為であって、これによってレーヴィは失うものはなく、うるものばかりである、とツェトキーンは提案している。これに対して、レーニンは、レーヴィの復党のために公開書簡を書く――彼自身がそれを不可能にしない限り――という約束を再確認した。(26)

以上が、ツェトキーンの記すレーニンとの話し合いの要点である。レーニンは、当初からツェトキーンに党中央左派との妥協をすすめた。(27)大会におけるツェトキーンの立場は徐々に変化する。それは、彼女が三月行動についての基本的見解を変えたからではない。その必要はなかった。大会の採択した「戦術に関するテーゼ」は、「大衆のなかへ！」のスローガンのもとに統一戦線戦術を打ち出し、一月の「公開書簡」政策を正しい戦術と見なしたからである。前にも触れたように、ラーデクの「戦術に関する報告」の討論でも、ツェトキーンらと主流派との論争は依然として続けられたが、(28)両グループの対立はＥＫＫＩの線で一応収拾される。すなわち、レーヴィ以外のいかなる指導者の責任も問われず、統一戦術のもとに、一時的ではあれ、両グループの「平和条約」が成立するのである。ここでのロシアのボリシェヴィキの役割は少なくなかった。とくにこの段階におけるレーニンはドイツの党内の対立が分裂にまで激化することをなんとしても防ごうとしていた、と思われる。(29)

両グループの折り合いの模様は、大会議事録からも様々に窺われる。大会の進行につれてみられた修正案の提出、見解表明文等にもあらわれているが、(30)大会の日程も三分の二以上経過した七月五日の議事はそれを象徴的に物語っている。この第一七回会議はレーニンの「ロシア共産党の戦術に関する報告」を聴くことになっていたが、この日は、たまたまツェトキーン六五回目の誕生日にあたっていた。開会冒頭、議長ロリオがこれを告げ、「嵐のような拍手」のなかで祝辞を述べるために立ちあがったのはF・ヘッカートである。[31] 彼はツェトキーンの長い闘争歴を披露しながら彼女に最大級の讃辞を捧げる。本大会でもしばしば彼女を攻撃してきたヘッカートであってみれば、もちろん現党中央と彼女の間の意見相違に触れないわけにはいかなかったが、この対立が大会終了までも続かないだろうこと、彼女が再び党中央とともにあるだろうとの「確信」を述べるのであった。このような論敵の讃辞は、たしかにツェトキーンにとって面映ゆいことであったにちがいない。例によって彼女は大聴衆の大喝采を浴びる答辞を述べ、一八七〇年代以来のロシア革命運動との連帯に感謝しつつ、「ここでもう一つ別のこと」を述べた。「こうして皆さんの前に立っていると、私の存在の一部であったし、これからもそうである人への追憶、ローザ・ルクセンブルクへの追憶が私の胸を一杯にしないではおかないのです。私の過去のあり方、私の活動のすべて、それはローザ・ルクセンブルクとの共同の仕事でありました。彼女が本日もはや私の横に立っていないこと、われわれの中にいないことに、私は苦痛を抑えることができません。ここにある花々のすべてを私は胸中の彼女の墓に捧げましょう」。

議長ロリオもとくにこの機会にツェトキーンの功績をたたえる祝辞を述べた。それが終るとクラーラの誕生日を祝って聴衆は立ちあがって大喝采を送った。ついでレーニンが報告に立つ。だが彼が単刀直入に国際情勢の分析から始めると、会場のはなやいだ、上気した雰囲気はしだいに静まっていったようである。[32] いずれにせよ、大会のツェトキーンに対するこのような配慮がなにを意味するか、もはや繰り返す必要もあるまい。ツェトキーンは、この大会終了後の七月一六日EKKIの小ビューローで本部をベルリンに置く国際統制委員会の委員長に選ばれている。[33] これは、コミンテルンの路線からの逸脱を防止するため各国の党規律違反を監督する機関であった。他方、大会の終り頃に採択されたジノーヴィエフ提案の「VKPD内の情勢に関する決議」は、一方で党中央および主流派に「以前の反対派を寛大に扱う」よう要求するとともに、他方「以前の反対派」に対しては議会内で党中央に「完全に服従」し独自の新聞を党機関に完全に委ねること、党除名者とのあらゆる協力の禁止を要求し、些細な規律違反もＥＫＫＩは直ちに精力的に介入すべきことを述べていた。(34) それだけにこのポストは、ツェトキーンにとってまことに微妙な、ＥＫＫＩにとってはまことに巧妙なものであったというべきであろう。

モスクワのコミンテルン第三回大会に出席したＶＫＰＤ代表の両グループの間には、レーニンなどの強い意向でたしかに妥協が成立した。両グループは、コミンテルン大会決議を遵守すると約束した。しかしこの「平和条約」は、ひどく不安定な一時的なものであった。さきのジノーヴィエフの決議提案に際しても、マールツァーンが、フランケン、ノイマン、ツェトキーンと連名で修正案を提案すると、タールハイマーがそれに反対するなど、依然対立は解消していなかった。これに対して、古い諍いをやめるように説き、この修正案を四名の声明として議事録にとどめることでこの場を収めたのはジノーヴィエフだった。(35) マールツァーン、フランケンは六カ月後にはレーヴィ派との関係からその他の数名とともに党を除名された。(36) そしてツェトキーンはその後党に留まり続けた唯一の重要な「レーヴィ派」となって行くのである。

ともあれ、モスクワ大会ではレーヴィの党除名の決定にはなんの変更も加えられなかった。にも拘らず、大会の席上ツェトキーンは、将来レーヴィがＫＰＤとともに闘うことを希望し、その場合レーヴィに最後の言葉を話す機会をあたえるという「個人的希望」を述べたことがあった。(37) そしてさらに大会終了後も彼女らは追放されたレーヴィとコミンテルンならびにドイツの党との間にはまだ和解の余地があると見ていたようであり、少なくともレーヴィ説得を試みたようである。それを示すのは、次のレーヴィのマティルデ・ヤーコプ宛の手紙である。(38) 彼は書いている。「メッカから幾人かが帰ってきた。クラーラはそのうち帰るはずである。レーニンは特赦を約束した。私がメッカに旅立たねばならぬという(カノッサ詣で)。トロツキーは私と同じく〔三月行動について〕厳しく評した。……レーニンも劣らず断固たる態度だった。そこで、ジノーヴィエフは豹変したのだ。ラーデクは相も変らずいつものやくざ者だった」。

　こうしたことをレーヴィに伝えたのは、おそらくマールツァーンらであったろう。やがてツェトキーンがモスクワから帰ってきて、レーヴィの復党の条件などについて話し合ったものと思われる。レーヴィは八月五日同じくマティルデに書いている。「クラーラは提案を三つ携えてやってきた。㈠たんまりとお辞儀すること。㈡〔レーヴィ派の〕雑誌とすべての組織を停止すること、㈢六カ月の贖罪、そうして、ボリシェヴィキの全存在様式を讃美するなら、レーニンによる特赦の見込みあり、とのこと」[39]。このような反応を示しているレーヴィが「カノッサ詣で」をやらなかったのはいうまでもないが、八月の末になっても彼は、ＥＫＫＩの側の態度が変わるかもしれぬという観測をすっかりは捨てきっていなかったともいわれる[40]。それもそのはず、三月行動に関する限り、レーニン、トロツキーというボリシェヴィキの最高の指導者が自分の見解をわかちもっていること、第三回大会の採択した統一戦線戦術がほかならぬ従来のレーヴィの政策の正しさを証明していると思われたからである。だが、レーヴィの観測は楽観的すぎた。事態は、個人の見解の妥当性だけで進行するものではなかったし、コミンテルンの規律の問題についておそらくレーヴィはレーニンの考え方を正確には理解していなかったようだ。それに、なによりも、彼の「規律違反」の行為によって党中央との対立はもはや修復不可能なまでに決定的となっているとき、レーヴィの処遇問題はドイツの党指導部の力をいかに結集しうるかという見地から決定されるほかないのであった。そのような力関係からいえば、「レーヴィ問題」はドイツの舞台でとっくに閉幕していたといえるし、彼の再登場の道も、第三回コミンテルン大会終了後、彼自身の「規律違反」の続行でいままた閉ざされてしまうのである。

（三）　ＫＰＤイェーナ大会

ドイツ代表たちがモスクワから帰国してまもなくの八月二一三日にＶＫＰＤ中央委員会が開かれた。モスクワで結ばれた「平和条約」の解釈をめぐって、はやくもここで、右派少数派と党中央の間に意見の相違があらわれ、両派の和解が不安定なものであることを示していた。(41) 八月二二日からは第七回ＫＰＤ党大会（このときからＶＫＰＤのＶがなくなる）がイェーナで開催されることになっていたが、こうした党内情勢に対しＥＫＫＩはＫＰＤイェーナ大会にむけて八月一三日付の書簡を送った。党内左派を攻撃するとともに、レーヴィ自身については贅言を要しないと述べているが、レーヴィ派の離党者を「メンシェヴィキ」であるときめつけ、さきの大会での決議に従って、レーヴィの雑誌等に寄稿する党員を直ちに追放するよう要求した。(42)

このイェーナ大会をひかえたＫＰＤに、ボリシェヴィキがなにを期待していたかは、レーニン自身のＫＰＤ宛書簡がよく物語っている。レーニンは、イェーナ大会に間に合うように、優れぬ健康をおして、大急ぎでこの書簡を書きあげた。これは、かなり長文の書簡である。(43) その大要を記しておこう。

レーニンは、まずＫＰＤの歴史を振り返る。ＳＰＤ右派や中央派に禍いされ、「統一」という呪われた伝統のため、ドイツでは真の革命政党の創設が遅れた。そのことがまた日和見主義への激しい憎悪を生み、ドイツ労働者を「未熟な反乱へ押しやった」。その後、最近では、左派（ＫＡＰＤ）や右派（Ｐ・レーヴィとその機関誌『われらの道』）のあまりよろしくない共産主義者の仲間割れが生じたためＫＰＤの困難はいっそう増大している。ＫＡＰの連中のコミンテルン大会への参加は、少なくとも主要な国に充分強力な共産党ができるまでは大目に見る必要もあったし、ある程度有益でさえあったが、これら半アナキスト分子への寛大さにも限度がある。ＫＡＰ連中に注意する必要はもうない、目くじらを立てるに価しない。左翼小児病は消えてなくなりつつあるからだ。

同様に、レーヴィと不必要に論争して彼の名を高からしむるのは間違いである。もっと大切なことは、第三回大会の諸決定の実行に努力することだ。この点で、同志ラーデクの『ローテ・ファーネ』論文は誤りである。なぜなら、彼は攻撃の矛先をレーヴィにむけている――それ自体やるに価しない不必要なことだ――ばかりでなく、われわれの仕事を積極的に害するやり方でクララ・ツェトキーンにもむけている。彼女自身、共同で非派閥的仕事をすることを条件にKPD中央とモスクワで「平和条約」を結んだというのに、同志ラーデクはツェトキーンの責任を問うことによってレーヴィにこのうえない奉仕をしているのだ。

ついでレーニンは、「コミンテルン第三回大会でなぜ私があんなに長いことレーヴィを擁護したか」[44]を説明する。ロシア革命の勝利のあとではじめてボリシェヴィキになった人物にはある種の不信をもっているが、ラーデクを通じて知り合ったレーヴィはスイス時代からボリシェヴィキだった。こういう個人的評価も一つの理由だが、それよりもずっと重要なのは、三月行動へのレーヴィの批判は「多くの点で本質からみて正しかった」ことである。大会では「右派の側にあることが必要であった。さもなくばコミンテルンの路線は誤ったものであったろう」(力点原文。以下同じ)から、大会のときはレーヴィをメンシェヴィキときめつけるやり方に与せず、ただレーヴィは「度を失った」だけだと弁護したのだ。ところで、レーヴィは規律違反の故に除名されねばならなかった。しかるに彼はその後も第三回大会の諸決定を知っていながら、換言すればコミンテルンは三月行動の誤りを正し、従来のレーヴィの主張通りに戦術を決定したのに、「その後」もなお機関誌『われらの道』(レーニンは、その七月一五日号を槍玉にあげている)等を通じてメンシェヴィキ張りの「自由」の主張を繰り返している。これは彼の党除名の正当性を証明していることになる。

ここでのレーニンの論理は、たとえ正しい見解をもっていても党員が党の誤った政策を党のそとで批判するのは規律違反であり、その責任を追及するのは当然である、まして党が誤りを正し、その党員の見解を採用したいまや、彼は党に帰順すべきである、というものである。こうしてレーニンはいまやレーヴィの名誉回復の可能性が失われたとみて、彼の復党の道――レーニンの「特赦」――のないことを明らかにしている。モスクワでツェトキーンが提案した条件は満されそうにもなく、したがってレーニンの約束も実行する前提が失われている。「私はドイツの同志諸君に忠告したい。日刊党機関紙のコラムでレーヴィおよび彼の雑誌との論争を一切禁止するように、と」。やむをえぬ場合は、週刊または月刊雑誌あるいはパンフレットなどで論争することもできるが、それとてKAPの連中やレーヴィを名指して彼らを喜ばせることはない。どうしても彼らに言及するときは、せいぜい、「自らを共産主義者と見なしたがっている、余り出来のよくない某批評家」とでもしておくべきだ、と皮肉まじりに付け加えている。

KAPDとならべてレーヴィを痛罵するこのレーニンの書簡の最大の目的は、いうまでもなく、この時点で統一戦線戦術の実行をめぐるKPD内部の対立激化を防ぐことにあった。「ドイツ共産主義者は、是が非でも内紛を終らせ、両側の口うるさい分子を取り除き、パウル・レーヴィやKAPの連中を忘れ、真の仕事につかねばならない」、とこの書簡は強調していた。実は、レーニンが大急ぎでこの書簡を書き送ったのは、クラーラ・ツェトキーンの懇請にもよるのである。さきの八月初めのVKPD中央委員会で左右両派の対立が解消せずクラーラ・ツェトキーンの党中央復帰が決まらなかった。それには、右の書簡中でレーニンが触れているラーデクの『ローテ・ファーネ』(七月一四・一五日)におけるツェトキーン批判が党内左派によって大いに利用されたことも関係していた。ツェトキーンは、中央委員会後、EKKIとレーニンに対し、モスクワの「平和条約」に沿って介入することが「絶対に必要」だという電文を送っていたのである。(45)

さて、イェーナの党大会ではツェトキーンは党中央のメンバーに選ばれた。だが、クルトおよびアンナ・ガイアー、ベルンハルト・デュヴェルらは、この党大会で除名される。レーヴィ自身の問題は大会で再びむしかえされることはなく、レーニンの忠告のごとく、ほとんど黙殺されたといってよい。(46) この頃のKPD理論機関誌『インテルナツィオナーレ』にも九月二二日号にレーニンの「新しい時代と新しい形の古い誤り」(八月二〇日に書かれ、はじめ『プラウダ』に発表されたもの)が注釈なしに転載されているのが注意をひく程度である。(47) この論文は、国際運動におけるメンシェヴィキやロシア国内の「労働者反対派」の傾向に批判をむけたものであるが、そこでもレーニンははっきりとレーヴィを「メンシェヴィズムにまで成り下がった」と断じ、彼のボリシェヴィキへの「忠告」を一蹴していた。

レーヴィがイェーナ大会以前のレーニン自身のこうした評言をどの程度知っていたかは定かでないが、党大会終了後には彼の方でも和解の可能性を全く捨ててしまったようだ。大会から一カ月たった九月二六日、E・ドイミヒ、A・ホフマン——レーニンはモスクワではツェトキーンに彼らの名をあげて好意的評価をあたえていた(48)——が自ら脱党して、レーヴィと共に共産主義共働団 Die Kommunistische Arbeitsgemeinschaft＝KAG を結成する。彼らはKPDの国会議員だったが、党中央の議席返還要求を拒否し、大戦中SPD内の反対派(AG派)のように議員団を結成したのである。ドイミヒやホフマンの脱党理由は、イェーナ党大会の決議がモスクワのコミンテルン第三回大会の決議に矛盾し、党内でアナキスト的傾向が勝利したから、というものであった。これに対しては、その一年前ドイミヒやホフマンとともにUSPD左派のコミンテルン加入、KPDとの合同を先頭に立って推進したW・シュテッカーがただちに『国際通信《インプレコル》』に批判記事を書き、レーヴィとならべて彼ら脱党者をメンシェヴィキとしながら、他方「以前の反対派」の国会議員のなかにもツェトキーン、マールツァーン、アイヒホルン、ヘルツフェルト、バルト、F・ガイアーらは共同で同志的事業にむかうため党に留まっている、と指摘した。(49) もともと同じUSPD左派だったシュテッカーがドイミヒなどの批判文を書くのも特徴的だったが、それより、たとえばマールツァーンは前述のようにP・ノイマンおよびO・ブラスとともに、やがて翌年一月にはKAGとの協力のため、党を除名された。このときは、

Ｅ・ロイター＝フリースラントも、全く別の経過からだが、ＫＡＧとの接近のために除名された。[50]

レーヴィらは独自の政党を作ろうとしたのではない。したがって、ＫＡＧが広範な大衆を組織する可能性はほとんど期待されもしなかったし、恐れられてもいなかった。だが、コミンテルンが統一戦線戦術を決定し、「大衆のなかへ！」のスローガンのもとに様々の労働者組織への働きかけを強化しはじめた矢先であっただけに、ＫＡＧの結成とコミンテルンやＫＰＤに反対する宣伝活動とが党内や労働組合内の活動家に及ぼす影響は早くからコミンテルン内で警戒された。すでに一〇月七日のＥＫＫＩ幹部会会議は、次回の会議でヘッカートがＫＡＧに関して報告する予定を決め、一一月一日の同会議も、ラーデク、ヘッカートおよびジノーヴィエフからなる委員会がＫＡＧ問題の草案を検討することに決めた。[51]そして実際に一一月三日、ＥＫＫＩ会議でヘッカートが報告し、決議案を読み上げ、ピークも補足説明をした。右の決議は、ＫＡＧの活動をＫＰＤの破壊・分裂を企図するものとして糾弾したものであった。[52]さらにドイツ情勢について詳細に討議した一二月一八日の会議では、Ｒ・レメレがＫＡＧはさほど大衆の支持をえてはいないけれど、党中央内にＫＡＧの意見を代弁するものもある(フリースラントを指す)と報告している。この報告をめぐって、とくにジノーヴィエフやブハーリンは、ＫＡＧは数こそ少ないが、ＳＰＤより危険であり、「共産党を内部から掘りくずそうとする……最も危険な敵」とまで断言し、レーヴィに協力する分子を党から追放するように主張した。[53]

レーヴィ問題を公けに論ずることはもはやなくなったとしても、このようにコミンテルンの上部機関ではとくにＫＡＧの結成以来レーヴィ派の危険性にかなり警戒していたことが窺われるのである。そして翌二二年一月にＥＫＫＩ幹部会がＫＰＤ中央へ送った書簡では、ＫＡＧは「ＳＰＤの幇助者(Helfershelferin)である」という特徴的な表現で真正面から攻撃されることになる。[54]

いずれにせよ、一九二一年一月以来のレーヴィ支持派の多くが党を離れ、議会内の独自のグループを作り、雑誌・

集会などを通じて党指導部批判の活動を続けるなかで、クラーラ・ツェトキーンと彼女の従来の友人たちとの関係は明確に疎遠となり、彼女は次第に彼らの立場と対立してくることになる。彼女が一〇月の英語版『国際通信』にドイツの党内情勢について書いているところでは、ＫＡＧに加わったかつての友人たちへの評価はすでに冷たいものになっていた。(55)

(四)　Ｐ・レーヴィ、『ロシア革命論』を公表

レーヴィがルクセンブルクの遺稿を出版する直接のきっかけとなったのは、彼がＫＰＤからもコミンテルンからも排除され、そこへの復帰の道がほとんど閉ざされようとしているとき、ツェトキーンがルクセンブルク著作集刊行の計画を抱えてモスクワから帰国したことにあった、と最近のレーヴィ研究は述べている。(56)しかし、実際にはレーヴィがルクセンブルクの遺稿を出版する気配はそれ以前からあった。それは、ほかならぬツェトキーン自身がすでにレーニンに語っていたところである。一九五九年にはじめて発表されたレーニンのジノーヴィエフ宛の手紙(七月二八日付)によれば、彼女がモスクワを去る直前にレーニンと会ってレーヴィにつける条件を提案したことは、前述の彼女の回想の通りだが、そのときさらにツェトキーンは、「レーヴィ派のだれかがローザ・ルクセンブルクのボリシェヴィキに反対する手稿(一八年に獄中で書いたものと思われる)の出版を思いつきはしないか、と心配している」(括弧内はレーニン)と語り、ついで、もしそうすれば、自分はそれが不信行為であると新聞紙上で声明するつもりである、として次のように続けた。彼女はローザと最も親しかったが、ローザ自身出獄後その誤りを自認し、あの当時は情報不足であったことも認めた。それにローザの近い友人だったレオン・ヨギヘスも彼の死の二日前ツェトキーンにそのことを語りもした、と。(57)

おそらく、このような危惧があったからであろう、レーヴィらがＫＡＧを結成するころ、ツェトキーンは「ローザの著作集のための資料をうるために」、ローザの秘書だったマティルデ・ヤーコプに問い合せを出している。ヤーコプは、その件なら、レーヴィにおたずね下さいと返事したらしい。[58] そこで、ツェトキーンはレーヴィへ手紙（九月二一日付）を書いた。それに対するレーヴィの返事[59]（九月二三日付）によれば、ツェトキーンはこのときにも「むかっ腹をたてている」レーヴィにボリシェヴィキ批判を控えるべきだと忠告していた。しかし、レーヴィは「三月以来ボリシェヴィキの政策は完全に揺れ動き」、この状態はかなり永続するものであり、沈黙は共産主義に対する罪悪であるとして彼女の忠告を拒否している。「ロシア人は都合のいい方法を使っている。なにごとかを発言すると、メンシェヴィキにされる。私はいま、ロシア人の誤りのもっとも深い源をいちど純粋にイデオロギー的に掘りおこすことを現下の急務だとみなしています。その際、私の考えでは、この誤りが、おおよそ二〇年も前にローザ・ルクセンブルクが論難したレーニン的見解からどのように由来するのかを示し、……そしてまた自らはメンシェヴィズムと一線を画すべきです。それがいかに必要かは、レーニンのような人まで私の書いた論文などのことを敢えてメンシェヴィズムだと言い切っている事実からも明らかに示されています。レーニンほどの人なら、メンシェヴィズムというのは全く別ものだということを結局は分ってくれるに違いありません。私はそれを証明しようと思います。それでも、メンシェヴィキにもボリシェヴィキにも反対したローザと、〔レーニン〕の間には、要するに、ある深刻な相違があるものと信じます。敬愛する同志クラーラ、私はあなたが〔ローザのボリシェヴィキ批判の〕すべてをただたんに誤解、乏しい情報――ローザは非常によく情報をえておりました――、あるいは個人的に不機嫌だったことにだけ帰してしまうなら、あなたも御同様に、あるいはもっとひどくローザを不当に評価していると思うのです」（力点原文）。

ツェトキーンのレーヴィ宛の手紙（九月二一日）はいまのところ確められない。だから、彼女がもっと具体的になにを求めていたのかは確定できない。しかし、なんらかの形でローザのボリシェヴィキ批判の手稿に触れ、しかもおそらくその手稿全文の公表が不適当であることを述べていたものと推定される。[60] あるいはツェトキーンがそのような意向であることは少なくともレーヴィには分っていた。彼は、右の手紙でさらに、「ローザのごとく完結した世界像を有する人間は……いつも同じ人間なのである」と、ローザのボリシェヴィキ評価の変化を主張するツェトキーンに釘をさしている。だから、とレーヴィは主張する、現下のロシアの困難な情勢を配慮してボリシェヴィキとの対立点を伏せたりしてローザの手稿を出版するとすれば、それは「ローザの遺稿をなぶりものにすることになるでしょうし、……第一に、そもそも批判なるものを永久に放棄すること、……第二に死せるローザがすでに生前われわれに示してくれた道、――レーニンの多くの見解とは相違して――歴史が承認してくれた道を放棄すること、第三にローザの全く見事な統一的世界観を破壊することを意味する。もとより私はこれを耐え難いことだと考えます」と。

後述のルカーチのように、[61] しかしまったく逆の文脈で、レーヴィもまたルクセンブルクのボリシェヴィキ批判は彼女の思想体系全体と不可分であるとしているのだが、いずれにせよ、右の返書は、実質的には、レーヴィがローザの遺稿についてのツェトキーンの要求――どんな形であったにせよ――を拒否し、自らが出版する意図を告げたものである。それにしても、ツェトキーンの側では、どのみち、ローザのボリシェヴィキ批判の手稿を計画中の著作集に加える意図はなかったものと思われる。後述のような理由から、彼女らはそれを公表すべきでないと考えていたからだ。[62] とすれば、ツェトキーンがヤーコプやレーヴィに照会ないし要求した理由はむしろレーヴィの側での公表をすでに警戒し、それを防ごうとするためだったと考えるべきであろう。他方、レーヴィの側でも、ツェトキーンの手紙は、ローザの手稿公表を促した一つのきっかけにはなったかも知れないが、それがなくとも、早晩、手稿公表に踏み切ることになったであろう。

レーヴィはルクセンブルクの獄中の手稿に付すべき長文の序文を一九二一年一一月中頃までに書きあげ、小冊子は翌一二月中旬頃までにはすでに出版されていた。[63] なぜこの段階で公表するかを彼自らはこう説明している。ロシアの地位が以前より強化された反面、目下のボリシェヴィキの政策はヨーロッパ労働運動をきわめて困難にしている、「ロシアの事態に対する批判の自律を促進するためあらゆることがなされねばならない」からである、と。ここにいたっても、彼の批判がメンシェヴィズムとされるのに極度に神経をとがらせているし、自らをコミュニストと規定しようとしているが、彼自身相当に覚悟していたように、彼の言動は当時の政治状況のなかではいやおうなく反ボリシェヴィズムのキャンペーンの一環として位置づけられざるをえなかった。

発表されたローザの手稿より長文のレーヴィの序文は、ほとんどもっぱらレーニンの、そして若干のトロツキーやラーデクの言説を引用し、ときに世紀初頭のルクセンブルクとレーニンの論争にも遡りつつ、ボリシェヴィキの最近の政策を批判している。これは、ルクセンブルクの『ロシア革命論』の解説ではない。むしろ、ルクセンブルクが批判したロシア革命の諸側面――農民問題や民族問題、あるいはプロレタリア独裁や民主主義の問題――を踏み台にし、武器にしたレーヴィ自身のボリシェヴィキ批判である。[64] この小冊子の公表によってレーヴィが動揺させようとしたのは、「ドイツ共産党の威信でもなければ、第三インターナショナルの政策への信頼でもなく、実にボリシェヴィキの組織と戦術の理論的基礎である」とルカーチは断じている。[65] むろん、これはレーヴィの序文のみを指しての断言ではなく、ルクセンブルクの手稿に含まれるボリシェヴィキへの批判的考察の重みをレーヴィが振り廻すことにむけられているのだが、レーヴィの序文がそのような意図をもっているのも確かであり、それはまたこの段階のＫＡＧのコミンテルン批判の論調をも示すものであった。

（五）ローザ・ルクセンブルクの手稿

周知のように、レーヴィ版の『ロシア革命論』はルクセンブルクの手稿の不完全な写しに基づいたものであって、そこには脱落、多少の改竄まであったことが一九二八年フランクフルト大学社会研究所によって明らかにされた[66]。一九一八年秋ブレスラウの獄中にいたローザ・ルクセンブルクは、レーヴィに「この小冊子はあなたのために書くのです」と伝えてきたという[67]。それからすると、おそらくこの手稿は最初レーヴィの手に渡ったのかも知れないが、秘書のマティルデ・ヤーコプは革命の混乱期にこれをある友人のところに預けることにした。ところが、その後、この手稿は行方不明になり、レーヴィが一九二一年に出版を思い立ったときには、もはや彼の手許にもマティルデ・ヤーコプのところにもなかったのである。ただ、彼女は、その手稿の写しを別の人にとらせていたことを思い出した。こうしてレーヴィ版は手稿のオリジナルと対照されることなく、あるいはできず、その写しに基づいて印刷・出版されたのであった。その後、手稿のオリジナルは右のフランクフルト研究所によって発見された。F・ヴァイルが一九二八年にそれに基づいてレーヴィ版の脱落を増補し、テキストの異同を報告したのである[68]。このヴァイルの報告をもとにして一九三九年にパリで「最初の決定版」がレーヴィ版と全く同じ題をつけてスターリン体制に反対する立場から出版されて以来、戦後になってからもルクセンブルクの『ロシア革命論』はいくつか出版されている[69]。

ところで、ルクセンブルクの手稿のオリジナルが、さらにその後どうなったのか、現在はどこにあるのかは不詳であり、現在までの各種の版にも、厳密にいうと、なお問題が残っている。ヴァイルの報告が「われわれに興味あるように思われる手稿の若干部分を再生することに限定」されている限り[70]、「決定版」といってもまだオリジナルの全部でない可能性もあるからである。だが、これはおそらくさほど決定的なことではないかも知れない。というのも、カール・グリューンベルクを主幹とする『社会主義および労働運動史資料《アルヒーフ》』はそもそも「あらゆる方向に自由で独立」の編集方針をもとに「史料的精確さ」と「厳密に事実に基づき、個人的攻撃を避けた」、「徹底的に客観的研究」を旨として出発した雑誌であったし、(71)ヴァイルの報告それ自体は充分アカデミックなものであって、一九二八年当時ルクセンブルクの『ロシア革命論』の手稿のもつ政治的含意によって特定の部分を殊更に隠蔽したり改竄したりしていると考える根拠はないからである。それに、この時期の『資料《アルヒーフ》』は必ずしもボリシェヴィキを擁護したり正当化したりする立場にはなかった。ヴァイルの報告は、たしかにレーヴィ版が不完全で杜撰であったことを暴露し、その信憑性を失墜させることにはなったけれども、とくにレーヴィの反ボリシェヴィキの立場を攻撃したり擁護したりする意図は窺われないのである。(72)

もっと重要なことは、ヴァイルによって明らかにされた事実、訂正・増補された新しい手稿も、『ロシア革命論』をめぐる論争に結着をつける性質のものではなかった、ということである。すなわち、これによってルクセンブルクのボリシェヴィキ批判の要素が著しく軽減されたのでもなければ、補強されたのでもないし、ヴァイル自身も述べているように、(73)ルクセンブルクがその後ロシア革命観を変えたかどうかをめぐる後述の論争点に結着をつける直接の材料はなにも提供していないのである。

ルクセンブルクの『ロシア革命論』は、レーヴィも書いているように、(74)決して完成された原稿ではなかった。ヴァイルによれば、彼女がいつもやるような文体上の推敲も加えられていなかったし、その他、印刷に廻す原稿としてはさまざまの未整理な部分が残っていた。(75)さらに、この手稿とともに発見された、上書きのない一四枚の手稿――「戦争・民族問題・革命に関する断章」――のおさまるべき位置についても確定的な結論は出されていない。この断章は、紙とインクの状態からして『ロシア革命論』と同じ時期、おそらく一九一八年一〇月四日から一〇月二〇日の間に執筆されたもの、そして『ロシア革命論』の一章になる予定のものだったとするのが最も可能性の大きいところである

と推定されてはいるが、しかし別の可能性も完全には否定されてはいない。(76)

いずれにせよ、重要なのはこの断章の内容である。それは後ほど検討するが、ここでは次のことを指摘しておくにとどめる。すなわち、この断章にボリシェヴィキを直接非難したところがないこと、したがって、『ロシア革命論』を反ボリシェヴィキの書として出版したレーヴィにとっては、故意に隠蔽したのではないとしても、なくてもいい部分であったこと、しかし同時にこの断章は、レーヴィ版『ロシア革命論』の内容を決定的に変えるものでもなかったことである。

二 『ロシア革命論』出版の反響

(一) KPD

P・レーヴィがローザ・ルクセンブルクの手稿『ロシア革命論』を出版すると、ドイツ内外できわめて速やかな、しかも大きな反響があった。一九二一年一二月末から翌年初頭にかけて、国内の各種の新聞をはじめイタリア、アメリカ、オランダの新聞までこの小冊子を取りあげた。(77)多くの新聞が「ボリシェヴィズムに抗するローザ・ルクセンブルク」といった見出しを掲げて報じた。「赤いローザ」が実は「独裁とボリシェヴィズム」に反対だったというのは一般の読者の耳目を引くものであったのだろう。それら諸紙には、レーヴィ版小冊子の書評や解説もあるが、多くはこの出版に関する記事や報道でさえあった。

このように、ややセンセーショナルに報じられるなかで、KPDの側でもきわめて迅速かつ敏感な反応をみせていた。はやくも一九二一年一二月二二日の『ローテ・ファーネ』には、ローザの永年の友人であったヴァルスキとツェトキーン連名の短い「声明」がまず発表された。(78)次のごとき内容のものである。

ルクセンブルクの草稿は、未完成のものであった。たしかに彼女は、当時(一九一八年夏)、ボリシェヴィキの見解を批判すべきだと一再ならず主張した。それは、最も困難な時期においても、自己批判は革命政党にとって生きる条件であると考えていたからである。だが、ボリシェヴィキは歴史上どんな政党よりも仮借ない自己批判を行ってきた政党であったし、それにローザは釈放後ボリシェヴィキ批判の従来の立場を変えたのである。したがって、ローザも、彼女の「死に至るまでの全生涯にわたる最も親密な、同格の戦友であり、彼女の『批判的良心』であったレオン・ヨギヘス」もこの手稿の発表を望まなかった。ヨギヘスはこれの公表に反対であったばかりか、さらに若干の檄文や草案の覚書などを「燃やしてしまおうとしていた」のである。レーヴィは、これらすべてを承知していた。いままで三年間もこの手稿を握って公表を控えていたのに——実際には前述のようにこれは行方不明だったのだが——、党を除名されたこんにち、かくのごとき不毛な序文を付して出版するのは、ルクセンブルクの著作を革命的批判とはなんのかかわりもない目的のために利用していることを示すにすぎない。

KPD中央機関紙にいちはやくあらわれた、このような反応はなにを意味するのであろうか。この声明は、さきのコミンテルン第三回大会の折にツェトキーンがモスクワでレーニンに申し出ていたこと[79]を実行したものであった。だが、それとともに、これはKPD指導部がレーヴィ版の小冊子の惹き起こす効果をはやばやと打ち消そうと努めたためでもあったと考えられる。レーヴィという除名された元党員のボリシェヴィキ批判なら、さほど恐れる必要もないし、珍らしいことでもなかった。それだけならば、前述のレーニンのKPD大会への要請[80]のごとく、黙殺をもってむかえればよい。ところが、その小冊子の半分は、ボリシェヴィキ批判を含むルクセンブルクの草稿であった。だからこそ、SPD機関紙『フォーアヴェルツ』などは、ボリシェヴィキ批判の新たな材料としてこの小冊子を利用しはじめたのだが、そのことばかりでなく、この小冊子のKPD内部にあたえる影響を懸念せざるをえないほど、ルクセンブルクの権威はなお党内で高かったのである。

党の指導部がこの問題にただならぬ関心を抱いていた徴候はほかにもある。右のヴァルスキとツェトキーンの声明が出された数日後、KPD政治局と中央は、ルクセンブルク殺害の三年目にあたって、党の理論機関誌『インテルナツィオナーレ』の別冊特集を組むことを議題にしている。すなわち、一二月二六日、政治局は、いったんその特別号の内容は『インテルナツィオナーレ』の編集部に委任することにしたが、翌日になって党中央はわざわざ別の決定を下した。つまり、政治局が別の同志に委託して、ルクセンブルクが『ローテ・ファーネ』紙に書いたレーテ制度に関する諸論説を『インテルナツィオナーレ』誌の翌年一月一五日号に再録する準備をさせるべきだというのである[81]。同誌の創刊者ルクセンブルクの殺害された三年目を選んで特集を組むという計画自体は全く自然のことであり、たとえレーヴィによる小冊子の公表がなくとも、充分考えられることであるが、『ローテ・ファーネ』紙上の論説といえば、いうまでもなく、ドイツ革命の渦中で書かれたものに限られる。したがって、これらはルクセンブルクがレーテ(ソヴェト)や国民議会(憲法制定議会)の問題で従来の見解を変えた証拠になる可能性があり、レーヴィ版『ロシア革命論』に反撃を加えるに適した材料でもあった。

しかし、実際には、右のようなルクセンブルク特集号は組まれなかったし、彼女の論説の再録もなされていない。この間のKPD理論機関誌『インテルナツィオナーレ』の編集事情は、いまのところ、これ以上具体的にはわからないが、おそらくは、特集にかわるものとして、ヴァルスキの「革命の戦術問題に対するローザ・ルクセンブルクの立場」なる論稿が一九二二年一月二二日号から三回にわたって掲載された[82]。それに続いて同誌にはルカーチの「ローザ・ルクセンブルクの『ロシア革命批判』に対する批判的覚え書」が同じく三回にわたってあらわれる[83]。さらに、ツェトキーンも相ついで『ロシア革命に対するローザ・ルクセンブルクの立場について』なる二二〇ページを越える小冊子を公表したし、[84] 右のヴァルスキの論稿も同名の標題で小冊子として刊行された。[85] いずれも、レーヴィの小冊子を駁しながらルクセンブルクのロシア革命観を論じているのだが、このようなすばやい反応、しかも公開した論議のやり方は、レーヴィ黙殺の方針と較べれば、著しい違いであり、ルクセンブルクの『ロシア革命論』の出現に対するＫＰＤ指導部の尋常ならざる関心を示すものであろう。

さらに、一九二一年暮にはコミンテルン機関誌『国際通信《インプレコル》』がレーヴィ版の第二章からルクセンブルクの文章を再録している。それは、ボリシェヴィキの歴史的偉業を強調した部分であり、「ボリシェヴィキ——国際社会主義の名誉を回復するもの——」という見出しをつけたものだったが、一切コメントをつけていない。[86] これもまた、ルクセンブルクの『ロシア革命論』にコミンテルンの側でも大きな関心をもっていたことを示すものであろう。レーヴィの小冊子を黙殺し通したのは、どうやらレーニンだけであったようだ。

(二) ヴァルスキとツェトキーン

ヴァルスキやツェトキーンのように永年ルクセンブルクと親交のあった人物の見解は、後述のルカーチやレーニンのルクセンブルク評価とは異なり、公表され周知させることに意義があった。この二人の論稿が「明らかにＫＰＤとコミンテルン執行部からの指令によるものだ」[87] とするには、いささか直接の資料を欠いているように思われるが、そのように推測することは、当時の両者の立場からしても不自然ではない。

ヴァルスキ Adolf Warski (本名 Warszawski) はルクセンブルクとほぼ同年輩 (一八六八年生れ、ワルシャワ) のポーランド人で彼女やレオン・ヨギヘス、マルフレフスキらとともにポーランド王国社会民主党の創設者であった。大戦中にはツィマーヴァルトやキーンタールの会議にも参加し、一九一八年一二月のポーランド共産党創立の指導者の一人であった。だが新しいポーランド共産党の活動はきわめて困難な条件のもとにおかれていた。ヴァルスキのかつてのポーランド人の有力な同志の多く――たとえばマルフレフスキ、ジェルジンスキ、ハネツキ、ウンシュリヒトなど――はいまやロシアでボリシェヴィキとして活動していたし、(88) ことに一九二〇年夏のソヴェト＝ポーランド戦争後の党の活動は悪条件下にあった。

ヴァルスキが一九二一年のコミンテルン第三回大会に出席したのはこのような状況下においてであった。大会で彼は、ミハワク Michalak という匿名で二度ほど発言している。(89) 一度は六月二六日、ＥＫＫＩ議長ジノーヴィエフ報告をめぐる討議のときである。ＫＡＰＤなどのソヴェト・ロシア批判に対し、ヴァルスキはＥＫＫＩ報告を全面的に支持して次のように述べている。「ロシアのソヴェト権力はわれらの権力である。ソヴェト・ロシアおよびその課題と、インターナショナルの課題の間にはいかなる区別も対立もなく、またありえない。事柄を別様に考えるものは、共産主義者に非ず」と。もう一度は、七月一日の戦術に関するラーデク報告の討論のときである。このときは、レーニンの発言のあとに立ったヴァルスキは、ラーデクのツェトキーン批判に言及し、それをあげ足とり eine Wortklauberei だと批判しツェトキーンを弁護するのである。彼がレーヴィの三月行動批判のやり方をも非難しているのはもちろんであるが、このような論法はさきに引用したレーニンのＫＰＤイェーナ大会むけ書簡の見解を先取りするものであった。ヴァルスキがさらに、レーニンは右派より左派をよけいに攻撃したという非難が不当である理由を説明しているのも、大会における彼の立場を示している。

このようにヴァルスキはツェトキーンと同じ立場にあって、この段階ではレーヴィにむしろ同情的であった。しかし、レーヴィらがＫＡＧを結成し、モスクワへの間接的反抗を強め、ルクセンブルクの手稿を発表しようとしている(90) ころ、ヴァルスキとレーヴィの関係は決定的に決裂したようである。一九二一年一二月に両者の交した書簡がそれを物語っている。それによると、一二月三日には、まだ彼ら二人は、おそらくベルリンで直接会って、「モスクワとの交渉」の可能性について話し合ったこともあった。だが、その一週間後には、ヴァルスキはダンツィヒから絶縁状に近い手紙を送っている。彼は、「ロシアとの距離」を云々するKAG全国会議の決議を見ては、モスクワとの交渉の仲介役は御免だと言い切り、さらに、ローザの遺稿に直接触れることなく、しかし、KAGの行き方はかつてローザやレオンが非難したことに等しく、「いささかでも反動勢力に与するくらいなら、最もひどい誤りでさえ革命的労働者とわかちもつ方がましだと考えていたローザ・ルクセンブルクは、〔レーヴィらの態度に〕一体なんと言ったであろうか」と述べていた。

これに対するレーヴィの返信は、皮肉まじりに開き直った調子のものであった。自分はモスクワとの交渉の仲介を頼んだ憶えはなく、それを示唆したのもあなたの方である。だから、どうなさろうと自由だが、自分には直接関心のないところである。ただ、ローザ・ルクセンブルクの態度についてのあのような見解をあなたの口から聞くのは、きわめて重要なことである。ローザは、革命的労働者とならひどい誤りもわかちもつかも知れないが、「ベーラ・クンやその徒党の犯罪に与することなど一切合財拒絶したであろう」とレーヴィは反論したのである。

このような関係にあったヴァルスキがレーヴィによるルクセンブルクの草稿出版に際して、ツェトキーンと共同の歩調をとったのも当然であった。彼らが、各〻の論稿のなかでルクセンブルクのロシア革命論の内容、個々の論点を論じている部分は、ここではさほど重要ではあるまい。むしろ、彼らがともに、出獄後のルクセンブルクが見解を変更したと力説している点(91)、またそれを論証するために引き合いに出す事実に注意しておくべきであろう。まず、ヴァルスキの場合からみておこう。

ヴァルスキは、「ローザは、ドイツ革命後、共産主義の戦術の最も重要な問題でその意見を完全に変えた」という。

一九一八年夏当時彼女がソヴェトと憲法制定議会の関係について抱いていた見解は、一八年一月以前のボリシェヴィキの見解でもあった。「まさに、一九一七年のボリシェヴィキがそうであったように、彼女は来るべき発展を民主主義の眼鏡を通して見ていた」と述べて、ルクセンブルクとボリシェヴィキの共通項をまず指摘するのである。[92] ヴァルスキはさらに続けている。マルクスの弟子たちのうちローザ・ルクセンブルクは最も独創的な頭脳の持ち主だとF・メーリングは称したが、その彼女もドイツ革命の渦中にはいり込むまでは、ロシア革命を従来のブルジョワ諸革命の偉大な経験と教訓を尺度にして測り検討せざるをえなかった。しかし「彼女の小冊子で非難されたものは一一月九日以後は彼女によって賞讃されるのである」[93]と。

ヴァルスキは、『ロシア革命論』におけるボリシェヴィキ批判が「誤りと不完全さ」を含んでいる、とはするものの、彼の論調はルクセンブルクとボリシェヴィキの一致点を探し出しながら、彼女の立場を弁護する響きが強い。「誤りと不完全さにもかかわらず、この書物はひとつの革命的仕事であり」、革命の大義や革命の党を傷つける日和見主義的批判とは峻別さるべき革命的批判である、と結んだ。[94] いずれにせよ、彼女のボリシェヴィキ批判はドイツ革命以後の彼女の見解ではなくなった、というのがヴァルスキ論文の結論でもあり、目的でもあった。

ところで、ヴァルスキがルクセンブルクの見解が変わったとする論拠はなんであったのか。彼は、スパルタクス綱領や『ローテ・ファーネ』などの論説をその根拠としてしばしば引用する。しかし、彼女のこの時期の論説などからヴァルスキの結論とは逆の論拠をあげることは必ずしも困難ではないし、スパルタクス綱領にしても実は別の解釈が可能であるから――そうであるから、ルクセンブルクの思想の解釈は複雑にもなるのだが――、このようなヴァルスキの論証はなお決定的とはいえない。そのほかにも、彼は次のようなみずからの体験を論拠にあげている。一九一八年一一月末か一二月初めのこと、ヴァルスキはポーランドの党の問題でワルシャワからルクセンブルクに報告を送り、ボリシェヴィキのブレスト講和や民族自決のスローガンについて疑念を表明して、彼女の意見を求めたことがあった。それに対してローザはポーランド語で走り書きしたメモの紙片をヴァルスキに届けさせたという。「私も貴兄の留保や懸念をみんなもっておりました。だが、最も重要な問題ではそのようなものはなくなってしまいました。そして、多くの点で私は貴兄ほど過度に心配してはおりません。なるほどテロリズムは、大きな弱さを示すものです。けれども、それはロシアの外の資本主義の存続に期待をつなぎ、それから支持と激励をうけている敵にむけられたものです。ヨーロッパの革命が到来すれば、ロシアの反革命家は支持を失うばかりか——もっと重要なことに——勇気も失うのです。ですから、ボリシェヴィキのテロルは、なかんずくヨーロッパ・プロレタリアートの弱さの表現でありましょう。たしかに……農業状態はロシア革命のもっとも危険で傷つきやすいところだけれど、もっとも偉大な革命といえども、まずもって実現することができるのは、発展によって成熟してきたものだけだという真理があてはまるのです。この傷口もまたヨーロッパ革命によってのみ補正できるのですし、そして、それは到来します！」

ヴァルスキは、さらにもう一つの例もあげている。彼は右の交信の少し後、ポーランド共産党創立(一二月一六日)の際に作成した綱領の声明草案をルクセンブルクとレオン・ヨギヘスに送付して批判的コメントを求めたことがある。ヴァルスキによれば、この草案はロシア革命に直接連帯したものであって、まさに「共産主義的なもの、すなわち制憲議会、民主主義等々とは反対物」であったのに、このときローザとレオンはなんら異議を唱えなかった、というのである。(95) これは、しかし、ルクセンブルクの見解変更の根拠としては薄弱であろう。これよりもローザが託したさきの返事の方がまだしも根拠になりうるかもしれない。だが、これにも問題がある。第一に、ヴァルスキの引用はそもそも字句通りのルクセンブルクのメモではなく、その要旨のごときものである。この点を措くとしても、第二にテロル問題にせよ農業問題にせよ、ロシア革命の弱点をヨーロッパ・プロレタリアートの側の怠慢のせいとするのは、ルクセンブルクの従来からの発想である。彼女の「留保や懸念」がなくなったというのは、ロシア革命のディレンマを救う唯一の道とされていたヨーロッパの、とくにドイツの革命が進展していた、あるいは少なくともそう考えられたからではないのか。ヨーロッパ革命は「到来するのです！」という彼女の言葉が、実際には楽観的すぎる判断であったとしても、このメモは、ロシアにおける事態を解決する状況が開けてきたと彼女が判断していたことを示すものだとも解釈できるのであって、ドイツ革命のなかで彼女がテロル、プロレタリア独裁、民主主義に関する従来の見解を変えたという論拠としては決定的ではない。

なお、ヴァルスキの論文については、彼がこれをいつ書いたのか、また果して単独で書いたのかどうかも、少なくとも問題ではある。さきのレーヴィ宛手紙(96)によれば、彼は一二月三日には、多分ベルリンでレーヴィと会っているが、九日にはすでにダンツィヒにいたことが明らかである。しかし、一二月二〇日のツェトキーンとの共同声明は「ベルリン」となっており、ネトルはヴァルスキ論文に触れたところで、彼がこのときモスクワにいたとしている(97)。これらすべてが事実なら、まことに神出鬼没、東奔西走していたことになるが、いまのところヴァルスキの正確な足どりをたどるのは困難である。モスクワで書いたとすれば、これの発表(二二年一月二二日号の『インテルナツィオナーレ』誌)は少し早すぎるし、内容からみてもモスクワでこれに必要な材料を短期間に集めえたかどうかは疑わしい。比較的自然な推定としては、この論文をヴァルスキはレーヴィ版の小冊子が現われる前後にすでに用意していたこと、しかもツェトキーンらと緊密な連絡をとっていたことが考えられよう。つまり、さきの一二月末のKPD中央の『インテルナツィオナーレ』特集号の決定となんらかの関係があった可能性が考えられるのである。それというのも、ヴァルスキ論文のなかには、党中央の決定に沿うかのように、ルクセンブルクの『ローテ・ファーネ』の論説が非常に多く集められ、引用されているからであり、この執筆に際してKPD中央の要請と助力があったのではないかと推測することは決して無理なことではないからである。
実は、ツェトキーンのかなりの分量の小冊子[98]の場合も、この点に関しては同じような特徴があり、同様の事情を指摘できるのである。[99]しかし、ツェトキーンの小冊子は、ヴァルスキの場合よりも、レーヴィを非難する点では強く激しい。さらにルクセンブルクの誤りを指摘する(あるいは認める)点においても顕著である。他方、ルクセンブルクの遺稿について若干の興味深い事柄を明らかにしてもいる。
ツェトキーンは、まず、獄中で執筆した小冊子の発表をローザ自身が望んでいなかったことについて、さきの声明を敷衍して述べる。ローザは、一九一八年の夏、ツェトキーンへの二度の手紙で、ボリシェヴィキの政策に対し科学的・批判的立場をとるよう、メーリングに働きかけてくれるよう頼んできたという。メーリングは当時ボリシェヴィキ擁護のためカウツキーらに反論する論文をいくつか書いていた。さらにローザは彼女自身もっと詳細な論文を書く意図をもクラーラに伝えてきていたが、その後の文通のなかで、ローザはこの問題が結着したと語り、以後二度と触れることはなかったという。ツェトキーンによれば、ドイツ革命の勃発後、立憲議会、民主主義、独裁等々の問題でローザは以前のボリシェヴィキ批判と矛盾する立場をとるようになったからである。[100]
ツェトキーンは、さらにヨギヘスの証言を引き合いに出す。ローザの死後、ヨギヘスに委託されて彼女はローザの住いの机や箪笥のなかの草稿や手紙類を探しに行った。すでにノスケ一派に荒らされた後だったので収穫は僅かばかりだったが、そのなかにはボリシェヴィキ批判の断片的なものの何枚かもあった。持ち帰ってヨギヘスと検討したとき、彼は「これは燃やして下さい(Verbrennen Sie das)。断片的にすぎます。ローザは、このほかにもボリシェヴィキの戦術についてもっと詳しいものを書いているが、それも公表すべきではない」と言った。驚いた風のツェトキーンにむかって、これは「ロシアの友人たちを考慮してのことだ、などとは思わないで下さい。連中ならもっと別の批判でも耐えうるでしょう。いや、いや、ローザのためなのです。彼女は、ボリシェヴィキの方法と戦術に関する初期の判断を重要な点では基本的に修正していました」と述べたという。[101]

ツェトキーンは、ローザとレオンの長年にわたる関係をよく知っていた親しい友人の一人であったから、その彼女がローザとレオンの二人ともボリシェヴィキ批判の草稿公表を望んでいなかったと主張することには特別の重みがあると考えられたであろう。ヨギヘスの言を引き合いに出したのも、実は、レーヴィが『ロシア革命論』の手稿は「ある筋〔ヨギヘス〕から焚書に処すること(Flammentod)も考えられていた」と書いているのに反撥したからでもあった。[102]いずれにせよ、ツェトキーンは、彼女の発見した断片的手稿を燃すことはしなかった。焚書など一体どうして出来たろうか、なにしろ、ローザの『ロシア革命論』の手稿は、レーヴィのところか、さもなくば「彼自身の手と同じくらい……従順な人の手のなかに」あったのだから、と彼女は反論しているのである。[103]

この「従順な手」とはマティルデ・ヤーコプのことである。クラーラは、ローザの死の知らせを受けた翌日の一九一九年一月一八日、悲しみのあまりマティルデにシュトゥットガルトから手紙を書き送ったことがある。「ああ、マティルデ、マティルデ、わたしたち、なんというものを失ってしまったんでしょう！……ほかならぬわたしたちに絶望感があればこそ他の友人たちの苦しみに思いをいたすことができます。愛するマティルデ、あなたがどんな気持か、拘禁中の憐れなレオンは、そしてカールをその生命の核としていた不幸なゾーニャは、どんな気持でいることでしょう」。この慰めとも励まし合いともいえる手紙のなかで、ツェトキーンはローザの書き遺した原稿や印刷された旧稿のただの一枚、ただの一行も散逸しないよう守ることこそ、ローザの秘書マティルデの課題だとも書いていた。[104]このマティルデが、いまはクラーラのローザの遺稿に関する照会に協力的でなかったことは前にも触れた。クラーラはいま、このマティルデのことを名ざしこそしていないが、レーヴィの「従順な手」と冷ややかに表現しているのである。

マティルデ・ヤーコプは、生来、非政治的人間だったと言われる。だが、客観的には、すでに大戦中からかなり政治的役割を果してきた。[105] レーヴィとともに党を除名されたとすればおそらくこのような連絡役を果してきたゆえであろう。

ツェトキーンは、まず、レーヴィ版の小冊子が改良主義者シュタンプファーやヒルファーディングの輩に反ボリシェヴィズム宣伝のため利用されている点を繰り返し指摘し、そのような傾向からルクセンブルクの思想を守ろうと努めている。しかし、それと同時に、彼女は民主主義に対するルクセンブルクの「やや図式的・抽象的見解」を、あるいはまたボリシェヴィキ批判に際して具体的状況を正しく評価していない弱さを指摘する。ローザの批判点が現実のボリシェヴィキの政策のなかですでに克服されていたこと、壁に取り囲まれたローザはそれを認識する充分の材料をもたなかったことをツェトキーンはここで一貫して力説する。[106]「事実をもって一般的結論を根拠づける彼女の著述習慣に反して、『ボリシェヴィキの政策によるソヴェト・ロシアの公生活の圧殺』を述べるとき、ローザ・ルクセンブルクは事実に即した証明資料を欠いて」いた。[107] つまり、ローザの誤りは、ソヴェト・ロシアの現状認識の欠如、情報不足によるのであり、したがって「やや図式的・抽象的見解」にもなる、というのである。

他方、ここでもツェトキーンの力点は、一九一七—一八年当時に彼女がやったと同様、いわゆる中央派のボリシェヴィキ観を攻撃するところにあった。すなわち、レーヴィ版小冊子の出現によってルクセンブルクが反ボリシェヴィキ宣伝に利用されるのを防ぐため、ルクセンブルクの『ロシア革命論』をいわゆる中央派のボリシェヴィズム批判、そしていまやまたレーヴィの反ボリシェヴィズムと区別することに狙いがあった。彼女はいう、「『ローテ・ファーネ』はローザ・ルクセンブルクの最後の決定的な政治信条であり遺言である。これとロシア革命の主要な経験、主要なスローガンとの間にはいかなる矛盾も顔を出していない」、ローザはロシアの例をドイツに機械的に適用したのではなく、「まったく自律的に、彼女の自由で大胆な精神が革命の道を探し求めていた。しかも、見よ、そこで彼女の精神は彼女をレーニンの軌跡に導いたのだ」と。こうしてツェトキーンは、革命の渦中で出た『ローテ・ファーネ』の論説をつぎつぎに引きながら、ルクセンブルクの出獄前の見解が実質的に修正されていたことを論じてきたのだった。そして「背教者」パウル・レーヴィが「創造的な真の革命的闘士」ローザ・ルクセンブルクに依拠するなど僭越のかぎりであって、自己流の行き方を『われらの道』などと称することは許されないのだ、と断じたのである。[108]

(三)　ルカーチ

ルカーチの論評には、前二者のそれとは決定的に異なる点がある。

KPD理論機関誌『インテルナツィオナーレ』編集部は、ルカーチ論文がヴァルスキ論文の発表前に書かれたこと、両者は「大抵の基本的な問題では一致しているが、本論文をとくに討論のため〔本誌に〕掲載するのは、〔一般に〕本質的な点では議論が行われていないからだ」とわざわざ断わっている。[109] これは、なにを意味するのか。ヴァルスキのものに続いて同種の論文が掲載されることに対して編集部がとくに他意のない断わり書きを付したにすぎないともとれる。しかし、ルカーチ論文は、ルクセンブルクの思想体系から生まれてくるボリシェヴィキ批判を批判しているのであって、ヴァルスキやツェトキーンがルクセンブルクとレーニンの一致点を強調して相違点を最小限に認めようとする態度とは決定的に異なっている。そうであれば、KPD現中央が、レーヴィは言うに及ばず、ルクセンブルクそのものの批判をも「討議の」対象にするにいたっていることを、この編集部の注記は意味してはいないだろうか。実際、このルカーチ論文は、KPDの歴史のなかで、ルクセンブルクの思想と理論とを公けの場で正面から批判した最初の例であった。[110]

ところで、ルカーチがこの論文を書いた当時の彼自身の立場はどのようなものであったか？

周知のように、一九一九年のハンガリー革命の際、短命に終ったソヴェト共和国政権の教育相のポストに就いていたルカーチは、このハンガリー＝ソヴェト崩壊後、ウィーンに亡命し、雑誌『共産主義』に拠って極左主義的な論陣を張っていた。ちょうどレーニンの小冊子『共産主義における「左翼」小児病』が出版されようとしているとき、ルカーチは、右の雑誌（一九二〇年第六号、三月一日付）に「議会主義の問題によせて」という論文をG・Lの署名で発表した。(111) 議会主義の問題は、そのころヨーロッパの共産主義運動内部で議論の白熱した論点であった。レーニンは、議会行動は原則の問題ではなく戦術の問題だとしていたのだが、ルカーチはそのようなレーニンの立場を知ってか知らずか、右論文のなかで議会の問題では原則と戦術は不可分であると主張した。そして、プロレタリアートが議会を利用できるのは守勢にあるときだけであり、そのようなときには議会でブルジョワジーを挑発しその本性を暴露するのが重要であるが、しかし議会は本来プロレタリアートの闘争そのものではありえず、攻勢の手段をもっているときはサボタージュすべきものであると論じ、全体としてルカーチは反議会主義の議論を展開したのであった。

まもなく、同誌五月八日号でベーラ・クンがB・Kの署名でルカーチを批判しつつ、しかし議会の「積極的ボイコット」を主張する論文を発表した。ベーラ・クンの場合は、オランダの共産主義者アントン・パネクークやヘルマン・ホルターなどのいわゆる「アムステルダム・ビューロー」とコミンテルン西欧書記局との対立を当然踏まえたうえでの発言であり、また西ヨーロッパの革命家の間ではかなり名が通っていたから、彼の主張はレーニンやコミンテルンの公式路線に反対する左派の論拠ともされた。それだけに、ルカーチの場合より遥かに大きな意味をもちうるものであった。(112)

ベーラ・クンの論文が出たときは、レーニンの『「左翼」小児病』は、すでにロシア語版について、追補を加えた外国語版も印刷に廻ってしまっていた。そこでレーニンは、あたかも小冊子『「左翼」小児病』の追補にさらに追補を加えるかのごとく、このウィーンで発行されている『共産主義』をとりあげ、G・LとB・K双方を「左翼」小児病の徴候の例として皮肉たっぷりに批判する一文をコミンテルン機関誌に発表した。レーニンの批判の中心は、もちろんベーラ・クンにむけられたものであったが、G・L論文も「きわめて左翼主義的で、きわめてお粗末。そのマルクス主義たるや、ただ言葉を捏ね廻しただけのものだ」と手厳しくやられている。[113]

当時のルカーチの議論がモスクワからいかに批判されたか、そして客観的にもモスクワの見解といかなるずれがあったかは別として、注目すべきことに、彼の発言はコミンテルンの公式路線に敢えて逆らおうとするものではなかった。[114] たしかに、ウィーンの『共産主義』は、レーニンの批判後もオーストリアとハンガリーのみならずヨーロッパ各地の左派を糾合する週刊誌としての立場を捨てはしなかったし、ルカーチはそのような雑誌にその後も最も頻繁に寄稿した一人であった。[115] しかし、それと同時にルカーチの立場は、この頃モスクワとの距離を広げ激しい批判もみせていたKAPDなど左翼共産主義者にも批判的なものをもっていたことが見てとれるのである。

このことは、一九二一年夏の第三回コミンテルン世界大会におけるルカーチの立場についても言える。この大会にはルカーチもハンガリー共産党中央委員会代表として出席した。しかし、代表団はモスクワでベーラ・クンのグループ(多数派)とルカーチらとに分裂した。その「少数派」を代表して、ルカーチはラーデクの報告「戦術に関するテーゼ」の討議(七月二日)の際に一度だけ発言している。この二日にわたった討議は、ドイツの三月行動の総括と統一戦線戦術の採用をめぐって、主にドイツの各派代表がそれぞれの立場から論戦を交えたものであったが、その後に立ったルカーチは、全体的には三月行動におけるKPDを擁護し——したがって、この限りではベーラ・クンの責任を追及する立場にもないのだが——、統一戦線戦術のテーゼに一抹の危惧を表明した。この危惧というのは、左派的立場から中央派社会主義者との闘いを強調したものであって、革命における党の役割、革命的規律の重要性に注意を喚起しようとしたものであった。そして、結局、ルカーチは、「原則的に」も「基本的に」もロシア側のテーゼの基盤に立つ旨を述べるのであった。(116)

いったい、三月行動の総括と統一戦線戦術の採用との関連はきわめて屈折したものであり、「右派」と「左派」の対立という視点からだけでは整理しきれないし、そもそも誰が「左派」で誰が「右派」かも曖昧であり、人脈と政策論争がまことに錯綜していたのが特徴である。それを説き明かすのは、ここでの課題ではない。ここで重要なのは、第三回コミンテルン大会ではＫＡＰＤなど「左翼」共産主義者が公然とモスクワに反逆し最終的にコミンテルンと訣別してゆくなかで、ルカーチの主張がボリシェヴィキ支持を示していることである。もっとも、コミンテルンの公式政策との関連だけで言うなら、ルカーチはすでに一九二〇年夏の第二回世界大会で決定された二十一加入条件を支持するなど、ボリシェヴィキの政策を擁護する論文もいくつか書いていた。ルカーチがボリシェヴィキ擁護の主張をしたからとて、それは国際共産主義運動における右派的潮流を批判する側面と重なり合うものであったし、必ずしも彼の左派的立場の修正を意味するものでもなかった。けれども、一九二一年のドイツにおける三月行動をめぐる議論を一年前の諸論文と比較してみるなら、いまやルカーチがレーニン＝ボリシェヴィキの組織論に立って党の役割を論じ、Ｈ・ホルターなど左翼共産主義派の所説に明白な批判を加えている点は顕著な調子の変化だといえよう。(117) さらに注目すべきは、三月行動後レーヴィの小冊子『われらの道』やクラーラ・ツェトキーンら党中央委少数派と党の左派とを同時に批判しながら、彼がすでに大衆の自然発生性の限界を論じていることである。ルカーチは、ここで一九〇四年のローザ・ルクセンブルクとレーニンの対立(「ロシア社会民主党の組織問題」)に触れ、ローザの理論は異なった歴史的状況についてのものであって現在には適用できないから、右派がそれを援用しようとするのは間違いである、と指摘している。注意深く読むと、さらにルカーチは、すでにこのとき、「ローザ・ルクセンブルクの追憶が日和見主義〔＝右派のP・レーヴィら〕」と結びつくのを防ぐのは価値のないことだと述べており、一九〇四年にレーニンと対立したルクセンブルクをことさら弁護していないことに気付く[118]。

その一カ月後ルカーチは、さらに、一九〇四年当時のルクセンブルクがレーニンの職業革命家の概念に対する「完全な無理解」に基づきレーニンの絶対的中央集権の要求に反対した、とまで述べていた。それでも、まだこのときはルカーチも、こうは言ってもローザの追憶をいささかも冒瀆することにはなるまい、と断っていた[119]。だが、これとて、この年初頭に発表した「マルクス主義者としてのローザ・ルクセンブルク」で試みた評価とはすでに相当の重点のずれのあることを指摘できる。そこでは、よく知られているように、ルクセンブルクの『資本蓄積論』の検討を中心に彼女の論敵ベルンシュタイン、オットー・バウアーなどの議論と較べながら、総体性の視点を提起するルクセンブルク理論の革命性と倫理性を高く評価し、『資本蓄積論』はレーニンの『国家と革命』とともに「マルクス主義を理論的に再生し始めた二つの基本的な著述」と賞讃していたからである。しかも、ルカーチは、ルクセンブルクが「他の多くの人々よりも早くから革命的大衆行動の自然発生的性格を認識するとともに、他方で同じくほかの人々より早くから革命にかける党の役割をはっきりさせた」と、自然発生的大衆行動と党の役割への彼女の認識にとくに注目していたし、ローザの考え方は「真の革命的活動の源泉」とまで賞讃していたのであった[120]。

このようなルカーチが、レーヴィ版小冊子が現われるや、ルクセンブルクの革命観そのものを正面から批判する論稿を書くにいたったのだ[121]。ルカーチはいう。レーヴィはその小冊子のなかでルクセンブルクの手稿を「コミンテルンとその支部を清算する理論を提供する」ための「証拠資料、権威としてのみ役立」てようとしている。だから、ルクセンブルクが後に見解を変えたことを示すだけでは充分でない。彼女の思想はドイツ革命後も変わらなかったかも知れず、同志ヴァルスキやツェトキーンの主張は当っていない場合もあるから、ローザ・ルクセンブルクの思想そのものを検討することが重要なのだ、と。

こうしてルカーチはルクセンブルクのロシア革命論そのものに批判的検討を加えていく。彼はいう。農業・民族問題においてルクセンブルクは純粋のプロレタリア的要素を過大評価し、非プロレタリア的要素の革命的エネルギーを過小評価した。彼女は、「プロレタリア革命が端緒においては『純粋には』社会主義的ではない必然性に直面し、そのなかから宿命的に〔戦術を〕選択するよう強いられているのを看過している」（力点引用者）。つまり、ボリシェヴィキの政策がプロレタリア革命の初めの過渡期の戦術であったことを見ないで、彼女は「日々の要求に対していつも革命の来たるべき段階の原理を対置させ」、革命勢力を反革命と闘うために動員する必要性を見落したのだ。このことが、「暴力、民主主義、ソヴェト体制、党についての本小冊子の行論を終局的に決定する基礎となっている」と断じた。(122)

ルカーチは、ルクセンブルクのボリシェヴィキ批判に対してソヴェト政権の現実の政策を擁護し合理化する論拠をさらに次のように展開する。彼女は、歴史発展の有機的性格を過大に評価し、暴力を「否定的なものの除去」のためにのみ認めたが、ソヴェトは、ブルジョワ革命における国家とは異なって、すでに勝利したプロレタリアートの支配・闘争組織であり、社会主義の諸前提を闘いとるための形態なのである。しかるに、ルクセンブルクはこのような予見的・変革的なプロレタリアの意識の集約的形態としてのソヴェトの性格を理解しないで、ソヴェト体制というのを社会主義建設期のイデオロギー的上部構造として、すなわち経済的・社会的変革に引き続いて成立するものとして把握しているのだ。換言すれば、彼女はプロレタリア革命をブルジョワ革命の構造から考えているのだ、と。(123) ルカーチにおける、ソヴェト擁護の論拠は、それが過渡期の形態であるというにあった。

過渡期の認識の欠如はローザにおける党の役割の誤った認識と表裏をなしている。すなわち、ルカーチによれば、ローザは大衆の原初的な自然発生性に革命の原理を求めたため、日和見主義との闘争をたんなる精神的・プロパガンダ的闘争の繰り返しに終らせ、組織の問題として結晶化することがなかった。ベルンシュタインとの闘争と大衆ストライキ論争ではカウツキーと共同歩調をとり、大衆ストライキ論争と資本蓄積問題ではパネクークと共同歩調をとったことのなかにもその例が見られるが、さらに誤ったグループ化の例としては、大戦初期の「インテルナツィオナーレ」派結成の際シュトレーベルも一緒だったこと、SPD右派と分離するとき「平和主義」をも契機としたこと、独立社会民主党におけるベルンシュタイン、ツィマーヴァルト運動におけるセッラーティ、国際婦人会議におけるツェトキーン等々と協調したことを挙げている。(124) この時点でのルカーチがツェトキーンをも日和見主義者に加えているのは、三月行動後のツェトキーンの行動の評価として興味深いことだが、さらに彼は「ユーニウスの小冊子」や一九一六年のスパルタクス・グルッペの「指針」にも言及しながら、ルクセンブルクが大戦中に独自の党組織の結成に進むよりも「精神的闘争」を繰り返したことを、メンシェヴィキ＝日和見主義に対する組織の分野での闘争の必然性と結びつけて批判している。組織の問題は、いうまでもなく、「自由」の問題とも深くかかわっていた。ルカーチは、KPD創立に際してのスパルタクス綱領は、「テロル」と「暴力」の問題を中央派的に穿鑿し、「暴力」を肯定するのに引きかえ「テロル」を否定するための理論的素地となっていたが、『ロシア革命論』のなかでも同様な議論が見られるのであって、ここには、すでにオランダの共産主義労働者党の連中〔パネクークやホルターらを指す〕の主張する「党独裁と階級独裁の対立といったスローガン」が現われている、と指摘するのである。ルクセンブルクが『ロシア革命論』で述べている、「政府支持者だけのための自由、一政党の党員だけのための自由は、――よし彼らがたとえ数多くいようとも――決して自由ではない。自由とは、常に他の考え方をするものの自由である」という有名な表現についても、ルカーチは、それがプロレタリア独裁の時期におけるメンシェヴィキに対する誤った評価に帰因したものだと断ずるのである。彼はいう、「自由は、それ自体では価値を表現するものではない。自由はプロレタリアの支配に奉仕すべきであって、後者がそれに奉仕すべきではない」（力点原文）。こうしたことを実行できるのは、ボリシェヴィキのごとき革命政党のみであり、そのような党だけがどの勢力が革命的であるかを判断するに「充分な柔軟さ、巧妙さ、不偏性をもっている(125)」と。

　このようなルカーチの行論は、レーヴィ批判というより、ルクセンブルクの革命観そのものの理論的批判であったが、それはロシア革命におけるボリシェヴィキの政策をいかに擁護し正当化するかという立場に貫かれ、その論調は権威主義的な響きさえもち、まことに専断的にルクセンブルクのロシア革命論を裁断するものであった。これは、ローザの再三の誤りにもかかわらず、やはり彼女は鷲であったとするレーニンの評言とは異なるし、同じくボリシェヴィキ擁護ではあっても、ツェトキーンやヴァルスキのルクセンブルク擁護とは基本的に対立するものであった。

（四）　レーニン

たしかに、レーニンもレーヴィによるルクセンブルクの『ロシア革命論』の出版後まもなく――ルカーチ論文の出ている頃の二月末――早速「政論家の覚え書」のなかでレーヴィをこきおろす文章を書いている(126)。しばしば引用されるレーニンのこの評言は、しかし、ただちには発表されず、死後の二四年四月に『プラウダ』にはじめて現われたものであった。だから、レーニンはドイツ共産党に要請したレーヴィ黙殺戦術を自らは守り通したことになるのだが、ただ、彼もことここに至っては、もはやレーヴィに対する同情の一かけらも見せていない。レーニンはいう。レーヴィがメンシェヴィキの道を歩むにいたったのは、たんなる偶然でも一時的なものでもなく、左派の誤りに「過度に激昂した」ためばかりでもなく、彼の本性そのもののせいでもあったのだ。だからこそ、党に対し陰険な企みをしかけ、実質的にはあのブルジョワジーの手先ども、第二および第二半インターナショナルに奉仕しはじめたのだ。

「いまやパウル・レーヴィは、ローザ・ルクセンブルクが間違っていたまさにその著述を再版して、ブルジョワジー……におもねようとしている。これに対しては、ロシアのある気のきいた寓話の二行をもって答えておこう。鷲はときとして雄鶏よりも低く降りることもあるが、雄鶏は決して鷲のようには高く飛べない。ローザ・ルクセンブルクはポーランド独立の問題で誤りをおかし、一九〇三年にはメンシェヴィズム評価で誤りをおかし、資本蓄積の理論で誤りをおかし、一九一四年七月には、プレハーノフ、ヴァンデルヴェルデ、カウツキーその他とともに、ボリシェヴィキのメンシェヴィキとの統合を擁護して誤りをおかし、一九一八年に獄中で書いたもので誤りをおかした（ただし、彼女は出獄後の一九一八年終りから一九一九年初めにかけてこれら自らの誤りの大半を訂正した）。しかし、こうした自分の誤りにもかかわらず、彼女は鷲であったし、いまでも鷲である。彼女への追憶は全世界の共産主義者にとってつねに貴重なものになるばかりでなく、彼女の伝記と彼女の著作の完全な蒐集（この点ドイツの共産主義者はひどく立ち遅れている、これは、ただ彼らの厳しい闘争における未曾有の多大な犠牲によってのみ、いくぶんかは容赦できることだ）とは、全世界の幾世代もの共産主義者を訓練するうえでもっとも有益な教訓となるであろう。『一九一四年八月四日以後、ドイツ社会民主党は悪臭紛々たる屍である』――ローザ・ルクセンブルクの名はこのような金言とともに国際労働運動の歴史のなかに残るであろう。だが、労働運動の裏庭の堆肥のあいだで、パウル・レーヴィ、シャイデマン、カウツキーとその一味の雄鶏どもは、こぞって、この偉大な共産主義者の誤りに有頂天となることであろう。勝手にやらせるがよい」（力点原文）。

追補

第一節「小冊子『ロシア革命論』の出版」の稿の印刷後「レーヴィ文書」を閲覧する機会をえたので、以下、前節の記述に若干追補しておきたい。

(1)「〔ＥＫＫＩが〕レーヴィと彼を支持して党中央を辞任した四名とを区別し、すでに彼らの間にくさびを打ち込もうと試みていること」(一五八ページ)に関連して。

タールハイマーも、すでに一九二一年四月一四日(党中央のレーヴィ除名決定の前日)付のラーデク宛の手紙で次のように述べている。「パウル・レーヴィと一蓮托生をきめる者はほんの僅かしかいないでしょう。われわれは、クララを引き離すためにすべてを試みていますし、アードルフ・ホフマンを引き連れて来てくれることも期待しています。ドイミヒやリヒャルト・ミュラーの場合はどうなるか、いまのところ私には判断できませんが。全体としては、党はこの戦闘〔三月行動〕から驚くほど急速に回復しています[127]」。

(2) (a) レーヴィのマティルデ・ヤーコプ宛手紙について。前節(一六六ページ、注(38))に引用した手紙の日付は、手紙原文にはないが、後から誰かの手で六月二七日と書き込まれている。ベラットはそのままそれを採用したものと思われるが、前節注(38)で述べておいたように、おそらく七月の誤りであろう。

(b) レーヴィは八月下旬にもマティルデにツェトキーンのことに関して手紙を送っている(八月二三日付)。そこでは、次のように述べている。

「クラーラはとうとう決定的に豹変してしまった。彼女が裏切ったのはわれわれだけではない。彼女は理の当然、行くとこまで行ったのであって、本日、――マスロフからクラーラまで――三月一揆に関するトロツキーの見解をしりぞけるごとき決議を採択したことによってトロツキーをも裏切ったのだ。それはマールツァーンやＰ・ノイマンにとってさえ我慢ならぬことだったので、彼らは再びクラーラから離れた」[128]。これはKPDイェーナ大会（八月二二―二六日）における三月行動に関する決議のことを指している。レーヴィおよび「レーヴィ派」とクラーラの関係は、この大会を一つの境として決定的に悪化したものと思われる。

(3)　ツェトキーンのレーヴィ宛手紙（九月二一日付）は、「レーヴィ文書」中には見当らなかった（前節、一七四―一七五ページ、注(60)参照）。

(4)　(a)　レーヴィのツェトキーン宛返書（九月二三日付）は、Beradt, *Zwischen Spartakus und Sozialdemokratie*, 136-138に依って引用しておいた（前節、一七四―一七五ページ）が、ベラットの収録したものは一部分であって、省略された部分には、次のような件が含まれている。

「〔ルクセンブルクの〕遺稿〔出版〕が財政的にボリシェヴィキによって賄われ装幀されることになれば、私はもちろんそれが独立性を危殆ならしめるものと思いますし、またそうする〔財政援助を受ける〕必要などさらさらないと考えますので、そのお金はロシア人の手に留めておいた方がよいだろう、というのが私の考えです。私のこのような意見は、親愛なる同志クラーラ、故ハーゼが当時〔ドイツ革命直後ソヴェト・ロシアがドイツ国民に提供しようとした〕列車五〇台の穀物を送り返した際の理由づけのような、いかがわしい匂いのするものではないと考えます。……〔ソヴェトの穀物援助申し出は〕ロシア・プロレタリアートのドイツ・プロレタリアートに対する友好の象徴的行為であったのでして、詳しく申すまでもなく私がそれとこれとの間に並行関係を認めないのもお分りいただけると存じます」[129]。

(b)　もう一つ別のレーヴィからツェトキーン宛手紙もある。これには日付がないが、手紙(a)と一緒に保存されていて、紙もインクも同じものである。内容的にもルクセンブルクの手稿の公表に関するもので、右の九月二三日付手紙とほぼ同時に書かれたものと思われる。その一部を引用しておく。

「……要するに私は、死せるローザが今日なお有している意義を、ボリシェヴィキがすでにほかの場合にやったように、彼らの管理する財産にしたてるとすれば、それは政治的に誤りであるし、人道的に不正だと見做したのです。私は、ボリシェヴィキに対する鋭い批判的立場においてのみローザの遺稿の刊行を想像することができます。私は確信してさえいます。ローザがもし、そのこと〔刊行〕のためにいまやロシアから資金が募られることになっているのを聞いたなら、それは彼女を心底から憤慨させることでしょう。ボリシェヴィキはそのお金を安んじて手許に留めておき、困っている農民たちのために使用するがいいのです。私は、彼女の遺稿の刊行のために必要な額をドイツで、しかも敬愛するローザの友人たちから調達することを引受けます。これは、ロシア人には忌々しいことでしょう。彼らは万事金で買うことができると信じているからです。三月には、革命を買えると信じたものですが、いまや彼らはローザの屍もまた入手できると考えているのです。カール・ラーデクとグリゴリー・ジノーヴィエフを葬儀請負い人としてです。私は、〔ローザの遺稿の〕刊行がまもなく行われることを、しかしそれがモスクワからの完全なる、物的・精神的独立のもとになされることを強く願っておりました。そうすることで損をするものは誰もいません。ローザもボリシェヴィキも損はしません。カイザーのものはカイザーに、神のものは神に返すべきです[130]」。

右二通の手紙から、少なくとも次のことが推定される。すなわち、モスクワから帰ったツェトキーンらが計画していたローザ・ルクセンブルクの全集（または著作集）の刊行には、前節のレーニンの評言をも考え合わせるなら、ボリシェヴィキ側からの財政援助も考えられていたこと、レーヴィがローザの獄中の未完成手稿「ロシア革命論」を発表しようとしていることに対し、ツェトキーンはなんらかの形で異議を唱えていたらしいことである。

〔付記〕　以上で、小冊子『ロシア革命論』出版の背景と反響を述べてきた。このあと引き続いて、その小冊子に含まれるルクセンブルクのボリシェヴィキ批判そのものの意味するところを検討する予定であった。彼女がボリシェヴィキ批判を書いた動機のひとつが、まさに本章でみてきたドイツの社会主義者の対応と同質のものを批判することにあったのではないか、というのが筆者の仮説であるが、事情によりこの部分の発表は別の機会に譲り、本章はいったんここで擱筆しておくことにする。

（1）「ローザ・ルクセンブルクとドイツの政治」『史学雑誌』六九編二号（一九六〇）。

（2）前注の西川論文以後のものについては、西川正雄「ローザ・ルクセンブルク——史料と文献」『思想』五五九（一九七一）参照。なお、とくに彼女のロシア革命論に言及する最近の研究としては、J. P. Nettl, *Rosa Luxemburg*, 2 vols. (London, 1966), II, 695 ff., 716 ff., 792 ff; A. Laschitza/G. Radczun, *Rosa Luxemburg. Ihr Wirken in der deutschen Arbeiterbewegung* (Berlin, 1971), 435 ff.; Gilbert Badia, *Le Spartakisme. Les dernières années de Rosa Luxemburg et de Karl Liebknecht 1914–1919* (Paris, 1967), 155–167 等が参考になる。また、*Rosa Luxemburg und die Oktoberrevolution 1917* (Hamburg, 1970) はルクセンブルクのテキストとT・クリフ、P・フレーリヒおよびP・ネトルの評価を再録したもの。

（3）Rosa Luxemburg, *Die russische Revolution. Eine kritische Würdigung. Aus dem Nachlaß von Rosa Luxemburg*, hrsg. und eingeleitet von Paul Levi (Berlin, 1922). レーヴィの「まえがき」と「序文」は、最近、P. Levi, *Zwischen Spartakus und Sozialdemokratie. Schriften, Aufsätze, Reden und Briefe*, hrsg. und eingeleitet von Ch. Beradt (Frankfurt a. M., 1969), 96–135 に収録されている。

なお、レーヴィ版の不完全さについては、Felix Weil, "Rosa Luxemburg über die russische Revolution. Einige unveröffentlichte Manuskripte", *Archiv für die Geschichte des Sozialismus und der Arbeiterbewegung*, 13 (1928), 285–298.

（4）Mátyás Rákosi (1892–1971) とХристо Кабакчиев (1878–1940).

（5）*Geschichte der deutschen Arbeiterbewegung: Chronik*, II, hrsg. vom IML/ZKdSED (Berlin, 1966), 106. レーヴィ失脚の経緯については、Werner T. Angress, *Stillborn Revolution. The Communist Bid for Power in Germany, 1921–1923* (Princeton, New Jersey, 1963), 167, *passim*; Charlotte Beradt, *Paul Levi. Ein demokratischer Sozialist in der Weimarer Republik* (Frankfurt a. M., 1969), 44, *passim*; Helmut Gruber, "Paul Levi and the Comintern", *Survey. A Journal of

Soviet and Eastern European Studies, 53 (1964. X), 74, *passim*; Richard Lowenthal, "The Bolshevisation of the Spartacus League", in: *International Communism* (St. Antony's Papers, No. 9), ed. by David Footman (London, 1960), 52, *passim* 等に詳しい。また Milorad M. Drachkovitch/Branko Lazitch (eds.), *The Comintern: Historical Highlights. Essays, Recollections, Documents* (New York/London, 1966), 271-310 にも貴重な史料があるが、Arnold Reisberg, *An den Quellen der Einheitsfrontpolitik. Der Kampf der KPD um die Aktionseinheit in Deutschland 1921-1922. Ein Beitrag zur Erforschung der Hilfe W. I. Lenins und der Komintern für die KPD*, I (Berlin, 1971), 69, *passim* は、ML研究所（ベルリン）の編纂になる右の *Chronik* とともに、KPDの中央あるいは中央委員会の記録文書、ベルリンおよびモスクワのML研究所所蔵その他の史料に基づくところも多く貴重である。

　なお、党中央と中央委員会について、旧稿「ドイツ共産党創立大会」（『現代史研究』24、二六ページ、注〔3〕）の曖昧な記述を補足しておきたい。中央委員会 Zentralausschuß は、一九一九年六月の非合法全国党会議の採択した規約で決まり、同年一〇月の第二回ハイデルベルク党大会で設けられた党の最高指導機関である。メンバー数は、その後の党大会などで変わるが、中央委員会のなかの何名かは、直接党大会で選ばれ、狭い意味の党中央 Zentrale を構成した。これらは、一九二五年七月の第一〇回ベルリン党大会で廃止され、党の最高指導機関として新たに Zentralkomitee（中央委員会）が作られる。Cf. *Sachwörterbuch der Geschichte Deutschlands und der deutschen Arbeiterbewegung*, II (Berlin, 1970), 855 ff.

（6）　*Unser Weg. Wider den Putschismus* (Berlin, 1921). これも *Zwischen Spartakus und Sozialdemokratie*, 44-94 に収録されている。レーヴィは、この小冊子を書く前にレーニン宛に私的書簡（三月二七日付）を送った。ドイツの実情を説明するとともにレーニンの意見表明を訴え、さらに自己の見解を表明する小冊子を書く意図を示唆していた（*ibid.*, 37-44）。そして四月三・四日にこれを書き、一二日に公表した。この時期極度に多忙だったレーニンは、ようやく四月一六日になって（すなわちレーヴィの小冊子公表後に）、レーヴィとツェトキーン両名宛にドイツ語で回答を書いている。そのなかで、三月行動については新聞も読めなかったほど多忙で疲労していたと断わり、しかし一月の「公開書簡」政策は妥当な戦術であり、ベーラ・クンが「愚かで左翼的戦術を主張した」と思うと述べている。それと同時にレーニンはレーヴィらの党中央辞任を誤りだとし、小冊子を公表したりして内部対立を公開で論戦するのを強く戒めている。そして第三回コミンテルン大会の機会にモスクワで私的に協議し、意見を調整すべきことを提案していた(『レーニン全集』[大月書店、一九五三—六九]第四五巻、一一二—一一三ページ)。なお、この書簡は一九五八年にはじめて公表されたが、レーヴィの受領した写しは、レーヴィ文書にもある。Cf. Beradt, *P. Levi*, 49.

(7) この除名に関する党中央の決議は翌日の *Die Rote Fahne* に発表された。*Dokumente und Materialien zur Geschichte der deutschen Arbeiterbewegung*, hrsg. vom IML/ZKdSED, VII/1 (Berlin, 1966), Dok. 194 (456-458) に収録。

(8) "Über den Rücktritt von fünf Mitgliedern aus der Zentrale der V.K.P.D.", *Die Kommunistische Internationale. Organ des Exekutivkomitees der Kommunistischen Internationale*, II-17 (1921. V. 1), 80-81. なお、Radek, "Der Fall Levi", *ibid.*, 55-78 も参照。

(9) *Chronik*, II, 110. 党中央を辞任した前記四名のほかP・エッカート、C・ガイアー、H・マールツァーン、P・ノイマン。

(10) Paul Levi, *Was ist das Verbrechen? Die März-Aktion oder die Kritik daran? Rede auf der Sitzung des Zentralausschusses der VKPD am 4. Mai 1921* (Berlin, 1921).

(11) 雑誌 *Sowjet* は一九二一年七月に *Unser Weg* と改題されてから一九二二年まで続き、翌二三年からレーヴィは隔月刊誌 *Sozialistische Politik und Wirtschaft* を刊行した。ただし、同誌は一九二八年 *Der Klassenkampf* 誌に合併された。Gruber, "P. Levi and the Comintern", 82.

(12) Cf. *ibid.*, 80.

(13) *Levi Nachlaß*, zitiert in: Levi, *Zwischen Spartakus und Sozialdemokratie*, 7.

(14) *Protokoll des III. Kongresses der Kommunistischen Internationale (Moskau, 22. Juni bis 12. Juli 1921)* (Hamburg, 1921), 1068 によると、VKPD代表は、主流派が二五名、反対派が二名とある。なお、*Chronik*, II, 112 では、反対派は二名で異同はないが、VKPDの代表団と若干の来賓はツェトキーンも含めて一八名とある。

(15) Angress, *Stillborn Revolution*, 175 による。最初はO・ブラスとアンナ・ガイアーが予定されていたようだ。ツェトキーンは五月末、レーニンに「[この二人の]出発を党中央がさまざまの口実をもうけて拒んでいる。これが保証されるまで、私は出発を拒否する」という電報を打っている。レーニンは、この件でドイツの党中央に忠告すべきかどうかについて、ジノーヴィエフとラーデクの意見を徴している。『レーニン全集』第四五巻、一六一ページ。

(16) C. Zetkin, *Erinnerungen an Lenin* (Berlin, 1957), 42. Paul Franken および (Kurt ?) Müller.

(17) *Protokoll des III. Kongresses*, 192. なお、トロツキーの有名な最初の報告(“Die wirtschaftliche Weltkrise und die neuen Aufgabe der Kommunistischen Internationale”, *ibid.*, 48–90)は、世界資本主義の情勢を分析し、プロレタリアートがゴールの目前にないこと、世界革命が一九一九年当時には、「何カ月かの問題」だったとしても、いまや「おそらく何カ年かの問題」になった、と革命情勢の退潮局面に注意をうながしたものだが、レーヴィ事件については触れていない。だからツェトキーンも賛成の発言をしている(*ibid.*, 117 ff.)。しかし、トロツキーは戦術に関するラーデク報告の討論では、テールマンの意気軒昂な発言を軽くいなしながら、VKPD主流派の代表たちにむかって警告している。レーヴィを追放するとか、三月行動を全く混乱した把え方で「一歩前進」であったと主張し、それへの批判を言葉のうえで覆い隠すのは不適当である。「われわれはドイツの労働者陣営に、われわれはこの攻勢哲学なるものを最大の危険であり、実際に適用されれば最大の政治的犯罪だと見なしている」と言わねばならない、と。*Ibid.*, 637 ff. とくに 646.

(18) *Ibid.*, 1080 ff. にある Namenregister 参照。この索引は必ずしも完全ではないが、これによると、レーニン、ラーデク、トロツキーらより頻繁に言及されている。レーヴィの次はセッラーティであるのもこの大会の性格を示していて興味深い。

(19) *Ibid.*, 254 ff., 262 f., 278–300. なお、ノイマン(231 ff.)、マールツァーン(247 ff. 262)の発言もみよ。

(20) KAPDの場合はこの大会で最終的にコミンテルンと絶縁することになるが、これは別の機会に論ずる予定。

(21) Hermann Weber, *Die Wandlungen des deutschen Kommunismus. Die Stalinisierung der KPD in der Weimarer Republik* (Hannover, 1969), II, 351.

(22) Zetkin, *Erinnerungen*, 32.(引用はすべてこの版による。)

(23) 前注(6)参照。なお、ツェトキーンは、彼女が党中央を辞任した二月以降ロシアの友人との連絡が切れたのでレーニンの考えは噂や推測でしか知らなかった、と述べている(*ibid.*, 31)が、これは四月一六日のレーニンの手紙からして当らないようだ。

(24) 以上、*ibid.*, 38–40. このときレーニンは次のようにも言う、「彼はまだ年も若く、党のなかでも若い。その理論的学識は穴だらけ。経済学ではまだマルクス主義のほんの一年生です。もっと深い学習をやり、根本的に固められたあと、彼はもっと賢明で立派な党指導者としてわれわれのところに戻ってくるでしょう。われわれは彼を失ってはなりません。……われわれはあり余るほどの人材に恵まれてはおりません」と(*ibid.*, 40 f.)。

(25)　*Ibid.*, 42 ff. なお、ＫＡＰＤの一代表だったＢ・ライヒェンバハの回想によれば、ＫＡＰＤ代表たちはレーニンに会うことを許されず、ついに彼自身レーニンの執務室のところまで赴いて会見を申しいれたが、レーニンは最初これを体よく断っている。また、彼によれば、当初三月行動でのベーラ・クンの使命を是認していたレーニンが、事件後主としてツェトキーンの影響のもとにその意見を変えた、といわれていた。Bernhard Reichenbach, "Moscow 1921. Meetings in the Kremlin", *Survey: A Journal of Soviet and East European Studies*, 53 (1964. X), 18, 20.

(26)　Zetkin, *Erinnerungen*, 47 f.

(27)　*Ibid.*, 33.

(28)　*Protokoll des III. Kongresses*, 527 ff., 594 ff., *passim.* なお、ラーデク報告は、別に Karl Radek, *Der Weg der Kommunistischen Internationale* (Hamburg, 1921) として出ている。また採択されたテーゼは、*Thesen und Resolutionen des III. Weltkongresses der Kommunistischen Internationale* (*Moskau, 22. Juni bis 12. Juli 1921*) (Hamburg, 1921), 31–63 にある。

(29)　レーニンは、ツェトキーンに「レーヴィ派」といわれる人々を好意的に評価するとともに、当時左派の急先鋒だったＥ・ロイター（フリースラント）――やがてレーヴィに続いて党から排除されることになる。第二次大戦後の初代の西ベルリン市長――とも協力するようすすめている。Zetkin, *Erinnerungen*, 49 ff., 43.

(30)　*Protokoll des III. Kongresses*, 945 ff.

(31)　Fernand Loriot (1870–1932) はフランス共産党代表団の団長。Fritz Heckert (1884–1936) は、もちろんＶＫＰＤ中央主流派の代表。大会での発言でもツェトキーンらをしばしば攻撃していた。*Ibid.*, 242 ff., *passim* とくに 527–549.

(32)　以上、*ibid.*, 741–746.

(33)　*Die Tätigkeit der Exekutive und des Präsidiums des Exekutivkomitees der Kommunistischen Internationale vom 13.*

Juli 1921 bis 1. Februar 1922 (Petrograd, 1922), 16. 因みに、ツェトキーンは一九二二年六月ＥＫＫＩとその議長団 Presidium に選ばれたが、一九二四年の第五回世界大会では後者には選ばれず、一九二八年に再び選ばれた。Branko Lazitch/Milorad M. Drachkovitch, *Biographical Dictionary of the Comintern* (Stanford, 1973), 453. なお、*Geschichte der deutschen Arbeiterbewegung. Biographisches Lexikon*, hrsg. vom IML/ZKdSED (Berlin, 1970), 499 f. では一九二一年以降、「中断なく」双方のメンバーだったとある。

(34) *Protokoll des III. Kongresses*, 945 f.

(35) *Ibid.*, 947 ff.

(36) *Chronik*, II, 124. なお、Ｐ・ノイマンの経歴については不詳。

(37) *Protokoll des III. Kongresses*, 598.

(38) *Levi Nachlaß*, in : Beradt, *P. Levi*, 57. ベラットはこの手紙の日付を六月二七日としているが、おそらく七月の誤りであろう。第三回大会は六月二二日—七月一二日であるが、六月二七日では早すぎる、それにトロツキーの三月行動批判の発言(前注(17))は七月二日である。マティルデ・ヤーコプはローザ・ルクセンブルクの忠実なる秘書・友人として知られるが、ローザ死後はレーヴィに献身的協力を続けた。彼女は、レーヴィの死(一九三〇年)後、彼の残した文書類をレーヴィの彼女宛書簡も加えて整理したといわれる(*ibid.*, 63)。なお、マティルデは、レーヴィとともに党を除名されたという(Felix Weil, "*Rosa Luxemburg*", 287)。

(39) Zitiert in : Beradt, *P. Levi*, 57.

(40) *Ibid.*, 62.

(41) *Chronik*, II, 114 では、反対派からはコミンテルン大会についてＰ・ノイマンが報告したとあるが、Angress, *Stillborn Revolution*, 197 ではマールツァーンとなっている。

(42) *Die Tätigkeit der Exekutive. 13. Juli 1921 bis 1. Feb. 1922*, 108–120. なお、イェーナ大会でも一部が読みあげられた。*Bericht über die Verhandlungen des 2.* [7.] *Parteitages der Kommunistischen Partei Deutschlands* (*Sektion der Kommunistischen Internationale*), *abgehalten in Jena vom 22. bis 26. August 1921* (Berlin, 1922), 148–151.

(43)『レーニン全集』第三二巻、五五一―五六三ページ。В. И. Ленин, *Полное Собрание Сочинений* (Москва, 5 1958–1965), XLIV, 88–100. なお、この書簡をイェーナ大会の席上フリースラントが読み上げている。*Bericht des 7. Parteitages*, 156–163.

(44) レーニンはコミンテルン第三回世界大会でレーヴィを擁護しすぎた、と述べているのだが、大会での彼の公の発言にはそのようなくだりは見あたらない。Cf. *Protokoll des III. Kongresses*, 361–367, 508–518, 746–766. したがって、それは、大会の席上ではなく、大会前や大会中にその他の場所で行った左派批判のことを指しているのだろう。たとえば、大会前の六月一五日、ロシア共産党政治局員とドイツ代表団の会議でレーニンは左派を痛烈に批判し、ために翌日レーニンはケーネン、タールハイマー、フレーリヒ宛に「自分の用いた乱暴で、不作法な表現」を撤回する詫び状をいれている。これは一九六五年にはじめて公表されたもの(『レーニン全集』第四五巻、一九九ページ、八三一ページ参照)。また、大会後半の戦術問題委員会などでも左派を激しく攻撃した(同書、二二二ページ、また Zetkin, *Erinnerungen*, 37)。

(45) A. Reisberg, *Lenins Beziehungen zur deutschen Arbeiterbewegung* (Berlin, 1970), 449. このときツェトキーンはフリースラントと連名でこの電文を打っている。原文はモスクワのML研究所。

(46) 除名については、cf. *Bericht des 7. Parteitages*, 185, 200.

(47) *Die Internationale*, III-12 (1921), 461–466.『レーニン全集』第三三巻、三―一二ページ参照。三月行動挫折直後には、たとえば、Karl Radek ("Die Krise in der V. K. P. D.", *ibid.*, III-3, 71–79), 攻勢理論の主唱者 Paul Frölich ("Der Fall Levi", *ibid.*, III-4, 115–122), ベルリン左派グループの Ruth Fischer ("War die Märzaktion eine 'Bettelheimerei'?", *ibid.*, III-5, 160–170), KPD国会議員副団長 Walter Stoecker ("Vom Bakunismus", *ibid.*, 171–175) などのレーヴィ攻撃論文が目立っていた。

(48) Zetkin, *Erinnerungen*, 42 f.

(49) *Internationale Presse-Korrespondenz*, I-3 (1921. IX. 29), 32.

(50) フリースラント問題については、W. Brandt/R. Löwenthal, *Ernst Reuter. Ein Leben für die Freiheit. Eine politische Biographie* (München, 1957), 181 ff.; Angress, *Stillborn Revolution*, 197 ff. 参照。

(51) *Die Tätigkeit der Exekutive. 13. Juli 1921 bis 1. Feb. 1922*, 225, 243.

(52) *Ibid.*, 249 f. 決議は、252–254.

(53) *Ibid.*, 329–335.

(54) *Ibid.*, 373, 377, 382.

(55) *International Press-Correspondence*, I-2 (1921. X. 17), 17, in: Angress, *Stillborn Revolution*, 210. ツェトキーンのこの報告は、ドイツ語版 *Inprekorr* にはない。

(56) Beradt, *P. Levi*, 63. ベラットの研究は、*Zwischen Spartakus und Sozialdemokratie* とともに、レーヴィ文書からいくつかの史料を提供している点で、いまのところ貴重であるが、ドイツおよび国際労働運動史の理解が概して浅薄であり、史料探査がきわめて不充分である。

なお、ルクセンブルク著作集の刊行については、普通レーニンの指示によるとされている(たとえば、Nettl, *Rosa Luxemburg*, 795 f.; Paul Frölich, *Rosa Luxemburg. Gedanke und Tat* [Frankfurt a. M., ^{3}1967]. 邦訳『ローザ・ルクセンブルク』伊藤成彦訳[思想社、一九六七]「訳者あとがき」四一七ページ)が、これがいつであったかは明確にされていない。ただ、具体的計画ではなかったとしても、ローザの死の直後、すでにレオン・ヨギヘスはクラーラ・ツェトキーンに対し、ローザの遺稿については両者が正規の管理者であり、遺言執行人であるが、その編集と出版には当然A・ヴァルスキを加えるつもりだと語っていたという(Zetkin, *Um Rosa Luxemburgs Stellung*, 388 [後出注(84)])。

(57)『レーニン全集』第四五巻、二六三―二六五ページ参照。引用文は、Ленин, *Полное Собрание Сочинений*, LIII, 74 f.

(58) *Zwischen Spartakus und Sozialdemokratie*, 136, Beradts Anmerkung. 引用はベラットの表現による。

(59) *Ibid.*, 136–138. 以下、特記しない限り、この手紙による。

(60) Zetkin, *Ausgewählte Reden und Schriften*, hrsg. vom IML/ZKdSED, II (Berlin, 1960) には、三月行動前後の彼女の立場の推移を示す史料は収録されていない。最新の Zetkin, *Zur Theorie und Taktik der kommunistischen Bewegung* (Leipzig: Reclam, 1974) も同様である。

ツェトキーンの手紙は、あるいは *Levi Nachlaß* にあるかも知れないが、Beradt, *P. Levi* は、たとえば前注(57)のレーニンの手紙を看過するなど、このあたりの記述と評価は不満足なものである。

(61) Georg Lukacs (*sic*), "Kritische Bemerkungen zu Luxemburgs 'Kritik der russischen Revolution'", *Die Internationale*, IV-8 (1922. II. 12), 186 f.

(62) とりあえず、Zetkin und Warski, "Erklärung vom 20. Dez. 1921", in: Zetkin, *Ausgewählte Reden*, II, 381 f. もっとも、一九二三年から刊行され始めた全九巻の予定の『全集』(*Gesammelte Werke*, hrsg. von Clara Zetkin und Adolf Warski, Redaktion Paul Frölich, Berlin, 1923-1928) の第二巻には『ロシア革命論』がはいることになっていた。しかし、周知のように出版されたのは第三・四・六巻だけだった。Cf. Frölich, *Rosa Luxemburg* (^{3}1967), 286, 363.

(63) Cf. Levis Vorwort zur *russischen Revolution*, v. および前注(62)の Zetkin, *Ausgewählte Reden*, II. 381.

(64) Levis Einleitung zur *russischen Revolution*, 1-63.

(65) Lukacs, "Kritische Bemerkungen", 186.

(66) Weil, "Rosa Luxemburg", 285-298. また、西川「ローザ・ルクセンブルクとドイツの政治」一八―一九ページ、注(2)、参照。

(67) Levis Vorwort, iii.

(68) Weil, "Rosa Luxemburg", 287, *passim*.

(69) Erste vollständige Ausgabe, hrsg. von "Neuer Weg" (Paris, o. J. [1939]). この出版の意図についてはその Vorbemerkung, 3-5 をみよ。ごく最近のものでは、たとえば、*Politische Schriften*, III, hrsg. und eingeleitet von Ossip K. Flechtheim (Frankfurt a. M./Wien, 1968), 106-141; *Schriften zur Theorie der Spontaneität*, hrsg. von Susanne Hillmann (Hamburg, 1970), 163-193 がある。前者には、Neuer Weg 版にもついている、「戦争・民族問題・革命に関する断章」(後述)も別に収録されている(142-149)。なお、*Gesammelte Werke*, hrsg. vom IML/ZKdSED, IV: August 1914 bis Januar 1919 (Berlin, 1974)は未見。

(70) Weil, "Rosa Luxemburg", 289.

(71) Günther Nenning, "Biographie C. Grünberg", in: *Indexband zu Archiv für die Geshichte des Sozialismus und der Arbeiterbewegung* (Zürich, 1973), 167 ff.

(72) Felix Weilについては、*ibid.*, 177. グリューンベルクの友人・協力者、カール・コルシュなどとも親しかった。裕福なユダヤ人銀行家の息子でフランクフルト大学社会研究所に資金援助をする一方、彼自身も『資料《アルヒーフ》』にしばしば寄稿している。

(73) Weil, "Rosa Luxemburg", 287.

(74) Levis Vorwort, v.

(75) Weil, "Rosa Luxemburg", 288, Anm. 8.

(76) *Ibid.*, 287 f. そのようなものとしては、(1)別の著作の一章（ヤーコプの証言）、(2)『スパルタクス書簡』への寄稿、(3)「ユーニウス・ブロシューレ」の新版の終章（E・マイアーの証言）に予定された可能性が言及されている。

(77) *Levi Nachlaß*, Forschungsinstitut der Friedrich-Ebert-Stiftung, Archiv der sozialen Demokratie Bonn-Bad Godesberg, p. 4/1 には、これらの新聞雑誌の切抜きが全部で三〇余種集められている。これらは、新聞記事切抜きを蒐集するある会社に依頼して集めたものだが、すべての書評や記事が集まっているわけではない。

(78) "Erklärung vom 20. Dez. 1921", *Die Rote Fahne* (1921. XII. 22), in: Zetkin, *Ausgewählte Reden*, II, 381-382.

(79) 第一節㈣（一七三ページ）をみよ。

(80) 第一節㈢（一六八ページ以下）をみよ。

(81) F. David, "Zur Geschichte der Zeitschrift 'Die Internationale' (1919–1933)", *BzG*, XV-6 (1973), 974. Anm. 12. このダーフィトの報告論文は、本来、本章のような問題を扱ったものではないが、以上はベルリンのML研究所にあるKPD中央の記録文書に基づいたもの。

(82) A. Warski (Warschau), "Rosa Luxemburgs Stellung zu den taktischen Problemen der Revolution", *Die Internationale*, IV-5, 6, 7 (1922. I. 22, I. 29, II. 5).

(83) Georg Lukacs, "Kritische Bemerkungen zu Rosa Luxemburgs 'Kritik der russischen Revolution'", *ibid.*, IV-8, 10, 11 (1922. II. 12, II. 26, III. 5).

(84) Clara Zetkin, *Um Rosa Luxemburgs Stellung zur russischen Revolution* (Hamburg, 1922).

(85) Adolf Warski, *Rosa Luxemburgs Stellung zu den taktischen Problemen der Revolution* (Hamburg/Petersburg, 1922).

(86)　"Die Bolschewiki, die Ehrenretter des internationalen Sozialismus", *Inprekorr*, I-43 (1921. XII. 31), 380-381.

(87)　Nettl, *Rosa Luxemburg*, II, 717. ネトルは典拠を挙げていない。

(88)　*Ibid.*, I, 23.

(89)　*Protokoll des III. Kongresses*, 235-237, 518-522. 以下大会での発言はこの議事録による。

(90)　Warski an Levi vom 9. Dez. 1921; Levi an Warski vom 16. Dez. 1921, *Levi Nachlaß*, p. 113/8.

(91)　Nettl, *Rosa Luxemburg*, II, 717 f., 793 f. は、ツェトキーンとヴァルスキはローザがボリシェヴィキ批判の主要点を改めたと説き、改めなかった点は誤りだとした、と述べているが、この叙述はツェトキーンとヴァルスキの多少の力点の違いを看過している。ヴァルスキは、ドイツ革命後のローザの「誤り」を問題にしてはいない。

(92)　Warski, *Rosa Luxemburgs Stellung*, 125, 128.

(93)　*Ibid.*, 131. なお、ヴァルスキは、「民族自決権」についてポーランド共産党も公然とこのスローガンに異議を唱えたが、その際ボリシェヴィキとの緊密な連帯を放棄することはなかったと注記している。しかしながら、彼はここでこの問題について詳論するのを敢えて避けている。

(94)　*Ibid.*, 153 f.

(95)　以上、*ibid.*, 100-101.

(96)　前注(90)参照。

(97)　Nettl, *Rosa Luxemburg*, II, 793.

(98)　Zetkin, *Um Rosa Luxemburgs Stellung*. 以下は、すべて *Ausgewählte Reden*, II, 383-475 に収録されたものから引用。ただし、これは小冊子の全文ではない。なお、この選集の編者は、ツェトキーンが三月行動後の誤り――この点は前述のように、同選集には収録されていないが――から然るべき結論を引き出すのに躊躇しなかった例証として、この小冊子を位置づけている。Cf. Vorbemerkung, xv.

また、ツェトキーンのこの小冊子は、ローザの女友達、ルイーゼ・カウツキー、ヘンリエッテ・ローラント＝ホルストらの軽蔑と憎悪をうけた、と言われる。Nettl, *Rosa Luxemburg*, II, 794.

(99) ツェトキーンは、ドイツ革命以後のローザの立場を述べるとき(とくに Zetkin, *Ausgewählte Reden*, II, 419 ff.)、次から次へ『ローテ・ファーネ』の論説を引いて、『ローテ・ファーネ』は「ローザ・ルクセンブルクなしにはありえなかったろう。内容・形式についてローザの承認なしには告示の一つも現われないことになった」としている(*ibid.*, 422 f.)。

(100) *Ibid.*, II, 385.

(101) *Ibid.*, II, 396 f. 引用文中ヨギヘスが「燃やす」よう指示したのは、民族問題に関する「断章」のことで、ローザの「ほかの」文章とは『ロシア革命論』の手稿のことであろうか。

(102) Levis Vorwort, iv.

(103) Zetkin, *Ausgewählte Reden*, II, 388.

(104) *Ibid.*, II, 71–74.

(105) 獄中のローザと他の人々と連絡をとった政治的役割はもちろんだが、その他にも、たとえば、一九一五年六月九日のSPD反対派のいわゆる公開書簡(リープクネヒトのイニシャティヴによる)を出す際の署名運動でも、マティルデ・ヤーコプの住居が連絡先となっている。Karl Liebknecht, *Gesammelte Reden und Schriften*, hrsg. vom IML/ZKdSED, VIII (Berlin, 1966), 248. なお、この点、さらに *Rosa Luxemburg im Gefängnis. Briefe und Dokumente aus den Jahren 1915–1918*, hrsg. u. eingeleitet von Charlotte Beradt (Frankfurt a. M., 1973), Einleitung をみよ。

(106) Zetkin, *Ausgewählte Reden*, II, 392 f.

(107) *Ibid.*, 404.

(108) *Ibid.*, 419 ff., 463.

(109) Lukacs, "Kritische Bemerkungen", *Die Internationale*, IV–8, 186.

(110) なお、KPD内の左右両派の論争のなかでルクセンブルクが引き合いに出された最初の例は、Nettl, *Rosa Luxemburg*, II, 790 f. によれば、すでに一九二〇年三月のカップ一揆のあとである。

(111) 池田浩士訳編『ルカーチ初期著作集・政治編I』(合同出版、一九七一)、八八—一〇三ページに収録されている。なお、訳者の解題(三一七—三一九ページ)も参照。

(112) Cf. James W. Hulse, *The Forming of the Communist International* (Stanford, 1964), 167.

(113) *Die Kommunistische Internationale*, I-11, 246 ff. なお、『レーニン全集』第三一巻、一五六ページ、参照。

(114) たとえば「共産主義政党の倫理的使命」(前掲、池田訳編、一四〇ページ以下)などの諸論文をみよ。

(115) 前掲、池田訳編の著作集はそれらを収録した貴重な訳書である。ちなみに、ウィーンの『共産主義』については、第三回コミンテルン世界大会後ＥＫＫＩがその廃刊を決定し(一九二一年七月二三日)、さらに一九二二年三月八日、ＥＫＫＩはウィーン・ビューローそのものの廃止を宣言した。(*Die Tätigkeit des Präsidiums und der EKKI für die Zeit vom 13. Juli 1921 bis 1. Feb. 1922*, 50; *Bericht ..... für die Zeit vom 6. März bis 11. Juni 1922* [Hamburg, 1922], 3 をみよ。)

(116) *Protokoll des III. Kongresses der KI.*, 591 ff.

(117) これらについては、前掲、池田訳編、一〇四ページ以下、二五四—三〇〇ページに収録されている以下の諸論文参照。「第三インターナショナルの組織問題」(『共産主義』一九二〇年三月号)、「大衆の自然発生性、党の行動性」(*Die Internationale*, III-6 [1921. V])、「コミンテルン第三回大会を前にして」(『共産主義』一九二一年五月号)、「革命的イニシァティヴの組織的諸問題」(*Die Internationale*, III-8 [1921. VI. 15])など。

(118) "Spontaneität der Massen, Aktivität der Partei", *ibid*, III-6, 203 f.

(119) "Organisatorische Fragen der revolutionären Initiative", *ibid.*, III-8, 304.

(120) 平井俊彦訳『ローザとマルクス主義』(ミネルヴァ書房、一九六五)、六二—九二ページ所収。これは『歴史と階級意識』(一九二三年)に収録されたものからの邦訳。

(121) ルカーチは、ここで、論稿「マルクス主義者としてのローザ・ルクセンブルク」に関しては一語たりとも撤回する必要はないと断っている(*Die Internationale*, IV-8, 186, Anm. 1)。たしかに、これら二論文の扱う対象は異なっているのだから、両者に論理的矛盾はないと説明できるかも知れない——もっとも、ルカーチにかかると、たいていのことはなんとか辻褄を合わせるべく合理化されてしまう傾向があるものだが——が、重点のずれは覆うべくもない。だからこそ、右のような断り書きがつけられているのであるし、また、前の論文で彼女が革命における党の役割を早くから認識していたと述べた件(前注(120))に対しては、それを『歴史と階級意識』に収録した際、わざわざ、この「批判的覚え書」を参照するよう注記もしているのである。

なお、「批判的覚え書」も『歴史と階級意識』に収録されているが、もとの雑誌論文と較べるといくつか省略されている。以下では雑誌論文による。

(122) *Die Internationale*, IV–8, 186, 189.

(123) *Ibid.*, IV–10, 235 ff.

(124) *Ibid.*, IV–10, 239 f.

(125) *Ibid.*, IV–11, 259–261.

(126) Ленин, *Полное Собрание Сочинений*, XLIV, 420 ff.『レーニン全集』第三三巻、二〇六ページ以下、参照。

(127) *Levi Nachlaß*, p. 55/1.

(128) *Ibid.*, p. 113/16. のち、Arnita Ament Jones, "Paul Levi and the Comintern : A Postscript", *IWK*, XI–4 (1975), 447–448に公表された。

(129) *Levi Nachlaß*, p. 63/6. od. p. 159/2.

(130) *Ibid.*, p. 63/9.

第六章　ドイツの対ソ政策とイデオロギー
――ロカルノ条約とベルリン条約――

はじめに

この論稿の対象は、一九二〇年代中頃、すなわち、第一次世界大戦後のいわゆる安定期におけるドイツの対ソ政策とそのイデオロギー的背景である。もともと、イデオロギーは一国の枠を超えて存在しうるが、ロシア革命後、それは二重の意味で国際関係に投影されてくる。一国内のイデオロギー的対立が、その国の外交政策になんらかの関係を有すると同時に、他方では国家と国家の間にこのようなイデオロギー的対抗関係が介在し、外交関係に一定の役割を果してきている。具体的にいえば、独ソ関係は、戦前の独ロ関係とは異なって、イデオロギーや社会体制が対抗的な国家と国家の間の関係であるとともに、ドイツ国内にもそのような対立的イデオロギーが存在していて、ドイツ外交の針路――たとえば、「東か西か」といった選択の問題――に関連をもってきている。そのような意味で、ここでの課題は、ヴァイマル共和制にたいするイデオロギー的立場がドイツ外交とどのように関連するかを、あくまでひとつの試論として、考察することである。

第一節　共和制反対派における独ソ提携論

ヴァイマル共和制の徹底的《ラディカル》な批判は、イデオロギー的には対極にある左右両翼の勢力から行われた。すなわち、コミュニストと急進的右翼勢力である。

ドイツ共産党主流は当時コミンテルンの指導下にあって、少くとも理論的には、プロレタリア国際主義の立場をとっていた。彼らにおいては、社会主義国ロシアとの友好・提携は無条件にドイツの革命的プロレタリアートの課題と結びついた。しかし、ドイツ共産党の究極的目標は社会主義国ドイツとソ連の友好関係でなければならなかった。したがって、コミュニストの場合、資本主義国ドイツとソ連の接近についての具体的プログラムは存在しえないのである。ドイツ・ブルジョワジーのあらゆる反ソ的行為を最も激しく非難・攻撃するという意味で、彼らは最も親ソ的でありながら、独ソ国家間の関係に関する限り、反ソ行為に反対するという、いわばうらがえしの独ソ提携策しか実行しえないディレンマにあった。

本章でとくに検討しようとする右翼急進派は、コミュニストと異なって、本来的にナショナリストであり、インターナショナリズムの意識的批判者であった。彼らの独ソ提携論の生まれ来る理由もしかく単線的ではない。この右翼国粋派(1)は、コミュニストと並んで、ドイツにおける最も顕著でかつ決然とした独ソ提携論者であり、同時にまた「革命的」であった。帝制派やいわゆる旧保守派と異なり、彼らは国内の支配体制を批判し変革しようとしただけでなく、第一次大戦後の国際秩序――ヴェルサイユ体制――を急激《ラディカル》に打破しようとした意味で、コミュニストと同様に、革命的なのである。国内的にはブルジョワ・デモクラシーに反対し、国際的にはヴェルサイユ体制を糾弾するこれら革命的国粋派が、それではソ連ないしロシアをどう見たのか、これが本章の課題である。

一　極右ナショナリストの東方観——メラー・ファン・デン・ブルック

スターリンの「一国社会主義」路線は、ドイツの革命的国粋派の眼にロシアのナショナリズムと映る。「スターリンは断じて国際主義的革命家ではなく、ひとえにロシアの革命家」なのであり、ボリシェヴィズムといえども畢竟外来思想ではなく、「イデオロギーもロシア的なら、統治の方法もまたロシア的なもの」であった[2]。そこでは、ボリシェヴィズムは汎スラヴ的民族主義の運動原理とさえ考えられた。社会主義的国際主義《インターナショナリズム》が死滅し、かわって民族主義的権力がモスクワを支配するであろうと予想され、「かかるロシアと同盟を結ぶことがドイツの唯一の救いである」とするごとき主張も現われた[3]。その点で興味深いのはマクス・バウアー大佐のソ連観察であろう。彼はかつてルーデンドルフの懐刀と見做され、反共・反ソの権化のごとき存在であったが、戦後すでに彼の対ソ観は著しく変容していた[4]。一九二五年に出版されたソヴェト旅行記『赤いツァーリの国』で、バウアーはソ連の支配体制がますますナショナリズム、汎スラヴ主義に傾きつつあり、したがってその外交は著しく膨張的で、ことに西南アジアでイギリスに対峙している、と指摘している。そして彼はソヴェトの体制のなかに「一種の国家共産主義」Eine Art Staatskommunismus を見るのである[5]。

ソ連の社会体制をイデオロギーとして捉えるよりも、国際関係における一つの国家権力として、その民族的側面により多く注目するのは、一般に極右ナショナリストに特徴的であった。その際、彼らはソ連を反西欧的な民族主義と見なすから、国家権力を契機とする認識はヴェルサイユ体制の疎外者独ソ両国の提携の思想にいとも簡単に結びつくことになる。

しかしながら、革命的国粋派の独ソ接近論は、異質の権力構造を有する二国さえも、国際関係の磁場で同質の状況に投げ込まれれば結合することもありうるといった単なる力の均衡政策に基づくものだけではなかった。マルキシズムとは異なった、あるいはそれに対立する思想でありながら、ソヴェト・ロシアとドイツの提携を世界観の問題としてイデオロギー的に主張する論客も少からず存在した。そして、彼らが数のうえでは少数ながらも、右翼陣営に陰然たる勢力をなしていたことは看過できない。

『第三帝国』の著者A・メラー・ファン・デン・ブルックはそのような論客の一人である。[6] メラーの思想は多分に幻想的・神秘的でかつ超歴史的な議論に粉飾されており、ことに彼の「東方思想」Ostideologie はドストエフスキーの世界観・ロシア観に深く影響されている。彼のロシア観は、ロシア文学を通じて形成され、ロシアの精神性を強調する。「ヨーロッパ均衡の重心は精神面においてもますます西方から東方へと確実に移りつつあり、将来は完全にロシアに移ってしまうであろう。それ故、かかる観点からしてロシアは実にわれわれ期待の地でもあるのだ」[7]。ドストエフスキー全集の独訳版の序文(一九二二年)でも、「ドイツでわれわれは無条件にロシアの精神性を必要としている。それは西欧的なもの(ein Westlertum)への対抗のために必要である。……われわれにとって東方問題とはまず第一に精神的普遍性の問題である」と書いている。[8] メラーは、ここで、ドストエフスキーの描く「聖なる」ロシアと「聖ならざる」西欧を想定しているのであるが、かかる精神的にして神聖なるロシアがボリシェヴィキ革命後に輝かしく甦って来たと信じ、ドイツはそれとの同盟によって「聖ならざる西欧」を打倒することができると考えた。もとより、彼はボリシェヴィズムそのものに共鳴したのではない。むしろ、両国の宿命的紐帯をドイツの地理的・人種的・文化的な理由から精神性の問題として唱えたのである。[9]

このように、メラーはロシアにドイツとの「運命共同体」Schicksalsgemeinschaft を見たが、彼によれば、レーニンの指導する「集産主義的」社会は西欧の個人主義的社会にまさるものであった。独特な「社会主義」の観念と外交政策についての理念を抱くメラーは、「今日の社会主義は階級社会主義から民族社会主義(Völkersozialismus)に転換せねばならぬ」と主張した(10)。諸民族に関するこれまた彼の独得の分類に従えば、「老いた民族」・「若き民族」・「抑圧された民族」等々があり、「民族社会主義」とは「若き」「抑圧された民族」に基礎を置く「社会主義」であった。「抑圧された階級」ではなく、「抑圧された民族」を基盤とする「社会主義」の主張が、「若き」「抑圧された民族」であるドイツ・ロシア両国の提携思想に直ちに連なるのは当然であろう。

階級にたいし民族を優先させる発想は、当時の右翼急進派に共通なものであったが、メラーの思想は革命的国粋派の精神状況をおそらく最も典型的にあらわしている。彼は臆病なブルジョワジーや尚古的反動たちより、革命的左翼に一層強い親近感を抱いていた(11)。しかし、そのような革命的左翼は、彼によれば、マルクス主義の教条から脱却し、民族主義的観点に立脚すべきであった。反西欧派の両雄コミュニストと右翼ナショナリストは祖国のために一致協力して国内の資本主義と外国の帝国主義の暴政を打倒しなければならないのである(12)。彼の説く「外交優位」Primat von Außenpolitik の思想は、かかる左右両翼を国家主義的に連帯させる契機でもあり、あらゆる国内紛争に終焉をもたらす方途でもあった、と考えられる。それはメラー流の諸階級の調和のイメージでもあるが、「ビュルガートゥームの指導する国民協同体」といったシュトレーゼマン流の構想(13)に対抗する面をもっている。ヴァイマル共和国の体制側にあるブルジョワジーに対抗した、革命的な左右両勢力の提携の思想――いわゆる「国民ボリシェヴィズム」National-bolschewismus――が、まさに、シュトレーゼマンの西欧協調外交にイデオロギー的に対立していくのである。「指導者思想」Führergedanke に支えられたメラーのやや神秘的な「第三帝国」の思想では、あらゆる社会グループの期待が「指導者」に収斂され、ドイツ国民の矛盾はそこにすべて超克される、と想定されたが、その思想は、敵は西方にあり、「第三帝国」で創造された全エネルギーは不倶戴天の敵、西欧にむけらるべし、という外交目的と表裏をなしていた。(14)

メラーが具体的な対ソ外交に関して明確な構想を抱いていた、とは思えない。しかし、彼の東方への精神的志向は、ブロックドルフ＝ランツァウと同じく、(15)ドイツの西欧協調外交にたいする侮蔑と嫌悪に裏打ちされており、「西欧」への反感・非難は激越を極めた。彼はデモクラシー・議会主義・リベラリズム・個人主義・共和主義・ブルジョワジー・資本主義・帝国主義――いずれも彼独得の解釈に基づくが――といったシンボルにことごとく反撥した。そして、メラーにおいては、これらすべては西欧の悪を象徴するものなのである。それを克服するために東方――唯一の潜在的盟友――との提携が必要なのであった。彼は「ロシアとの同盟を求め、革命的東方を資本主義的西欧に向わせる」ことを説き、「偉大なる威圧的東方ブロックの圧力でもって――たとえそれが単なる威嚇であっても――〔ヴェルサイユ〕講和を即時改訂するための可能性」を執拗に主張したのである。(16)

メラーの死（一九二五年）後においても、彼の独ソ提携の思想は、たとえ実現のための具体的方策を欠いていたにせよ、(17)当時の急進的右翼陣営に隠然たる影響を及ぼしていたし、メラー流の社会主義の観念は彼らを捉えた一種のムードであった。(18)さらにE・ニーキッシュやE・ユンガーと並んで、当時のさまざまの青年運動にも甚深な影響を与えている点で、(19)われわれの行論にとって看過できぬ発想法であった。

メラー・ファン・デン・ブルックの多分に形而上学的あるいは浪漫的な独ソ接近論に比して、一九二〇年代中期、すなわちシュトレーゼマンのロカルノ政策の時期における国粋主義者の、いま少し具体的な政論を観察してみよう。

一般に、革命的左翼との同盟を唱導したり、ソ連との接近を主張したりする革命的右翼の論客はマルクス主義の危険に無関心であったわけではない。コミンテルンの思想と運動とは、もちろん、彼らの敵であった。ところが、ソ連政府が西側にたいしてコミンテルンとソ連外交とを一応別個のものと説明した[20]ように、ドイツの極右ナショナリストもソヴェト・ロシアをコミンテルンと区別している面がある。彼らは、コミンテルンの世界革命運動やドイツ共産党の革命運動のために、ソ連外交に対する人々の柔軟な解釈が妨げられている、と観察するのである。メラーの遺著を管理したH・シュヴァルツは熱心な対ソ友好論者でありながら、ドイツ共産党が国粋的動向を中傷しつつ、社会主義を称揚するのに不満であった。なぜなら、そのために、極右陣営にもボリシェヴィズムの中の強力な民族主義的要素を見落し、ソ連についての認識を誤るものも少くない、と考えたからである[21]。

極右ナショナリストの「ボリシェヴィズム」の理解はもちろん統一的なものではない。シュヴァルツのごとく、民族主義的である限り、ボリシェヴィズムはマルクス主義とは異なる、という理解に対して、ボリシェヴィズム＝マルクス主義の等式を立てるナショナリストの独ソ接近論においては、ソ連はボリシェヴィズムから脱却したロシアとして想定される。元陸軍中尉H・ヴェントによれば[22]、ドイツの将来の問題は「東か西か」であり、死滅しつつある西欧に対して、東方には未来が属している。ロシアとの友好にこそドイツの将来はかかっている。しかし、このロシアはボリシェヴィズムと同一のものではなく、その内部構造は、当初の国際主義《インターナショナリズム》に代って、ますます民族的な要素を強めている。教条主義的綱領はかかる民族的必要性に道を譲るであろう。スターリンは、こうした傾向の「推進者でかつその証人」Kronzeugeでもあるのだ。また、G・クライノにあっては、レーニン主義が「ロシア的ナショナリズムと社会主義という二つのエネルギーの奔流が融合したもの」と把握されているのである[23]。

いずれにせよ、革命的ナショナリストがソ連を反西欧・民族主義的国家権力として理解するのは共通であったし、そこから現実の共和国の西欧協調外交を批判した。「西欧と歩めば東プロイセンは失われる。ロシアと組めばそれは救われる」(ヴェント)。彼らにとって、シュトレーゼマンの連盟加入の政策は自主外交の放棄を意味する。「ジュネーヴに非ず、むしろモスクワを！」(E・マールマイスター)[24]といったスローガンはドイツの西方旋回策に呼応して唱えられた。マールマイスターなどはイギリスの政治を「淫売制度の水溜」と中傷し、その中で「窒息するよりも、ドイツは分裂して東がロシアの兄弟国家になる方がましである」とまでいう。こうした反西欧感情が彼らのロシア観の背後にあったのは無論であるが、ボリシェヴィズムをも包含する形でのマールマイスターの独ソ接近論はとくに興味深い。彼はいう、理念としてのボリシェヴィズムはロシアの国家社会主義であり、国家思想に強く規制されたものである。ロシアは、基幹産業の国有化、国有銀行、貿易の国家独占・土地改革等々の国家社会主義的プログラムの最も重要な要求を果してきた。ロシアの国粋的 völkisch 運動としてのボリシェヴィズムが外国の影響からロシアを解放したごとく、ヴェルサイユの桎梏を絶ち切るためには「ドイツのボリシェヴィズムを見出すことが重要である」、「ボリシェヴィズムはロシアにおけるプロイセン理念なのだ」[25]と。

第一次大戦後の極右ナショナリストの運動が、ともかく「社会主義」――その内容はどうであれ――を標榜している事実の持つ意味は、それが、ヴァイマル・デモクラシーやヴェルサイユ体制攻撃の単なる方便ではなかった点にある。それは、社会的には総力戦としての第一次大戦が、そしてイデオロギー的にはロシア革命がもたらした状況に対応する極右ナショナリストによるひとつの革命運動であった点に歴史的な意味があった。さらに、そのことは急進的右翼が、多くの点で、国民社会主義労働者党(ナチス)と区別されるべきであるにもかかわらず、ナチスが隆盛し、権力を掌握していく精神状況を醸成したのと深く関わっている。われわれは次に二〇年代中頃のナチ党の対ソ観について考察すべきであろう。

二　ナチスにおける対ソ観——ヒトラーとゲッベルス

右翼陣営における最も過激な共和制反対派のナチスが共和国の西欧協調外交を絶えず攻撃したのはいうまでもないが、その対ソ観もしくは独ソ関係については、シュトラッサー兄弟に率いられる北ドイツ派やまだヒトラーに心酔するに至っていないゲッベルスの意見とヒトラー、ローゼンベルク等の見解とが対立したまま並行していたことにまず留意しておくべきである。(補註)

シュトラッサー兄弟やゲッベルスの対ボリシェヴィズム観はなお他の革命的国粋派と多くの共通点を有している。ロカルノ直後、G・シュトラッサーは、反ヴェルサイユ体制を基調として、党機関紙『フェルキッシャー・ベオーバハター』(26)に次のような主張を展開している。すなわち、彼は、西側がドイツを国際連盟＝反ロ戦線に誘い込もうとしており、A・チェンバレンが「ロシアまたはソ連または将来のロシア」とドイツが接近するのを阻もうとしている、と警告し、マーラウン、レヒベルク、ホフマン将軍等の国内での反ソ干渉戦争計画を非難する。ドイツ外交の至上命令はドイツの自由回復であり、したがって、反ヴェルサイユ闘争である。この意味ではロシアは自然の盟邦であり、「外交上では両国の利害は共存関係にある。ドイツの自由闘争の戦線はロシアと提携して西方にむけられる」べきである、と。ただ、シュトラッサーは、「国民ボリシェヴィズム」の信奉者ではなかったから、ドイツ共産党の目的を独ロ関係を損うものとして斥け、「ロシアと共に反ヴェルサイユ体制を」のスローガンもあくまで限定された意味のものと考えた。つまり、反西欧闘争を「東方の暫定的支持のもとに」展開しようとしたのである。(27)この点は、ロカルノ条約批准審議(一九二五年一一月二四日)の際の彼の議会演説にもあらわれている。ロカルノ条約が東方との関係、独ソ通商条約を傷つけるものと非難しつつも、彼は、ナチスが「あたかもマルクス主義的ソヴェト共和国に共鳴しているかのごとき嫌疑を受けている」が、マルクス主義は「国際資本主義と同じくらいドイツの社会主義の敵」であり、ナチスはそれとの闘争をこそ「聖なる使命」としている、と説明している。それはともかく、「さしあたっては(für die nächste Zeit)、〔独ソ〕両国の利害、すべての抑圧された国家の利害は並行している」のである(28)。

これに較べると、当時まだシュトラッサーの片腕であったゲッベルスは、多分に浪漫的な調子ながら、ロシアとの紐帯をもっと積極的に評価している。もちろん、ロシアが危険な存在になりうることを認めながらも、ゲッベルスはその民族主義的発展に注目し、ロシアは「西欧の悪魔的誘惑や堕落に抗すべく天界よりわれらに授けられた盟友である」と言い切っている(29)。ボリシェヴィズムはロシア民族主義＝汎スラヴ主義の遺産である。レーニンは、どのツァーリよりもロシア国民の民族的本能をよく把えた。この点、国際的マルクス主義者であるドイツのコミュニストと実に対照的ではないか、とゲッベルスは「左翼陣営の親愛なる友」へ訴える。「レーニンはマルクスを犠牲にし、ロシアに自由を与えた。諸君はドイツの自由をマルクスのために犠牲にしようとしている」(30)。ゲッベルスは、ドイツ共産党がロシアの傀儡であるが故に、不信を抱き、ドイツ社会主義は民族的基盤のうえにのみ達成さるべきものだと主張する。資本主義西欧と反ボリシェヴィズム戦線を結成すれば、ドイツの国民的意志は破壊され、ロシアが崩壊すれば、「国家社会主義ドイツという夢は永遠に葬られる」に至るであろう。こうして、彼は、熱心に独ソの提携を説く。「ロシアに必要なことはわれわれにも必要となる。逆もまた真なり！　故に、ロシアが共同の運命の担い手としてわれわれに結びついているのが感じられるのだ。ロシアの自由はわれらの自由となる。逆もまた真なり！　故に、われわれは、この自由闘争において等値の相手としてのロシアの側に与するのである」(31)。このようなゲッベルスの対ソ接近論はミュンヒェンのヒトラーの対ソ観とはまだ決定的に隔っている。一九二六年二月のナチ党のバンベルク会議に出席したゲッベルスは、ヒトラーの性格に魅せられ、その正体を計りかねながらも、彼の反ボリシェヴィズムのロシア観が「ことごとくピンボケ」である、と不満を投げつけているのである[32]。この基本的相違はゲッベルスが当時まだ徹底した反ユダヤ主義の思想を持つに至っていなかった[33]ことにある、と考えられる。

ヒトラー、ローゼンベルクのボリシェヴィズム観においては反ユダヤ主義反スラヴ主義の人種論的観点が決定的な役割を果している。ローゼンベルクによれば、ボリシェヴィズムはユダヤ・マルクス主義の産物であり、ロシア革命はユダヤ人の陰謀の制覇であった。ボルシェヴィキの有力な指導者は、レーニンをほとんど唯一の例外とすれば、すべてユダヤ人である[34]。国際主義《インターナショナリズム》はもともと「無人種思想」なのであるから[35]、「国民ボリシェヴィズム」なる言葉がそもそも自家撞着なのである。かかる前提からは独ソ提携論の生まれて来る理由はない。事実、ローゼンベルクは、ロカルノ条約締結の直後、ゲッベルス、G・シュトラッサーと繰返し論争をやり、ナチ党内に東方路線が発展するのを芽のうちに摘みとろうとした[36]。もちろん、彼はシュトレーゼマン外交を論難することでは人後に落ちない。がしかし、それは安全保障政策の結果、「西と東からのドイツ包囲が計画的に推し進められ、さらに奇怪なことには、その際ドイツが自発的にその包囲を永続的な、果てしなく永続的な状態と認め」(力点引用者)ようとしているからであった[37]。「ドイツの国境(西にせよ、東にせよ)の強制的変更を公式に放棄してしまった西方ロカルノは実際にはすでに東方ロカルノを意味している」。ローゼンベルクの外交目的は、「中欧に国粋的＝国民社会主義的＝ゲルマン国家を樹立すること」、「東方への(nach dem Osten)完全な自由」を獲得すること[38]であって、それはソ連との提携を排除するものであった。

東方との提携思想は、ヒトラーにおいて、明白に、そして徹底的に否定される。人種と生活圏を軸とした彼の対ソ観は、他の極右ナショナリストのそれとは異質のものであった。ヒトラーにおいては、「東方接近」Ostorientierung ではなく、領土獲得を目的とした「東方政策」Ostpolitik が存在するのみであった。『わが闘争』第一四章[39](一九二六年に書かれた)の独ソ接近否定の理由は、ヒトラー『第二の書』(一九二八)[40]で、より詳細かつ明白に説明されている。

ここでの議論は主として独ソの接近に熱心な国家主義者のグループを対象としたものと思われる。彼にとってコミュニストが「独ソ同盟を煽るのは当然である」が、国家主義的ドイツ人がそれを唱えるのは「理解に苦しむ」ことだからである。(41) 事実の歪曲、歴史の恣意な解釈、そして単純な論理に基づきながらも、恐らく自己完結的なヒトラーの議論に、しばらく耳をかしてみよう。(42)

まず、ヒトラーのロシア民族観は次のごとく展開される。「一般的に、スラヴ民族は、そもそも国家形成力を欠いている」。ロシアに国家が存在しえたのは他民族のお蔭であって、「ピョートル大帝以来夥しい数のドイツ人(バルト人!)がロシア国家の骨格と頭脳を形成したのだ」。その後数世紀の間、かかるゲルマン民族が社会の上層にあってロシアの国政を担当してきた。(43) しかるに、反ドイツ的スラヴの「インテリゲンツィア」層が漸次上層部に浸透してきて、ロシアはノルディック・ドイツ的要素から遠ざかった。世界大戦はこの傾向をさらに進め、ノルディック・ドイツ人は、革命とボリシェヴィズムによって最終的に払拭されたのである。ところが、これをしもスラヴの人種的天性が実現したのではない。ロシアにおける従来の外来の社会上層階級を追放し、ボリシェヴィキ革命によって生活のあらゆる面で指導権を握ったのは実はユダヤ人である！　ロシアは自らの主人公としてユダヤ人――その本質はひとえに破壊にあり、ロシアでもあの歴史的な「腐敗の酵母」として活動するだろう――を迎え入れたのだ。たとえ汎スラヴ主義思想がボリシェヴィキ的ユダヤ国家を圧倒し、ユダヤ人を駆逐しても、後には、反ドイツ的で統治能力のない、「恒常的な騒擾、恒常的不安定の源」であるロシアが残るだけなのである。

このような認識、あるいは偏見に基づけば、独ソ同盟はたしかに「幻想的」であろう。ヒトラーは、極右ナショナリストの独ソ提携論を次のように論駁する。

彼らナショナリストは、ロシアが反資本主義的国家であるとの理由で、これと組んで資本主義の西ヨーロッパに戦いを挑むことができると主張する。だが、これは理解できぬことである。「なぜなら、第一に、今日のロシアは反資本主義的国家なんかではない。明らかに、それは己れの国民経済を破壊して、ただただ、〔ユダヤ人の〕国際金融資本に絶対的支配の可能性を確保してやったような国なのだ」――そうでなければ、一体どうして、ドイツの資本家どもが、独ソ同盟を支持しようか？　まさに、ユダヤの新聞機関（『伯林日報《ベルリーナー・ターゲブラット》』や『フランクフルト新聞』等）が独ソ同盟に賛成しているではないか。このような国と同盟すれば、「ドイツは、もはや、倫理的でかつ勇敢な、そして注目すべき偉大な理念を有するロシアとではなく、人類文化の略奪者と結びついたことになるのだ」。

「もちろん、ロシアでボリシェヴィキ世界内部に変化が起り、ユダヤ分子が多かれ少かれロシアの民族的分子に駆逐されることがあるかも知れない」、とヒトラーは続ける。「そして、現実にはユダヤ資本主義である今日のボリシェヴィキ・ロシアが民族的＝反資本主義的傾向に押しやられることも否定はできないであろう」。しかし、その場合でも、独ソ同盟は「全くの気違い沙汰」である。なぜなら、ロシア自体が軍事的見地からして頼りにならぬ点を別にしても、もしロシアが真に反資本主義的であれば、西欧資本主義国が確実に反ロシア的戦線を形成するだろう。そして「もし、今日西欧に対してロシアと同盟しようとすれば、ドイツは明日ふたたび歴史的戦場にされてしまうであろう」[44]。「真に反資本主義的ロシアと同盟した場合のドイツを想像してみるがいい。それから、ドイツに敵対するこの衆愚的《デモクラーティッシュ》な世界ユダヤ新聞がいかに他国民の本能をごっそり煽り立てるかを胸に描いてみるがいい。ことに、国粋的ショーヴィニズムと投機業的ユダヤ新聞との間の完全なる調和がフランスでは、いかに速かに達成されるだろうか、を」。そして、ヒトラーの見るところでは、フランスの攻撃を防禦するにはドイツは、軍事的に余りにも脆弱なのである。ドイツが充分の軍備をもつまで、フランスが待ってくれる訳はないし、また、「秘かな軍事的準備によって紛争に備えようとする希望は虚妄である」のだ[45]。

このようなわけで、ロシアがユダヤの国際的金融資本家に支配されていようと、あるいは民族的＝反資本主義的ボリシェヴィズムに転生しようと、独ソ同盟は、ヒトラーの「決定的外交目標の設定」を妨げるものであった。それによって「わが国民の基本的な死活問題、さよう、死活的必要に関しては何ごとも変らぬからである。それどころか、ドイツはそのため、唯一の理性的領土政策からまったく切離されてしまう……。というのは、わが国民の領域問題(Raumfrage)は、ヨーロッパの西でも南でも解決できないからである」。そういう意味では、独ソ同盟の実現しないのは、ドイツにとって幸運である。ロシア問題に関する限り、「東方における領土——これこそそこでの唯一にして絶対的なドイツ外交の目標たり得る」とヒトラーは、この章を結んでいる(46)。

三　革命的左翼と革命的右翼——E・ニーキッシュ

以上のようなヒトラー、ローゼンベルクの独ソ提携否認にもかかわらず、ナチ党内あるいはそれに近い政治グループには独ソ提携の思想はかなり浸透し——それ故ヒトラーも詳細に反論を展開する必要があった！——前に述べた右翼ナショナリストの対ソ接近論と交錯していたものと思われる。事実、ロカルノ会議の開催中にナチ党員と共産党員の合同集会が催され、社会民主党およびロカルノに反対する意見が交換された(47)。このような右翼と左翼の協同関係、いわゆる「国民ボリシェヴィズム」の思想は、ヴァイマル共和国を通じて一般に革命的ナショナリストの間では潜在的潮流であった。そしてロカルノ条約を繞ってもこの思想はとくに顕著であった。

急進右翼は、ロカルノが西部国境のみならず、東部国境の現状維持を認める——いわゆる「東方ロカルノ」——危険をかまびすしく非難した。さまざまの右翼団体を糾合した国粋派の反ロカルノ・グループも結成され、ドイツ国粋自由党 Deutsch-völkische Freiheitspartei のレーヴェントロ伯らは「抑圧諸民族のための救済委員会(Kuratorium)」

を設立して、ドイツ外交の西方旋回を攻撃している[48]。レーヴェントロ(のちナチスに入党)によれば、ドイツをヴェルサイユから解放するための政策は、「東方へ向って、かつ東方との協力を通じて(nach Osten und mit dem Osten)完全な行動の自由を獲得したときにのみ可能である」(一九二五年七月三一日の議会演説[49])。彼は、またドイツ国家人民党(DNVP)内の親ソ派、ソ連通で著名なベルリン大学教授O・ヘッチュらと共に『イズヴェスチャ』の記者と会見し、ロカルノ条約に対抗する独ソ条約の締結を主張した[50]。彼の意見では、ドイツはソ連や民族独立の闘争を行っているアジアの諸民族と手を握り、西欧資本主義国――英・仏と闘うべきであった。

こうした反西欧・親ソ論は、赤軍と提携して、ポーランドを蹂躪し、もって西側に対抗すべし、という陸軍大佐W・ニコライの計画[51]と軌を一にしている。共和国の対ソ外交に対する急進右翼の批判および独ソ提携論の背景に「東方ロカルノ」への危惧、ポーランド国境に対する憤怒があったのは容易に想像されるところである[52]。国粋的革命派の評論誌『アルミーニウス』は、そのことを語っている。「東方にのみわれらの共通の利害がある。ロシアは国民ボリシェヴィズムの性格を有する政治権力として、事実上《デ・ファクト》も、法律上《デ・ユーレ》も承認されねばならぬ。それは、今日われらの自然の盟邦である。肝心なことは積極外交を要求することだ。ポーランドは粉砕せねばならぬ。ロシアは、そのための手をわれらに差しのべているのだ[53]」。たしかに、ここには、後に述べるドイツ外交当局とソ連との間の論議[54]、すなわち、「ポーランドをその民族学的境界まで押し戻す」という考案の背景があった、と考えることができよう。

ところで、対ソ観に関する限り、ナチスの公式路線とはなお基本的に相違している極右ナショナリストが、西欧協調外交をいかに激烈に攻撃したかは、ロカルノ条約の後で、さきのレーヴェントロ伯やニコライ大佐が、本来、反共的、反ヴァイマル体制の団体として成立・発展し、右翼団体と目されてきた「青年ドイツ団」のマーラウンや熱烈な独仏同盟の提唱者A・レヒベルクと交した激しい論戦[55]からも窺われる。それはともかく、右翼の団体・人物であった

「青年ドイツ団」やレヒベルクの独仏接近論は、いままでの行論にとって例外的であるかに見える点で、看過できぬ存在である。

第一次大戦後、反共的団体として誕生した「青年ドイツ団」は、反議会主義、就中「反政党主義」Anti-Parteiismus、したがって反ヴァイマル派として活動を続けてきた。それにもかかわらず、他の右翼急進派と違って、独ソ接近に強く反対し、レヒベルクの対仏軍事・経済同盟の計画に支持を与えた。団長のマーラウンはその親仏政策のゆえに極右の陣営から「マーラウン・ボナパルト」と顰蹙をかい、右翼に「国粋主義運動の因業な子」というレッテルを貼られた「青年ドイツ団」は、フーゲンベルク、H・クラース(全ドイツ連盟)、フォン・デア・ゴルツ将軍やニコライ大佐等からしばしば非難・攻撃をうけ、一九二六年一月団長マーラウンは、大逆罪で起訴される事件さえ起ったのである。(56)

右翼勢力の中での「青年ドイツ団」の外交政策に関する特異な立場、したがって急進的ナショナリストのそれへの攻撃激化は、しかし、ヴァイマル共和国に対する青独団の立場がすでに変化していたことに対応しているのである。ロカルノ前後において、この団体は、社会民主党の国旗団 Reichsbanner や共和派の民主的諸政党に接近してきており、とくにヒンデンブルク大統領選出(一九二五年四月)後は現存の共和制国家――それ自体がここで変化したという認識に基づくのだが――の肯定、ヴァイマル憲法支持へと転向していた。(57) したがって、シュトレーゼマンを「政党主義的体制」の枠内では「偉大なる人物」Mann von Format であると賞讃するし、(58) シュトレーゼマンの側でも青独団を分別のある団体として、しばしば庇護する態度をとったのである。(59) また、青独団がシュトレーゼマン―ブリアンの協調外交に苦言を提するときも、ロカルノが独仏両国の善意と「純粋に情緒的な契機」にのみ基づき、実効的な独仏軍事経済同盟の締結を目的としていないという理由からであった。(60)

とすれば、青独団は本章の立論にとって例外的存在ではなかった、といえる。つまり、独ソ提携論はイデオロギー的に右か左かの政治勢力が主張したのではなく、右にしろ左にしろ現体制の打破を志向する政治勢力が、換言すれば、この時期のヴァイマル共和国を原則的に否定する思想的・政治的運動――ナチスの主流派をほとんど唯一の、しかし重大な例外として――が提唱したものであり、したがって、体制内的勢力、あるいは現体制に順応しつつある勢力はそれに基本的に対立するか、少くとも独ソ提携には消極的であって、彼らは多かれ少かれ「西」を選択したのである。(61)

ところで、独ソ提携論を代表する二つの潮流、すなわち革命的右翼と革命的左翼の決定的相違は、提携論の根底における国家意識、裏返していえば、階級意識の有無にあった。ドイツ共産党主流はロカルノ条約を批判する際にも、ドイツのブルジョワジーの併合主義的「再建」のプランを攻撃した。極右勢力や多くのロカルノ批判者と違って、共産党党首テールマンは、シュトレーゼマンが「ポーランド回廊、上シュレージエン、ダンツィヒ等の奪回によって、ドイツの『再建』を始め」ようとするのを警戒する。彼は、議会演説(62)で次のように警告している。

> ドイツの反動は、手始めに「不倶戴天の敵」ポーランドを片づけようと夢みている。ドイツおよび国際的労働者階級の前に、今日われわれはドイツ・ブルジョワジーの東方政策の仮面を剥ぎ取って見せねばならない。失われた東部領土を奪回せんとするドイツ・ブルジョワジーの企ては次の戦争を意味する。ドイツ労働者はこれに注目しなければならない。

テールマンは、ドイツ＝ポーランド領域の問題についてもアルザス＝ロレーヌと同様、「ドイツか、ポーランドへの併合、あるいは民族的《フェルキッシュ》(völkisch — *sic!*)独立の権利を含む自由な民族自決権」を認めるべきである、と自党の立場を説明した。

ここには、極右ナショナリストの要求するような国家意識はなく、むしろ彼らの排斥するような階級意識に貫かれている。たとえ、ドイツ共産党がコミンテルンの指揮下にあり、したがって対ソ友好を最も強く主張したとしても、マルクス主義の立場からはブルジョワジーの国家意識をも徹底的に批判しなければならなかった。ロカルノのごとき西側との安全保障条約は、それ自体反ソ的側面を有する。その限りでは、ドイツ共産党のこのようなドイツ・ブルジョワジー批判と対ソ友好論とは矛盾なく一致した。つまり、社会主義インターナショナリズムとソ連邦擁護(ソヴェト・ナショナリズム)とは、ドイツを含めた西欧資本主義国が反ソ的である限り、ドイツ共産党にとって整合的であった。しかし、ひとたびソ連がドイツ・ブルジョワ政府と友好中立条約(ベルリン条約―一九二六年四月)を締結すると、ドイツ共産党の立場は分裂せざるを得ない。ロカルノ条約批准が白熱した論議の末、辛うじて議会を通過したのに較べ、ベルリン条約の反対は実にたった三票、しかも共産党反主流派議員のそれであったのはこのような事情によるのである。すなわち、その反対理由は、ブルジョワ政府とソ連の提携を支持するのは、世界革命遂行の義務に悖る、というものであった。(63)

他方、メラーのような国粋的革命派が、階級ではなく、国家意識を力説したことは、すでに述べた。共和国反対派の独ソ接近論を検討した本節の締めくくりとして、もともと社会主義者として出発しながら、次第にナチス的イデオロギーに接近するに至ったE・ニーキッシュの、コミュニストとは異なった角度からの独ソ提携論に触れておこう。(64)それは、右であれ、左であれ、現存の社会秩序を批判する革命派が独ソ接近論で内在的に結合する側面を典型的に示すであろう。

ニーキッシュの東方観は極めて原理的な彼の歴史認識から出発している。彼によれば、カール大帝以来西欧世界はゲルマン的実在をローマ的統治思想に従属させようとした。カロリンガ的基盤に固執する限り、ドイツには独立の道はあり得ない。カルヴィニズムと啓蒙主義に根ざしている「西欧的なもの」Westlertum は実は、ドイツの隷属を企てたものなのである。したがって、ニーキッシュはヨーロッパ的なものに対して、スラヴ的・アジア的なものを対置し、「ポツダム―モスクワ」の線で代表される精神を「ローマ―ワシントン」の線に対抗するものとして賞讃した。そういうわけで、彼におけるドイツ外交の東方選択 Ostorientierung の理念は包括的世界史のカテゴリーに属する原理の問題であった。(65)

社会主義者のニーキッシュが東方との提携をいうとき、それは西の資本主義に対抗する東の社会主義、現実的にはソ連邦を意味したのはいうまでもない。(66) プロレタリア革命がマルクス主義理論の仮定したごとく国家の死滅をもたらさないこと、ロシア革命後にロシアの労働者は国家意識を発達させたことに注目する彼は、いわゆるソヴェト・ナショナリズムの現実から、逆にドイツ社会主義勢力内の国家否定の思想を攻撃するに至った。彼は階級を否定したのではない。ただ「階級闘争は国家的内容を同時的に含有するときにのみ、効果的である」と考えたのである。(67) ヴェルサイユはドイツおよびドイツ労働者階級を奴隷化しているのであるから、ドイツ労働者階級は国家を自らの問題としなければならない。つまり、階級闘争は国内のそれにとどまらず、その戦線は国家と国家の間にも存在するのだ。そして、ドイツは「持たざる国」=「プロレタリア的国家」=「抑圧された国家」なのである。したがって、ブルジョワジーが履行政策を行う限り、ドイツの社会主義の勝利はありえない、と論じた。(68) 要するに、ニーキッシュは、階級闘争理論を国際関係の場に持ち込んだのであるが、社会主義インターナショナリズムが階級を横断的に連結しようとする(「万国の労働者、団結せよ!」)のに対し、彼はそれを縦断的に適用したものと考えられる。事実、彼は、ブルジョワジーとプロレタリアートの対立を西方と東方とのそれに、さらには「ローマ的」romanisch と「ゲルマン・スラヴ的」germanisch-slawisch との二律背反に等置したのである。(69)

以上のように、ニーキッシュの思想はきわめて異色ある存在であったが、独ソ接近論のさまざまの発想を包含する数々の共通項を有している。すなわち、「抑圧された国家」「頽廃したブルジョワの西欧」「反ヴェルサイユ」「反デモクラシー」等々である。それらは、すべて現体制の批判・否定のスローガンであり、思想であった。右であろうと左であろうと、ヴァイマル共和国に対する過激な批判はまぎれもなく、反西欧、ヴェルサイユ否認に連なる。それは、また、反資本主義であった。したがって、国際関係における力の均衡の角度からも、社会体制の問題としても、ヴァイマル共和国の革命的反対派は東方を選択せざるを得なかったし、ソ連の存在はその論拠を提供するものであった。これに対する唯一の例外は、人種論を基底とするナチス主流の東方観のみであった。人種論においては国際関係は、あれこれの社会体制とは原理的に無関係に、まさに人種によって規定されるから、ヒトラーの対ソ観は他の極右ナショナリストと根本的に異なった次元に属するのである。

そして、ともかく人種論はイデオロギーではない。

第二節　共和国外交と「東方派」

ドイツ外交が論ぜられる際、しばしば「東方派」Ostpoltiker, Easterner なる表現が用いられる。親ロ派ないし親ソ派を漠然と指すことが多い。前節に述べた独ソ接近論の提唱者もそのような意味ではまさに「東方派」であった。しかし、彼らはいわば在野の人々であり、直接共和国の外交に携っていたのではなかった。それだけに、前節の独ソ接近論は、実は共和国外交における少数派の意見を反映したものであり、さらにまた、そのことは、ソ連そのものが第一次大戦後の国際政治において少数派の地位を占めていたことを反映している。シュトレーゼマンに代表されるこの期のドイツ外交の重点は疑いもなく西欧協調にあったし、同じく「東方派」と呼ばれても、外交政策の担当者の場合は国内における革命的左右両翼の少数派の独ソ提携論とはおのずから異なっている。すなわち、彼らにあっては、イデオロギーとしての提携論は表面には現れず、専ら現実の共和国外交の枠内での批判ないし政策転換の努力の形をとる。そのことは、左右両翼の革命派が現存の共和国体制をトータルに批判すると同時に、国際関係においても現状維持の破壊を志向するのに反して、政策決定に参与する「東方派」の場合は国内的にも国際的にも現存の体制を急激に破壊する立場をとっていないことを考えれば、容易に首肯できることである。

一九二四年八月のドーズ案の成立はドイツの西方旋回の印象を決定的に強め、独ソ関係の紐帯とされた「ラパッロ精神」からの逸脱を懸念させるに充分な事件であった。引続くドイツの国際連盟加入の動き、西方諸国との安全保障条約交渉の気配は、ソ連およびドイツ国内の「東方派」にさらに深刻な影響を与え、両国の関係の再検討を必要たらしめた。そこでの両国の調整の仕方としてドイツ側には性質上三種の対策が存在した、と考えられる。すなわち、(1)軍事同盟の締結という最も強い結合、から、(2)ラパッロ条約更新の形をとった政治的中立条約、あるいは、(3)二国間の通常の通商・経済条約というほぼ現状維持に近い線、である。もちろん、これらの対策は相互に独立して提起されたのではなく、密接な関連のもとに問題にされた。その意味ではこのような分類は便宜的なものに相違ないが、ここでの「東方派」が前節の独ソ接近論と比べて、いかなる意味で親ソ的であったかを知る一応の目安になるであろう。つまり、体制の異なる国家間の外交政策において、イデオロギーの一定の役割を知ろうとするわれわれの視点からすれば、この時期において、古典的勢力均衡政策がどの程度貫かれ得たかを測定しておくことはとくに必要であり、独ソ両国家の結合の強弱を示す三つの契機はかかる目的から重要であろうと考えられる。

ドイツ外務省内の対ソ政策立案の過程でとくに係争点となったのは、東部国境、連盟加入問題と独ソ条約の問題であった。次項では、これらを考慮しつつ、一九二四年のソ連側の「十二月提案」以来の独ソ交渉を検討してみる。[70]

一　ヴィルヘルム街と「東方派」——ブロックドルフ=ランツァウ

東部国境問題

ソ連側の提案はまずポーランド問題をめぐって出される。一二月はじめ、外務人民委員コップは、駐ソ大使ブロックドルフ=ランツァウに対し、ドイツが上シュレージエン、ポーランド回廊を放棄する意がないのなら、「独ソ両国はポーランドに共同の圧力を加え得る」と述べ、この件で両国間の「親密なる意見交換」を提案している。[71]これに対し、外務省内「東方派」のチャンピオンと目されたフォン・マールツァーン外務次官は、両国が、「恒常的かつ緊密なる接触を保つ」ことに賛同し、ドイツ政府の見解を次のように説明する。「東ヨーロッパにおける不安の主因のひとつは、ポーランド国境設定の際に民族学的(ethnographisch)原則が無視されたことである。……この点で、独ソの利害は完全に呼応している」。したがって、ドイツの連盟加入もポーランドをめぐる独ソ提携の障害とはならない。なぜなら、ソ連は連盟の外にあり、したがってポーランド東部国境(ソ=ポ国境)に関する限り、ポーランドの領土的保全が実際的意味を有するとは限らぬからである、と。[72]そしてマールツァーンはここで、後にシュトレーゼマン=チチェーリンの一連の会談(一九二五年九月三〇日および一〇月二日)において係争点となった「ポーランドをその民族学的境界にまで押し戻す」という表現を、ソ連側との交渉の成行で使用するかどうかはランツァウの判断に委ねている。[73]「東方派」のマールツァーンが東部国境に関して勢力均衡策的考慮から独ソの共同行動を示唆するのはなんら異としないところであるが、ここで注目すべきは、その際ドイツの連盟加入は独ソ提携の条件と抵触しない、という立場をすでに表明していることである。それにもかかわらず、一二月末ドイツ重工業界と縁の深い[74]西欧局長のシューベルトが外務次官に就任し、マールツァーンは駐米大使に転任させられた。

ブロックドルフ＝ランツァウの盟友マールツァーンの更迭はドイツの西方旋回に拍車をかけるものと取沙汰された[75][76]。しかし新任のシューベルト次官も、ことポーランドに関する限り、前任者とほぼ同一の見解をとっている。一九二四年の暮、彼は駐ソ大使に「ロシアと協力してポーランドを民族学的境界にまで押し戻す、というわれわれの意図に関してなされた貴下の示唆は本省の見解に一致する」旨を伝えた[77]。しかも、この訓令はフォン・ビューロの提議に基づいて行われており[78]、実際には、この点に関して外務省内に意見の不一致があったとは思えない。モスクワにおけるランツァウの輩下M・シュレージンガー参事官も、ベルリンでシューベルト、ガウス条約局長、ヴァルロート東方局長と意見の交換を行い、ヴィルヘルム街の動静をモスクワに次のように報告している[79]。「貴下の見解にとって当地の情勢は不利なものではありません。シューベルトには、マールツァーンの退陣とマールツァーンの対ロ政策をしてビスマルクの歴史的評価を得さしめるごとき意図はないようです。彼はロシアに関してカプリーヴィの政策を踏襲するごときことは考えていないからです」と。外務省内には唯一人としてヴェルサイユ条約の規定するドイツ東部国境を是認するものはあるまい。一九二五年二月九日、ドイツ政府が、後のロカルノ条約に結実する西部国境に関する安全保障条約案を西側に提起した際にも、東部国境については全く言及していない[80]。シューベルトによれば、「東部における現存国境の直接・間接、いかなる承認も除外さるべき」ものであり、国境の「強制的変更を明示的に放棄す」れば、ドイツは苦境に立たされるであろうし、ソ連政府とて無関心たり得ないであろう[81]。外相シュトレーゼマンもドイツの安保提案の理由について同様の説明をしている。「〔東部〕国境に関するいかなる義務も拒否する……。ポーランドおよびチェコスロヴァキアの地理的国境線を変更する際にはわれわれが軍事行動によらぬ、という義務を受諾する用意がある、と新聞は報じている。これは全くの虚偽である[82]」と。

ブロックドルフ=ランツァウ・国際連盟加入問題

このように、ドイツ外務省は西側との安全保障交渉が東部国境に関する譲歩などではなく、もっぱらフランスの攻撃の防止、連合国軍事監視委員会の撤去、軍事制限・連合軍のライン撤退問題に解決を目的とすることを[83]駐ソ大使に繰返し説明した。しかしながら、「東方派」の代表的存在たるブロックドルフ=ランツァウ駐ソ大使は、これに対し執拗に警告・批判・不満を投げ続けた。それでは、ベルリンのシュトレーゼマン、シューベルトのコンビによる西方政策と対ソ接近を主張するランツァウ伯との対立は一体どこにあったのだろうか。

ランツァウはベルリン政府にソ連の「十二月提案[84]」に回答するよう要求しながら、自らの見解をこう説明する。ソ連政府をドイツの全般的な政策における積極的ファクターとして評価するべきであって、もしソ連との関係を断絶すれば、ドイツは必然的に一方の陣営に組入れられることになる。ソ連政府を支持し、それと「誠実な協力」を保つのはドイツの利益である。なぜなら、「ロシアにおいては他のいかなる政府も協商国側への依存を求めるであろうからだ[85]」。いうまでもなく、ランツァウの政治的見解の根底には、彼がドイツの全権代表としてヴェルサイユ条約の調印を強いられて以来の根強い反仏的感情が横たわっている。現存のソ連を特定のイデオロギーを有する社会体制として認識していたとしても、まず国際関係における反ヴェルサイユ体制的国家権力としての把握が彼の政治行動で決定的役割を担っている。彼はなによりも反フランス、反西欧派なのであり、対仏接近そのものがランツァウの不興を買う。したがって、ベルリンが安保問題についてどのような説明をしようとも、彼の懸念を消すことはできなかった。そのうえ、ベルリン政府はソ連の「十二月提案」に明確な回答を与えることなく[86]、西側との交渉にますます積極性を示したから、駐ソ大使はヴィルヘルム街の外交方針を転換させるべくさまざまの圧力を加えた。ランツァウは、西との和解はドイツの自主外交の放棄、「ヴェルサイユ専横」の承認を意味し、対ソ関係険悪化をまねくものとした。ソ連政府の最大の関心はポーランド問題とドイツの連盟加入に集まっている。この件でモスクワの猜疑心をなだめる必要がある。ドイツ政府が「連盟なる茶番劇のために対ソ関係を犠牲にする意図がないとすれば、……そのための方法のひとつくらい見つけられよう」と、ベルリンに皮肉まじりに要請している。[87] ブロックドルフ＝ランツァウはまた、シュトレーゼマンに対しても、ドイツ政府の回答いかんによっては現在進行中の独ソ通商条約交渉の成行にも響くものであり、「十二月提案」への回答を閣議で速かに決定すべきである、と警告した。[88]

しかしながら、外相シュトレーゼマンはランツァウに真向から反駁した。モスクワ大使の論をすすめれば、ドイツは東か西かの二者択一を迫られることになる。「かかるオルターナティヴを回避するか、少くともその危険な影響を減殺すること、ここにこそわれらの努力のすべてを注ぐべきである。……〔ドイツの〕主要な課題は焦眉の西方問題の即時解決を求めることであり、かかる目的のためには、連合国と直接交渉する以外の道を私は知らない」。むろん、その際東方との関係を発展させる可能性を絶つべきではないが、ソ連の「十二月提案」は西との関連で考えるべきである、とシュトレーゼマンは断定した。[89] シュトレーゼマン外交においては、重点は明白に西欧との「協調」におかれ、対ソ関係はそれに従属したものであった。そのことは、もちろん、ランツァウの非難するごとき自主外交の放棄を意味するものではなかった。[90] それゆえ、モスクワとベルリンの外交論議の次元においては駐ソ大使の批判の論拠がますます薄弱となったのも当然であった。

にもかかわらず、フランスの対独政策に抜き難い憎悪と猜疑心を抱くランツァウは、国防軍のゼークトと同様に、シュトレーゼマンの西方安全保障（ドイツの連盟加入を予定する）交渉に激越な非難を浴びせた。国際連盟規約第一六条[91]の義務は独ソ関係の障害となる、[92]「無留保の連盟加入は必然的にヴェルサイユ専制の承認を意味する。この事実を誤魔化し通そうとするどんな屁理窟も私の眼を欺くことは出来ない[93]」と。要するに、ランツァウにとっては、外務当局のあらゆる説明は詭弁でしかなかった。西側との交渉そのものが独ソの紐帯を弱める行動とされたからである。ランツァウのヴィルヘルム街批判には、彼の尊大な性格も如実に現れている。外務省からの不充分な情報連絡に憤り、伯爵のかつての輩下の指示を実行するのを潔しとせず、誇り高い貴族の名誉を傷つける——と彼の考える——ことには驚くほど過敏に抗議し、あらゆる機会を捉えて辛辣な批判を浴びせた。しかし、彼は他人の陰謀にはことのほか神経を尖らせても、自らは陰険な陰謀家ではなかったようだ。そして、すべてを面子の問題に還元してしまうほど虚栄に盲目的でもなかったし、無能でもなかった。

「赤い伯爵」と呼ばれながらもブロックドルフ=ランツァウは、反体制的ナショナリストではなかったし、社会主義者でもなかった。また、独ソ秘密軍事協力にもゼークトほど熱意を示してはいない[94]。さらに、彼は独ソ軍事同盟の支持者でもなかった。一九二五年二月末最高ソヴェト会議議長ルイコフは駐モスクワ大使との会談で、独ソ友好関係に果したゼークトの役割を賞讃したあと、独ソ軍事同盟を提案した。ところが、ランツァウ大使はこれに否定的反応しか示さず、むしろコミンテルンの活動に不満を表明し、大使としての彼のポスト受諾は、たしかにヴェルサイユ条約改訂のためではあったが、できればそれも平和的に目的を達成するためであって、「復讐の大使」としてではなかった、と述べている。続いてランツァウはヴィルヘルム街に報告している。「ソヴェト政府には、わが国の一部の人々が信じているように、ドイツのための『一八一三年の範に倣った解放戦争』を行う用意などありはしない。それどころかそれはもっぱら世界革命の思想に導かれている。そのことについて私はいささかの幻想も抱いていない[95]」と。このような見解は、極右ナショナリストの一部に見られたごとき、世界観の問題としての独ソ提携論や、ゼークト将軍の軍部独自の推進すべき独ソ軍事提携の思想の明白な否定を含んでいる。

三月のはじめ、チチェーリンと会談した際にも、ランツァウは軍事同盟を明白に否認した。「軍事的再建のためにロシアはドイツが必要であり、ドイツはいわば兵器廠としてロシアが必要である」とチチェーリンが語れば、ランツァウは、まさかの時にドイツの大砲がほかならぬドイツに向けられぬ保障はない、と返答し、「ソヴェト政府と条約上の義務——とくに軍事的領域で——を取結ぶのは極度に危険なことと見做し」た。さらに彼は「ドイツの置かれている現在の状態では条約上の拘束はすべて、東方であれ西方であれ、甚だ時宜に適さぬばかりか、およそ不可能である」とチチェーリンに述べている。(96) ここには、ドイツの国際的地位に対する駐ソ大使としての極めて現実的な考慮が窺われるのである。

とはいうものの、安保交渉でベルリンが西側と接近するのに焦慮するモスクワ大使は、自らの影響力を行使して、シュトレーゼマン外交にブレーキをかけるべく、四月にベルリンにまい戻った。彼は新大統領ヒンデンブルクに辞表を提出するとともに、西方接近策への不満を直訴に及んでいる。彼は言う、現状ではドイツは連盟で平等権など望めず、自主外交の放棄を強いられるのみである、「西でも、東でも条約上拘束さるべきではなく、東西に対して自由な立場を保つべきである。しかるに、現下の政策は完全な屈従もしくは賭博政治(Hasardpolitik)を招くのみであり、それもこれも私は拒絶する」(97) と。

外務省内の対ソ方針

それでは、果してベルリンの方針はランツァウが非難するごとき屈従外交を進めていたのであろうか。四月中旬、シューベルト次官は、おそらく駐ソ大使の危惧をも考慮してガウス条約局長とビューロに連盟規約第一六条の法的問題点を検討させた。この二人の下僚は、ソ連＝ポーランド紛争の場合、第一六条の制裁規定は必ずしもソ連に不利に適用されるとは限らないし、ともかくドイツの連盟加入はそれを防止することができる。したがって連盟加入は独ソ関係を害するものに非ず、と答申した。(98) シューベルト外務次官はガウス、ビューロ両名を同伴してベルリン滞在中のブロックドルフ＝ランツァウ駐ソ大使に会い、この「研究成果」を説明した。(99) ランツァウがこれに対していかなる反応を示したかは定かでないが、独ソ間の実際的係争点に関する限り——東部国境、連盟加入問題にせよあるいは軍事同盟問題にせよ——駐ソ大使とヴィルヘルム街とは、西か東か、といった基本的見解では極めて接近している。五月末に外務省内で作成された対ソ政策に関する方針案(100)はそのことを示す重要な資料であると同時に、ロカルノを経てベルリン条約に至る時期におけるヴィルヘルム街の対ソ政策の行動原則を明瞭に定めているように思われる。そこで、やや詳しくこの覚書を検討しておこう。

一〇項目よりなるこの覚書は、まず、ドイツは積極的東方政策を放棄するわけにはいかない、という前提から出発する。したがって、西か東の一方を選択すべきではない。一九二二年のラパッロ条約は当初かかる二者択一の間で均衡を保つに役立ったが、いまや新たな政治情勢に適合しなくなった。そこで、独ソ関係を東か西を選択せずして調整し、固定化 Konkretisierung するために、両国間に戦争と平和に関する相互の一般的中立を確立することが考慮される。その限りにおいて、一連のソ連側「十二月提案」は適切なものである、とする。ここにはドイツ外務省が現実には西側との和解を積極的に推進しながらも、決してそれはチチェーリンの非難するごとき「カノッサの屈服」(101) Kanossa-gang ではなく、むしろ行動原則としては西への偏向を回避せんとする方針が窺われる。がしかし、ソ連に対してはせいぜい政治的中立の保障を示唆するにとどまっている。

この覚書はさらに次のようにいう。ソ連側は、ドイツが無条件に連盟に加入した場合のみならず規約第一六条の制裁規定を免れた場合にも、連盟加入そのものが独ソ関係の障害になる、と主張するに至っているが、実は連盟の外にあるより内部にいた方が、ドイツはソ連に多大の政治的利益をもたらし得る――さきのガウス、ビューローの「研究」にある見解――のであり、したがって独ソ間の中立保障はドイツの連盟加入と両立する。ただ、この中立保障が両国の正式な国家間条約に明記される場合は「西欧諸国から無愛想(Brüskierung)と受取られるおそれがあり、そのような無愛想はわれわれがいかなる場合にも避けねばならぬものである」。そこで、中立保障の一方式としては両国の経済・居留民および領事館条約の前文にラパッロ条約の精神に則った両国友好関係促進をうたい込むことが考えられる。ただし、それは「ヨーロッパの一般的平和に寄与し、この平和を危殆ならしむるごとき顕著な試みはすべて差控えるべきことを常に眼目とする」――コミンテルンの活動に対する警戒――ものでなければならない。そうして中立条約の取極めのごときは口頭の声明によるべきである、と。

この覚書を要約すると、ドイツ外交当局は、(1)東か西の一方を選択する意志はない、(2)連盟加入に際しても規約第一六条の拘束から免れるよう努める――これは、ソ連側の「圧力」に譲歩したというより、ドイツ自らの要望に基づき、またイギリスの利益にも適うものであって、たまたまこの点で英独ソの利害が一致した――、(3)独ソ関係の調整を必要としながら、西欧協調を第一義的に考え、ソ連にはつなぎとしての極めて緩やかな保障のみを与えようとした、といえよう。この覚書にある対ソ政策の基本的路線は、六月末にガウスの作成した同様の覚書[102]でも踏襲されているし、ドイツの対西欧接近の危険を警告したいわゆる「ロシア覚書」[103]より前に打出されている。それだけに、これは、ソ連向けの便宜的な方策ではなく、ヴィルヘルム街の外務次官をはじめ局長級の政策立案者の見解を最もよく表している、と考えられる。

さて、この覚書に即していうなら、ランツァウの不満は、西欧協調に重点を置くそのことにあった。彼の眼には、対仏和解策はゼークトの対ソ軍事提携策と同様に危険な冒険の映るのである。[104]事実、ドイツがロカルノへの道を進むにつれて、ソ連側はイギリスを中心とする反ソ戦線の形成、少くともイギリスの独ソ離間策へ警戒を強めたから、その意味では彼の危惧するように、ベルリンの政策は独ソ関係に軋轢を生ぜしめる冒険的なものであった。しかし、いずれにせよ、外交担当者の間には、「東方派」であれ、「西欧派」であれ、「東か西か」といった決定的な選択肢は存在していない。「東方派」——そもそも固定したグループではないのだが——とシュトレーゼマン外交との真の対立点は、感情や人格的対立を別とすれば、西側との協調をドイツの自主外交にとって有効と見るかどうか、にあった。反ロカルノ勢力がおしなべて反ヴェルサイユ体制的であるのは当然としても、ブロックドルフ゠ランツァウのごとくヴァイマル共和国の体制内にあるものには、反西欧が直ちにロシアとの提携に結びつかない。軍事同盟のごとき独ソの強固な結合は現存の国際的秩序の急激《ラディカル》な変革を意味する。それは共和国外交の一翼を担うものには不可能なことであった。さきに見た共和制反対派の独ソ提携論と決定的に異なる点である。

ヴァイマル共和国の体制内にあってロカルノに懐疑的であるものが、対ソ関係でいかなる態度をとりうるかを物語る例は、たとえば、ヒンデンブルクに見られる。右翼保守派によって大統領に担ぎ出された彼は、当初の予想を裏切って共和国ないしヴァイマル憲法にかなり協調的であった。もちろん、彼とて西欧との和解・協調に幾度か懸念を表明していたが、[105]シュトレーゼマン外交には予想外の理解を示した。そして、大統領就任直後のシュトレーゼマンとの会談で、外相が独ソ両国間に同盟関係の存在しないことを語ったときは、安堵の溜息を洩らしたのであった。[106]

ともあれ、ブロックドルフ゠ランツァウ大使はこのヒンデンブルクに慰撫され、外務省の頭越しに大統領に報告できるという異例の権限を保証されて、辞表を撤回した。そして、シュトレーゼマンにも懇請されて、四月中旬からの三カ月にわたるベルリン滞在を終えてモスクワに帰任する。その際、彼は「ソ連の心理に魔術的効果」(ディルクセン)[107]を狙って作成された対ソ方針案とH・フォン・ディルクセンを同伴して、ソ連側と「政治と経済の密接な絡み合い」[108]

であった通商条約の交渉に当たるのである。

二　国防軍と独ソ提携策——H・フォン・ゼークト

一　軍人の思想

独ソ関係において両国の軍事協力の問題は、無視してしまうことのできない、ひとつの重要な要因である。ドイツ側でそれを現実に推定したのは軍部であり、その政策の実質的な責任者はH・フォン・ゼークトである。本章での課題は、独ソ軍事協力関係そのものを詳述することではなく、軍部の対ソ政策をヴァイマル外交における「東方派」の問題との関連で検討することにある。当面の対象を主としてゼークトにおき、彼の思想と対ソ政策の構造を明らかにしようとするものである。(109)

軍部の対ソ政策の分析にはやや迂遠にも見えるが、ゼークトの軍事思想そのものの分析から始める。われわれは、まず彼の軍再建の構想が大規模軍隊の編成ではなかった点に改めて注目しておかねばならない。(110)

ゼークトによれば、「国土の減却ではなく敵軍の殲滅がいまなお戦争術の至上原則である」。(111) 彼の論理に従えば、この命題から引き出されるのは、近代兵器への依存ではなく技術を支配する人間精神の重要性である。テクノロジーの発達——具体的にはたとえば航空兵器の発達——は、戦争の根本原則を変えるものではない。「剣には盾が、爆裂榴弾にはコンクリート地下壕が、毒ガスには防毒マスクが発明された」。このような人と物の競争は戦争のある限り存続し、優勢な攻撃兵器に対しては必ずその防禦手段が現われるものだ。(112) このような技術観は、いうまでもなくクラウゼヴィッツを継承するものであるが、それは近代兵器の威力を軽視するのではない。たしかに、近代兵器は無防備の人間集団に対してはむしろ残酷な威力を発揮する。しかし、それが効力を発揮するか否かは攻撃される側の抵抗力いかんにかかっている、というのがゼークトの主張であった。[113] では、そのような抵抗力、あるいは逆に攻撃能力はいかにして得られるのであろうか。

彼の説くところによれば、このためには周到な専門教育と訓練を通じて獲得された沈着な精神力が必要であり、技術的発明と手段を効果的に運用できる指導力と、勝利の前提たる戦闘精神とが結合されなければならない。[114] 技術の発達に対抗するために、徒らに機動力のない兵力の数を増大させるのは誤りである。なぜなら、「軍隊の大集団というのは、〔航空機の〕有効な、かつ容易な攻撃目標だ」からであり、たんなる人間の集団は近代兵器の好餌となるだけだからである。[115] フォン・ゼークトのこのような所説が、とくに世界大戦の経験と反省に基づいているのは容易に推測できる。『国防——現代国防の原則』と題する小論で彼はそのことを繰り返し述べている。第一次大戦は長期の消耗戦となり、一般兵役義務による兵員数の増大のため軍の内的価値を著しく減損した。かくて質の低下した巨大な軍が相対峙するよりほかに施す術のない陣地戦となったから、戦争指導の可能性は大きく制約され、戦争の勝敗は結局連合国側の豊富な人員・物資によって決められた。このような形態の戦争が将来起るとすれば、「勝敗はまたもやいずれの側にアメリカの如き国が加担するかによって決定される」ことになり、戦術は問題とならなくなる。[116]

フォン・ゼークトが、「国民軍 (Volksheer)」とか「一般兵役義務から必然的に生ずる国民武装 (Volksbewaffnung)」に大きな疑問を抱き、警告を発したのは、[117] 右のような戦術的見地からばかりではない。彼は、世界大戦の経験に照らして「国民軍」が軍紀を弛緩させ、軍の精神的価値を低下させることを憂慮する。なぜなら「国民軍とは、国民の精神的・政治的状態の忠実な模像」[118] なのであり、大戦中のドイツのように「前線の背後および国内で『戦争回避者』がますます増加する」[119] 可能性を常に孕んでいるからである。このような認識は、いわゆる「背後の一撃」論争を背景にしているのはいうまでもないが、総力戦としての第一次大戦を経験した後においても、ゼークトの基本的軍事思想が一面で帝制軍部の伝統を継承し、ユンカー中心の貴族的軍隊を基礎としていることを如実に示すものである。[120]

さきにも述べたように、ゼークトにおいては「敵の殲滅」という戦争の最高原則を最終的に実現するのは、物の力ではなく人の力である。人の力とは、彼の場合、技術を支配できるエリートの力であり、大衆または人民の力でないことはいうまでもない。彼は言う、「厖大な軍隊の時代はすでに過ぎ去り、将来は少数にして価値の高い軍隊が生まれる」[121]、「戦争指導の将来は、一層価値の高い、また機動力のある、従ってより少数の軍隊の運用」[122]にある、と。そのような少数の軍隊は「複雑な兵器に精通」し、戦闘精神に裏打ちされたものでなければならないから[123]、大規模の軍隊は不適である。巨大な軍隊に近代的武装を施すのは、きわめて困難であり「不経済」でさえある。[124]そのうえ、装備や兵器は「刻々に旧式化する結果当然にその軍事的価値も疑わしくなる」のである。[125]

以上のような意味における小規模の、規律のある、したがって有力な攻撃能力をもつ軍隊という考えは、単にヴェルサイユ条約に順応するための方便ではなく、フォン・ゼークトの本来的軍編成の思想であったし、彼が後年にいたるまで持ち続けていたものであった。第一次大戦直後の一九一九年初めに、ルーデンドルフの後任のグレーナー参謀本部次長に提出した軍再編成の提案[126]のなかで、ゼークトは、二〇万の常備軍の必要を力説しつつも、それが志願兵からなるべきこと、徴兵制は志願兵制を補充するものとしてのみ考慮されること、つまり「国民軍(Volksheer)に代る職業軍隊(Berufsheer)」を提案しているのである。また、晩年の一九三三年彼が中国に赴き、国民党政府の軍事顧問として蔣介石に中国軍の再編成に関する覚書[127]を提出したときにも、ゼークトの基本的考えは変っていない。彼は、その覚書で中国は巨大な軍隊を直ちに創設すべきではなく、「より小規模の、しかしよく訓練され装備された軍隊」の編成を忠告し、「中国の軍隊は少なすぎるのではなく、多すぎる」という彼の印象を付け加えている。

しかしながら、われわれはゼークトの小規模軍隊の思想が必ずしも軍備縮小を意味しないことにも注意しておかねばならない。「戦争の危険は、本質的には軍事力の不均衡にある。……ゆえに平和の保障は軍備縮小ではなく、軍備の均衡にある」[128]。彼が「軍備の均衡」というとき、ドイツの軍備不平等が前提とされているのであるから、それは当然ドイツの軍備増強にほかならない。そもそも彼の「小規模軍隊」そのものが軍事力増強を意味しているのである。ただ、軍備増強力は「その国の人口と富に依存する」[129]から、ドイツの軍事力増強はその国力の許容する範囲内のものとなる。だから国力が増大すれば、それは大規模軍隊に拡大する可能性をもつものであった。事実、ゼークトは大量武装の可能性も一定の条件下に認めており、一般兵役義務による国民的軍隊の意義についても評価している。しかし大量武装の場合には、軍と産業・国家の緊密な連絡ができる状態になければならないし、国民的軍隊は常備軍としてではなく、「防禦の第二線としてのみ」考えられている[130]。いずれにせよ、ゼークトが国防軍を支配した時代(一九二〇―二六年)には、彼は少くともそのような前提が現われたとは考えていないし、大規模軍隊はなお彼の「軍事的想像」であった[131]。

ヴェルサイユ・ヴァイマル・ドイツ国防軍

フォン・ゼークトの軍編成の基本思想が、以上のごとく小規模の、エリートによる、したがって精神的にも技術的にも価値の高い(と彼の考えた)軍隊の創設にあったとすれば、そのことは、ドイツ軍部再建の前提たるヴェルサイユ条約とヴァイマル共和制にたいして如何なる意味をもったのであろうか。

ゼークトは、軍事専門家としてパリ講和会議の際のドイツ代表団に加わったが、その直前の一九一九年四月グレーナーへの書簡の中で、ドイツの一方的軍備制限を拒絶すること、軍縮の条件として、少くとも三〇万の兵力数維持、外国による軍事監視の拒否、軍隊教育・訓練の自由の保障などを提案している[132]。兵力数に関してはグレーナーは三五万を必要としたが、閣議の決定は二〇万となり、ゼークトはヴェルサイユにおいてブロックドルフ=ランツァウ全権以下のドイツ代表団に「三五万か止むなくば二〇万の兵力」を勧告した。[133]

結局、ヴェルサイユ条約がこのようなゼークトの要望をなに一つ許さなかったのはいうまでもない。彼は、条約調印(六月二八日)の一カ月前に軍事条項の内容に憤激して帰国した。ゼークトにとって、条約で制限された一〇万の軍隊は「祖国を防衛するにも、国内政治に然るべき後楯を与えるにも不充分」なものであった。[134] だから、ヴェルサイユの条件が、あらゆる面でゼークトの小規模軍隊にとってすら桎梏であったのは論を俟たない。しかし、彼はもう一度戦争を賭してまで条約を拒否しようとは考えなかった。したがって、ドイツが現実になしうることは、連合国側の課する軍備制限を可能な限り緩和させることである。ところが、この点でゼークトはヴェルサイユにおけるドイツ代表団とくにブロックドルフ＝ランツァウ全権、あるいは本国のシャイデマン政府の政策に不満であり、それと鋭く対立したのである。しかし、この対立も条約を調印するかあるいは拒否するかという根本的な問題をめぐるものではなく、むしろドイツ政府および全権団が軍事問題を賠償問題や領土問題の背後に後退させ、「最高にして最後の財宝、国家的栄誉」たるべき軍事力を犠牲にして、他の問題で有利な条件を引き出そうとしている、とゼークトが懸念したためであった。[135] 事実ゼークトは、ランツァウに全権団が軍事専門家の意見を求めず「純粋に政治的考慮から」軍事問題の決定を下した、と不満を述べている。[136]

ゼークトとランツァウの対立は、そもそも彼がドイツ代表団に加わる直前の一九一九年四月二〇日、両者が最初に会談したときからのものであったが、[137] 具体的な対立点は軍事力の役割に対する両者の評価の違いにあった、と思われる。ゼークトにとって、軍隊はたんに物理的強制力であるだけでなく、国家の経済的地位、外交上の地位をも高めうるもの、つまり国威の前提であったのはいうまでもない。まさに「国防なくして栄誉なし」(wehrlos — ehrlos!)[138] であった。これに反して、ヴェルサイユにおけるブロックドルフ＝ランツァウは、軍事的無力状態をドイツ外交の前提としており、軍部の新軍創設の構想にはそもそも批判的であった[139]。そして、ドイツの政治的・経済的回復を軍事力を背景とした同盟政策ではなく、むしろ国際連盟の如きものを通じた国際的保障政策によって実現しようとするある種の期待が当時のランツァウにはあった[140](結局、彼の期待は裏切られることになるのだが)。このようなランツァウの立場はゼークトに深い疑念をうえつけたし、それは、ラパッロ後の一九二二年夏に彼がランツァウの駐ソ大使任命に強硬な異議を唱える原因ともなった。ともかく、ヴェルサイユにおけるゼークトの憤懣は、連合国の政策よりもドイツ側の態度にむけられたとさえいえるのである。

それでは、ヴェルサイユ条約の軍備制限規定そのものに対してゼークトはどう対決したのであろうか。一九二〇年三月のカップ一揆後、国防相ノスケとともに退陣したW・ラインハルトにかわって、ゼークトは陸軍司令長官 Chef der Heeresleitung に就任し、一九二六年一〇月に更迭されるまで、名実ともに新しい国防軍の最高指揮者となった。その彼がヴェルサイユ条約との関連で最初に直面した最大の問題は、ドイツの軍隊を一〇万にまで削減することであった。この問題はすでに彼の前任者によって着手されたものだが、この仕事を完遂したのはノスケ＝ラインハルトのコンビではなく、まさにゼークトであった[141]。彼の軍編成においては、さきにも述べた如く、正規軍に最大の重点がおかれるのであるが、その正規軍を条約の枠内に縮小する作業をフォン・ゼークトは、反共和・反動的軍人の抵抗を排しながら、また除隊される軍人の抗議の中で実行したのである[142]。そのことは、結果的にはヴェルサイユ条約の最も実質的な履行を意味するのではなかろうか。もとより、彼は自らを条約の忠実な履行者と考えたのでもなければ、そのように見せかけようともしなかった。むしろおよそ逆の印象、つまり反ヴェルサイユ的軍部指導者のイメージを与えたのは事実である。しかし、彼の軍再建の基本的構想はヴェルサイユの軍備制限規定と決定的に対立するものではなく、たとえばヒトラー的軍備方式と較べるならヴェルサイユ条約に意外なほど合致していたのである。後年彼が騎兵師団に関連して「私は〔ヴェルサイユ条約の〕決定をいささかも悲しまなかった。それどころかそれを最大限に利用《トゥー・メイク・ザ・ベスト・オヴ・イット》しようという決意をもって〔軍再建の〕事業に着手した」と述べている[143]のも故なくはないのである。

いうまでもなく、われわれはドイツ再軍備がヴェルサイユ条約に違反して非合法に行われた数多くの事例を知っている[144]。それについてここで屋下に屋を架す必要はないが、ゼークトがそれらの非合法再軍備をどのように扱ったかは、彼の基本構想とヴェルサイユの関係を具体的に示すものであり、われわれの行論にとっても避けることのできない問題である。しかし、これに関しても多くの事実が明らかにされているので、ここでは若干の例を再吟味しておけば充分であろう。

まず、ドイツの軍備状況を視察・統制すべく設置された連合国軍事監視委員会に対するゼークトの対応を一瞥しておこう。確かに、この委員会の存在そのものはゼークトにとって許し難いものであった。彼はこの委員会の速かな廃止を常に主張した[145]。「ゼークトの陸軍司令長官としての全活動は、他国による監視に対する間断なき闘争であった」とさえ言える[146]。また、監視委員会の活動が、ドイツ側のさまざまの抵抗・サボタージュに直面して甚だ難航したのも事実である[147]。しかし、ゼークトはこの委員会に真正面から公然と対決してはいない。あるいは少くとも対決を回避している。しかも、ゼークトの非難は、同委員会がヴェルサイユ条約に定められたところを越えて「スパイ活動のセンター」になったことに向けられた[148]。また、軍人たちが監視委員会の活動に反対してしばしば小競合を起した際、ゼークトはこのような軍人の反抗に「深い理解」を示しながらも、結局このようなサボタージュを抑える命令を出している[149]。

さらに注目すべきは、一九二一年五月のいわゆるロンドン最後通牒との関連である。周知のように、この連合国の最後通牒は賠償総額の受諾とともにドイツの軍備制限を速かに、かつ厳格に実施することを要求したものであり、これに基づいて同年一二月、フランス側監視委員長のC・ノレ将軍による軍備制限細目が決められた。ゼークトは、このノレの要求の履行を誤魔化すのは却って監視委員会存続の口実になる危険があるとしてこの「より小なる悪」を受入れている。[150] 彼の権威主義的性格が実際に与えた印象はどうであれ、ゼークトのこうした措置が実質的にヴェルサイユ条約との妥協を意味するのは争えないであろう。

ところで、ヴェルサイユ条約に違反するさまざまの非合法軍事団体、とくに義勇軍に対してはゼークトはどのように対応したであろうか。ゼークトの築きあげた軍隊、すなわち「注意深く選抜され、見事に訓練され、厳格な規律をもつ一〇万の将校（officers — *sic*）の軍隊……には、明らかに、義勇軍式の野蛮な無法者どもの入る余地はなかった」、とある研究者は述べている。[151] 事実、ゼークトは彼の正規の国防軍以外の軍事団体、とくに無法者的性格を備えた団体——ヴァイマル共和国に徹頭徹尾反撥する「本来の義勇軍」など——を支持しなかったのはよく知られている。[152] そのために、このような義勇軍のなかには、ゼークトの「冷徹さ」や「知性」に反撥して彼を暗殺しようと企てたものも現われた。[153] いわゆる黒色国防軍の場合も、それが一九二三年二月の「ゼークト＝ゼーヴェリング協定」を契機に生まれた非合法・秘密軍事団体であったのは事実だが、この補助軍隊の創設を認めたのは、フランスのルール占領という危機的状況においてとられた措置であった。いずれにせよ、ゼークトが、同年秋のミュンヒェン一揆の際に企てられた黒色国防軍の蜂起——キュストリーン一揆——を承認せず、その指導者B・E・ブーフルッカー少佐を逮捕し、黒色国防軍を解散させたのは周知のことである。[154]

以上のようなゼークトの措置は、実質的にはヴェルサイユ条約履行の側面を示すものであるが、それはまた同時に軍内部における彼の権威確立の過程に照応しているのであり、さらに軍部の国防大臣からの独立、いわゆる文官《シヴィリアン・》優位《コントロール》の排除の過程と表裏をなしている。こうして、ゼークトは、自らの構想する「小宇宙的」[155]軍隊の建設を進めるために、一方で軍内部で権威を確立することによって不都合な要素を切り捨て、他方軍部を政府から独立させることによってヴェルサイユ条約の違反事項は国防大臣や外務省に処理させることができた。それだけに、政府の背後にあり、軍部の中核に坐する「片眼鏡をかけたスフィンクス」ゼークトは、少くとも連合国側に、そして一般にも、ヴェルサイユ条約破壊の元凶であるかの如き印象を与えたのであろう。[156] このような印象は、後述する彼のソ連との関係のために一層強められたと考えられる。しかしゼークトの再軍備は全体としてはヴェルサイユ条約の課する制約を大きく踏み越えることなく行われたといえる。あるいは本来彼の軍再編成の基本構想そのものがヴェルサイユの枠組に全面的に牴触するものではなかった、というべきであろう。

このことは、ヴァイマル共和制に対するゼークトの立場と対をなして彼の対ソ政策を規定しているように思われる。その意味で、われわれはゼークトと共和国の関係に触れなければならない。この点はおそらくゼークト評価全体に係わる最も重要な論点であろうが、それを全面的に考察するのはここでの課題ではない。[157] 当面、彼の対ソ政策の前提として問題を整理するに留める。

本来、軍は体制に対する求心性をもっている。「国防」が、いかなる場合にも、軍の最低の要件たるべきものだからである。軍のもつかかる属性は、ゼークトにおいても例外ではなく、むしろ一面では顕著ですらある。彼は言う、軍はひとつの身分であって決して階級であってはならない、軍は、国家の中にさらに国家を建てるべきではなく、国家に滅私奉公すべきである、国家の意志と権力を代表する軍は、国家の秩序と安寧を維持するためにあらゆる反国家的運動に対抗しなければならない、と。[158] フォン・ゼークトの理念からすれば、軍と国家は不可分であり、その場合、軍の奉仕すべき国家の政治指導が「専制君主・立憲君主・独裁者・大統領に代表されるか、あるいは、多かれ少かれ無名の政府や内閣に代表されるかは問わない」ものとされる。[159] ここには、国家は階級とは相容れないもの、したがって階級国家などは存在しないものという前提はあるが、その前提のうえでなら軍はいかなる政治体制の国家にも奉仕すべきものとされているのである。そこから「軍は、国家観念を把握するという意味では政治的であるべきだが、それは断じて党派政治的なものではない」[160]という、いわゆる「超党派性の原則」も導き出されてくる。

しかし、いうまでもなく、このようなゼークトの国家観ないし「超党派性の原則」は、軍部の非政治化を意味したのではない。実際にはそれは国防軍の底辺を非政治化し軍指導は却って高度に政治的になるための機能を果したことはすでに指摘されている。[161]したがって、問題は、そのような軍指導——ここではゼークト——の政治性がヴァイマル共和国とどのような関係にあったかである。

「健全な国家組織においては、最高の国家指導部は——その形式の如何を問わず——……軍をも支配するものであり、軍はその特性に従って国家の第一の僕となる」と、ゼークト自身は述べている。[162]しからば、ヴァイマル共和国は「健全な国家組織」と看做されたのであろうか。周知のように、ゼークトは生涯を通じて君主主義者であったし、一度も共和主義者であったことはない。政策の決定・命令についても軍人特有の考え方を抱くゼークトは、そもそも「会議」なるものに懐疑的であったので、議会主義を軽蔑し——なぜなら余りにも頻繁に政府が交替するから——、社会主義には敵意を抱き——なぜならそれは階級に基礎をおくから——、そしてそもそも政治家というのはゼークトの気に入らない存在であった。[163]したがって、ヴァイマル共和国の象徴するものは、あらゆる意味で、彼にとって「健全」ではありえなかった。それにも拘らず、現実のヴァイマル共和国は、彼に妥協の余地を与え、それを防衛させるだけの条件をもっていた。そのことの象徴的な表現は、すでに一九一八年一一月の「エーベルト＝グレーナー協定」に見られる。つまり、それは、共和国が自己の軍隊を創設しなかったことである。社会民主党の国防政策を論ずるのは本題を逸脱するとしても、ごく抽象的にいえば、ゼークトの選ばれた軍隊は、もともと社会民主党の国民軍の構想が実現されなかったところに築かれたのであって、むしろこれを排斥するものであった。厳選され、質の高い軍隊の統一を保ち、軍紀を昂め、国家への忠誠心を養うためには国民軍は不適である、と考えられたからである。したがって、共和国の側が自己の軍隊を創設しようとしない限り、言い換えれば、ゼークトの理念としての国家観が貫かれうる如き軍隊の中に、それを突き崩す如き階級観が混入しない限り、彼は共和国と妥協し、さらにはまさにおのれの軍を維持し充実させるために共和国を擁護することができたし、またそうすることが必要であった。それがいつの日か共和国を打倒するための「待機主義」であったかどうかは、ここでは問わない[164]。

ともかく、彼が現実にとった政策が、当面共和国の打倒ではなく、「ライヒの統一を護ること」であったのは否定できないであろう。ゼークトは国防軍が武力によって共和国を打倒することを許さなかったし、国防軍内の極右反動的分子を排除していった。そのために彼がルーデンドルフやW・F・リュトヴィッツなど頑固な反動的将軍と反目するに至ったのは周知の通りである[165]。反共和的義勇軍との関係についてはすでに触れた。さしあたっての行論においては、さまざまの例を枚挙するよりも、共和国打倒のチャンスの最も大きかった一九二三年の危機におけるゼークトと共和国との関係を一瞥しておけばよい。

ゼークトは一九二三年秋にザクセン・テューリンゲンの左翼政権を速かに鎮圧した。左からの反体制的運動を弾圧するのは、彼の軍事思想、政治的信条からすれば極めて整合的な措置であった。とくに、ザクセンでは社会民主党左派のE・ツァイグナー政権のもとに労働者の武装組織が結成されつつあっただけに国防軍は間髪を入れずザクセン政権に厳重な警告——最後通牒——を与えこれを鎮圧してしまったのである[166]。

他方、右翼のクーデター計画やバイエルンの動きに対する彼の態度は必ずしも整合的ではない。政治的信条において彼に近い勢力と対決せざるをえなかったからである。しかしながら、実際には彼は国家人民党員などの反革命クーデター計画をも支持しなかったし、[167]八月下旬全ドイツ連盟会長クラースが彼に軍事独裁を勧めた際にはそれをはっきり拒絶し、「私はいかなる蜂起をも最後の一弾となるまで弾圧する」と答えたという。[168]

たしかに、一九二三年初めには、ゼークトは自らの権力掌握、個人独裁も可能であると考えたことはあるようだ。しかし一軍人の独裁では国民の広範な層を納得させえぬと見て、その構想を放棄したといわれる。[169]そこで彼は数名よりなる執政府 Direktorium の樹立を考えるに至ったが、[170]その場合にも自らが独裁者になることは考えていなかったという。[171]しかるに、同年秋のバイエルンの切迫した情勢のためゼークトの軍事独裁または彼を頂点とする執政府が改めて考慮されてくる。

一〇月末ゼークトはそのような「過渡的政権」および新政府の課題とすべき「政策綱領」Regierungsprogramm を自ら起草したといわれる。[172]これは、「総論」・「外交」・「内政」・「経済」・「財政・税制」などの項からなり、一六ページに及んでいたという。しかしわれわれの利用しうるのはその一部である。[173]まず「総論」によれば、最初の過渡的内閣は、内外の非常事態に対応して非常の措置を講じ、時局収拾の後、全執行権を放棄する。ついで新しい政府が「立法を通じて」恒常的秩序を作り出す。「総論」以下の各項は、おそらくこの新政府の課題として列挙されたものと思われるが、ゼークトが「綱領」中にその意志を表明しているように、自ら陣頭に立とうとしたのは過渡的内閣内なのか、この新政府内なのか、それとも双方であるのか、この点は明らかでない。いずれにせよ、この「綱領」は、まことに総花的政策の列挙であって到底充分に練られたものとは思えないが、それでもゼークトの政治思想のいくつかの核を反映しているのは否めない。とくにヴァイマル共和制に対する彼の態度に関連するものとして興味深いのは次のような箇所であろう。すなわち、ヴァイマル憲法を連邦制的基盤のうえに改変すること、国会《ライヒスターク》のほかに職能別代表よりなる全国的な身分制議会 Reichsständekammer の設置、ライヒ首相とプロイセン邦首相を統合することなど

「旧制度プロイセンの人《アン・プルシエン・ダンシアン・レジーム》フォン・ゼークト」[174]の帝制復古的側面を反映している点、および「あらゆるマルクス主義的理論と施策を断固取り消すこと、就中あらゆる社会化の企てを廃棄すること。[175]……労働組合を職能別代表議会で置き換えること」など、彼の反社会民主主義的または反社会主義的姿勢を示している点である。

さて、この時点において、彼はこのような政策綱領実現の行動を実際におこしたであろうか。この段階でもなおゼークト独裁の計画は、主として彼の側近の将軍たちによって推進されていたし、[176]右翼独裁計画全体の黒幕は「ルール王」H・シュティネスであったようだ。[177]ゼークト自身が、一一月三日にエーベルトに対し事態収拾のための右翼との妥協、シュトレーゼマン辞任を要求したのは周知のことだが、この有名な会談はまた彼がすでに自らの権力奪取の意志のなかったことを示している。つまり、彼は、この時、自らの首相任命をエーベルト大統領に強硬に要求することもなく、権力奪取の「合法的」な方法も放棄し、かくて、彼の副官たちをいたく失望させたのである。[178]もちろん、たとえ彼がすでにヒトラー一揆の前に自らが首相になる意志を放棄していたとしても、シュティネス・コンツェルンの前総支配人F・ミヌーやクルップ会社の取締役・現駐米大使O・ヴィートフェルトなどをメンバーとする執政府の計画そのものまで断念したのではない。事実、翌四日ワシントンのヴィートフェルト宛書簡で、シュトレーゼマン内閣を退陣させ、「執政府的性格の、全執行権を握る少数内閣」を樹立する必要を説きつつ、駐米大使の帰国を要請しているからである。[179]

しかし結局この執政府計画は、ヒトラー一揆の過程で流産することとなる。ここでその経緯を詳論する余裕はないが、この局面でのゼークトの立場をもう少し見ておかねばならない。ゼークトが、一〇月一日の黒色国防軍の蜂起を直ちに鎮圧し、一〇月中旬に樹立されたザクセンとテューリンゲンの左翼政府にたいしても、一一月初めにかけてこれを容赦なく圧殺したのは前にも述べた。ゼークトは、これと時を同じくして、バイエルン国防軍司令官O・H・

フォン・ロッソのベルリンに対する反逆に弾圧措置を講じ、バイエルン邦国総監G・R・フォン・カールにベルリン政府への武力による反抗を放棄するよう要請したのであった。彼は、全軍に与えた一一月四日の有名な日々命令で[180]、次のように述べている。「全土にわたる独裁によって今日の政治制度を迅速かつ武力的に除去することにのみドイツの救済を見ている勢力の一派が伸びてきている。バイエルンの国民社会主義者はベルリン進撃を要求している。……。あれこれの過激な行為からはこの救いは生まれない、外部の援助、内部の革命——左翼によろうが、右翼によろうが——からも生まれない、そうではなく、冷静かつねばり強い努力のみがわれわれに生き続ける可能性を与えるのだ……。われわれは、このことを法と憲法に基づいてのみ達成できる」[181]と。これは、ライヒの、そしてなによりもドイツ国防軍の統一性を攪乱し、ゼークトの権威へ挑戦するものに対する警告である。そして、ゼークトが国防軍の内部規律、兵士の司令官たちへの服従を要求しつつ、「余は全司令官に懇請する……政治活動を試みる国防軍所属者はすべて直ちに除隊させるべきことを」[182]と言うとき、この日々命令は、軍隊の政治化に対する警告、具体的には右翼運動への参加を禁じたものであった[183]。

ついで、彼は、フォン・カールに宛てた翌五日付書簡の下書きで[184]、「〔ヴァイマル憲法は〕基本原理において私の政治思想と矛盾する……。それ〔憲法改正〕の実現を支持するとしても、その方法は徒らに内乱に至るごときものであってはならぬ」と書いており、実際に送付した書簡の中でも、「国防軍は、自己と本質的に異なる政府〔シュトレーゼマン内閣〕に尽力して同志たちと対抗する羽目に陥るわけにはいかぬが、他方無責任で権限もない筋から武力的変革の実現が企てられるのを許すことはできぬ」(力点引用者)と述べている。この傍点の言葉は、なによりもまず、ルーデンドルフ＝ヒトラーなど極右の一派を指すものと思われるが、これは同時にカールを含めた「ベルリン進撃」の計画への警告であったことも否めないであろう。もちろん、この書簡は、カールとの妥協の側面をもっていた。とくに共産主義への露骨な敵意、シュトレーゼマン政府への不信を表明し、目的においてカールと一致するのを強調する点はそうである。前々日ゼークトがカールの派遣したバイエルン警察長官Ｈ・Ｒ・フォン・ザイサーに語ったところにもそれは示されている。(185) ゼークトの態度はやや曖昧で動揺していたとも考えられる。それにも拘らず、彼は共和国打倒の蜂起にはすべて反対した。ルーデンドルフ＝ヒトラーの運動も結局支持しなかった。そもそもドイツ政府の転覆、さらには共和国の倒壊がこの時点で可能だとすれば、その死刑執行人はまさに自分自身を措いてはありえない、と彼は考えた。さきの書簡の結びで、カールに「私は貴下にお願いする、この異常な危機から祖国を救うためのすべてがかかっているひとりの人間の言葉として私の言葉を受け取られんことを」と述べているのである。

その彼が、ビュルガーブロイケラーで一揆が起った一一月八日の真夜中に、大統領エーベルトから全土の平穏と秩序を維持するための執行権を授けられた。かくて大統領にのみ責任を有する合法的かつ事実上の独裁権を握ることとなった。権力を「合法的」に握ったにも拘らず、あるいはそれ故に、彼はヴァイマル共和国を潰そうとはしなかったし、彼の「政策綱領」を実行に移そうとしなかった。それどころか、翌二四年二月にこの独裁権を自発的に返上しさえしたのである。(186) こうして、ゼークトは、クロムウェル後の王政復古におけるマンク将軍の役割を期待した保守派の「広範な層」(187) を裏切って、共和国を防衛する行動をとる結果となったのである。これが、彼のヴァイマル共和国への忠誠心からでたのでないことは繰り返すまでもない。むしろ、独裁計画不実行の理由が、共和国打倒の機にあらず、という彼の極度に慎重な情勢判断にあったのは否定できないが、そのようなタイミングの問題だけにとどまらない。さらにそこには、小規模の、エリートによる軍を編成し、そのうえに立脚しているプロイセン・ユンカーたるフォン・ゼークトには独裁者になるべき大衆的基盤が欠けているという背景があった。そして、より根本的には、そのような軍を中核とする彼のドイツ再軍備構想が現体制内で実現できるという認識があったからではなかろうか。

対ソ観・軍事協力・ロカルノ

さて、ゼークトの国防軍再建がヴェルサイユ条約に徹底的に衝突すべき性質のものではなく、国内的にもヴァイマル共和国の破壊を要求するものではなかったとすれば、このことは彼の対ソ観、独ソ軍事関係とどのように係わっているであろうか。

まず、対ソ観であるが、それを貫くさまざまの要素が彼自身の次の表現に集約的に示されている。以下、少し長いが引用する。

ロシアは、まず第一に、世界の革命化という目標を追求する。そしてロシアは、かかる計画に対する抵抗の中心となっているのが資本主義列強の大代表たるフランス、イギリス、さらにそれらの背後のアメリカである、と看做しているに相違ない。そこから、列強の要求に脅されているドイツとの間にある種の共通の利害が生じてくる。ロシアの最も嫌悪するのは、西側列強の同盟国で直接ロシアに隣接しているポーランドである。ここに、最も積極的にドイツに接近する点がある。ところが、そのドイツは、ボリシェヴィズムに対する防禦という明白な必要性があるため、反ロシアの戦線へ強いられるという困難な立場にある。ロシアは、世界革命の途上において、ロシア的政策を遂行しているが、それは、強化された、突撃能力のあるロシアからはじめて世界的運動が出発しうるからである。このことを看過してはならない。かかる〔ロシアの〕強化のためにロシアは、やはり西側を、そしてドイツをも必要とする。西側列強が、ロシアの建設を援助すれば、自ら危険を招くことになるのは論を俟たないが、それにも拘らずどの国もこの活動の分野を他国にまかせておこうとはしない。そのような活動の領域がますます狭小になっているような時代には殊にそうだ。だからアメリカは、ボリシェヴィズムそのものには断固たる敵意をもっているにも拘らず、この支援を最も広範に行っているのである。おそらく、自らの国はボリシェヴィズムの思想に襲われる危険には程遠いものと確信しているからであろう。ところが、われわれにとっては、この危険は実質的にずっと近くに横たわっている。しかしフランスとポーランドの谷間にあるわれわれの位置からして、西側への完全な依存に落ち込まぬためには、われわれはロシアと絶えず接触し、可能な限りそれと諒解をつけておくことを余儀なくされている。こういう情勢の強制力は、人が今日のロシアの体制の寿命が長いと判断するかどうかにかかわりなく、存続するものである。[188]

ゼークトが、「ボリシェヴィズムと隣り合わせるのを不快」と思ったであろうことも、ラパッロ条約がソ連から「ボリシェヴィキの煽動の新たな踏み台と見なされる危険」さえ感じたであろうことも容易に想像できる。[189]彼が社会主義に敵対的であったのは余りに明白なことであって、一九二三年の危機の年に等しく反国家的運動を抑えるといっても、ザクセン・テューリンゲンの社会主義政府にたいする弾圧がミュンヒェンの右翼による一揆にたいする態度と著しく対照的であったことに触れれば充分であろう。ただ、ここで注目しておくべきことは、軍人ゼークトの共産主義に対する恐れは、その階級的立場、つまり軍の拠り所たるべき国家への忠誠・義務感を破壊する危険にあったことである。それは、ゼークトの政治思想というより、彼の基本的軍事思想と背馳するものであり、大衆的基盤をもつ軍隊ではなく、エリートの集団たる彼の国防軍が本来的に排斥するところであった。つまり、彼の最も警戒したのはロシア革命思想のドイツ国内への影響、より具体的には軍隊内への浸透であった。

彼の対ソ観においてロシアの目的＝世界革命という認識が一応の前提となっていたとしても、ソ連を一個の国家権力として把握する限りでは、かかる反共意識は相対化せざるを得ない。そしてそこでは、勢力均衡策《バランス・オヴ・パワー》的考慮が一定の役割をもってくる。だから、彼によれば、ドイツは、ロシア革命の思想とともにロシアの権力要求に対処しなければならない。[190] ところが、ソヴェトの国家権力と革命思想という二つの要素はいずれもヴェルサイユ体制にとっては脅威となっている。一九二〇年ソヴェト＝ポーランド戦の最中に書かれたある覚書[191]の中で彼はこのことを次のごとく述べている。「大ロシア的発展は……英の植民地の権威を脅かし、仏のヨーロッパ分断策を齟齬させ」、他方「ロシア革命の思想は……アングロ・サクソン資本主義と帝国主義に直接敵対する」（力点引用者）。そこで、連合国はドイツをロシアと対立させようとするに至る。しかし、英仏が、たんにドイツ懲罰のためのみならず、植民地や従属諸民族支配の体制としてのヴェルサイユ体制を維持しようとしている限り、独ソの連合国側との協調はあり得ない。こうして、ドイツとロシアは国際関係においてはヴェルサイユ体制の疎外者として共通の立場におかれているのである。彼は言う、「〔ヴェルサイユ〕平和条約はロシアとの共同によって最も確実に、そして自然に引き裂かれる」と。しかし、ここでも留意しておくべきは、ゼークトの再軍備計画を国際的な次元で妨害するものはヴェルサイユの現状維持派、とくにフランスであり、したがって彼が軍事的見地から対外関係においていやしくも『選択』しうるとすれば、それは現状不満派しかなく、『西の選択』はそもそも最初から除外されたものだった点である。そして、そのような現状不満派のうち、軍事的に最大の意味をもつのがソ連であったのはいうまでもない。[192]

それでは、ゼークトが「ロシアとの共同」という場合、それはいかなる性質のものであったか？　前記覚書の示すところでは、一九二〇年夏の時点で、ドイツが「直ちに公然とロシアの側に立つ」のを彼は否定している。それは、ロシアの対独援助能力を確信できぬからであり、ドイツが東か西で立場を固定すべきではないからである。ソヴェト＝ポーランド戦争に際して連合国はソヴェトに対抗するためドイツの助力を求めたが、それに対してゼークトは「ロシアとの友好関係を公言」し、「中立を表明」すべきだ、と主張する。そしてロシアに対しては「完全な互恵主義に基づく互恵的経済交流」の希望を表明し「ロシアが一九一四年のドイツ国境を尊重することを期待すべきだ」としている。このようなゼークトの公式の提案（この覚書は「秘」とされてはいるが）は、彼が独ソの強い結合関係にむしろ消極的であること、ほとんど他の政治勢力以上には対ソ接近を主張していないことを示している。[193] もしゼークトが前節で扱った極右ナショナリストの如き意味の独ソ提携論者であれば、連合国側の期待を挫折させることに諸勢力がこれ程一致した時点においては、おそらく独ソの接近をもっと強く主張できたであろう、と考えられる。

しかし公式に書かれた覚書には、「公式ならざるもの」が省かれるのが常である。ゼークトの覚書で「省かれたもの」が独ソ秘密軍事協力であったのはいうまでもない。この軍事協力の秘密性が、まさにヴェルサイユ条約との衝突を避ける――非合法性の公然化を避ける――方便であったのだが、[194] それはまた同時に彼の「ロシアとの共同」の内容が限定されたものであることをも示している。すなわち、後にも触れるように、彼はドイツの方向づけとしての独ソ同盟のごとき結合はいかなる場合にも提起していない。一九二一年ラーデクと会見した際にも、ポーランド攻撃を目的とした独ソの共同行動を無条件に拒絶した、といわれる。[195] さらに、一九二二年のラパッロ条約締結の際にも、ゼークトが直接これに関係した形跡はないし、[196] 秘密軍事同盟が附随していたという証拠は、いまや周知のように、見あたらない。[197] このことは、彼の反ボリシェヴィズム的対ソ観を考えれば当然にすぎるのであるが、しかし他方、ソ連領内における兵器の製造・実験、将校の訓練といった秘密軍事協力――正確には軍事・経済協力というべきかも知れない――に関する限りならば、ゼークトの反共性に抵触するものではないし、なによりも国防軍増強のため好都合であった。そして彼が「ロシアとの共同」に積極的であったのはこのような次元においてであった。

次に、この軍事協力問題をヴァイマル外交と「東方派」という本節の課題と直接関連させながら検討してみなければならない。

もともと独ソ軍事協力は、ドイツ側に関する限り、軍部のイニシャティヴのもとにソヴェト側との直接交渉によって開始された。そして、大統領・首相・外相・国防相など政府側は、つんぼ桟敷に置かれるか、あるいはそれを追認する形で推進された。したがって、ヴァイマル共和期の独ソ関係においてはほとんど最初から少くとも二つの交渉ルートが存在していたのである。軍部は、国防軍内の特務班R Sondergruppe R およびモスクワ本部 Zentrale Moskau =Z. Mo などを通じて、通常の政府の外交機関とは独立した交渉ルートを有しており、[198] これらの実質的な最高責任者がフォン・ゼークトであったのは述べるまでもないが、重要なことは、軍事協力の実施機関のみならず、政策の決定が政府とは独立してなされ、軍事協力の領域で軍部の活動を阻害するが如き文官は排斥されなければならなかったことである。

ゼークトの再軍備計画の一環としての独ソ軍事協力策においても、彼の軍再建政策一般についていえるように、政治(ないし政党)が軍の活動に容喙するのは峻拒されたのである。独ソ軍事協力に対する最大の批判が社会民主党からのものであったことを考えれば、この領域での軍の「超党派性」は格別に必要であった、と思われる(エーベルト大統領は終始つんぼ桟敷に置かれた!)。このように交渉ルートのデュアリズムも、ゼークトの基本的な軍事思想から説明されるべきであり、ヴァイマル外交の担当者、とくに対ソ政策決定に直接関係する文官とゼークトとの対立もかかる観点から理解さるべき側面を有している。

以下、「東方派」文官の代表格としてのブロックドルフ=ランツァウとの関係を再び取り上げることによって、その点をやや具体的に述べておこう。一九二二年七月末駐ソ大使のポストがランツァウに決まりかけたとき、ゼークトがこれに横槍を入れたため両者が激論を交わすに至り、ついにドイツ大使のモスクワ赴任は一一月はじめまで延期されたのは有名な事柄である。[199] 行論の必要上、若干の経緯を記しておく。[200]

一九二二年五月一〇日、大統領エーベルトは、駐ソ大使就任についてブロックドルフ＝ランツァウを打診した。この二人は、ヴェルサイユの当時から親密な個人的関係にあり、またラパッロ条約の締結が不適切であったことについても同意見であったが、ランツァウはポスト受諾の意向を示すと同時に、その条件として、外務大臣――当時はラーテナウであり、ランツァウはこのユダヤ人外相を度し難いものと見なしていた――の制肘を受けないで独立できること、彼自身の対ソ方針が承認さるべきこと、を求めた。ラーテナウ暗殺(六月二四日)後外相を兼任したヴィルト首相――ランツァウはこの元学校教師の首相をも、自分の相手にすべき階層の人ではないとして軽蔑していた[201]――は、ランツァウの要求にすぐには応じなかった。七月一九日、エーベルトとの三度目の会見でランツァウは一覚書を提出し[202]、その中でソヴェトとのいかなる種類の軍事同盟も拒絶した。大統領はランツァウを支持し、またマールツァーンもヴィルト首相に駐ソ大使の任命を促した。七月二四日、ヴィルト首相はランツァウに大使のポストを与えるに至る。

ところが、それから一週間内に陸軍司令長官ゼークトが駐ソ大使の人事に反対し始めた。ヴェルサイユにおけるランツァウの「非愛国的」行動がその理由である。憤激したランツァウは、八月一日ヴィルトに対し、独ソ軍事同盟のごときものが愚かしく危険であること、ゼークトの介入に片を附けない限りモスクワ赴任はできぬことを主張した。この時、首相は、はじめてランツァウに独ソの秘密軍事協力が進行している事実を説明した。驚いたランツァウはエーベルトがこの事実を知っているかどうかを質問したが、首相は大統領はこのような政策に反対であるから知らせてない、と答えた。ついで、ランツァウはゼークト＝ヴィルトの対ソ軍事政策を非難した「プロメモリア」(八月一五日付)を草し大統領と首相に提出する[203]。この「プロメモリア」の文面はゼークトへの反感から相当に誇張されたものだが、要するにその論点は、ドイツの向ソ一辺倒政策は「時機尚早」で危険であり「見込みがなく、したがって誤謬」であること、独ソ軍事同盟の如きは、西側との衝突を招く可能性がある――この際ドイツの軍事的無力が前提とされている――ことを強調したものである。

しかしランツァウの真意は、「プロメモリア」の文面よりも、この前後の彼の言動の方によく表われているようだ。彼は、九月七日ヴィルト首相に「プロメモリア」を手渡した際、すべての対ソ交渉が大使たるべき彼自身の手で行わるべきこと、大使の権限に軍部が干渉しないという文書による保証を国防相ゲスラーが与えるべきことを要求した[204]。つまり、彼が駐ソ大使就任の条件として一貫して主張したのは、外務省の統制から独立すること――一国の大使としては前代未聞の権限要求である！――および、独ソ軍事協力がすでに行われているのを知ってからは、そしてまたとくにゼークトの人事干渉以後は、軍部の対ソ直接交渉の中止であった。その際、実際に衝に当った「野心的軍人たちの無定見・無節操によって〔独ソ関係が〕台無し」になることを彼が警戒したのも看過できない。

ともかく、このような、いわば交渉ルートの一元化の試みは、ランツァウの動機いかんに拘らず、軍部にとってはいわゆる文官優位《シヴィリアン・コントロール》の主張を意味したと考えられる。しかもランツァウの対ソ政策の構想では、ラパッロの否定的側面が、あるいは軍事同盟のもつ危険性が強調されていたのであるから、フォン・ゼークトがブロックドルフ＝ランツァウの駐ソ大使就任に危惧を抱いたとしても当然である。ゼークトは、そこに再軍備計画の一部である軍独自の独ソ軍事協力が妨害されるかも知れぬ危険、換言すれば政治の軍への介入、軍の独自性を脅やかす危険を見たのだ、と考えることができよう。

したがって、ヴィルトから「プロメモリア」の写しを送られたゼークトは、直ちにその二日後（九月一一日）長文の反論を首相に提出した[205]。ゼークトの「回答」は、ラパッロ条約の積極的評価、独ソ接近（実際には軍事協力）にたいする英仏側の反撃の可能性の軽視、ドイツの行動の自由の主張等において、「プロメモリア」とはかなりニュアンスの相違がある。けれども、ボリシェヴィズムの脅威、ドイツ軍事力の脆弱さを認め、この時点での東西間の選択（すなわちイギリスかロシアとの同盟)を回避する点では両者の間に対立はない。事実、「プロメモリア」と「回答」の字句を比較検討する限りでは、前者の反軍部的言辞、後者の激越な調子の駐ソ大使任命の妨害などの対立は見られるものの、ドイツ外交の基本路線に関して、一体どこに対立点があるのかは必ずしも定かではないのである。ゼークトは言う、「一体誰が、われわれを一方的に拘束する成文の軍事協定を〔ソヴェトと〕締結したというのか？　あるいは誰が現在そうしようとしているというのだろうか？　責任ある軍当局がそうでないことは確かである」と。ゼークトが軍事同盟を主張しないのはランツァウ同様であり、ランツァウとて、ゼークトの私的軍需産業を通ずる独ソ軍事協力を原則的に否定したわけではなかった。

とすれば、両者の決定的な対立点は、個人的威信の問題とか感情的反撥によって拍車をかけられたのも事実だが、やはり文官優位《シヴィリアン・コントロール》の原則と軍の「超党派の原則」との確執にあったとすべきであろう。[206]ゼークトの側から言えば、ランツァウの主張の如き文官優位の原則はまさに彼の基本的な軍事思想に背馳するものであり、自己の権限を軍に対してのみならず外務省に対しても強烈に主張する人物が駐ソ大使に就任するのは軍の独自性にとって最大の脅威であった。ゼークトが「回答」の中で次のようにきめつけているのもそのためであったろう。すなわち「〔軍事協力の交渉に〕ドイツ政府が参加することは、あるいは公式に知っていることさえも、問題外である。交渉の細目は、軍当局のみが処理しうる。軍当局が政治当局に通告せずにドイツを拘束する如き協定を結ばないのは自明のこととさるべきであるが、しかし、ドイツ政府が公式な交渉を行わない限り、モスクワ大使館は、そもそも然るべき交渉の場所ではないのである。モスクワ大使館は、敷かれたレールにとやかくいう筋合にはなく、決められた政策に誠実に同意しておればよろしいのである」と。

このような対立には若干の調整が試みられた。とくに、最高裁判所長官W・ジーモンスは、ランツァウの依頼で、[207]

ゼークトに書簡を送った。ヴェルサイユにおけるランツァウの行動が決して「非愛国的」なものではなかったことを強調し、かかる誤解を解いて両者が和解することを勧めた。[208] しかしゼークトはジーモンスの介入によってもなおランツァウの駐ソ大使任命への反対を取り下げることはなかった。[209] したがって、対立は完全な解決をみないでうやむやのままランツァウは駐ソ大使としてモスクワに赴任することになった。ゼークトの側では、軍事協力は政府のコントロールではなく支持をこそ受けるべきであり、軍事関係は政治(国家ではなく)に従属すべきものではないから、その後も軍部は依然として独自の対ソ軍事交渉を行った。そのために、ランツァウは交渉ルートのデュアリズムを克服するために絶えず努力しなければならない。このように「文官優位」と「超党派性」の対立は完全には解消しなかったのである。そしてモスクワにおける軍部の出先機関に対する統制を次第に強めようとする駐ソ大使の努力は、必然的に彼を軍事協力関係に連坐させることになった。こうしてブロックドルフ=ランツァウは、モスクワ赴任以後、とくに一九二四年以後には独ソ軍事協力の政治的意義を認めるようになってきていた。[210] さらに、前項で述べたように、駐ソ大使はシュトレーゼマンのロカルノ政策に反対したから、ゼークトとの緊張関係は全体として緩和したといえる。つまり、軍事関係を第一義的に考える独ソ軍事提携には反対したが、反ロカルノという点でゼークトと一致したのであった。[211]

では、そのゼークトがシュトレーゼマンのロカルノ政策に反対したのはなぜか、この点を検討することによってゼークトの対ソ政策についての一応の結論をえておこう。

彼が、ロカルノに猛烈に反対し、シュトレーゼマンと鋭く対立したのはよく知られている。[212] しかしその反対理由をつきつめてみると、意外なほど具体的根拠は多くなく、ただ当然のことながらロカルノがドイツ再軍備に不利益だという彼の判断に帰着するようだ。

連合国の占領するラインラントのうちケルン地区の撤退は一九二五年一月一〇日の筈であった。しかしその条件としてドイツの軍備制限条項の履行が定められていた（ヴェルサイユ条約第四二九条）。連合国は、この条件が満たされていないという理由でケルン地区の撤退を延期したが、その条件の中には、ドイツ陸軍司令部の改編——文官たる国防相への従属や実質上の参謀本部たる軍務局 Truppenamt の将校数の削減などがあった。同年六月五日、連合国は軍事監視委員会の報告に基づいて、このような点を含む軍備縮小履行を要求する覚書をドイツ政府に手交した。(213) ゼークトは、軍縮要求の履行をケルン占領地区撤退の条件とする連合国のこのような態度に抗議して威嚇的に辞職しようとさえしたといわれる。(214) 連合国、とくにゼークトの独裁の可能性をいたく恐れていたフランスは、陸軍司令長官としてのゼークトの地位に度重なる異議をとなえた。(215)

他方、シュトレーゼマン外相も、連合国側の要求を「取るに足りぬ些細なもの(216)」(kleinlich und kläglich) として、この覚書には回答しなかったが、しかしフランスと後にロカルノ条約に結実する安全保障交渉を推進して行き、その過程で連合国の軍縮要求に譲歩を示した。(217) このようなシュトレーゼマンの西方との「協調」はゼークトの痛罵を浴びることになる。「〔ロカルノ会議〕はせいぜい失敗すれば関の山、それでもなんの益にもならぬ。和解は敵方の成果になるのみ(218)」と。このようなゼークトの反対にも拘らず、ドイツ政府は一〇月一六日、ロカルノ条約に仮調印した。そしてその後の一一月になって、さきの連合国の覚書に回答し、ゼークトの国防軍の最高司令官 Oberbefehlshaber の肩書を廃止すること、彼を文官たる国防相に下属させることに同意したのである。(219) このこと自体は、たしかに「純粋に形式の問題」にすぎなかったとしても、(220) ゼークトがシュトレーゼマンのロカルノ政策に強く反撥したのは、ヴェルサイユにおけるランツァウを批判したときと同様、ここでも対連合国交渉の過程で軍事問題が政治問題の犠牲となるのを危惧したためであったと考えられるのである。「国家の中の国家」たる軍の機構が、連合国の圧力下に、しかもほかならぬドイツ側文官の賛同をえて、改編されるとすれば、それがゼークトにとって何を意味するかはもはや説明するまでもあるまい。

ゼークトはまたロカルノのコロラリーとしての連盟加入にも軍事的見地から反対していた。シュトレーゼマンには、さらにゼークトの周囲にも、ドイツの連盟加入によって連合国軍事監視委員会は連盟に移管されることになり、これによってフランスの恒常的な監視を免れうるという判断があったが、ゼークト自身はそうは考えていない。むしろ、連盟内でのフランスの影響力が大であることからして連合国監視委員会の廃止後も連盟＝フランスの対独軍事監視は依然として強いと予想したのであった。[221] 監視委員会の活動がヴェルサイユ条約違反の摘発のみを対象とせず「越権的」に「スパイ活動」を行っているとするゼークトにしてみれば、フランスの参加する軍事監視はいかなるものでも拒絶すべきであったろう。

ところが、意外にも、ゼークトはロカルノ会議以前にすでに連盟加入に賛成するに至っていたし、ロカルノ条約以後はシュトレーゼマンの政策への反対意見も影をひそめている。[222] いまのところ、その具体的な理由を説明する史料はないが、[223] 当然考えられるのは、第一に、シュトレーゼマン自身が独ソ軍事協力を黙認しつづけてきたことであろう。外相は、ランツァウ大使のごとく、交渉ルートの一元化をはかることによって「文官優位」を確立しようとはしなかった。換言すれば、軍部の行動を黙許することによって、少くとも一九二七年はじめに至るまでは、自ら軍事交渉に連坐するのを注意深く回避した。[224] その限りにおいて、ゼークトの対ソ軍事協力政策にとっては好都合でさえあったと思われる。第二に、上述のように、ゼークトのロカルノ反対は、基本的には軍部の利益という観点から出たものであり、西方との「協調」を対ソ関係に逆行すると非難する場合も、それが、再軍備計画の一環としての独ソ軍事協力に対する障害だと見られたからであろう。ところが、シュトレーゼマンのロカルノ政策は、そもそもゼークトの危惧したように、軍事問題の犠牲をもたらすものではなく、逆に軍事監視委員会の廃止をこそ志向するものであった。したがって、ゼークトは、結局「ロカルノの効果」を認めざるを得なくなったのだと思われる[225]。

もしも、ゼークトが主として対ソ関係を考慮してロカルノに反対したのだとすれば、おそらくロカルノ会議後にもその反対の態度をやめることはなかったであろう。しかし実際にはすでに述べたように、彼は独ソ関係において軍事・経済協力をこそ推進したが、ロカルノに対抗すべくドイツ外交のオルターナティヴとしての独ソ同盟の如き強い結合関係を提起したのではなかった。このことは、ゼークトの対ソ提携政策における一定の限界を意味している。ロカルノ直後にソ連外務人民委員チチェーリンは独ソ交渉を開始するに先立ってベルリンで一一月九日ゼークトと会談した[226]。この「秘密会談」で独ソ軍事同盟が討議されたというニュースが一二月末から各新聞に報道され始めた[227]。越えて二六年一月末にもゼークトは「わがボリシェヴィキの友人たちと中味は極めて政治的な夕食」をともにしている[228]。しかし、こうした際に彼が軍事同盟案のごときものを支持したという証拠は見当らないのである。

本項で考察してきたところを、ここで一応纏めておこう。第一に、われわれは、フォン・ゼークトの基本的な軍編成の構想が厖大な軍隊に基礎をおくものではなく、小規模の、エリートの軍を中核とするものであったのを再確認した。かかる軍事思想は、最初の総力戦たる第一次世界大戦の経験に対するゼークトなりの反省——「国民軍」への不信——に立っているのだが、このことはまた彼のユンカー的信条・性格を示し、大戦後の社会的変化に対する逆行的対応をも物語っている。第二に、この彼の逆行的対応が、実はヴェルサイユ条約制約下のドイツ国防軍の存在形態と意外なほど一致した。そこに、彼が軍再建を全体としてはヴェルサイユの枠内で実行し、それを公然と打破する必要のなかった理由がある。もちろん、彼の小規模軍隊は、一定の条件下に大量軍隊に拡大する可能性を孕んでいたのは否めない。そのような条件とは、たとえばドイツの経済復興、国際的地位の回復であるが、それが実現すれば、かえってゼークトの本来的軍編成方式では不充分となる。[229] ただ、少くとも彼が国防軍の頂点に立っていた期間には、そのような状況は現われておらず、彼の軍事思想は現実のドイツの軍備可能な状況にきわめて合致していたといえる。そうであったればこそ、ゼークトがヴァイマル共和国における軍再編の担い手たりえたのである。

次に、ゼークトの政治的信条が反共和主義的であったのは論を俟たない。しかし彼の軍隊が現実の共和国の体制内で創設され、維持されているとすれば、あえてこの共和国を打倒する必要はなかった。信条的には共和制に反撥しつつも、現実の共和国はもはや彼のエリートの軍隊を維持し充実させるために決定的な障害ではなかったから、極左はいうに及ばず、極右からの共和制打倒運動をも排除することになった。ゼークトが自己の政治的信条を具現化する最大のチャンスでさえあった一九二三年秋の危機における彼の言動は、結局現体制への求心性を示しており、軍を国家意識で貫くための「超党派性の原理」も現実には現体制維持の機能を果すものであった。

最後にゼークトの対ソ政策とイデオロギーについていえば、まず彼の反ボリシェヴィズム意識はなによりも軍の国家観を突き崩す階級観へのおそれであった。したがってソ連邦が、もっぱら世界革命だけのために存在したのであれば、あるいは対独関係をドイツの革命推進のためにのみ考慮したのであれば、ゼークトにとって対ソ接近はそもそもありえないことになる。ところが、実際にはソ連が国際関係のうえで一つの国家権力《パワー》として機能している限り、ゼークトの反共イデオロギーは相対化され、反ヴェルサイユ国家ロシアとの「共同」が主張されるに至る。しかし、彼の対ソ「共同」の次元は主として秘密軍事・経済協力関係であり、ドイツ外交のオルターナティヴとしての独ソ提携論ではなかった。これは、現実にヴァイマル共和制の内部で国防軍に責任をもち、ヴェルサイユ体制の徹底的《ラディカル》な破壊を企てていない(またはその必要のない)ゼークトが前節で問題とした極右ナショナリストとは異なる点であった。しかし、いうまでもなく彼が当時親ソ派または「東方派」と考えられたのは事実であったし、今日でもそうである。独ソ軍事・経済協力を推進した限りでは彼はまさに「親ソ的」であったし、それればかりではなく後年世界政策的次元においてもヒトラーの日独伊三国同盟の路線とは齟齬する対英仏策、つまり独ソの協力ならびに日本に対抗する対中国友好関係樹立の路線と近かったのは否めない。(230) しかしながら、このようなドイツ外交の選択に関するゼークトの思想傾向は、極右ナショナリストとかなり共通していたとしても、ロカルノ前後における彼の対ソ政策を規定したものではなかった。彼が西欧協調外交、ロカルノ＝連盟政策を激しく非難したのは、その中に軍の独自性が脅やかされる危険をみたからであり、軍の「超党派性の原則」に固執し文官の干渉を排しつつ独ソ軍事協力を推進しようとしたためであった。そのため、彼はいよいよ「東方派」としての印象を強めた、と考えられるのである。

本章の注において、ドイツ外務省 Auswärtiges Amt(AA)文書(マイクロフィルム)については、

Str. Nachlass : *Nachlass Stresemann*

Br. R. Nachlass : *Nachlass Brockdorff-Rantzau*

Büro des RM : *Büro des Reichsministerium*

Büro des St. S. : *Büro des Staatssekretärs*

のごとく略記し、フィルム巻数 roll number、通し番号 serial number、齣番号 frame number の順に併記する。なお、押収ドイツ文書については、西川正雄「ドイツ現代史史料概観――いわゆる『押収ドイツ文書』を中心として」『史学雑誌』七二編四号、六号(一九六三)を参照。

(1)　ドイツ国家人民党(DNVP)などの旧保守派と区別して、彼らにはさまざまの呼称が与えられる。「新保守主義」neoconservatism (Klemens von Klemperer, *Germany's New Conservatism. Its History and Dilemma in the Twentieth Cen-*

tury [Princeton, 1957])，「国粋的革命派」Nationalrevolutionäre (Otto-Ernst Schüddekopf, *Linke Leute von rechts. Die nationalrevolutionären Minderheiten und der Kommunismus in der Weimarer Republik* [Stuttgart, 1960]) あるいはまた「革命的国粋主義」Revolutionärer Nationalismus (Kurt Sontheimer, *Antidemokratisches Denken in der Weimarer Republik. Die politischen Ideen des deutschen Nationalismus zwischen 1918 und 1933* [München, 1962]; Hans-Joachim Schwierskott, *Arthur Moeller van den Bruck und der revolutionäre Nationalismus in der Weimarer Republik* [Göttingen, 1962]) 等々である。彼らは特定の統一された組織に属していたわけではなく、一定の傾向を有する個人やグループを指すのであるが、重要なことは彼らが「革命的」であった点である。本稿でも、適宜さまざまの名称を用いる。

（2） Cf. Schüddekopf, *Linke Leute*, 179.

（3） *Ibid.*, 180.

（4） Cf. E. H. Carr, *German–Soviet Relations between the Two World Wars, 1919–1939* (Baltimore, 1951), 20, 22. 邦訳『独ソ関係史』富永幸生訳（サイマル出版会、一九七二）、二三、二五ページ。

（5） Max Bauer, *Das Land der roten Zaren* (Hamburg, 1925), zitiert in : Schüddekopf, *Linke Leute*, 183 f.

（6） メラーについては、Schwierskott, *Moeller*; Klemperer, *Germany's New Conservatism*, 153 f.; Fritz Stern, *The Politics of Cultural Despair. A Study in the Rise of Germanic Ideology* (Berkeley/Los Angels, 1961)；三宅正樹「ワイマール・デモクラシーと知識人――モェラー・ファン・デン・ブルックとF・マイネッケ」『思想』四三八（一九六〇）参照。

（7） Moeller, "Tolstoi, Dostojewski und Mereschkowski" (1906), zitiert in : Schwierskott, *Moeller*, 128.

（8） Zitiert in : *ibid.*, 130.

（9） メラーの人種観は、後で述べるヒトラー、ローゼンベルクと異なって反ユダヤ主義ではない。それに、彼は「生物学」的人種差別に反対し、「精神性」による人種の区別を行っており、それがメラーのいわゆる「若い民族」であり「老いた民族」となる。彼は、そうした関連で、人類学的アプローチを批判し、「ビスマルクが長形の頭蓋を持っていたか、あるいは円形の頭蓋であったかは全く詰らぬことである」と言う（*ibid.*, 102 f.）。

（10） Moeller, *Sozialismus und Außenpolitik* (Breslau, 1933), 81. なお、Völkersozialismus の訳語として、Klemperer, *Ger-*

many's New Conservatism, 168 は a socialism of nations を、Stern, *Cultural Despair*, 242 は a peoples' socialism をそれぞれ用いている。この場合の Völker は「諸民族」・「諸国民」あるいは「諸国家」等の日本語がそれぞれもつ意味を漠然とすべて含んでおり、英語の nations, peoples それぞれの意味あいを兼ねている。ただ、確かなことは、その中では階級対立が止揚されている「民族」なり「国民」なり「国家」なのである。

(11) Stern, *Cultural Despair*, 246 f.

(12) Moeller, "Sind Kommunisten Deutsche?" (1921), zitiert in: *ibid.*, 250.

(13) この点については、三宅立「シュトレーゼマンの大連合政策について」『歴史学研究』二九五（一九六四）を参照。

(14) Moeller, *Das Dritte Reich* (Berlin, 1923), hrsg. v. Hans Schwarz (Hamburg, ^{3}1931). なお、cf. Stern, *Cultural Despair*, 246 f.; Schwierskott, *Moeller*, 103 f.

(15) メラーは当初自著『第三帝国』をランツァウに献ずるつもりであった、といわれる。Stern, *Cultural Despair*, 248n.

(16) Moeller, "Deutsche Grenzpolitik" (1920), zitiert in: *ibid.*, 249.

(17) 後に論ずる独ソ軍事協力の問題については、ロイド＝ジョージのかつての警告——飢えた(hungry)ロシアが怒れる(angry)ドイツによって武装されるかも知れぬ——に言及して、メラーはこの可能性が現実となることに期待している。*Ibid.*, 250.

(18) Ernst Niekisch, *Gewagtes Leben, Begegnungen und Begegnisse* (Köln, 1958), 136.

(19) この点については、Walter Z. Laqueur, *Young Germany. A History of the German Youth Movement* (London, 1962), 181 f.

(20) たとえば、シュトレーゼマンとリトヴィーノフの会談（一九二五・六・一三）(Gustav Stresemann, *Vermächtnis* [Berlin, 1932-33], II, 517) およびチチェーリンとの会談（一九二五・九・三〇）(*ibid.*, 542; *Büro des RM* 1408/2860 H/554644)。また、人民委員会議長ルイコフのブロックドルフ＝ランツァウへの言明(25. Jun. 1925.) (*Büro des St. S.*, 2313/4562H/155008)。

(21) Cf. Schüddekopf, *Linke Leute*, 188.

(22) Hans Wendt, *Hin zu Rußland!* (1925), zitiert in: *ibid.*, 185 f. ヴェントについては、Klemperer, *Germany's New*

Conservatism, 148, 32n.

(23) Georg Cleinow, *Moskau* (1925), zitiert in : Schüddekopf, *Linke Leute*, 186.

(24) Erich Mahlmeister, *Rußlan und der Bolschewismus——Rußland und Wir* (1927), ziteirt in : *ibid.*, 187.

(25) *Ibid.*

(26) 22. Okt. 1925, zitiert in : Schüddekopf, *Linke Leute*, 197 f.

(27) *Nationalsozialistische Briefe*, I-8 (1926. I. 15), zitiert in : *ibid.*, 199. なお、この『通信』は、一九二五年一〇月一日、シュトラッサーが発行者、ゲッベルスが編集長で「ミュンヒェンの硬化したボスどもに対する武器を準備するもの」として発刊された。Cf. *Das Tagebuch von Joseph Geobbels 1925/26 mit weiteren Dokumenten*, hrsg. v. Helmut Heiber (Stuttgart, n. d. 〔1960〕), 22.

(28) *Verhandlungen des Reichstag*, CCCLXXXVIII, 4558.

(29) *Nat.-soz. Briefe*, I-4 (1925. XI. 15), zitiert in : Schüddekopf, *Linke Leute*, 189 f. 彼の西欧資本主義国にたいする憎悪は、たとえば、『日記』の中にも現れている。「一九二五年一〇月一六日〔ロカルノ条約仮調印の日〕——ロカルノ。このお極まりの古き欺瞞。ドイツは屈服し、資本主義西欧に身売りする。恐るべき予想。ドイツの子らはヨーロッパの戦場で傭兵として資本家に仕えながら血を流して死んで行くだろう。恐らく、きっと『モスクワに対する聖戦！』ということで。これ以上破廉恥な政治があるだろうか？　われらは、でくのぼうか、ごろつき野郎に支配されているのか！」(*Tagebuch*, 35)。「一九二五年一〇月二一日——ロカルノ条約公表。おそるべし。一体全体こんな恥知らずの条約を現代ドイツの政治家が受諾できるとは！　シュトレーゼマンは完璧なごろつきだ！　受諾さる！　なんとなれば、資本家がそれを欲するから。今日では資本家のみが采配を振っている。……昨夜……ボルシェヴィズムについて長談議。『ナチ通信』次号のぼくの論文がいま少し事柄を明瞭にするだろう。ひとつ研究する目的でロシアに数週間行って見たい……」(*ibid.*, 35 f.)。

(30) *Nat.-soz. Briefe*, I-2 (1925. X. 15), zitiert in : Schüddekopf, *Linke Leute*, 196, 456, Anm. 7.

(31) “West- oder Ost-orientierung”, *Nat.-soz. Briefe*, I-8 (1926. I. 15), zitiert in : *ibid.*, 200.

(32) Goebbels, *Tagebuch*, 60.

(33) まさに、この時期に、彼の「ユダヤ人排斥思想の種子が蒔かれた」(cf. Roger Manvell/Heinrich Fraenkel, *Doctor Goebbels. His Life and Death* [London, 1960]) 条件は数々あった。しかし、ヒトラーやローゼンベルクのごとき徹底した反ユダヤ思想は形成されていない。それにこの時期にはまだ「半ユダヤ人」の恋人エルゼとの関係も続いている。Cf. *Tagebuch, passim.*

(34) Alfred Rosenberg, *Die Spur des Juden im Wandel der Zeiten* (München, 1920). 邦訳『猶太民族の歴史的足跡』(一九四四)、二〇四ページ以下、「カルミュック＝タタール人」のレーニンを除けば、トロツキー、カーメネフ、ジノーヴィエフ等は無論、「ブレスト＝リトフスク講和の代表団はヨッフェ、カラハンからタイピスト嬢に至るまでユダヤ人であった」。

(35) Alfred Rosenberg, *Der Mythos des 20. Jahrhunderts* (München, 1930), 95–98 (Aufl. 1936), 480, 邦訳『二十世紀の神話』吹田・上村訳(中央公論社、一九四二)、三八三ページ。

(36) Cf. Schüddekopf, *Linke Leute*, 197.

(37) "Einkreisung von Westen und Osten", *Völkischer Beobachter*, 20. Juli 1925.

(38) Alfred Rosenberg, *Der Zukunftsweg einer deutschen Aussenpolitik* (München, 1927), zitiert in: Christian Höltje, *Die Weimarer Republik und das Ostlocarno-Problem 1919–1934* (Würzburg, 1958), 123.

(39) Cf. Hitler, *Mein Kampf* (München, 1932), Kapitel 14., "Ostorientierung oder Ostpolitik", 726 f. 邦訳『完訳　わが闘争』平野・高柳訳(黎明書房、一九六一)、第三巻、第一四章「東方調整か東方政策か」一八八ページ以下、参照。

(40) *Hitlers Zweites Buch: Ein Dokument aus dem Jahre 1928*, eingeleitet und kommentiert v. G. L. Weinberg, hrsg. v. Institut für Zeitgeschichte (Stuttgart, 1961).

(41) Cf. *ibid.*, 153, 155 f.

(42) 以下、とくに断らない限り *ibid.*, 153 f. による。

(43) ヒトラーは、独ソ提携論者がその根拠としてビスマルクの故智を引合いに出すのに反撃する。ビスマルクの時代と今日とは事情が異なる。彼の知っているロシア、「このドイツの政略のチャンピオンが政治的取引をした」ロシアは、決して典型的なスラヴ国家ではなく、ゲルマンの血が混った「非ロシア的社会上層」の支配する国家であった、と(*ibid.*, 156)。なお *Mein*

Kampf, 743 f.（邦訳、第三巻、二〇四ページ以下）参照。

（44） ヒトラーにおいては、戦争を前提とせざる同盟はナンセンスである、とされるから、同盟についての論議は、必ず、戦争の想定のうえになされる。*Mein Kampf*, 749（邦訳、第三巻、二〇九ページ）。

（45） ヒトラーは、ここで、暗にゼークトの独ソ軍事協力などの秘密再軍備では、ドイツ再軍備に充分でないことを示唆しているごとくである。なお、彼は、戦争の際ドイツの地理的・軍事的条件の不利について、*Zweites Buch*, 145 f. で長々と議論している。

（46） この点とくに Hugh R. Trevor-Roper の示唆に富む鋭い分析、"Hitlers Kriegsziele", *VfZ*, VIII-2 (1960) 参照。

（47） Schüddekopf, *Linke Leute*, 192.

（48） Cf. *ibid.*, 191.

（49） *Verhandlungen des Reichstages*, CCCLXXXVII, 3769.

（50） Cf. Schüddekopf, *Linke Leute*, 190.

（51） "Die außenpolitische Orientierung der Wehrverbände"（内務省文書）, zitiert in : *ibid.*, 184 f.

（52） Cf. *ibid.*, 184.

（53） Zitiert in : *ibid.*, 191.

（54） 本章第二節参照。

（55） Cf. Schüddekopf, *Linke Leute*, 184, 191.

（56） Klaus Hornung, *Der Jungdeutsche Orden*（Düsseldorf, 1958）, 45, 54 f. および *Str. Nachlass*, 3144/7324 H/160992–160995 参照。

（57） Cf. Hornung, *Der jungdeutsche Orden*, 61, 66.

（58） *Ibid.*, 43.

（59） Cf. Hans W. Gatzke, *Stresemann and the Rearmament of Germany* (Baltimore, 1954), 54 f.

（60） Hornung, *Der jungdeutsche Orden*, 68. なお、マーラウンやレヒベルクの独仏同盟論は、ヴェルサイユ条約の現状維持ではなく、東部国境の改訂を前提としたことは留意さるべきである。Cf. *ibid.*, 44 f.; Eberhard von Vietsch, *Arnold Rechberg und das Problem der politischen West-Orientierung Deutschlands nach dem 1. Weltkrieg* (Koblenz, 1958), 98 f.

(61)　このような勢力——ドイツ国家人民党をも含む「旧保守派」から社会民主党をも含む共和派——の対ソ政策との関連は、引き続き考察する予定。

(62)　24. Nov. 1925. *Verhandlungen des Reichstages*, CCCLXXXVIII. 4514–4516.

(63)　「国際共産主義者グループ」の議員の反対演説 (10. Jun. 1926), *ibid.*, Bd. 390, 7443 f.

(64)　ニーキッシュに関しては、cf. Hans Buchheim, "Ernst Niekischs Ideologie des Wiederstandes", *VfZ*, V-4 (1957), 334-361. 彼はもともと社会民主党員であったが、党がヴェルサイユや西欧に反抗して強力な反対運動を展開しなかったために、そして彼自身マルクス主義的社会主義を拒絶するに至ったために、脱党した。彼は一七八九年の思想を拒否し、全体主義を唱導するようになり、また反ユダヤ主義も標榜するなど、ナチスのイデオロギーに接近していった。しかし、ヒトラーの擡頭とともに果敢な抵抗を始め、後、ナチスに投獄された。戦後は東ドイツで教鞭をとった。

(65)　*Ibid.*, 344 f.

(66)　*Ibid.*, 335.

(67)　Niekisch, *Der Weg der deutschen Arbeiterschaft zum Staat* (Berlin, 1925), zitiert in: *ibid.*, 338.

(68)　*Ibid.*

(69)　*Ibid.*, 356. 明らかに、このような発想はヒトラーの反スラヴ的人種観と対立する面がある。ニーキッシュは、*Hitler. Ein deutsches Verhängnis* (Berlin, 1932) で仮借ないヒトラー攻撃を展開したが、興味深いのは次のごとき論法である。すなわち、ヒトラーは本質的にデマゴーグであり、かかるものとしてデモクラシーの枠内の存在である。デモクラシーはその性質上常に西欧的である。故にヒトラーは西欧派なり。ヒトラーの反ボルシェヴィズム、ソ連ではなく英・伊との接近の思想——これはある意味で事実である——は、ニーキッシュによれば、ヴェルサイユの承認である(!?)　ニーキッシュは、ほかならぬヒトラーのこうした「西欧的」志向を痛罵したのである。

(補註)　本節の原稿完成後に披見した一論文、Joseph L. Nyomarkay, "Factionalism in the National Socialist German Workers Party, 1925–26 : The Myth and Reality of the Northern Faction", *Political Science Quarterly*, LXXX-1 (1965) は主としてBerlin Document Center の史料に基づいて、まさにこの時期の「北ドイツ派」とミュンヒェン本部との関係を明るみに出した。「北ドイツ派」は、ヒトラーとイデオロギー的に対抗したり、彼の指導権に挑戦したのではない、と定説を修正しようとするものであるが、本稿で論じた対ソ観もしくは独ソ関係に関する両派の見解の対立についてはとくに言及するところがなく、本稿の立論は、右論文の主張にも拘らず、修正の要はないと考える。

(70) この時期の独ソ交渉はすでに多くの研究で検討されている。本稿では具体的交渉経緯の叙述はできるだけ避けたい。詳細については差し当り、Hans W. Gatzke, "Von Rapallo nach Berlin. Stresemann und die deutsche Rußlandpolitik", *VfZ*, IV-1 (1956) ; *idem*, "Russo-German Military Collaboration during the Weimar Republic", *AHR*, LXIII-3 (1958) ; Zygmunt J. Gasiorowski, "The Russian Overture to Germany of December 1924", *JMH*, XXX-6 (1958) ; Gerald Freund, *Unholy Alliance. Russian-German Relations from the Treaty of Brest-Litovsk to the Treaty of Berlin* (New York, 1957) ; Herbert Helbig, *Die Träger der Rapallo-Politik* (Göttingen, 1958) ; Theodor Schieder, *Die Probleme des Rapallo Vertrages : eine Studie über die deutsch-russischen Beziehungen 1922–1926* (Köln, 1956) を参照。

(71) Br.-R. an AA, 5. Dez. 1924, *Büro des St. S.*, 2313/4562H/154862. Cf. Gasiorowski, "Russian Overture", 103 f. ; Helbig, *Rapallo-Politik*, 164 f.

(72) Maltzan an Br.-R., 13. Dez. 1924, *Büro des St. S.*, 2313/4562H/154874 f.

(73) *Ibid.* なお、Gatzke, "Von Rapallo nach Berlin", 14 f.

(74) Richard (Mohrus) Lewinsohn, *Das Geld in der Politik* (Berlin, 1930), 101.

(75) 二人の関係を示す史料として、*Br.-R. Nachlass* 3431/9101H/224801–226027 の両者の往復書簡は有益である。なお、拙稿「ブロックドルフ=ランツァウ文書」『史学雑誌』七二編四号（一九六三）参照（本書補論二）。また、「ブロックドルフ=ランツァウ文書」に関しては、その後刊行された George O. Kent, *A Catalog of Files and Microfilms of the German Foreign Ministry Archives, 1920–1945*, III (Stanford, 1966), 431–433 にその目録が収録されている。また、Kurt Rosenbaum, *Community of Fate. German–Soviet Diplomatic Relations, 1922–1928* (Syracuse, 1965), 310 に若干の解題がある。

(76) Cf. Viscount D'Abernon, *An Ambassador of Peace*, III (London, 1930), 120.

(77) 29. Dez. 1924, *Büro des St. S.*, 2313/4562 H/154907.

(78) *Ibid.*, 154910 f. フロインドは、一九二五年一月か二月にブロックドルフとチチェーリンがかかる目的の独ソ条約について検討したと、確証もなく、述べており、また、ポーランドを切札としたこの独ソ同盟案は専らランツァウが自発的に持出したもので、外務省より出されたものでないのは確実である、としている(Freund, *Unholy Alliance*, 217 f.)。しかし、「ポーランドを民族学的境界……」云々の表現は、すでに前年一二月の両者の会談で用いられており——後注(84)参照——、また、それは、本文のごとく、外務省の賛同を得たものであった。Cf. Helbig, *Rapallo-Politik*, 207.

(79) 1. Jan. 1925, *Br.-R. Nachlass*, 3433/9101 H/227176.

(80) この提案の全文は、*Locarno-Konferenz 1925. Eine Dokumentensammlung*, hrsg. vom Ministerium für Auswärtige Angelegenheiten der DDR (Berlin, 1962), Dok. Nr. 5 にある。

(81) Schubert an Br.-R., 12. Feb. 1925, *Büro des St. S.*, 2313/4562 H/154968. Cf. Schubert an Br.-R., 22. Jan. 1925, in: *Locarno-Konferenz*, Dok. Nr. 3.

(82) Str. an Br.-R., 6. März 1925, *Büro des RM*, 1408/2860 H/554909 f. なお、cf. 19. März 1925, *Büro des St. S.*, 2313/4562 H/155089.

(83) 拙稿「ドイツの再軍備問題とロカルノ条約」『歴史評論』一一一(一九五九)参照。

(84) この提案について留意すべきは、ソ連側が独ソ共同のポーランド分割のごとき提案を行ったのではない点である。一九二四年のクリスマスに、チチェーリンは、さきのコップの提案が後者の越権行為であって、ソ連政府の問題としたいのは、「ドイツ側の示唆する」ごとく、「ポーランドをその民族学的境界にまで押し戻す」ことではなく、独ソ両国の全般的関係を検討することである、としている。*Büro des St. S.*, 2313/4562 H/154923, 154926–154929. Cf. *Büro des RM*, 1408/2860 H/554650. このことは、ロカルノ会議直前のシュトレーゼマン＝チチェーリン会談における後者の主張をある程度裏づけるものである。

(85) Br.-R. an AA, 29. Dez. 1924, *Büro des St. S.*, 2313/4562 H/154924.

(86) 二月九日のドイツ提案の一週間後シュトレーゼマンは大統領エーベルトと会談し、ソ連の「十二月提案」に回答していないことを述べた。エーベルトは、西側との交渉の結果が判明していない間は、「二兎を趁うごとき危険を避けて、まず待つべきである」と語り、外相の無回答の態度を「完全に正しい」と支持している。Aufzeichnung Stresemanns, 17. Feb. 1925, *ibid.*, 154975.

(87) Br.-R. an Schubert, 8. März 1925, *ibid.*, 155022.

(88) 11. März 1925, *Büro des RM*, 1408/2860 H/554922. なお、13. März, *ibid.*, 554931 f., 28. März, *ibid.*, 555002 f. をも参照。

(89) Str. an Br.-R., 1. April 1925, *ibid.*, 555019 f.

(90) 駐ソ大使の危惧を和げるためにシュトレーゼマンはわざわざ自党(DVP)のショルツ議員の見解を伝えている。すなわち、留保なしの連盟加入は西欧列強への強い依存を意味し、東との関係に背を向けることになる。「ビスマルク退陣後ドイツ帝国がロシアの再保険条約を更新しなかったために生じた情勢は現在のわれわれの置かれている状況と類似している」。それゆえ東との関係はとくに慎重であるべきだ、とショルツは外交委員会で述べた、と。Abschrift Stresemanns an Moskau, 21. Jan. 1925, *ibid.*, 554744.

(91) 連盟の加盟国であれ、非加盟国であれ、侵略国に対する通商上・軍事上の制裁を規定した規約第一六条は、とくに、加盟国が連盟軍に版図内通過の権利を与えるよう定めている。したがって、たとえば、ソ連が侵略国と判定されれば、フランス軍がドイツ国内を通過する可能性が生じる。また、いずれにせよ、ドイツ自身がソ連制裁に参加する義務も生じる。この点が、ロカルノ反対派の批判の論点であった。結局、ロカルノ条約に、「加盟国は……その軍備の状態に応じ、かつ、その地理的位置を考慮した範囲内で」その義務を受諾する、という解釈が付加された。Cf. *Ursachen und Folgen. Vom deutschen Zusammenbruch 1918 und 1945 bis zur staatlichen Neuordnung Deutschlands in der Gegenwart*, VI. *Die Weimarer Republik. Die Wende der Nachkriegspolitik 1924–1928* (Berlin, n. d. [1961]), 387 f. 因みに、この留保はまさにイギリスの利益に合致するものであった。Cf. Fred Alexander, *From Paris to Locarno and After. The League of Nations and the Search for Security, 1919–28* (London, 1928), 113.

(92) Br.-R. an Stresemann., 28. März 1925, *Büro des RM*, 1408/2860 H/555003 f.

(93) Br.-R. an Simons (エーベルト死後の臨時大統領), 5. April 1925, *Br.-R. Nachlass*, 3430/9101 H/224007 f.

(94) 国防軍、外務省およびモスクワ大使の軍事協力問題をめぐる政策については次項以下参照。

(95) Politischer Bericht Rantzaus. 24. Feb., 1925, "Geheime Unterredung mit dem Präsidenten des Rates der Volkskommissare Rykoff", *Büro des St. S.*, 2313/4562 H/155006–155009.

(96) Politischer Bericht Rantzaus, 9. März 1925, *ibid.*, 15502 5 f. なお、cf. Helbig, *Rapallo-Politik*, 168 f., 170 f.

(97) Br.-R. an Hindenburg（草稿）, April 1925（日付なし）, *Br.-R. Nachlass*, 3430/9101 H/224015–224018.

(98) Abschrift Schuberts für Stresemann, 21. April 1925, *Str. Nachlass* 3114/7133 H/148702 f.

(99) *Ibid.*, 148697.

(100) *Büro des RM*, 1408/2860 H/555229–555231. 以下、特に記さない限り、これによる。

(101) Cf. Gatzke, "Von Rapallonach Berlin", 7 f.

(102) "Richtlinien für die Fortsetzung der politischen Verhandlungen mit Rußland" (Juni 1925), in: Schieder, *Rapallo-Vertrag*, Anlage 3.

(103) Russisches Memorandum vom Juni 1925, in: *ibid.*, Anlage 2. または、Höltje, *Ostlocarno-Problem*, Anlage 2 (2).

(104) 前注(96)。

(105) Andreas Dorpalen, *Hindenburg and the Weimar Republic* (Princeton, 1964), 64 f.

(106) *Str.-Nachlass*, 3113/7129 H/147822.

(107) Herbert von Dirksen, *Moskau, London, Tokio* (Stuttgart, 1949), 67.「ガウスの考えた繊細さもランツァウ伯に通ぜず、そのため私が伯に随行してモスクワでこの部分の会談を引受けるという解決策がとられた」。しかし、「チチェーリンはこの魔法に屈服しなかった」(*ibid.*, 69)。

(108) Louis Fischer, *The Soviets in World Affairs* (New York, 1930), II, 590.

(109) 東独の研究においては、軍事協力問題はほとんど無視されている。しかし、軍事協力の事実は否定もされていない。たとえば、最近の段階での研究、Günter Rosenfeld, *Sowjetrußland und Deutschland 1917–1922* (Berlin, 1960); Alfred Anderle, *Die deutsche Rapallo-Politik. Deutsch-sowjetische Beziehungen 1922–1929* (Berlin, 1962) など参照。なお、軍事協

力そのものについての詳細は、鹿毛達雄「独ソ軍事協力関係（一九一九―一九三三）――第一次大戦後のドイツ秘密再軍備の一側面――」『史学雑誌』七四編六号（一九六五）参照。

(110) このことは、大方の研究が認めるところである。にも拘らず、その意義は充分に追究もされていないし、注目もされていないように思われる。例えば、John Wheeler-Bennett, *The Nemesis of Power. The German Army in Politics 1918–1945* (London, 1953), 邦訳『国防軍とヒトラー』I、山口定訳（みすず書房、一九六一）、八二、九七ページ。Gordon A. Craig, *The Politics of the Prussian Army 1640–1945* (Oxford, 1955) ; Harold J. Gordon, Jr., *The Reichswehr and the German Republic, 1919–1926* (Princeton, 1957) ; Wolfgang Sauer, "Die Reichswehr", in : Karl Dietrich Bracher, *Die Auflösung der Weimarer Republik* (Villingen/Schwarzwald, ^{3}1960) ; Francis L. Carsten, *Reichswehr und Politik 1918–1933* (Köln/Berlin, 1964) など参照。なお、ゼークトに関する邦語文献として村瀬興雄「ゼークト」（上原・江口・尾鍋・山本監修『世界史講座』VI、東洋経済新報社、一九五六）参照。

(111) Hans von Seeckt, *Gedanken eines Soldaten* (erweiterte Ausgabe ; Leipzig, 1935), 56. 邦訳『一軍人の思想』篠田英雄訳（岩波書店、一九四〇）、六五ページ参照。本書の初版（邦訳の底本）は一九二九年（ベルリン）であるが、以下の引用は右増補版による。なお、この増補版の原書を利用できたのは篠田英雄氏の御厚意による。貴重な蔵書をお貸し下さった同氏にここでお礼を申し述べたい。

(112) *Ibid.*, 55 f.

(113) *Ibid.*, 56, 58.

(114) *Ibid.*, 76 f.

(115) *Ibid.*, 58.

(116) *Ibid.*, 67 f.

(117)(118)(119) *Ibid.*, 73.

(120) この点に関しては、山口定「グレーナー路線とゼークト路線――ドイツ国防軍とワイマール共和国、その一――」『立命館大学人文科学研究所紀要』六（一九五九）という明快な邦語文献がある。なお、Josef Korbel, *Poland between East and*

West. Soviet and German Diplomacy toward Poland, 1919–1933 (Princeton, 1963), 69–74 がわれわれの課題である対ソ観についてグレーナーとゼークトの相違を検討している。また、一九六五年秋に来日したG・ハルガルテン氏は、第一次大戦後のドイツ再軍備について甚だ示唆に富む見解を述べた（『帝国主義と現代』西川他編訳〔未来社、一九六七〕、二二五―二四五ページ）。氏によれば、そこには二つの異なった道、いわばゼークト路線とヒトラー方式とがあった。ゼークトはユンカー的小規模軍隊を創設し、ともかく親ロ政策をとるが、ヒトラーは没落した中産階級を土台に巨大な軍隊を作りあげ、それは決定的に反ロ・反ソ的であった。氏の見解は、個々の論証を伴うものではないけれど、再軍備の社会的基盤と対外政策の関連を示唆する点で注目すべきであり、本稿の立論にも示唆を与えるものであった。

(121) Seeckt, *Gedanken eines Soldaten*, 77.

(122) *Ibid.*, 58.

(123) *Ibid.*, 76.

(124) *Ibid.*, 60.

(125) *Ibid.*, 60 f.「〔このことは〕数千の飛行機も格納庫に入れておけば、僅か一年後には早くも新型が現れて無価値なものとなってしまうのを考えれば充分である」と述べている。一般に軍拡競争への批判としては興味ある指摘であるが、後述のように、彼は軍備縮小には反対である。

(126) Seeckt an Groener, 18. Feb. 1919 および Vorschlag zur Gestaltung des künftigen Heeres vom 1. März 1919 (Seeckt an Reinhardt), Germany, Heeresarchiv Potsdam, “Nachlass Seeckt”, *microfilm*, National Archives, Washington D. C., Roll 19/Stück 110.（以下、*Seeckt Nachlass*, 19/110 のごとく略記する）

(127) Denkschrift für Marschall Chiang Kai-shek vom 30. Juni 1933, *Seeckt Nachlass*, 24/205. 因みに、蔣介石の命を受けてゼークトの中国招聘の衝に当った責任者は当時国民党軍事委員会軍政庁長兼中央陸軍軍官学校教育長の張治中であったようだ。張治中のゼークト宛書簡は *ibid.*, 42/203, 204 にある。なお、この覚書については Friedrich von Rabenau, *Seeckt. Aus seinem Leben 1918–1936* (Leipzig, 1940), 681 f., 705 に別の脈絡で僅かに触れられている。このラーベナウのゼークト伝記は、公刊されたものとしては最も豊富な材料を提供するものであるが、本稿との関連では次の二点に注意して読まれるべきであろう。すなわち、どちらかといえば、①ナチスとの類似を強調し、相違を過小評価する傾向があり、したがって反ヴェルサイユ的側面にやや重点のおかれていること、②独ソ不可侵条約後に出版されているので、独ソ関係へのゼークトの関与を殊更に隠蔽する理由のなかったこと、である。

(128)(129) Seeckt, *Gedanken eines Soldaten*, 50.

(130) *Ibid.*, 60, 77 f.

(131) *Ibid.*, 61. ゼークトはすでに一九二一年一月「我国防力再建のための根本思想」という覚書(zitiert in: Rabenau, *Seeckt*, 474 f.)を草し、一般義務兵役の導入、国民軍の召集を主張している。しかし、それはヴェルサイユ条約が外的要因で失効するか、ドイツ側が破棄するかした場合のこととして想定されている。

(132) 21. April 1919, in: Rabenau, *Seeckt*, 159.

(133) *Ibid.*, 173, 175 f. また、当問題に関する閣議の議事録は、*Br.-R. Nachlass*, 3443/9105 H/234900 にある。

(134) Seeckt an Brockdorff-Rantzau, 26. Mai 1919, in: Rabenau, *Seeckt*, 178. Cf. *Akten der Reichskanzlei. Weimarer Republik*, hrsg. v. K. D. Erdmann und Wolfgang Mommsen, *Das Kabinett Scheidemann, 13. Februar bis 20. Juni 1919* (Boppard am Rhein, 1971), 379 f.

(135) 五月八日のドイツ代表団会議の記録参照。*Seeckt Nachlass*, 19/110. ゼークトの発言の抜粋は Rabenau, *Seeckt*, 169.

(136) 前注(134)。同様にドイツ政府が対案を出すにあたって、軍事的譲歩がゼークトの意見を「聴取することなく行われること」に異議を唱えている。Kabinettssitzung vom 2. Juli 1919, in: *Das Kabinett Scheidemann*, 414.

(137) この点については Rabenau, *Seeckt*, 159 f., 175 f. なお、ゼークトはこの時からランツァウのことを le comte malgré lui と呼んだ、といわれる。*Ibid.*, 161.

(138) *Seeckt Nachlass*, 21/110; Rabenau, *Seeckt*, 184.

(139) *Br.-R. Nachlass*, 3441/9105 H/233876 f., 234106 f., 234118 f.

(140) *Br.-R. Nachlass*, 1013/1690 H/396987 f.; cf. Brockdorff-Rantzau, *Deutschlands auswärtige Politik. Reden des Grafen Br.-R., gehalten am 14. Feb. bzw. am 10. April 1919* (Berlin, 1919) および Helbig, *Rapallo-Politik* 12. なお、Wolfgang

Sauer, "Die Mobilmachung der Gewalt", in: K. D. Bracher/W. Sauer/G. Schulz, *Die nationalsozialistische Machtergreifung* (Köln/Opladen, 1960), 769 は、ランツァウの連盟政策をヴァイマル外交において非合法再軍備の方策に対置される一オルターナティヴを示すものであったとし、安全保障政策の嚆矢と評価している。

(141) ゼークトは一九二〇年三月二五日付で陸軍司令長官代理になり、同年六月五日正式に長官に就任した。他方、ヴェルサイユ条約第一六三条は、同条約発効後三カ月以内にドイツの兵力数を二〇万に減じ、さらに一九二〇年三月三一日までに一〇万に減ずべきことを規定している。ところが、条約は二〇年一月一〇日に発効したから、実際には期限内の縮小は行われず、大半の業務はゼークトの長官時代に実行された。Cf. U. S. Department of State, *The Treaty of Versailles and After. Annotations of the Text of the Treaty* (Washington, D. C., 1947), 323.

(142) Gordon, *The Reichswehr*, 170 f., 268. 周知のように、将校団の数は四〇〇〇に削られたが、彼らの抵抗も大きかった。*Ibid.*, 293.

(143) Seeckt, *Gedanken eines Soldaten*, 102.

(144) これに関しては、前注(110)の諸研究参照。また邦語のものとしては、村瀬興雄「ワイマール共和制とドイツ国防軍」『思想』四〇〇(一九五七)を参照。

(145) Rabenau, *Seeckt*, 451.

(146) *Ibid.*, 445.

(147) これに関しては、*ibid.*, 447; Otto Gessler, *Reichswehrpolitik in der Weimarer Zeit*, hg. v. Kurt Sendtner (Stuttgart, 1958), 215 ff.; Gatzke, *Rearmament*, 15 ff., *passim* など参照。

(148) Rabenau, *Seeckt*, 447. 一九二六年にゼークトは、ある覚書の中で、監視委員会がヴェルサイユ条約に規定された権限を越えてきたこと、本来の業務はずっと前に終っていたことを強調している。*Ibid.*, 453.

(149) *Ibid.*, 447.

(150) *Ibid.*, 450 f.

(151) Robert G. L. Waite, *Vanguard of Nazism. The Free Corps Movement in Postwar Germany, 1918–1923* (Cambridge,

Mass., 1952), 183.

(152) 差当り、ウィーラー＝ベネット『国防軍とヒトラー』I、八七ページ以下参照。

(153) Waite, *Vanguard of Nazism*, 185, n. 6.

(154) *Ibid.*, 240 ff., 251 ff. ウェイトは次のように述べている。「キュストリーン後、ゼークトは、合法的な道のみがドイツの軍事力再建を導きうるのだ、と前より一層確信した。彼は、無法者の集団が軍隊や政治に干渉するのを許そうとはしなかった」(*ibid.*, 253)。なお、非合法軍事団体とゼークトの関係の詳細については、Gordon, *The Reichswehr*, Chap. 7.

(155) ウィーラー＝ベネット『国防軍とヒトラー』I、八二ページ。

(156) このような印象を示している最も代表的なものは、Carl Severing, *Mein Lebensweg* (Köln, 1950) であろう。

(157) これに関する示唆に富む分析としては、Sauer, "Die Reichswehr", 246 ff.; 山口「グレーナー路線とゼークト路線」、一一三ページ以下などを参照。

(158) Seeckt, *Gedanken eines Soldaten*, 91 f.

(159) *Ibid.*, 39.

(160) *Ibid.*, 93. 続く「私はすべての政党にたいして『軍から手を引け！』と叫ぶ」という文章(篠田訳、一二六ページ参照)は、増補版(一九三五)では削除されている。なお、この点は、Waite, *Vanguard of Nazism*, 184, n. 3 も指摘している。

(161) 前注(157)参照。

(162) Seeckt, *Gedanken eines Soldaten*, 92.

(163) *Ibid.*, 121; Gordon, *The Reichswehr*, 307 f.

(164) この点、山口「グレーナー路線とゼークト路線」、Sauer, "Die Reichswehr", 265 ff. 参照。

(165) ゼークトのこうした側面にとくにアクセントを置いているように思えるのは、Gordon, *The Reichswehr*, Chap. 7, Chap. 9; O.-E. Schüddekopf, *Heer und Republik* (Hannover/Frankfurt a. M., 1955), 170 ff. であろう。

(166) Cf. *ibid.*, Dok. 75.

(167) *Ibid.*, 170.

(168) Alfred Kruck, *Geschichte des Alldeutschen Verbandes 1890–1939* (Wiesbaden, 1954), 240 ; Rabenau, *Seeckt*, 387, Anm. 2 ; Schüddekopf, *Heer und Republik*, Dok. 73.

(169) Rabenau, *Seeckt*, 345. なお、以下の「ゼークト独裁計画」に関しては、山口「グレーナー路線とゼークト路線」、一三四ページおよび村瀬興雄『ヒトラー』(誠文堂新光社、一九六二)、三六六ページ以下、のそれぞれの記述を参照。

(170) Rabenau, *Seeckt*, 346.

(171) *Ibid.*, 346 ; George W. F. Hallgarten, *Hitler, Reichswehr und Industrie* (Frankfurt a. M., 1955), 34. 邦訳『ヒトラー・国防軍・産業界』富永幸生訳(未来社、一九六九)、五〇ページ。

(172) Rabenau, *Seeckt*, 359. ラーベナウは、この「綱領」は手書きで、ゼークトの自筆のもの、と述べている。後注(175)参照。

(173) *Ibid.*, 359-361 に正味二ページにわたって収録されている。なお、Schüddekopf, *Heer und Republik*, Dok. 76a はさらにその1部である。

(174) *Matin* 紙の評言、zitiert in : Rabenau, *Seeckt*, 363.

(175) ここに、「カルテル・シンジケートの禁止。労働協約の廃棄」という箇条があり、「その欄外にゼークト自筆とおぼしき疑問符(青鉛筆)がある」(*ibid.*, 361, Anm. 1)。ハルガルテンは、カルテル統制の箇条は、「左翼に媚びるシュライヒャー少佐」が挿入したのかも知れない、と推測する(Hallgarten, *Hitler*, 81. Anm. 71)。ところが、シュデコプフはさらに、この疑問符(ゼークトの)故に、この「綱領」がそもそもシュライヒャーの起草したものと推測できる、としている(Schüddekopf, *Heer und Republik*, 181, Anm. 509)。いまのところ、ラーベナウの言(前注(172))を完全に否定する材料はない。

(176) Rabenau, *Seeckt*, 353, 366 ; Hallgarten, *Hitler*, 36 ; Schüddekopf, *Heer und Republik*, 170.

(177) Hallgarten, *Hitler*, 33 ff. ; 三宅立「シュトレーゼマン大連合内閣の十月危機とドイツ国民党」『史学雑誌』七四編九号(一九六五)、二四ページ以下参照。

(178) 前注(176)および Carsten, *Reichswehr*, 187, 190 参照。ラーベナウは、当日ゼークトの執務室の前で交わした「国防省内のある枢要な人物との会話」を伝えている(Rabenau, *Seeckt*, 364)。「この当の人物は、ひどく興奮して言った、『もし彼〔ゼークト〕がいま自ら権力を奪取しないなら、彼は退陣せねばならない!』と。『彼は退陣せねばならぬ』という文句はこの時始めて、しかもゼークトへ深い尊敬を払って然るべき人物の口から、突然飛び出したのだった。それからなお三年経ったとき、この言葉は事実となった」。この人物こそクルト・フォン・シュライヒャーであろうか？　なお、一一月三日のエーベルトとの会見については、Gordon, *The Reichswehr*, 354 f. も参照。ただしゴードンはゼークトの「独裁計画」についてはほとんど言及していない。

(179) Rabenau, *Seeckt*, 370 f. ヴィートフェルトは、これに応じなかった(*ibid.*, 371, Anm. 1)。

(180) 抜粋は *ibid.*, 371 にあるが、Schüddekopf, *Heer und Republik*, Dok. 78 にはその他の史料が附加され、ほぼ全文と思われるものが収録されている。

(181) 傍点部分は、Rabenau, *Seeckt*, 371 では脱落している。なお、Wheeler-Bennett, *The Nemesis of Power*, 115 f.(邦訳、一一〇ページ)にも抜粋があり、本文の傍点箇所をも含んでいる。ただ、その典拠は Rabenau, 371(!)となっている。また、前掲山口論文(一三四ページ)は、「〔この〕命令の中では《(ママ)》最高司令官に対する服従だけが要求されて、ワイマール憲法に対する忠誠については何も語られていない」としている。

(182) この引用箇所も、Rabenau, *Seeckt*, 371 では省略されている。ただし、Schüddekopf(前注(180))は、この点の区別を怠っている。

(183) 三宅「十月危機」(二五—二六ページ)は、この日々命令の他の一節を引用しつつ、ゼークトの独裁計画が「合法的」路線に制約されていた第一の要因は、二つの陣営が対決する内乱へのおそれであったとしている。正当な指摘だと思うが、この場合「二つの陣営の内乱」とは直接国防軍対左翼ではなく、国防軍対国防軍という事態を惹起する如き内乱である。また、ここで彼が直接的におそれたのは、軍の一部が右翼運動に合流してゼークトの権威に反逆することであった。

(184) この下書きは、一一月二日、つまり前述のエーベルトとの会談、バイエルン警察長官との会談(次注参照)の前に書かれている。そしてこの日(二日)社会民主党閣僚はシュトレーゼマン内閣を退陣したが、そのことは「私が貴下〔フォン・カール〕に申し述べようとしたところとは関係ない」とされている。また、この書簡の清書と下書きには、内容上基本的な相違はないが、相当の力点の移動はある。原文(手書き)は、*Seeckt Nachlass*, 22/154 にあるが、Schüddekopf, *Heer und Republik*, Dok. 79 に活字で収録されている。なお Hallgarten, *Hitler*, 37；村瀬『ヒトラー』三六八ページ参照。

(185) Ernst Deuerlein, *Der Hitler-Putsch* (Stuttgart, 1962), Dok. 79.
(186) これらの詳細については、Carsten, *Reichswehr*, 205–215 参照。
(187) Rabenau, *Seeckt*, 387, Anm. 2; cf. *Ursachen und Folgen*, VI, Dok. 1246.
(188) Seeckt, *Wege der deutschen Außenpolitik* (Leipzig 1931), 14–16; cf. *Ursachen und Folgen*, VI, Dok. 1423.
(189) Rabenau, *Seeckt*, 305, 312.
(190)(191) "Deutschlands nächste politische Aufgabe" (26. Juli 1920). このゼークトの覚書は、大統領・首相・国防相などに提出されたものでありSendtner (Hg.), *Gessler*, 185–187 に収録されている。
(192) この点、大戦の敗戦国オーストリア、ハンガリー、ブルガリアがとくに問題とならなくなったのはいうまでもない。トルコも、たとえば青年トルコの領袖エンヴェル・パシャ（ベイ）がドイツとの接近を画策していたが、すでに彼はトルコを追われていたし、それも独・ソ・トルコ・アフガニスタンの同盟関係を計画したものであった。彼自身、大トゥーラン主義を唱えていたとしても、すでにこのように独ソの協力なくしてはその実現を考えることができなかった点は看過できない。なお、エンヴェルがラーデクとゼークトの仲介をし、独ソ軍事協力の端緒で一定の役割を果したのは、このような事情のためであると思われる。参照、エンヴェルのゼークト宛書簡（一九一八年および一九二〇―二一年）*Seeckt Nachlass*, 24/202.
(193) ソ＝ポーランド戦争に際してのドイツ側の反応については、Korbel, *Poland*, 79 ff.; Lionel Kochan, *Russia and the Weimar Republic* (Cambridge, 1954), 30 参照。
(194) ゼークトは「常にヴェルサイユ条約を可能な限り最も厳格に解釈しようとした人」、とゴードンは述べている(Gordon, *The Reichswehr*, 259)。違反を公然化せず、秘密を保ったという意味でならこの評言は首肯できる。
(195) Rabenau, *Seeckt*, 309.
(196) *Ibid.*, 310, 312. 彼はラパッロの締結に驚きさえした(Gessler, *Reichswehr politik*, 183)。
(197) Cf. Gatzke, "Military Collaboration", 568 f.
(198) もちろん、実際には、これら軍の機関は政府機関からさまざまの便宜を受けた。しかし政府の規制は受けていない。*Ibid.*, 576 ff.

(199) これを最も詳細に叙述しているのはローゼンバウムである(Rosenbaum, *Community of Fate*, 29 ff.)。彼は、「ブロックドルフ=ランツァウ文書」を克明に読んで、大使任命の経緯の詳しいクロノロジーを構成しているが、結局のところランツァウとゼークトの対立がどこにあったのかは明確にされていない。また、意外なことに「ゼークト文書」を使っていないために片手落ちの記述もある。後注(209)参照。

(200) 以下特に記さない限り、経緯そのものに関してはRosenbaum, *Community of Fate*, 29 ff.; Helbig, *Rapallo-Politik*, 102 ff.; Freund, *Unholy Alliance*, 127 ff. を参照。

(201) 次のエピソードが一二世紀以来のホルシュタイン貴族の家門の出であるブロックドルフ=ランツァウの誇り高く、尊大な性格をよく伝えている。ヴェルサイユでフランス人記者がルイ一四世の実父はドイツ全権たる伯爵の先祖にあたるヨシア・ランツァウ元帥であるという話に触れた質問をしたことがある。それにたいしてランツァウは平然と答えた、ブルボン王家がランツァウ家の私生児だというのは欣快事なり、と。Cf. Rosenbaum, *Community of Fate*, 4.

(202) Freund, *Unholy Alliance*, 128 f. は、七月八日としているが、これは七月一一日にヴィルト首相と初会見した後に書かれたもので七月一七日付となっている。*Br.-R. Nachlass*, 3430/9105 H/223226 ff. なお、cf. *Ursachen und Folgen*, VI, Dok. 1406.

(203) 全文は、*Br.-R. Nachlass*, 3429/9105 H/223327–223336; *Seeckt Nachlass*, 24/213, また、Helbig, "Moskauer Mission", 331 ff., それに基づいてSchüddekopf, *Heer und Republik*, Dok. 68 と *Ursachen und Folgen*, VI, Dok. 1406(短縮されている)に収録されている。短縮英訳はFreund, *Unholy Alliance*, 131–134 にある。なお、「プロメモリア」の日付の問題については、差しあたり、Helbig, *Rapallo-Politik*, 115, Anm. 31; Rosenbaum, *Community of Fate*, 286 参照。

(204) フロインドは、この文書による保証をゼークトに出させるよう要求した、と述べている(Freund, *Unholy Alliance*, 134)。

(205) "Deutschlands Stellung zum russischen Problem. Antwort des General von Seeckt vom 11. Sept. 1922 auf ein Promemoria des Grafen Brockdorff-Rantzau". 全文は *Seeckt Nachlass*, 24/213; Schüddekopf, *Heer und Republik*, Dok. 69. また、Rabenau, *Seeckt*, 315–318; *Ursachen und Folgen*, VI, Dok. 1407 (d) に短縮されて収録されている。なお、英訳およびその邦訳はWheeler-Bennett, *The Nemesis of Power*, 131 ff. 山口訳『国防軍とヒトラー』I、一二六―一三一ページ、

短縮英訳は Freund, *Unholy Alliance*, 135–138 にある。

(206) Freund, *Unholy Alliance*, 138 は、Wheeler-Bennett, *The Nemesis of Power*, 130 f.(邦訳、一三五ページ以下)の評価を踏襲して、両者が「ヴェルサイユの雪辱」という目的では同じだったが、その相違・対立は、結局「エドワード時代に典型的な一外交官とクラウゼヴィッツ、モルトケの衣鉢を継ぐ一将軍」のそれであったとしている。

(207) Br.-R. an Simons, 7. Okt. 1922, *Br.-R. Nachlass*, 3154/6812 H/517932 ff.; cf. Rosenbaum, *Community of Fate*, 44 f.

(208) Simons an Seeckt, 14. Okt. 1922, *Seeckt Nachlass*, 24/214.

(209) ゼークトの返書下書き、*ibid.*「ゼークト文書」を利用していないローゼンバウムは、ゼークトが依然としてランツァウ反対を「留保」しているのを見逃がし、ジーモンスの調停によってランツァウを支持するに至った如くに述べている。Cf. Rosenbaum, *Community of Fate*, 47 f.

(210) Cf. Gatzke, "Military Collaboration", 577 ff.; *idem*, "Von Rapallo nach Berlin", 7 ff.; Carsten, *Reichswehr*, 253 f.

(211) モスクワ赴任後のランツァウとゼークトの関係については、フロインドとヘルビックは全く相対立した評価を下している。フロインドは、ランツァウはルール占領後に以前の対ソ軍事同盟反対の立場を「事実上、ほとんど完全に変え」、同年夏までにはゼークトの政策に同意したとし、また両者は対ソ軍事協力を潜在的軍事同盟とほぼ同一視した、と述べている(Freund, *Unholy Alliance*, 202)。その根拠となるのはヒルガーの回想的記述(後注(226))であるが、いささかそれの牽強附会である(cf. Hilger, 201)。他方フロインドに反撥して、ヘルビックはランツァウがボルシェヴィキ・ロシアと軍事同盟を結ぼうとしなかった「合理性」を一貫して強調し、彼の「名誉回復」を行おうとしている(Helbig, *Rapallo-Politik*, *passim* とくに 206 ff.)。その意味で彼の主張は、西独の保守的歴史家に特徴的な傾向を表わしている。彼は言う、「(ブロックドルフ＝ランツァウ)大使という人物を通じて具現化された独ソ関係は、ドイツ国民が恥じる必要のない世界史における一章である」(力点引用者)と(*ibid.*, 210)。いずれにせよ、西側に反抗するための独ソ同盟を画策し続けた東方派としてのゼークトを前提としている点は、二人の研究者に共通している。

(212) 差当り、Gatzke, *Rearmament*, 13, 37 f.; Freund, *Unholy Alliance*, 227, 239; Rabenau, *Seeckt* 406 ff. など参照。

(213) これらについては、Gatzke, *Rearmament*, 32 f.; Gessler, *Reichswehrpolitik*, 316 参照。

(214) Rabenau, *Seeckt*, 421. しかし、ラーベナウによれば、ゼークトは個人的進退が重大な結果を招くのを望まなかったので、これを実行しなかった。

(215) *Ibid.*, 408, 420.

(216) Gessler, *Reichswehrpolitik*, 230, 316.

(217) Gatzke, *Rearmament*, 39.

(218) 妻宛手紙(一九二五・一〇・四)、Rabenau, *Seeckt*, 420. シュトレーゼマンとの対立、彼への激しい非難は一九二五年七月初旬から一〇月にかけてのゼークトの書簡の到る処に見られる。Rabenau, *Seeckt*, 418 ff.

(219) Gatzke, *Rearmament*, 44. また、ラーベナウはこの措置が「シュトレーゼマンの完全な勝利であり、それはゲスラーがシュトレーゼマンを支持し、いまやゼークトと完全に対立したことによって容易にされた」と述べている(Rabenau, *Seeckt*, 421)。なお、ゴードンによれば、ゼークトの面子を立てるため、彼は二六年二月二日付で Generaloberst に昇進させられることになった(Gordon, *The Reichswehr*, 260)。

(220) Rabenau, *Seeckt*, 422.

(221) *Ibid.*, 407.

(222) *Ibid.*, 408, 422.

(223) ラーベナウは、ゼークトが「ある会やクラブを台無しにするには、その内部にある方が遙かに好都合だ」と語った旨を記している。*Ibid.*, 408.

(224) 差当り、Gatzke, "Military Collaboration", 586 参照。なお、シュトレーゼマンに関しては次回の論稿で分析する予定。

(225) この点、カーステンの評価は異なっている。Cf. Carsten, *Reichswehr*, 227 f.

(226) Gustav Hilger/Alfred Meyer, *The Incompatible Allies. A Memoir-History of German–Soviet Relations, 1918–1941* (New York, 1953), 187 f.; Rosenbaum, *Community of Fate*, 190.

(227) 各新聞の切抜きは、*Seeckt Nachlass*, 24/215 にある。

(228) 妻宛の手紙(一九二六・一・二八)、Rabenau, *Seeckt*, 429.

(229) 事実、後にヒトラーは、ゼークト方式とは著しく対蹠的な大量武装による再軍備を実行した。そしてその際ゼークト配下の軍指導者の多くがナチ国軍の指導者となったのは周知のことであった。なお、ヒトラーの側のゼークト方式否認については、本章第一節二参照。

(230) Cf. *Seeckt Nachlass*, 24/205; Ernst Presseisen, *Germany and Japan. A Study in Totalitarian Diplomacy, 1933–1941* (The Hague, 1958), 41.

補論一　シュトレーゼマン再評価をめぐって

ここ数年来、シュトレーゼマン外交をめぐる研究は欧米のヴァイマル共和国史研究のなかで最も盛んであった。ヴァイマル時代の約半分の時期にわたってドイツ外交を指導した彼の政策を正確に再評価することが、現在共和国史研究に不可欠であるのは縷説を要しないところである。更に、それは、いわゆるヴェルサイユ体制の枠内でのドイツ外交の諸問題を考察するうえでも、きわめて重要な課題であろう。その意味で、最近にわかに活潑となったシュトレーゼマン研究の動向を整理し、その研究史上の意義を考えておくのは、あながち無益ではない。ここでは、まず、シュトレーゼマン評価の変遷について概略することから始め、次に史料的段階に触れながら、諸研究の最近の成果について筆者なりの問題整理を試みておきたい。

すでに生存中からシュトレーゼマンは憤激と賞讃との錯綜する極めて対立的な評価を蒙ってきた。ドイツ国内の極右極左の諸政党や軍部の代表は、彼の政策に「ヴェルサイユへの屈服」、「隷属外交」Versklavungspolitik などの烙印を押していたが、他方、西欧諸国からは「平和外交」、「協調外交」Verständigungspolitik として賞讃され、一九二六年にノーベル平和賞まで授けられたことは周知のことであろう。国内の中間派諸勢力の評価も暖いものであった。ことに、彼の死(一九二九年一〇月)後、世界恐慌がドイツに波及し、ヴァイマル共和制の危機もとみに高まると、シュトレーゼマン礼讃は堰を切って流れ出た。そこでの彼は、生命を賭してまでドイツの復興に挺身したところの、偉大な「国家の指導者」であり、(1) あらゆる階級を包摂する国民共同体を志向したところの「ドイツの政治家」であったし、(2)

そのことは、また同時に彼がヨーロッパの平和と安定に貢献した「ヨーロッパ人」だったことをも意味したのである。[3] 一九三〇年秋のナチ党の躍進にいたく憂慮したトーマス・マンが、「理性に訴える」と題する講演の中で、シュトレーゼマンの死去を悼み、彼の政策をドイツの自由、知性、文化にそしてまた国内平和に不可欠の要因であったと述べて絶大なる讃辞を惜しまなかったのも、[4] 当時のかような評価の一例を示すものであった。

ところが、一九三三年ヒトラーが政権を掌握すると、ドイツ内外のシュトレーゼマン観は大きく変転するに至った。ナチ政権下のドイツでは、彼の外交政策は軟弱で非国民的な履行政策と見なされ、[5] ナチの編纂になる人名辞典には、彼の名前さえ見出せない有様であった。[6] 他方、西欧協調主義なる伝説を創り上げた西側でも、ナチズムに批判的なあまり、ヴァイマル時代の「協調外交」をも懐疑的に回顧するようになった。シュトレーゼマンはヒトラーの先駆者であり、彼の準備したものを後者はただ完成したにすぎない、と論断した。このような主張においては、ロカルノ条約のごとき地域的集団安全保障体制も「ミュンヒェンの予行演習」とされ、結果的には、ドイツのナショナリズムを煽り、再軍備を進捗させるための跳躍台であった、と非難されたのである。[7] また大戦中は、ソ連の側からも「極端なナショナリスト」、「二枚舌の怪物」として痛罵された。[8] 言うまでもなく、このようにシュトレーゼマンを権謀術数を操る政治家とか、「プロシアのメフィストフェレス」[9] とかいう論難は、彼の死後における政治情勢の悲劇的発展を強く反映したものであった。それだけに、かかる非難の多くは政治的偏見に彩られており、充分に科学的・実証的とは言えなかったが、こうした批判的解釈は、戦後における西欧側の学問的研究の中にも、程度の差こそあれ、依然、引き継がれた。そこでの主たる論拠は、彼の死後に刊行された「遺稿集」[10] *Vermächtnis* の中のナショナリスティックな言説であって、多くの史家が、彼の権力政治的側面に着目し、ナチズム運動に直接の結びつきはなくとも、それの擡頭やナチ外交の進路と無縁ではあり得なかった、と論じたのであった。[11]

しかるに、戦後ドイツにおけるシュトレーゼマン像は、これら西側の見解と著しく対照的である。西独では、ナチ体制下で中絶されたシュトレーゼマン讃美が再び登場した。あたかも第一次大戦後におけるビスマルク外交の再評価の如く、彼の外交政策はヒトラーとは別の可能性をもったものとして想起され、少くともジャーナリズムでは「シュトレーゼマン・ルネサンス」の観を呈したと言われる(12)。西独の史家たちの中にも、一九二三年の危機に際してシュトレーゼマン首相がライヒの分裂を防いだ功績を賞讃し(13)、その外交の平和的・協調的性格に強いアクセントを置きながら、彼を超国家的ヨーロッパの先駆者と見做す如き所論(14)が現われた。このような評価が東西ドイツに分裂した現実の情勢への一つの反応であり、西ドイツの今日的課題でもある欧州共同体との関連で論じられているのは言う迄もないであろうが、ドイツ再統一に対する西ドイツ一般の考え方からすれば、かかる評価はおそらくシュトレーゼマンへの最大の讃辞と考えねばならない。これに反して、東独でシュトレーゼマンの政策に言及される場合は極めて批判的である。そこでは、彼の階級的偏向が指摘され、反ソ的反動政治家として捉えられている(15)。ただ同じく批判的でも東独では外交政策に関する限り、彼が独ソ関係に阻止的に働いた点が非難されるのであって、西側の論者が、西欧との非協調的側面に、また旧ドイツ領の回復を意図したナショナリスティックな側面に批判的であったのとは、まさに反対の論拠に立脚したものと言える。

以上のように、生前から死後にかけて、シュトレーゼマンの評価は大きく変り、戦後でも内外の解釈はなお区々たるものであった。このような事情のなかで、一九五三年来、未公刊史料 Stresemann-Nachlaß(16) の利用が可能になったことは、シュトレーゼマン研究史に新たな局面を開いた。さらに、五七年には、アメリカ国務省が、第二次大戦終了時に押収したドイツ外交文書(17)の microfilm を公開したことによって、シュトレーゼマン研究の史料は飛躍的に増大した。最近の夥しい研究を可能にしたのは、実はかような公文書の公開であったし、これらの史料的寄与は、研究動向にもエポックを画するものでもあった。

従来シュトレーゼマン研究の主たる史料は、先にも触れた彼の書簡、日記、覚書、演説等が収録されている「遺稿集」であったが、これは刊行当時の政治的配慮から、一面的な編纂方法を免れなかった。[18]編纂にあたった秘書のＨ・ベルンハルトは概して西欧との協調主義的側面を強調しており、対ソ関係に関する文書の収録は大部分外務省から禁じられさえした。[19]公開されたStresemann-Nachlaßは「遺稿集」のオリジナルであり、それの一面性を補うものである。本文書の紹介文[20]によれば、とくに軍備問題と対ソ問題に関する文書が、「遺稿集」では不当に圧縮されているか、または完全に削除されている。また、全体で五万個以上の齣frameをもち、八〇巻のmicrofilmからなる本文書は、「遺稿集」に収録されていない一九二三年以前の文書をも含んでおり、しかもこの時期についてはむしろ内政問題に関する史料が豊富である。[21]この点、シュトレーゼマン外交の基調、始発的契機の考察には甚だ有益であろう。

このような事情で、旧来のシュトレーゼマン像に修正を施そうとする試みが、まずドイツ再軍備、独ソ関係、彼の外交理念等をめぐって開始されたのは蓋し当然であった。そのいずれもが、従来の研究に比較して、きわめて実証的にアプローチしているが、しかし史料が豊富になり、実証が精密化しても、論者の見解は依然としてかなりの相違をみせている。したがって、これら最近の研究に現われている対立点を大雑把ながら整理してみることにする。

まず第一の論点は、シュトレーゼマン外交を平和外交として捉えるか、あるいはマキャヴェリスティックな権力外交と見做すかをめぐって展開されている。これは、そのまま超国家的協調外交か、国家主義的外交かという対立した把握の仕方に由来している。新史料に立脚する研究も、従来からのかような見解の相違を依然として引き継いでいるのであるが、無論、それらは、無条件にいずれかの結論を引出しているのではない。ここでは、シュトレーゼマンの協調的方法ないしその善意を強調し、ヴェルサイユ条約の平和的修正に力点を置くことによって、平和的外交に評価を見出そうとする立場と、ナチ外交に直結させるのは注意深く避けながらも、協調外交の背後に潜むナショナリスティックな彼の外交目標を鋭くえぐり出そうとする試みとが対立しているのである。前の立場はアメリカの政治学者H・ブレトン[22]や西独の史家のほとんどの採るところである。[23]ブレトンの分析は外交政策の決定、方法を型《パターン》としてはよく把えていても、それは国際関係におけるシュトレーゼマン外交の形態的把握を意図したものであって、彼の歴史的評価を問題としたものではなかった。[24]ブレトンの力作を除けば、この見解にある研究は、ナチス外交と対置させてシュトレーゼマンを賞讃した西独旧来の評価を踏襲しているにすぎず、決して独創的とは言い難い。これに対しA・ティメ[25]がおなじく西独にありながら、後者の立場を堅持しているのは甚だ興味深い。彼女は、この点で、最も精力的にシュトレーゼマン研究を推進してきたアメリカのH・ガッツケと同系列にあると思われるが、彼らの所論の主たる根拠の一つは、ドイツ再軍備に対するシュトレーゼマンの基本的認識および政策にあった。そこでは、彼が常に軍事力を重視した多くの事例が挙げられ、このことは、同時に反ヴェルサイユ体制の政策を意味するものであって、決して在来の通説の如き協調外交ではない、と論じられた。[26]

ところで、以上のような平和外交か権力外交か、という問題意識は、その政策が超党派的な国民共同体 Volksgemeinschaft に棹したものか、あるいは階級的党派の利益を代表したものか、という問題に連なっている。かかる問題観は必ずしも鮮明な形で現われてはいないが、「平和外交」の主張者のほとんどが、外相の国家への献身、「国民的利益」の追求を力説しているし、[27]権力外交的側面に着目する論者は「国民外交」に一定の傾斜を認めようとする。[28]また、東独のシュトレーゼマン観も明らかに彼の階級的偏差を前提としているように、[29]シュトレーゼマン外交の基調をめぐる解釈は多様であって、現在でも重要な論点をなしている、と言わざるを得ない。これに関連して、現在でも争点の一つとなっているのは、彼がナショナリスティックな外交目標を開陳したところの有名な前皇太子宛書簡[30]の解釈である。ティメは、これは決して右翼勢力の意向を慮って意識的に国粋的言辞を弄したのではなく、彼と親しい間柄にある前皇太子に心おきなく述べられたものであって、むしろシュトレーゼマンの信条吐露であると主張した。[31] ところが、ティメの断定に反駁して、E・アイクは、前皇太子は国家人民党に接近していたため、外相は右翼のロカルノ条約への支持を獲得しようとして、戦術的にかかる内容の書簡を送った、と推論している。[32] しかしながら、アイクの推定は必ずしも正確ではなく、むしろティメの詳細な考証による断定の方が妥当に思われる。いずれにしても、この書簡の意味は、現在、相対的には著しく減じている、と言えよう。なぜなら、これを俟たずとも、ティメの一連の論文が提供したシュトレーゼマンの思想・言説からすれば、「協調外交」の実体を「国民外交」としてのみ把えることは甚だ困難だからである。

いったい、「協調外交」というのは対外政策の形態的把握であろう。シュトレーゼマンの方法ないし外交の現象形態に関する限りでは、「協調外交」なる規定もたしかに妥当である。しかし、言う迄もなく、その外交体系を総体的に把握しようとするならば、当然彼の思想的系譜、外交理念といった主体的契機を検討してみることが必要である。ティメの諸論文は、こうした角度から、従来のシュトレーゼマン「神話」を打破した点、たしかに画期的であったが、それはなお「協調外交」の非協調的ナショナリスティックな側面を論証するにとどまっていて、総体的に位置づける作業はまだ残されている、と言えよう。だから、たとえばブレトンなどの政治学的考察とは平行線をたどっていて、一種の飽和状態に達しているようにみえるのである。とすれば、いまや問題はentweder-oderという仕方で提起さるべきではなく、彼の政策がいかなる意味で「協調的」であり、また、いかなる関係で「権力的」であったかを論証することであろう。そのためには彼の政策とヴァイマル共和制発展との有機的連関の考察へ進まねばならない。もちろん、それは更に国際情勢の展開との相関関係を考慮しながら論じられるべきことは言う迄もないが、この点、ドイツ再軍備との関係を考察したガッツケの研究は最も生産的であった。しかし、一般に最近の研究では、次に述べる対ソ政策も含めた対外関係の経緯が華々しく論及されるのに較べ、人民党党首であったシュトレーゼマンの内政面の研究は甚だ手薄である、と言わざるを得ない。

さて、次の論点は対ソ政策をめぐってあらわれている。ヴァイマル共和国外交にとって、東か西かの選択の問題は常に論争されてきた。そしてかかる議論は、今日のドイツの状態においてますますその問題性をたかめている。従来「協調外交」というとき、シュトレーゼマン外交に関する限り、それは必ず西欧との協調を意味し、東欧とのそれではなかった。とくにソ連との関係はネガティヴなものとして評価されるか、全く等閑に付されてきたのである。しかるに、Stresemann-Nachlaß の出現以後、対ソ問題は「協調外交」における重要なファクターとして重視されるに至った。独ソ関係が彼の外交政策にいかなる比重を占めるか、については、なお見解は分れるが、ともかく彼が両国の秘密軍事協力の事実について知悉しており、それを促進さえしたことも明らかである(33)。したがって、彼が単なる西欧協調派でなかったことは、現在、自明の前提となっているのであって、むしろ課題は対ソ政策の性格、限界を設定することにあると言える。この点、諸家の論述には様々のニュアンスがあり、問題観にもかなりの断層がみられるのである。

この問題を最初に論じたガッツケは、駐ソ大使ブロックドルフ＝ランツァウやその他いわゆる東方派の対ソ接近積極策とは異なり、シュトレーゼマンは独ソ関係に懐疑的・批判的であり、むしろ接近論をチェックするものであった、と主張した(34)。もちろん、いかなる論者も彼を単純に「東方派」と捉えることはないのであって、ひとしく彼の二面性に着目し、その均衡政策を論ずる際にも、たとえば、K・エールトマンは彼の政策を東西間における一種の平和的中立政策と見做しており(35)、G・フロインドは東方への傾斜を強調しているかの如くである(36)。またティメは、二〇年代のソ連の国際的地位や軍事力はさほど強力ではなく、したがって彼の政策において東西の選択は重要な問題ではあり得なかったとしてエールトマンを反駁する。(37) たしかに、シュトレーゼマンに関する限り、「東か西か？」West- oder Ost-orientierung? といった問題の立て方は妥当ではないかもしれない。なぜなら、彼が、対ソ関係のために対西欧協調を犠牲にすることのなかったのは余りにも当然であったからである。しかし、だからといって、対ソ政策の意義そのものを軽視するティメの見解は首肯できない。対ソ政策を詳細に検討するならば、たとえば通商問題、中立条約問題あるいは軍事協力問題に対する彼の捉え方にはそれぞれ顕著な差異があり、そういうヴァラエティーの中にこそ対ソ政策と対西欧政策との連結点を見出し得ると思われるからである。にわかに脚光を浴びた対ソ関係のディテールを正確に整理し、彼の外交体系の中に位置づける作業は、いまなお残されていると言えよう。

ところで、シュトレーゼマンの対ソ政策を論ずる際、西ドイツ史学の問題意識には、ヴァイマル期全体の独ソ関係史にも指摘し得る如き特徴的傾向が認められる。もともと独ソ関係の究明は英米の側から始まったのであって、西ドイツの史家は史料的条件もあって、遅れてこれに参加したものであった。(38) そしてこれらの史家は、西側の見解がラパッロ条約から「ヒトラー＝スターリン条約」に至る独ソの癒着・共謀性を臭わせている傾向に対して反撥し、(39) シュトレーゼマンの外交をナチスのそれと区別するのに力点を置く。したがって、彼の対ソ消極策に言及するとき、彼らは、それを独ソ不可侵条約を締結したナチの無定見＝戦争勃発の責任と対置させ、平和外交の証左としているのである。(40) むろん、西独の史家とて、外相が独ソ軍事協力へコミットした事実を否認してはいないが、シュトレーゼマンの場合はあくまで合理性と国民性に貫かれたものであり、独ソ協力における軍部や右翼の短見とは一線を画すべきものとするのである。ヘルビックの如きは、ヴァイマルの政治指導者たちをしてボリシェヴィズムとの協力関係を是認せしめたのは、むしろ西側の対独政策の苛酷さであったとして、それをいわば必要なる悪（！）と見做している。(41) こうした西独の思考様式を東独のクラインは「西方政策と平和の保障とを同一視するが如きは、まさに歴史的真実を逆立ちさせるものである」と批判する。[42] 東独の研究が、軍事協力問題を無視するか、きわめて過小評価し、西ドイツの意識状況を批判するだけであるのは、決して生産的な議論とは言えないが、たしかに西欧協調＝平和政策とする西ドイツの問題意識の枠を打破しない限り、対ソ政策の評価は一面的たらざるを得ないであろう。

ともあれ、研究の現段階では未知の事実を恣意的に提供する作業は一段落したと考えられる。いまや、それら個別的事実をシュトレーゼマン外交の中で再構成し、トータルに把握することが要請される。その際、たとえば対ソ政策と西欧協調との連結点を何に求めるか、平和的中立政策にか、それとも再軍備への階梯にか、といった視点も、たしかに有効な手がかりになるであろう。かかる視角からも、われわれは必然的に、国内政治の発展がシュトレーゼマン外交を促進し、あるいは阻止した動態の分析、更には対外政策の国内への影響範囲の測定に進まねばならないだろう。現在われわれは、未刊行文書を直接渉猟することが甚だ困難である事情にも拘らず、諸研究の提供した材料や、最近出版されつつあるヴァイマル政治指導者たちのメモワール等[43]の補助史料の利用によって、このようなアプローチも次第に可能となりつつあるのである。

（一九六〇・五）

（1） Rudolf Olden, *Stresemann* (Berlin, 1929), Chap. IX.
（2） Heinrich Bauer, *Stresemann, ein deutscher Staatsmann* (Berlin, 1929).
（3） Edgar Stern-Rubarth, *Stresemann, der Europäer* (Berlin, 1930).
（4） Thomas Mann, "Ein Appell an die Vernunft", in: *Sorge um Deutschland* (Frankfurt a. M., 1957), 60.
（5） B. E. Anrich, *Deutsche Geschichte von 1918 bis 1939* (Leipzig, 1940).
（6） Hans W. Gatzke, "The Stresemann Papers", *JMH*, XXVI-1 (1959), 49.
（7） Godfrey Scheele, *The Weimar Republic. Overture to the Third Reich* (London, 1946), 17, 257; K. F. Bieligk, *Strese-*

mann. The German Liberals' Foreign Policy (London/N. Y., 1944), 39.

（8） E. H. Carr, *German-Soviet Relations between the Two World Wars, 1919–1939* (Baltimore, 1951), 88.

（9） Cf. Austen Chamberlain, *Down the Year* (London, 1936), 172.

（10） Gustav Stresemann, *Vermächtnis. Der Nachlaß in drei Bänden*, hrsg. von Henry Bernhard (Berlin, 1932–33).

（11） J. Wheeler-Bennett, *The Nemesis of Power. The German Army in Politics* (London, 1953), 107, 160 ff., 478; Edmond Vermeil, *L'Allemagne Contemporaine, social, politique, culturelle, 1890–1950*, II : *La République de Weimar et le Troisième Reich 1918–1950* (Aubier, 1953), 109 ff. ; A. François-Poncet, *De Versailles à Potsdam* (Paris, 1943), 121 ff. ; Lionel Kochan, "Stresemann and the Historians", *The Wiener Library Bulletin*, VII-5/6 (1953. IX/XII.), 35.

（12） Annelise Thimme, *Gustav Stresemann. Eine politische Biographie zur Geschichte der Weimarer Republik* (Hannover, 1957), 7.

（13） Walter Görlitz, *Gustav Stresemann* (Heidelberg, 1948), 174.

（14） Alfred Hermann, "Gustav Stresemann. Vom deutschen Nationalisten zum guten Europäer", in : *Aus Geschichte und Politik. Festschrift zum 70. Geburtstag Ludwig Bergsträssers* (Düsseldorf, 1954), 139–151. Cf. Antonina Vallentin, *Stresemann. Vom Werden einer Staatsidee* (Neudruck ; Berlin, 1948).

（15） Fritz Klein, *Die diplomatischen Beziehungen Deutschlands zur Sowjetunion 1917–1932* (Berlin, 1953), 125 ; Alfred Anderle, "Die deutsch-sowjetischen Verträge von 1925/26", *ZfG*, 1957-3 ; Heinz Habedank, *Zur Geschichte des Hamburger Aufstandes 1923* (Berlin, 1958).

（16） Germany, Auswärtiges Amt, Politisches Archiv, "Nachlaß des Reichsministers Dr. G. Stresemann" (National Archives, Washington, D. C. & Public Record Office, London).

（17） これに就いては、「アメリカ歴史学協会」(AHA)の「大戦文書調査委員会」の積極的参加のもとに作成された *Index of Microfilmed Records of the German Foreign Ministry and the Reich's Chancellery covering the Weimar Period*, ed. by the National Archives (Washington, 1958) を参照されたい。なお、ドイツ外交文書集の刊行事情については、斉藤孝

「第二次世界大戦及びその前史」『歴史学研究』一五四（一九五一、同『第二次世界大戦前史研究』［一九六五］参照）に紹介されているが、ヴァイマル期の外交文書集の公刊も西独政府が考慮しつつある、と聞いている。

(18) Cf. Carr, *Germann-Soviet Relations*, 138; Lionel Kochan, *Russia and Weimar Republic* (Cambridge, 1954), 91 ff.

(19) Cf. Klein, *Diplomatische Beziehungen*, 7.

(20) Cf. Gatzke, "Stresemann Papers".

(21) *Ibid.*, 51. なお、Gatzke 教授からの私信によれば、一九二三年以降（外相時代）については、外交問題ほどに内政に関する史料は含まれていない。

(22) Henry Bretton, *Stresemann and the Revision of Versailles* (Stanford, 1953).

(23) こうした見解に立つのは例えば、Felix Hirsch, "'Nicht ein Verlust, ein Unglück', zum Gedächtnis G. Stresemanns", *Gegenwart*, 1954-9; Erich Eyck, "Neues Licht auf Stresemanns Politik", *Deutsche Rundschau*, 1955-2; *idem*, *Geschichte der Weimarer Republik*, II (Zürich, 1956); Ludwig Zimmermann, *Das Stresemannbild in der Wandlung. Studie zur Geschichte der Weimarer Republik* (Erlangen, 1956); *idem*, *Deutsche Außenpolitik in der Ära der Weimarer Republik* (Göttingen, 1958), 195 ff.; Martin Göring, *Stresemann. Mensch, Staatsmann, Europäer* (Wiesbaden, 1956); Christian Höltje, *Die Weimarer Republik und das Ostlocarno-Problem 1919–1934* (Würzburg, 1958), 106 ff. 等である。

(24) この点、Annelise Thimme, "Gustav Stresemann. Legende und Wirklichkeit", *HZ*, CLXXXI-2 (1956), 327 および Gatzke, *Stresemann and the Rearmament of Germany* (Baltimore, 1954), 84, n. 32 の Bretton 批判は見当違いである。

(25) 前掲論文のほか、A. Thimme, "Die Locarnopolitik im Lichte des Stresemann Nachlasses", *Zeitschrift für Politik*, III-1 (1956) 参照。なお、同嬢には "Stresemann als Reichskanzler", *Welt als Geschichte*, 1971-1 なる論文もあるが披見し得なかった。

(26) とくに、Gatzke, *Rearmament* および Thimme, "Legende und Wirklichkeit", 参照。なお、拙稿「ドイツの再軍備問題とロカルノ条約」『歴史評論』一一一（一九五九・一一）。

(27) 前注(23)参照。わが国でも、猪木正道「自由主義者シュトレーゼマン——党派政策か国民協同体か？——」『国際政治の展開』(一九五六)所収はこの立場にある。

(28) 前注(24)(25)参照。また、野田宣雄「シュトレーゼマンの対ソ政策について」『西洋史学』三九(一九五八)の主眼点の一つは、シュトレーゼマンが、重工業および軍部の利益を代弁したことの論証にある。

(29) 前注(15)参照。

(30) 1925. IX. 14, *Vermächtnis*, II, 172.

(31) Thimme, “Legende”, 331 f.

(32) Eyck, *Weimarer Republik*, II, 46.

(33) シュトレーゼマンと独ソ軍事協力問題の関連が初めて公に討論されたのは、筆者の知る限り、一九四九年のAHAのBoston大会においてである。*AHR*, LV-3 (1950), 738. なお、Carr, *German–Soviet Relations*, 139参照。

(34) Gatzke, “Von Rapallo nach Berlin: Stresemann und die deutsche Rußlandpolitik”, *VfZ*, IV-1 (1956). なお、本論文と前著 *Stresemann and the Rearmament*, Chap. IV の記述の間に矛盾はないが、双方の論調にはやや相違がみられる。Gatzke, “Russo-German Military Collaboration during the Weimar Republic”, *AHR*, LXIII (1958) および Z. J. Gasiorowski, “The Russian Overture to Germany of December 1924”, *JMH*, XXX (1958) はドイツ外交文書を利用した独ソ関係の研究として参考になる。

(35) Karl D. Erdmann, “Das Problem der Ost- oder Westorientierung in der Locarnopolitik Stresemanns”, *GWU*, 1955. III. また、深見秋太郎「シュトレーゼマンの実利主義」『埼玉大学紀要』五(一九五六)はこの見解とみなされる。

(36) Gerald Freund, *Unholy Alliance. Russian–German Relations from the Treaty of Brest-Litovsk to the Treaty of Berlin* (London, 1957). なお、野田氏の前掲論文はこのことを前提としている。

(37) Thimme, *Biographie*, 106 ff.

(38) たとえばThimmeの研究もアメリカ留学の結果である。

(39) 前掲のWheeler-Bennett, Carr, Freund, の諸著参照。

(40) Theodor Schieder, *Die Probleme des Rapallo-Vertrags 1922–1926* (Köln, 1956).

(41) Herbert Helbig, *Die Träger der Rapallo-Politik* (Göttingen, 1958).

(42) Cf. *ZfG*, 1960–1, 219 f.

(43) このようなものには最近次のメモワールが出版された。Otto Gessler, *Reichswehrpolitik in der Weimarer Zeit*, hrsg. von Kurt Sendtner (Stuttgart, 1958); A. Rosen, *Aus einem diplomatischen Wanderleben* (Berlin, 1960); Hans Luther, *Politiker ohne Partei* (Stuttgart, 1960).

補論二　ブロックドルフ=ランツァウ文書

一九四五年連合国の押収したドイツ外務省文書のなかに、かつてシャイデマン内閣の外相を務め、ラパッロ条約後初代の駐ソ大使(一九二二年九月—二八年九月)としてヴァイマル共和国の対ソ政策に特異な役割を果したウルリヒ・カール・クリスティアン・フォン・ブロックドルフ=ランツァウ Ulrich Karl Christian von Brockdorff-Rantzau 伯爵の文書がある。(1) ドイツ外務省文書のほとんどすべてが研究者の利用に供されるに至った現在、(2) この「ブロックドルフ=ランツァウ文書」は同時代のシュトレーゼマンの文書とともに、(3) 第一次世界大戦からヴァイマル期のドイツ外交の研究に改めてかなり豊富な照明を与えてくれる史料である。

ランツァウ文書は量的には「シュトレーゼマン文書」より遥かに少い。後者のマイクロフィルムが巻数にして八十数巻にわたっているのに、(4) これは二、三の関連文書を含めて二〇巻余である。「シュトレーゼマン文書」はほとんどが公的な文書(外務省関係・ドイツ国民党関係)で、二義的価値しかない史料の多くを含んでいるが、ランツァウのそれは私的なものが多く、他の公開史料とともに緻密に検討されるならば、概してより意義深い史料だといえる。それにもかかわらず、いやむしろ個人的な色彩が強いからこそ、個々のドキュメントについて確定的な判断を下すことは甚だ困難である。(5) そのため、現在に至るまで、この文書のガイドは発表されていない。以下の紹介も完全な内容目録を意図したものではなく、大略の内容を述べ、読者の便に供しようとするものである。(6)

さて、「ランツァウ文書」には興味ある「歴史」がある。ウルリヒの死(一九二八年)後間もなく、彼の双児の兄弟エルンスト・ツー・ランツァウはこの「文書」をライプツィヒのある出版社に売却した。この出版社はライプツィヒの歴史家エーリヒ・ブランデンブルクにこの「文書」から史料を編集することを依頼し、公刊する契約を結んだ。ブランデンブルクは処々に解説をつけてこの史料集を作製したが、この発表に政府の異議がないかどうか確かめるため、三二年の末にその草稿を外務省に提出した。[7] 当時の外務次官ベルンハルト・フォン・ビューロは同年のうちにすでにこれの公表を差控えるよう命じたが、[8] 更に省内でかつてブロックドルフ=ランツァウの輩下であったレーディガー、モーリツ・シュレージンガーおよびアンドル・ヘンケ等々によって厳密に検閲された。その結果、ランツァウの初期の部分は、異論はない、しかし、草稿の主要部分である駐ソ大使時代を扱った「政治的に極めて焦眉であり、かつ秘密を保つべきロシア関係の史料」は「シュトレーゼマン回想録が国外で不利な影響を及ぼした後だけに、ライヒの外交的利益を甚だしく傷つける」、との理由で公表を禁じられた。その後、ブランデンブルクの何度かの抗議があったが、結局、外務省は、編者と出版社とに弁償するためにその草稿と「文書」の該当部分とを買取ることに決めた。[9]

　他方ブランデンブルクの家にあった「ランツァウ文書」は一九三四年六月、理由も明示されずゲシュタポに差押えられ、運び去られた。その後、一時返還されたこともあるが、一九四二年初め、今度は、外務省によって最終的に没収され、ベルリンに移された。[10] こうして、現在、外務省文書の一部として利用可能になっているわけであるが、上記「ブランデンブルク草稿」も一部を除いて公開されている。[11] 高名な歴史家によるこの「草稿」は現在なおブロックドルフ=ランツァウの生涯に関しては最も史料の豊かな信頼できる説明といえる。しかも処々にある外務省の「検閲」の跡は甚だ興味深く、まず最初に一読すべきものであろう。以下でも必要に応じて「草稿」を参照することにする。

　「ランツァウ文書」そのものはさまざまの大きさのファイルを集めた束（かりにこの束を「巻」とよぶ）からなっている。それぞれには番号がついているが、必ずしも年代順にはなっていないし、内容も区々である。そのうえ、マイクロフィルムによる複写はその巻の順序にも従っていず時代・内容ともにかなり錯綜しているのは他のマイクロフィルム、たとえば「シュトレーゼマン文書」などと同様である。しかし、後者ではシュトレーゼマンの短いメモの走り書きの類を除いては多くがタイプしてあるのに、ランツァウの場合は手書きが相当多く、しかもその筆跡はほとんど判読不可能なほどの悪筆である。またシュトレーゼマンのような直截で明瞭な表現法というより、一種独得なパーソナリティのランツァウの発想や論理には強い感情が露出しており、ときには特定の人間関係で比喩や暗号やらを用いたりしているので、一層判読が困難である。(12) なお、ほとんどのファイルにはタイトルがあるが、内容と一致するとは限らない。以下巻の順をおって紹介することにする。

一

ブロックドルフ=ランツァウの初期の活動に関する史料はそれほど多くはない。**第一巻**の最初のファイルは主として一九〇一―一〇年の間の私的な書簡その他である。カール・フォン・ヴェーデルおよびハンス・フォン・フロート等、外務省の同僚ないし先輩との書簡が多くを占めている。(13) 一九〇〇年前後をカバーした次のファイルにはラドリーン公の書簡が見られる。(14) 続く分厚いファイルは一八九九―一九一二年間のその他の書簡類が集められており、リヒャルト・フォン・キュールマン、ゴットリープ・フォン・ヤーゴ、ヒューストン・ステュアート・チェンバレンといった著名人の書簡も多数含まれている。(15)

第二巻は、ランツァウが一九一二年デンマーク大使としてコペンハーゲンに赴任した時期の書簡類が主である。ここには、たとえば、「パルヴス」ことヘルファントからのものも含まれているが、(16) とくに興味深いのは、ランツァウと親交のあったH・S・チェンバレンと、フォン・ヴェーデルの一連の書簡が再び現われ、(17) それらに対するランツァウの返信と思われるものがはいっていることである[18]。またその他にもこの初期に関する数多くの書簡や文書等があるが、さほど重要な史料とは言えない(たとえば、ビューロ、ピュックラー、アルベルト・バリーン等々)[19]。ブランデンブルクの指摘する如く[20]、概して、以上の初期の史料にはランツァウの「政治思想の発展を跡づけるべきなにか確定的なものはほとんどない」といっていい。

第一次大戦の勃発、進行とともに、突如「ランツァウ文書」の量は増してくる。**第三巻**の戦時中を扱った最初の分厚いファイルには[21]マクシミーリアーン・ハルデン、「パルヴス」、ヴァルター・ラーテナウおよび、ハンブルク゠アメリカ郵船会社 Hapag の面々、バリーン、フルダーマン、ホルツェンドルフ等々の有力者からの書簡がある。キュールマンもしばしば手紙を書いているが、デーニッシュ・ハム、チェリー・ブランディー、あるいはまた、「見事な太まき食後用葉巻」を送ってくれ、といった類のものが主である。また“Die Stockholmer Begegrung Zwischen Protopow, Graf Olsufjew, und Fritz Warburg (den 17. Feb. 1917)”という報告は興味深いものである[22]。なお、レーニンがドイツのスパイであるという非難に対するラーデクのレーニン擁護についての説明もある。次のファイルは[23]ハンブルク―コペンハーゲン間鉄道敷設計画に関するもので一般の興味はない。

しかし、**第四巻**はかなり重要である。最初の二つのファイルは[24]ツァーリズム・ロシアとの単独講和の動きについてかなりの照明を与えるものである。ドイツ、デンマークのさまざまの仲介人の活動があったことが判明するが、ドイツ側からは、マクス・ヴァールブルク、バリーン等が相当これに関係している。“Privatbriefe”と題された最後のファイルは[25]、案に相違して実は機密公文書が多い。すなわち一九一八年夏ランツァウとデンマーク外相の会談報告等である。またフルダーマン、ルーデンドルフ等の書簡も含まれている。

続く**第五巻**でブロックドルフ゠ランツァウのコペンハーゲン時代は終る。はじめのファイルは[26]、概して大戦前の独・

デンマーク関係を扱ったものだが、バリーン、ヴァールブルクからの戦時中の書簡も含まれている。フーゴ・シュティネスがデンマークから非合法に銅を輸出したことから生じたランツァウとの対立についてもいくつかの史料がある。あとの二つのファイル[27]は主として独・デンマーク関係を扱ったもので、ブロックドルフ=ランツァウがデンマークの中立を維持させるために奔走したことに関するものであるが、これら多くの公文書に交って再びバリーン、キュールマン、ゲオルク・ヘルトリング、ヘルファント等々からの書簡も見える。

ランツァウが内外の脚光を浴びるに至ったのは、彼が一九一八年末にシャイデマン内閣の「外務大臣」に任命されてからであった。この外相就任に関する史料は**第六巻**の最初に別個にとじ込んである。彼は最初一九一七年に「外相」候補にあがった模様である。その受諾条件についてランツァウは二つのメモランダムを草している。[28]この巻の残りのファイルは、一九一九年のヴェルサイユ講和交渉に関するさまざまのドキュメント、公刊物などをおさめているが、とくに重要なものは見当らない。[29]

第七巻のはじめは“Presse-Angelegenheiten”なる題[30]ではじまるが、これは正確ではない。事実はさまざまの重要な問題についての書簡、覚書等が主としておさめられているからである。なかでもランツァウとグレーナー将軍との二度の往復書簡は興味ぶかい。グレーナーの、ドイツをいま一度「同盟能力あらしめる」(bündnisfähig)ために新軍を創設すべしとの構想、件の「背後からの一撃」説の喧伝に対し、ランツァウはかなりはっきりとこれらを否認している。[31]また、ハーグからマールツァーンが亡命中のヴィルヘルム二世の有様を手にとるように伝えた書簡もある。[32]このファイルには、ランツァウとエルツベルガーの対立についても相当の史料がある。[33]この両者の反目は、当時ベルリンにいた二人のボリシェヴィキ、ラーデクとヨッフェを外相に相談することなく連合国側に引渡そうという計画にエルツベルガーが参与したということから生じたものである。その他注目されるものに、アメリカのコンガー大佐との会談についてのヴァルター・レープの報告がある。[34] 続く三つのファイルにはアルフォンス・パケ宛のラーデク獄中の手紙のコピー、ヴァルター・ジーモンスとルーデンドルフの会見報告、そのほかフリードリヒ・ローゼン（駐ハーグ大使）、キュールマン、ヴェーデル、フォン・リヒトホーフェン、クルト・ハーン（教育者）およびハリ・ケスラー等々帝制時代の外相、外交官、政治家からの手紙がある。[35] コンガー大佐に関するレープの報告、[36] エルツベルガーとランツァウのいくつかのやりとり等々[37]も再び現われてくる。次の二つのファイルでは、ブロックドルフ＝ランツァウとオーストリア外相オットー・バウアーとの間のアンシュルス問題をめぐる交渉、[38] および一九一九年春の休戦条約更新の問題[39]をそれぞれに扱っているが、この前のファイルと同様のエルツベルガー、コンガーに関するものも含まれている。[40]

ドイツの全権代表としてヴェルサイユの講和交渉にあたったランツァウの講和問題に関する言動は、後に駐ソ大使時代のヴェルサイユ条約への反感、彼のドイツ外交に対する見解を知るうえでも極めて重要である。このヴェルサイユ交渉そのものは、次巻にまたがる続く五つのファイルの中で取扱われている。その最初のファイルは会談の準備である。エルツベルガーとの反目はまたここで激しくなる。決定的な二回の閣議の議事録、ブロックドルフ＝ランツァウとクルップ・フォン・ボーレン・ウント・ハルバハとの通信、更に国際法学者でランツァウ全権に随伴したヴァルター・シュッキング教授、ホルツェンドルフ、ハーン等の手紙も見える。[41] 続くファイルでは、またもや題以上のものが含まれている。すなわち、ドイツの東方政策、とくにソヴェト・ロシアとの外交・経済関係回復の問題についての覚書がいくつかはいっている。[42]

二

ヴェルサイユの交渉そのものは**第八巻**で扱われている。最初のファイル[43]の題に“Moskau 1922/28”とあるのは紛らわしく、内容とは全く関係ない。ヴェルサイユに赴いているブロックドルフ=ランツァウへのドイツ外務省からの報告が主である。なかでも、彼の従兄弟と思われる外務次官ラングヴェルト・フォン・ジメルンおよび情報局長ヴィクトル・ナウマンからの報告が非常に多い。ハンブルク=アメリカ郵船会社のボス、ヴィルヘルム・クーノからランツァウ全権への書簡も見える。ラーテナウの対ソ打診をはじめ、この時期の独ソ関係にとって興味あるドキュメントも若干ある。(44) レーニン等についての“Karl Moor”との三時間にわたるナウマンの会談報告もある。(45) また、エーベルトとの会見で、ランツァウはラーデクの釈放をめぐってここでもエルツベルガー非難をやっている。ランツァウのヴェルサイユ調印の拒否の事情を物語るドキュメント、閣議への報告等があるのはもちろんである。(46)

続くファイルは、むしろ公文書で一九一八年の大統領ウィルソンの「二十七カ条」、ランシングの「九カ条」のコピー、あるいはまた、エルツベルガー=フォッシュ間の休戦交渉の記録、ヴェルサイユの講和交渉の覚書等々である。(47) 最後のファイルは、再び外務省からランツァウ全権宛の報告、その他この時期のさまざまの知人等の書簡である。(48)

第九巻は、ヴェルサイユ条約に対する様々の方面からの反応を示す資料と言えるが、この巻には、とくに手書きの、ほとんどインクの消えかかった書簡が多く判読不可能な場合が少なくない。時期的にはシャイデマン内閣の退陣直後のものが主で、はじめに処々で戦後処理の問題が論じられている。(49) 続く薄いファイルは一九一五年、(50) 二〇年、二一年等まちまちの時期のもので雑多な個人的書簡であるが、読めないものが多く、差出人も定かでないのが多い。次のファイルは再びヴェルサイユ条約に関するあれこれの印刷物であるが、なかにはたとえば、エーベルトのランツァウ宛の書簡、コペンハーゲン時代のドキュメントも混ざっている。(51) 最後の二つのファイルは、ブロックドルフ=ランツァウが外相辞任後シュレースヴィヒ州のアネッテンへー Annettenhöh に引退した一九一九年から二二年のラパッロ条約の時期のものである。前者ではヴェルサイユ条約をめぐるさまざまの有力者、とくに工業資本家からの書簡が注目される。M・M・ヴァールブルク会社のカール・メルヒオルやクルップ・フォン・ボーレンをはじめ、経済界と関係の深いヴィートフェルト教授などとの往復書簡がある。[52] 後者の“Dokumente, Pressesache……”と題されたかなり分厚なファイルは、一九一九年に初版の出たランツァウの“Dokumente und Gedanken um Friedensschluß”の出版に関係したアネッテンヘーからの書簡類が主であり、[53] ドキュメントそのものではない。そのほか、とくに注目されるのは、ドイツ民主党党委員会からのランツァウ宛の一連の書簡と彼の返事である。ランツァウは、どの政党にも正式に属したことはないが、一九一九年一〇月、間違って民主党の党役員に選ばれたことがあった。彼はそれを辞退した返事の中で政治的信条においては民主党にもっとも近いが「外交政策優位」の観念からいかなる政党にも属さない旨を述べている。[54] 一九二二年のジェーノヴァ会議、ラパッロ条約前後の独ソ関係に関するシュレージンガーその他との往復書簡も吟味に値する。一九二〇年夏のソヴエト＝ポーランド戦の最中、外務省東方局長マールツァーンからの書簡も見え、ランツァウ＝マールツァーンの盟友はすでにこの時期に形づくられていたものと思われる。[55]

この時期のマールツァーンの書簡は、次の**第一〇巻**の最初のファイルにも見られる。それらの中では、独ソ軍事協力の推進に積極的な役割を果したとされるソ連の外交官ヴィクトル・コップとの接触についても言及されている。ヴァルター・ローマン大尉の報告をはじめ、独ソ関係についてのその他の資料もいくつか含まれている。こうしたものとともに、前巻にみられた“Dokumente”刊行に関する書簡類、とくに第二・三版で序文を書いているハンス・デルブリュックとの往復書簡がかなりある。[56] 次のファイルは、一九二二年国会調査委員会におけるフォン・ラインバーベン（シュトレーゼマンに近く、国民党）の件に関してのランツァウとシュトレーゼマンの一連の往復書簡を含む調査委員会関係のものである。[57] 続く三つのファイルはいずれも薄いものでそれぞれに人名の題が付してある。最初の“Ludendorff”には、[58] Militär-Wochenblatt（一九二一年）のルーデンドルフの一文に訂正を要求した書簡があり、ランツァウが戦時中「パルヴス」を通じレーニン、トロツキーを援助したとされているところが、彼の癇に障ったようである。あとの二つの薄いファイル(59)はいずれもゼークトをめぐって国防相ゲスラーと取り交わされた書簡で、ランツァウの駐ソ大使着任後まもなくのものであり、次巻にある有名なゼークトとの激論との関連で読まれるべきである。(60)この巻最後の二つのファイルには、ライヒスアルヒーフ(ポツダム)のライヒ編史委員会会議の覚書、参加者のリスト(ランツァウもこれに関係していた(61))および再び一九二二年夏の国会調査委員会への提出書類、書簡等が含まれている。こうした史料は大戦後の戦責問題、史料編纂、公刊の事情との関連でなら興味深い。(62)

さて、**第一一巻**以後は、はじめの駐ソ大使任命をめぐる問題のほか、すべてランツァウの駐ソ大使時代のものである。最初は一九二二年七月―十月に至る任命問題(63)(とくにゼークトとの激論、大統領への「直接報告」という異例の権限等)から着任直後までのメモランダム、書簡等が集められている。(64)なかでも、首相ヴィルトとの会談のメモは甚だ興味深い。ヴィルトはゼークトと同様独ソの軍事協力を必要であるとして、これまでの経緯をランツァウに語ったが、この大使候補はそれに極めて否定的であった。ゼークトのランツァウ任命の妨害もここに起因している。ランツァウの政治思想、とくに対ソ政策の見解を知るうえで最も重要なもののひとつである。次の“vom 1923–1928”というファイルは大部分は社交的通信でとくに重要とは思えないが、なかには二七年シュトレーゼマンとのヘンケの会談報告なども混ざっている。(65)

そうした社交的通信は**第一二巻**の始めにも少しあるが、この最初のファイル(66)は、いくつかに分れてタイトルが付してある。“Amtliche Sache”(67)とあるところにはモスクワ大使館の彼の輩下ヘイ、ヘンケ、シュレージンガー等が一九二七年三月―七月の間ベルリンにいたブロックドルフ=ランツァウ宛に送った様々の報告である。またロカルノ会議の開催中に行われたL氏とH氏の興味ある会談のメモもある(おそらくHはヒンデンブルクと思われる)。続いて、手書きばかりの家族その他の個人的通信[68]、再び銀行家メルヒオルの一連の書簡[69]があり、その他雑多な手紙のコレクション[70]がはいっている。

次のファイルはヴァイマル共和国三人の大統領、エーベルト、ジーモンス(臨時)、ヒンデンブルクとブロックドルフ=ランツァウの関係を物語る興味ある史料である[71]。かつての外相ランツァウは、駐ソ大使のポストを引受けるにあたって、尊大な要求をしている。つまり外務省にいる昔の自分の輩下どもの訓令ばかりを守るわけにいかないので、特別の問題で大統領エーベルトに直接報告するという権限 Immediatberichterstattung をとりつけている。こういう特権は、帝制時代にもカイザーへの直接報告のできた大使はなかっただけに、いかにも異例のこととされたが、これは後のヒンデンブルクによっても認められた[72]。ランツァウは、しばしば、この特権を利用して、ドイツの親仏政策に圧力をかけようとしたことはよく知られている。

第一三巻は、最も難解ではあるがおそらくブロックドルフ=ランツァウの評価にとっては最も重要な史料である。二つのファイルはともに、ウルリヒの双児の兄弟エルンスト・ツー・ランツァウへの書簡である[73]。彼はドイツ本国で、ブロックドルフ=ランツァウをよく代弁した。このモスクワ駐在期間の書簡では殆んどあらゆる問題——ランツァウ家の管理、親戚その他との交際、特殊なブドウ酒の送付依頼といった私的なことを始め、モスクワにおけるソ連要人との会談内容、ドイツの政治・経済界との連絡など——が二人の間で討論されている。しかし、献身的なエルンストへのこれらの書簡は手書きが多く、しかも両者の間にしか分らないような暗喩やニックネーム等が使われたりしていて、個々の書簡に決定的な判断を下すのは容易ではない[74]。

次の**第一四巻**も、独ソ関係の研究には不可欠の史料である。ランツァウと外務次官マールツァーンとの間でモスクワ赴任から二年間にわたって続けられた往復書簡が、この巻の三つのファイルにわたっておさめられている。[75] 伯爵と男爵とのこの往復書簡は、本省と出先機関の通常の請訓や訓令ではなく、ここでも直接の「報告」の形で、ランツァウが「休暇」で帰国したりした間を除き、ほとんど毎週一回以上の情報交換をしているのは、驚くべきことであり、この盟友は想像以上に緊密であったことを示している。周知のように、マールツァーンはラパッロ条約締結の立役者であり、ラパッロ路線の推進者であったが一九二五年初め、シュトレーゼマンは彼を次官から駐米大使に転任させた。ちょうどドイツがロカルノへの道を歩み始めたときである。東方派の代表とみなされた二人の書簡はこのときに終っているが、[76] 夥しい量のこれら書簡の内容は独ソ関係のほとんど全般にわたっていて、詳細な検討が期待される。

最後のファイルは、[77] 一九二二—二八年のランツァウ在任期間にソ連邦の外務人民委員チチェーリンと取交された書簡のコレクションである。チチェーリンの手紙は、ほとんど全部手書きのドイツ語である。貴族出の両者には共通の趣味や感情、そしておそらく西側に対して独ソの紐帯を強めようとする共通の目的もあったが、こうした二人の個人関係が両国のさまざまの紛争の処理に果した役割を知るには有益と思われる。しかし、急いでみたところでは、国家間の最重要事はこうした書簡の中では、めったに扱われていない。

次の**第一五巻**の二つのファイルは、ともに公的なドキュメントである。最初の厚い方[78]は六〇余のさまざまのドキュメントで、必ずしもランツァウに関係があるとは限らない。これらのドキュメントは、一九三〇年代ナチスの時代に、もともと外務省のファイルから抜きとられたものと思われる。なお、これらドキュメントのリスト（Nos. 1–62）がある。次のファイルの内容はタイトルからは、推測もつかない。[79] これは本来「シュトレーゼマン文書」の中にあったもので、シュトレーゼマンの元秘書ベルンハルトが三六年初め、外務省に提出したものである。[80] 内容は、ブロックドルフ=ランツァウのシュトレーゼマン宛のメモランダムをはじめ、一連の極秘文書であり、独ソ関係、なかでも軍事協力のかなり具体的・詳細な情報がある。本来なら驚くべき史料であろうが、「シュトレーゼマン文書」の公開が早かったので、その意義は減殺された。

「ブロックドルフ＝ランツァウ文書」の最後の数巻には、いくつか欠けたものがあり[81]、マイクロフィルムに収録されているファイル[82]もばらばらの史料を集めたものである。時期的にはランツァウのモスクワ時代すべてにわたっているが、モスクワ総領事シュレージンガーの報告、ランツァウの返信を除いては、概して公文書であって、外務省の他のファイルにも見出せる性質のものが多く、「ランツァウ文書」に独自の史料とはいえない。シュレージンガーはランツァウの信任あつく、しばしばランツァウの代理としてベルリンに派遣されただけに、その報告には重要なものがある。

以上で一応巻別の内容紹介を終るが、はじめに述べたように、個々の書簡やドキュメントについては確定的な判断の相当困難なものが多く、もともと「ランツァウ文書」の完全なリストは作成不可能なほど各巻の内容には脈絡を欠く場合が少なくない。従って、本稿でもあるいは重要なものでも逸した場合があるかも知れない。徹底的な検討は個々の研究者に委ねるほかないが、その点を考慮した上で利用者が本稿を参照され無駄な労力を省くことに役立てて頂ければ幸いである。この「ランツァウ文書」は、それ自体独立して使われるよりも、他の史料などとつき合せてみることが必要である。そうした際に、この「文書」は独ソ関係史のより深い理解に役立つ筈である。

(1) Germany, Auswärtiges Amt, Politisches Archiv, "Nachlass Brockdorff-Rantzau," *microfilm* (microcopy T-120), National Archives, Washington, D. C. (以下 "Nachlass" として引用)。「シュヴァント・リスト」、八五—八六ページ参照。

(2) 押収ドイツ文書一般については、西川正雄「ドイツ現代史史料概観——いわゆる『押収ドイツ文書』を中心として」『史学雑誌』七二編四号、六号(一九六三)が詳細な紹介と包括的展望を与えている。

(3) Hans W. Gatzke, "The Stresemann Papers", *JMH*, XXVI-1 (March, 1954) がこの「シュトレーゼマン文書」の唯一のガイドである。

(4) 右のガイドに含まれていないマイクロフィルムには、シュトレーゼマンのごく初期のものをおさめた Zusätzliche Microfilms zum Nachlass Stresemann (Columbia University, N. Y.) のほか、その後発見され追加された "Nachlass Stresemann", vol. 36, "Allgemeine Akten 20. 2-30. 10. 1926", container 3218/serial 7643 H/frames 546198-546263 (以下ドイツ外務省文書のマイクロフィルムに関しては 3219/7643 H/546198 ff. の如く引用); vol. 51, "Allgemeine Akten 2. 2-16. 3. 1929", 4549/M114/004295-004392 の二巻がある。また、シュトレーゼマンの *Vermächtnis* (Berlin, 1932/33) 出版の国外での反響についての資料を収録したものとして、"Memoiren Stresemann", *AA* 3600/9739/E684797-684879 がある。

(5) ランツァウの伝記としては、Edgar Stern-Rubarth, *Graf von Brockdorff-Rantzau. Wanderer zwischen zwei Welten* (Berlin, 1929) があるが、これはランツァウ美化に終っている。その他ランツァウに関しては、"In Memoriam Graf Brockdorff-Rantzau", *Europäische Gespräche*, VII (Jan., 1929); L. von Kohl, "Ein deutscher Staatsmann. Persönliche Erinnerungen an Graf Brockdorff-Rantzau", *Berliner Monatschefte*, XVI (1938), 1070 ff.; Theodor Wolff, *Der Marsch durch zwei Jahrzehnte* (Amsterdam, 1936), ch. VIII; G. Hilger/A. G. Meyer, *Incompatible Allies* (N. Y., 1953) 等に、その記述がある。しかし、「ランツァウ文書」に基づいたものは、次の Helbig の1連の研究である。Herbert Helbig, "Die Moskauer Mission des Grafen Brockdorff-Rantzau", *Forschungen zur Osteuropäischen Geschichte*, II (Berlin, 1955); *idem*, "Graf Brockdorff-Rantzau und die Demokratie", *Zur Geschichte und Problematik der Demokratie. Festgabe für H. Herzfeld* (Berlin, 1958); *idem*, *Die Träger der Rapallo-Politik* (Göttingen, 1958). これらは、かなりランツァウ擁護の色彩が強い。Hans W. Gatzke, "Russo-German Military Collaboration during the Weimar Republic", *AHR*, LXIII (April 1958) は、この「文書」に相当依拠した論文である。

(6) H・ガッツケによる本文書のガイド作成が試みられたことがあるが、その複雑さのため中止された。本稿の一部——とくに一の部分は、教授の解説(草稿)をもとにした。

(7) Legationsrat Hencke, "Aufzeichnung betreffend die Veröffentlichung des literarischen Nachlasses des Botschafters

Grafen von Brockdorff-Rantzau durch das 'Bibliographische Institut' in Leipzig", *microfilm*, *AA* 1025/1765 H/405588 ff. もともと、エルンスト・ツー・ランツァウは、「文書」の公表は外務省の同意のもとに行う旨を約束していたようである。*Ibid*., 405600.

(8) Helbig, "Die Moskauer Mission……", 287.

(9) Hencke, "Aufzeichung……", 1025/1765 H/405575 ff., 405599 ff. もっとも、実際に買い取ったかどうかは定かでない。

(10) Helbig, "Die Moskauer Mission……", 287.

(11) "Brandenburg Manuskript", *microfilm*, *AA*, 1012/1689 H/396679–396929 ; 1013/1690 H/396933–397887.(以下 "Brandenburg" として引用)。Container 1012 は "restricted" として国務省に保管されていたが近く公開される。

(12) なお、手書きの書簡にはタイプの清書が見出されることもある。その場合、更に手書きの訂正が加えられている場合もある。

(13) "Nachlass", 1 (1), タイトルなし。3434/9101H /228919 ff. (最初の数字は巻数、括弧の中はファイル番号、タイトルの後の括弧は筆者)

(14) "Nachlass", 1 (2), "Randolin-Brockdorff-Rantzau", 3435/9101 H/229272 ff.

(15) "Nachlass", 1 (3), "1899–1912", 3435/9101 H/229421 ff.

(16) "Nachlass", 2 (1), "Undatiert", 3435/9101 H/230130 ff.

(17) "Nachlass", 2 (2), "Briefwechsel mit Houston Stewart Chamberlain 1903–1909", 3435/9101 H/230218 ff.

(18) "Nachlass", 2 (3), "Briefwechsel mit Carl Julius Leo Fürst von Wedel 1907–1910", 3436/9101 H/230406 ff.

(19) "Nachlass", 2 (4), "1910–1913—Ältere Korrespondenz 1913", 3436/9101 H/230925 ff. ; 2 (5), "1917–1922", 3436/9101 H/231179 ff.

(20) "Brandenburg", 1012/1689 H/396687.

(21) "Nachlass", 3 (1), "Pr(ivatbriefe ?) 1914(の如く各年にタイトルがある)", 3438/9105 H/231196 ff. "Brandenburg", 1012/1689 H/396728 ff. 参照。

(22) ドゥーマの副議長（後、内務大臣）のプロトポポフおよびオルスフィエフ伯とヴァールブルクの交渉に関する様々の喰い違った報告については、Parlamentarischer Untersuchungsausschuß, *microfilm* (microcopy T-120. 後注(62)をみよ), 1126/2112 H/459307, 459335–459351 を参照。

(23) “Nachlass”, 3 (2), “Fehmarnroute”, 3438/9105 H/231777 ff.

(24) “Nachlass”, 4 (1), “Mission Andersen. Privatbriefe 1915–1916”, 3438/9105 H/232008 ff.; 4 (2), “Friedensvermittlungsaktionen 1914–1918”, 3438/9105 H/232044 ff. ツァーリズム・ロシアとの単独講和の問題については Klaus Epstein, *Erzberger and the Dilmma of German Democracy* (Princeton, 1959), 164 ff. および東西の未公刊史料を駆使した瞠目すべき最新の研究 Fritz Fischer, *Griff nach der Weltmacht. Die Kriegszielpolitik des kaiserlichen Deutschland 1914/18* (Düsseldorf, 1961), 278 ff., 471 ff. を参照。

(25) “Nachlass”, 4 (3), “Privatbriefe-Inhalt: Geheime amtl. Papiere”, 3439/9105 H/232300 ff.

(26) “Nachlass”, 5 (1), タイトルなし。3439/9105 H/232383 ff.

(27) “Nachlass”, 5 (2), “Briefe aus Kopenhagen XI. 1916–V. 18”, 3439/9105 H/232664 ff.; 5 (3), タイトルなし、3439/9105 H/233009 ff.

(28) “Nachlass”, 6 (1), “Übernahme des Ministeriums nebst Vorakten 1917–1918”, 3440/9105 H/233265 ff. なお “Brandenburg”, 1013/1690 H/396945 ff. をも参照。また、Brockdorff-Rantzau, *Dokumente und Gedanken um Versailles* (Berlin, 1925) にもこの点のドキュメントがある。因みに、「外務大臣」(Reichsminister des Auswärtigen) なる名称は一九一九年二月からであるから、ランツァウは初代の「外相」といえる。そして外務省の機構改革もこのとき行われた。

(29) “Nachlass”, 6 (2), “Vorschläge von Privater Seite betreffend Friedensverhandlungen 1919”, 3440/9105 H/233384 ff.; 6 (3), “Verschiedenes 1919”, 3440/9105 H/233513 ff.; 6 (4), “Presse 1919”, 3440/9105 H/233678 ff.

(30) “Nachlass”, 7 (1), “Presse-Angelegenheiten, Einsendung von Büchern, etc. 1918–19”, 3441/9105 H/233729 ff.

(31) *Ibid.*, 233876 ff., 234106 ff., 234118 ff.

(32) *Ibid.*, 233865.

(33) *Ibid.*, 234061 ff.

(34) *Ibid.*, 234055 ff. コンガーについては，Fritz T. Epstein, “Zwischen Compiègne und Versailles. Geheime amerikanische Militärdiplomatie in der Periode des Waffenstillstandes 1918/19 : Die Rolle des Obersten Arthur L. Conger”, *VfZ*, III–4 (1955) 参照。

(35) “Nachlass”, 7 (2), “Politische Korrespondenzen Januar–April 1919”, 3441/9105 H/234269 ff. ; 7 (3), タイトルなし，3441/9105 H/234322 ff. ; 7 (4), “Allgemeine Amtsführung, Personalien, Reform des Auswärtigen Dienstes 1918–19”, 3441/9105 H/234477 ff.

(36) “Nachlass”, 3441/9105 H/234281 ff., 234304 ff.

(37) “Nachlass”, 3441/9105 H/234521, 234534 ff.

(38) “Nachlass”, 7 (5), “Oesterreichische Anschlussfrage 1918/19”, 3441/9105 H/234547 ff.

(39) “Nachlass”, 7 (6), “Brockdorff-Rantzau … Erneurung des Waffenstillstandes Jan.–März 1919”, 3441/9105 H/234634 ff. また “Brandenburg”, 1013/1690 H/397006 ff. をも参照。

(40) “Nachlass”, 3441/9105 H/234780 ff.

(41) “Nachlass”, 7 (7), Vorbereitung der Friedensverhandlungen Dez. 1918–April 1919”, 3443/9105 H/234792 ff. また，“Brandenburg”, 1013/1690 H/397036 ff. をも参照。

(42) “Nachlass”, 7 (8), “Friedensverhandlungen … Abschiedsgesuch Mai–Juni 1919”, 3443/9105 H/234992 ff., 235124 ff., 235177 ff., 235186 ff., 235207.

(43) “Nachlass”, 8 (1), “Unbedeutende Schritfsheften Moskau 1922/28, Zu Versailles”, 3443/9105 H/235233 ff.

(44) *Ibid.*, 235364 ff., 235260 ff.

(45) *Ibid.*, 235355 ff. “Karl Moor” については，Leonhard Hass, *Carl Vital Moor 1852–1932* (Zürich, 1970), 229 ff. を見よ。

(46) *Ibid.*, 235509 ff. なお “Brandenburg”, 1013/1690 H/397099 ff.

(47) “Nachlass”, 8 (2), “Versailles II”, 3443/9105 H/235567 ff., 2355776 ff., 235617 ff. なお “Brandenburg”, 1013/1690 H/3969

82 ff. をも参照。

(48) “Nachlass”, 8 (3), “Versailles III”, 3444/9105 H/235661 ff.

(49) “Nachlass”, 9 (1), タイトルなし, 3444/9105 H/235804 ff.

(50) “Nachlass”, 9 (2), “Brockdorff-Rantzau zur Restauerung, VI Priv (atbriefe ?), Schmidt, Johan”, 3445/9105 H/236262 ff.

(51) “Nachlass”, 9 (3), “Bereitgedruckt”, 3445/9105 H/236319 ff.

(52) “Nachlass”, 9 (4), “Zu Annettenhöh, 1919”, 3445/9105 H/236489 ff. なお “Brandenburg”, 1013/1690 H/397256 ff. 参照。メルヒオルについては John Maynard Keynes, “Dr. Melchior”, *Two Memoirs* (New York/London, 1949) が興味深い。

(53) “Nachlass”, 9 (5), “Annettenhöh 1919–1922, Dokumente, Pressesache, etc.”, 3445/9105 H/236623 ff.

(54) *Ibid.*, 236717 ff.

(55) *Ibid.*, 236940 ff.

(56) “Nachlass”, 10 (1), タイトルなし, 3445/9105 H/237046 ff. “Dokumente”, 237063 ff.

(57) “Nachlass”, 10 (2), “Rheinbaben, 1922”, 3446/9105 H/237193 ff.

(58) “Nachlass”, 10 (3), “Ludendorff, 1921”, 3446/9105 H/2373318 ff.

(59) “Nachlass”, 10 (4), “Gessler–Seeckt I, 1923”, 3446/9105 H/237397 ff.; 10 (5), “Seeckt I 1922/23”, 3446/9105 H/237427 ff.

(60) この二つのファイルのマイクロ化には若干避け難い混乱がある。すなわち右の10(4)及び10(5)は、以前に撮られた別置のファイル――3154/6812 H/E 517708 ff.――の補完部分である。serial 9105 H と 6812 H にあるファイルは同じタイトルであるが別々のドキュメントである。

(61) “Nachlass”, 10 (6), “Historische Reichskommission für Reichsarchiv 1922”, 3446/9105 H/237441 ff.

(62) “Nachlass”, 10 (7), “Vornehmung vor dem Untersuchungsausschuss, ergänzende Erklärung vom Juni 1922”, 3446/9105 H/237499 ff. なお、この委員会およびその刊行物については、西川「ドイツ現代史史料概観」注(24)参照。

(63) この問題の解釈については、Gerald Freund, *Unholy Alliance* (London, 1957), 128 ff.; Helbig, *Die Träger der Rapallo-Politik*, 102 ff. を比較。なお “Brandenburg”, 1013/1690 H/397300 ff. をも参照。

(64) "Nachlass", 11 (2), "Übernahme des russischen Botschafterpostens und Vorakten 1922", 3429/9101 H/223076 ff. および同一タイトルの 3154/6812 H/E 517742 ff. 後者のフィルムにあるドキュメントはブランデンブルクが「草稿」のなかで部分的にしか使用しなかったか、あるいは省いてしまったものである。"Brandenburg", 1013/1690 H/397329 ff. 参照。なお第一一巻の(1)は欠けている。

(65) "Nachlass", 11 (3), "Vom 1923–1928", 3429/9101 H/223503 ff., 223630 ff.

(66) "Nachlass", 12 (1), "Aus Gesellschaft", 3429/9101 H/223637 ff.

(67) *Ibid.*, "Amtliche Sachen", 223657 ff., 223659 f.

(68) *Ibid.*, "Familie und Hausangehörige", 223779 ff.

(69) *Ibid.*, "Melchior, Schwabach (?)", 223872 ff.

(70) *Ibid.*, "(?)", 223883 ff.

(71) "Nachlass", 12 (2), "IV. Reichspräsident Ebert/Simons/v. Hindenburg 1925", 3430/9101 H/223908 ff. なお "Brandenburg", 1013/1690 H/397785 ff. を見よ。

(72) シュトレーゼマンも、ある条件——同じコピーを外務省に送るべきという——をつけたが、それ以上の反対はしなかったのは興味ある。*Ibid.*, 224024 f., 224029 ff. この点、Helbig, "Graf Brockdorff-Rantzau und die Demokratie" の解釈と比較せよ。

(73) "Nachlass", 13 (1), "V. Briefe des Grafen an Seinen Bruder, Moskau 1922 bis 1928 (Die wichtige Stücke sind ausweigert)", 3430/9101 H/224078 ff.; 13 (2), "VI", 3430/9101 H/224505 ff.

(74) 現在、これらの書簡の解読をも含めて、ランツァウに関する徹底的な研究が、Georges Bonnin によって行われている。

(75) "Nachlass", 14 (1), "VIII. Maltzan, Dezember 1922–April 1923", 3431/9101 H/224801 ff.; 14 (2), "VII. Maltzan"（マイクロフィルムは Dez.–Mai 1923 と逆戻りしている）、3431/9101 H/225227 ff.; 14 (3), "IX. Maltzan"(Feb. 1925–Jan. 1924 と逆戻り)、3431/9101 H/225663 ff.

(76) 本省を去ることに決まった一九二四年末の書簡でマールツァーンはこれが最後になることを予想して書いている。「私の当地〔ベルリン〕における活動の困難な五年間に貴下の示されたすべての理解と好意に対し、尊敬する伯爵、貴下に私の心から深謝の念を表明するのは、私の内からなる義務と存じております。対ロ政策、ラパッロ条約の推進は、ひとえに貴下の強力な政治的個性、貴下の名にまつわる権威と伝統とによって可能でありました。……貴下の〔大使〕任命の日より私は貴下の代理人……として、貴下の理念を実現するべく努力したものであります。」(den 11. Dez. 1924) *Ibid.*, 225682. ランツァウもまた「この書簡がわれわれの二年間にわたる意見交換の終結となるのを考えると全く奇妙な気です。私の貴下への毎週の直接『報告』が絶えてしまうと、私は自らの義務を怠っているという本能的な気持から脱することはできそうもありません。私は当地で自らをラパッロという稚児の保護者と感じておりました。ほかに誰が父権を要求しようとも(trotz aller Exceptio plurium)、貴下こそは、私が扶養料を求めることのできた、その子の実父であったというわけです。いまやそれが中絶するとなれば、この稚児の養育はいよいよ困難をますでしょう。」と書き送っている。(den 14. Feb. 1925) *Ibid.*, 225664.

(77) “Nachlass”, 14 (4), “X. Tschitscherin, u. s. w.”, 3432/9101 H/226028 ff.

(78) “Nachlass”, 15 (1), タイトルなし、3432/9101 H/226184 ff.

(79) “Nachlass”, 15 (2), “Herrn Frauendienst”, 3432/9101 H/226774 ff. なお Hencke, “Aufzeichnung……”, 1025/1765 H/405598 ff. 参照。フラウエンディーンストは戦責問題調査官(Kriegsschuldreferat)で、外務省の文書課にいた。三七年頃「ランツァウ文書」を取扱った一人である。

(80) H・ベルンハルトの外務省あての手紙(1936. II. 22)によると、これらは、ベルリンのある銀行の金庫の中におさめてあった。この金庫はベルンハルトの先妻 Lilly Bernhard(旧姓 Kisch)の名になっていて彼はそれらについて関知せず、しかもその金庫の鍵も彼は持っていなかったが、最近彼女がこの金庫の中を空にしてくれるよう依頼したので、はじめて、これらのドキュメントを発見できた、ということになっている。“Nachlass”, 3432/9101 H/226880.

(81) 15(2)の次は16(2)で、その次にはファイル番号およびタイトルの欠けた二つのファイルとがある。

(82) “Nachlass”, 16 (2), タイトルなし、3433/9101 H/237099 ff., ファイル番号なし、タイトルなし、3433/9101 H/227358 ff. および 3434/9101 H/227891 ff.

（一九六三年一月一日、ワシントン・D・C）

（附記）　本稿の作成には、H・W・ガッツケ、G・W・F・ハルガルテン両氏からさまざまの助言を得たことを附記する。

補論三　第一次世界大戦について――西洋史像の再検討

第一次世界大戦研究の重要性と困難さ

(1)第一次世界大戦は、まさに世界の全地域を包含するほどの問題であり、歴史上かつてのローマ帝国・モンゴル帝国・オスマン帝国などの最大版図とくらべても遙かに広大な地域に関係している。(2)史上最初の総力戦――少くとも主要交戦諸国において――のもたらした結果は多面的で深刻であった。各国の民主化の進展、諸地域の民族的権利の主張、帝国主義の危機と再編、社会主義革命の可能性の問題等々、およそ世界史の現段階におけるすべての重大問題と直接に関連している。これらのことは、われわれの課題である現代史の全面的把握にとって第一次大戦がきわめて恰好なテーマであり、重要な問題であることを示している。しかしそれと同時に、問題の地域的拡がり、問題の多様性と複雑さは、大戦の包括的研究を著しく困難にしている。(3)大戦をひきおこした原因およびそれのもたらした結果は歴史的に多く未解決のままである。しかも第一次大戦の問題が片附かないうちに第二次大戦が勃発し、その結果さらに新しい問題が生まれた。植民地や民族の問題、帝国主義や社会主義の問題、これらがなにひとつ完全な解決をみていないのに第一次大戦が過去の完結した出来事と考えられ、問題の現在への連続面が見失われる可能性が充分にある。このことは、いよいよ第一次大戦の評価を重要たらしめるものなのだが、他面問題をいっそう複雑にしている。

そうであれば、わが国における第一次世界大戦の研究史を回顧し、今後の研究の問題点を提起するだけでも容易なことではない。敢えてここでそれを試みるのは、第二次大戦後二十数年を経過した今日、最近一〇〇年間の世界史をどう理解するかをあらためて問い直しておく必要があるからにほかならない。しかし、もとより、この小論の一、第一次大戦「研究」史、も決して完璧をめざしたものではないし、二、大戦の原因論、結果論、もあらかじめ一定の結論を提示するものでもない。ここでは、きわめて大雑把な「研究」史の整理*と問題点の指摘だけを行おうとするものである。

* 個々の論文は原則として省略する。なお『歴史教育研究』四〇(一九六六)に第一次大戦に関するごく簡単な邦語文献の解題を書いたので参照して頂ければ幸いである。

一 「研究」史

第一次世界大戦の全体を対象とした綜合的な研究は、いま述べたようにきわめて困難なことであり、わが国ではそのような研究は見あたらない。たとえば最もはやくあらわれた、原勝郎『世界大戦史』(一九一五)や、長岡春一『大戦外交史』(一九一六)にしても、大戦のほんの一部でしかない。誠文堂の世界文化史大系のシリーズに、村川堅固監修の『世界大戦』(一九三四)なる巻があり、詳細なものだが戦史が中心の概観である。鹿島守之助『世界大戦原因の研究』(一九三七)、や神川彦松『世界大戦原因論』(一九四〇)は、いずれも浩瀚な書物で延々と事実を記述したものだが、大戦前史に限られている。これら第二次大戦前の著作について決定的なのは、当時の欧米における戦争責任論争を反映し、それの紹介、模倣、ダイジェストであり、ヨーロッパ的意識にほとんどひきずられたものだということである。また、この時期に、ヨーロッパの戦争当事者による回想録などの翻訳が相ついで出版されたのもその意味で注目される。K・ヘルフェリヒ『世界戦争』(一九三五)、チャーチル『世界大戦』(一九三七)、ロイド=ジョージ『大戦回顧録』

(一九四〇―一九四二)、ヒンデンブルク『わが生涯より』(一九四三)などがそれである。

ところで第一次大戦関係の書物が出版されたのは、実はこの頃までのことであって、それらは大戦について一定の知識を提供するものではあったろうが、戦前のわが国では第一次大戦を歴史学の対象として扱った独自な研究があったとは思えない。もちろん、たとえば日本人の大戦観などについてみれば、おそらく八紘一宇的な「独自性」と「主体性」をもった見解があったに相違ないが、ここではそれは問題にしないことにする。

それでは、戦後の歴史学の問題として第一次世界大戦は欧米のいわゆる戦責問題の枠組からどれだけ脱却し、どれだけ自律的に研究されたであろうか。この点がむしろわれわれの関心なのであるが、戦後「第一次世界大戦」というタイトルのつく研究書はなかったようだ。したがって、結局現代史の通史・概説・講座類・事典類について見るほかはない。それらのうち第一次大戦を全体として把握しようとしたもので一応単独の筆者による解釈を中心に考えてみる。単独の筆者による叙述としては、江口朴郎・村瀬興雄『世界の歴史　五　現代』(増補版、毎日新聞社、一九五二)、中山治一他『世界の歴史』一三(帝国主義の時代)、江口他、同一四(第一次大戦後の世界)(中央公論社、一九六一―六二)、中山他『世界歴史』七(人文書院、一九六五)などが挙げられる。また、昭和二六年頃から出版された平凡社の『世界歴史事典』の第一次世界大戦関係の項目の多くは江口氏の筆になっている。ここでは、とくに江口氏と中山氏による第一次大戦の把握を取りあげてみる。

江口氏の場合にまず指摘できることは、戦責論争の枠組に対する一定の批判とそこからの脱却であろう。前記誠文堂の『世界大戦』(一九三四)の前史に関する部分は大学卒業直後の江口氏の執筆であり、まだ普通の伝統的外交史の叙述とさして変らないが、戦後のものにはいわゆる開戦外交史に対する批判は明白である。その点は「帝国主義」(『西洋史学大綱』河出書房、一九五六)に最も顕著である。そこでは第一次世界大戦について、G・P・グーチがへーゲル流に悲劇は正義と正義の衝突である、と述べ、各国の戦争責任を軽減しているのを引合いに出して、結局は帝国主義列強のいずれかを、またはいずれをも正当化し、ひいては帝国主義戦争是認に赴くような欧米およびわが国にまで波及したいわゆる戦責問題 Die Kriegsschuldfrage, The War Guilt Question の枠組一般を批判している。そして、それに代る基本的視角として帝国主義が対置されているのは言うまでもない。

江口氏の叙述の特徴は次のように言えよう。第一次大戦は帝国主義列強の行詰りの打開策として始められたにもかかわらず、それは列強の思惑通りに終結しなかったことが注目されている。大戦は結果として民族運動の伸長、民主主義勢力の発展を招く。その意味で帝国主義批判としてのロシア革命は、中心的意義をもっている。第一次大戦終結の仕方に対するロシア革命の影響は、すでに氏の戦前の執筆「国際主義の否定と肯定」(『世界歴史』第九巻、河出書房、一九四一)で検討されていることだが、戦後には、日本における民主主義革命の課題と関連してロシア革命の世界史的意義があらためて取りあげられ、民主・民族革命と同一方向のものとして評価され位置づけられている。また大戦前史の叙述において東アジアの情勢とヨーロッパ国際対立との関連がとくに注視されているのは指摘するまでもあるまい。この点は氏の卒業論文「日英同盟の発端としての英独交渉」(『国際関係の史的分析』お茶の水書房、一九四九)以来の一貫した関心だとも言えるが、「日本帝国主義の国際的契機」(『帝国主義と民族』東大出版会、一九五四)において最も詳細に論ぜられている。

もちろん第一次世界大戦を帝国主義戦争と捉えるのは、新しいことではなかった。少くともマルクス主義からの理解ではそれが前提であった。また、帝国主義を前提とするなら、植民地・従属国の問題としてアジアが視野に入ってくるのも当然のことだったと言える。しかし、わが国で帝国主義の問題が、その公式的側面ではなく、どれだけ歴史的・具体的に理解されていたかには甚だ疑問があったし、現在でもそうなのだが、少くとも江口氏の場合、帝国主義の公式的解明ではなく、先述のように客観的には「戦責論」の枠を批判する形で、また日本の民主革命の課題の中で帝国主義戦争としての第一次大戦が捉えられている。このことに、われわれはあらためて注目しておく必要があろう。

講座類や教科書などにおける第一次大戦の理解は、執筆者が多数であるため、評価がやや困難である。だが、たとえば、上原・江口・尾鍋・山本監修『世界史講座』(東洋経済新報社、一九五四―五六)のⅣ(資本主義的ヨーロッパの制覇)、Ⅴ(帝国主義)、Ⅵ(ロシア革命・第二次世界大戦)、や『世界史大系』(誠文堂新光社、一九五八―六〇)の一三(帝国主義と第一次世界大戦〔村瀬編〕)、一四(東アジアⅢ〔市古宙三編〕)、一五(ロシア革命とヴェルサイユ体制〔江口編〕)などは、第一次大戦を帝国主義戦争と捉え、その間における反帝国主義勢力(民族運動・社会主義運動)の伸長を大きく評価してゆく。若い(当時)研究者や歴史教育に携っていた人々の共同討議を経て生まれたとされる『講座』では、とくにそうであり、世界各地域の民族の動きが重視されている。ただ、個々の問題では単純・図式的・無原則的な理解や叙述があるのも否めない(だから善玉・悪玉史観と非難されたりする)が、全体として「帝国主義」と「ロシア革命」が柱となっているのは『大系』の場合と同様であると言えよう。もっとも、『大系』一三は、一九世紀後半から第一次大戦にかけての世界を総体として捉えるものとしては、「東アジア」が別の巻(一四)で纏められているためもあって、概してヨーロッパとアジアが切り離されているようであり、ヨーロッパ、ことにドイツに比重がかかりすぎているという印象は免がれない。そして全体として大戦の前史は、この『大系』に限らないことだが、主としてドイツの世界政策から把握されている。また第一四巻「東アジアⅢ」が、東アジアに限定されているのは当然だとしても、第一次大戦前後の世界についての全面的認識との関連が稀薄であるようだ。筆者の関心から言えば、たとえばとくにシベリア出兵問題にしても世界的規模の対ソ干渉戦の中で位置づけるべきであろう。この点、実は第一五巻でも、諸地域の諸民族の動向にかなりの比重がおかれ、ロシア革命対ヴェルサイユ体制という問題意識で貫かれているのだが、それにも拘らず対ソ干渉戦争の全面的叙述が見られない。再び筆者の関心から言えば、とくに戦後のイギリスの世界政策と関連してもこの問題はとりあげられるべきである。そして当然のことながら、世界的規模での帝国主義政策への対抗戦略として、そしてまたロシア革命の産物としてコミンテルンが世界史の中に位置づけられるべきであろうが『世界史大系』にはそれは叙述の対象となってはいない。(ついでに言うと、中屋健一編第一六巻「全体主義・民主主義の対立と第二次世界大戦」になると、被圧迫民族の動向についての比重はぐんと落ちている。)

他方、中山氏の見方は、帝国主義とロシア革命を視点に据える見解に対する批判のようである。同氏は、現代史の出発点を一九一四年におく。第一次世界大戦以後は、(1)革命が戦争なしにはおこらない時代、(2)戦争が全体戦争(総力戦)に変化した時代と捉える見地から、ロシア革命ではなく第一次大戦の勃発が現代史の始まりとされる。これは『世界歴史』(七)ではっきりと主張されていることだが、現代史の時代区分については同氏の『世界の歴史』(一三)との間にはかなりのずれがある。この方では、一九世紀後半からの「帝国主義の時代」の成立(第一三巻の副題であるが、本文では括弧つきになっている)が「現代史の玄関口」とされているからである。それを別にしても、たとえばキューバ革命の例は、戦争の結果革命になったのではないこと、パレスティナ戦争・スエズ戦争・中東戦争・朝鮮戦争やヴェトナム戦争等々、数えだしたらきりのない程多くの戦争が必ずしも全面的に総力戦になったわけではないことを考えれば、中山氏の現代史の規定には疑問も生じてくる。

「帝国主義の時代」に大衆民主主義(大衆の政治参加)や世界の一体化が進んだとする場合にも、そのような事態がどのようにして生まれたのかについてコミュニケーションその他の近代的科学技術の発達から説明するのではやはり不充分かつ誤導するものではなかろうか。中山氏の場合、「帝国主義の時代」の叙述で実は帝国主義という観点が欠落し、第一次世界大戦の原因論不在であると言えそうである。また第二次大戦後の時代の特徴としてアジア・アフリカなどの非植民地化を挙げられるのは賛成であるが、世界を反動的に編成したものとしての帝国主義の把握なしには反植民地主義の説明はできないように思われる。第一次大戦中の反戦・反体制運動について比較的詳細に記述してあるのは、『世界歴史』(七)の特徴である。アメリカの学者アーノ・J・メイアーの新外交 New Diplomacy の研究に沿う叙述だといえるが、世界史の叙述としては、なにが戦争を導いたかの問題、あるいは旧外交 Old Diplomacy の実態との対照がなければならないし、またメイアーの研究における国内体制と外交のあり方との関連の追究、ウィルソン対レーニンというテーマに着眼した分析は欧米の学者としては卓抜したものではあっても、欧米以外の世界が視野にはいっていないことにわれわれとしては留意しておくべきだろう。

なお、ごく最近人物往来社から洞富雄『第一次世界大戦』(近代の戦争三、一九六六)と三宅正樹他『第一次世界大戦』(世界の戦史九、一九六七)の二書が出版された。前者は日本およびアジア中心の世界大戦史としてユニークなものであり、後者も興味深い読物である。ただ筆者が、以上に述べた問題点に関連して、大戦の全体像をどのように認識されているのかは必ずしも明らかでない。

二　問題点

a　大英帝国の問題——大戦原因論に関連して

もともと戦責論争は開戦とほとんど同時に始まったものと言えるが具体的には戦後ヴェルサイユ条約の戦責条項の可否に関連し、主としてドイツの世界政策を俎上にのせるものだったのは周知のことである。いわゆる修正派 revisionist にしてもドイツの戦争責任を軽減しようとするものであった。そのうえ、戦責論争そのものも解決しないうちに第二次大戦の戦争責任(および犯罪)の問題が重なった。戦勝国としては第一次にしろ、第二次にしろ世界大戦の責任を敗戦国ドイツに負わせるのがもっとも便利である。それに大戦中の反枢軸諸国は反ファシズムの立場からもドイツ問題をみる。したがって第二次大戦の元凶ナチ・ドイツは当然関心の的となり、敗戦国としても、ファシズム国家としても戦争責任を負うことになる。このような事情は、米ソの冷戦によって一面では変化せざるをえないが、大戦中反ファシズム勢力として最大の犠牲を払ったソ連邦の立場からすれば、冷戦下の報復主義的ドイツの再現は一層警戒されねばならずファシズム批判は依然として緊急の課題であったと言える。

戦後わが国の現代史叙述においても、ナチ・ドイツやファシズム批判は太平洋戦争批判とほとんど同じ課題であったし、民主主義擁護の課題としても格別に重要なことであった。こうして帝国主義の成立から第二次大戦までのドイツ史が現代史叙述においてきわめて大きな意味をもってくる。世界史の教科書や一般の概説書においてもこれは重要な地位を占めている。けだし、このこと自体は当然であり必要なことであった。現在でもドイツ帝国主義の解明は不必要なのではなく一層推進さるべきことなのだ。ただ第一次大戦前の帝国主義世界を全面的に捉えようとするとき、無反省にドイツが中心におかれ、それを固定化してしまうのは現代史研究の不毛化を招くであろう。実は、筆者の指摘したいことは、たとえば「古典的」帝国主義時代の世界における大英帝国の位置が、これらのために比較的看過されてきたのではないか、という点にある。

ドイツ帝国主義が重要なテーマになったもう一つの理由は、イギリス帝国主義よりもいっそう侵略的・反動的と見られたことにあるようだ。大戦中ドイツ社会民主党は政府の戦争政策に協力してゆくが、その際の論拠にこの戦争が侵略でなく防衛的たりうるという認識があった。レーニンが『帝国主義論』を書いてカウツキー主義を批判した背景にはそれがあった。すなわち、帝国主義が現代資本主義の政策の一形態ではなく、暴力と反動を求める渇望であり、侵略的でない行動様式をとりうる筈のないことを論証する必要があった。『帝国主義論』は、少くともそのような意味の実践的分析であって、その限りでドイツ独占資本の分析が圧倒的な比重を占めたと考えるべきであろう。

レーニンの『帝国主義論』そのものの評価がここでの目的ではない。それにも拘らず引き合いに出すのは、端的に言って、わが国の現代史研究の帝国主義理解において、レーニンの分析の役割は決して少くないと思われるからである。レーニンの場合には、しかるべき理由があって、「厳格に経済的分析に限定した」のだし、たとえば帝国主義の定義の条件つきで、相対的な指標の一つとして、「資本家の国際的独占団体が形成され世界を分割してゆくこと」を挙げたのだと思われる。しかし――あるいはそれ故に――帝国主義列強間の関係とか、どの帝国主義がどのような対外政策を展開するかについては特別の見解を示していない。帝国主義時代には世界分割が完了し、世界の再分割が始まるのだとすれば、これはいっそう重要な問題であるわけだが、民族とか国家という単位で考え(る必要の)ない『帝国主義論』においては帝国主義の国際関係は直接の対象とはなっていないのである。この点は、帝国主義の概念がレーニンの『帝国主義論』に依存して公式的に理解されることが多いだけに、とくに指摘しておく必要があろうし、また植民地や従属諸民族にとってはどの列強がいかなる圧迫を加えてくるかはおそらく最も深刻な問題であったろう。帝国主義時代を全面的に理解するという課題から、われわれは少くとも帝国主義諸国の世界支配の実態を全面的に捉える努力をしてみるべきであろう。

そのような意味で第一次世界大戦前の一〇〇年間の世界を考えてみるとき、やはり大英帝国の世界支配と正面から取り組んでおく必要があるように思われる。この時期に列強が最も頻繁に対立し、いわば国際関係の焦点をなした地域は旧オスマン・トルコ領周辺(北アフリカを含む)と東アジアをめぐるものだったと言える。東アジアに関しては周知のこととして、いわゆる「東方問題」を考えてみても、これに最も実質的に介入し関係していったのは、インドへの「帝国ルート」を軸とするイギリスの政策とロシアの南下政策であったようだ。

キュチュク＝カイナルジ条約(一七七四)以来のこの地域における重要問題を思いつくままに列記してみても、ナポレオンのエジプト遠征(一七九八―)、ギリシア独立戦争(一八二一―)、二回のムハンマド・アリー事件(一八三二―三三、一八三九―四一)、クリミア戦争(一八五三―五六)、スエズ運河開通(一八六九)とイギリスの同会社株の買収(一八七五)、オラービーの反乱とイギリスのエジプト占領(一八八一―八二)、露土戦争―ベルリン会議(一八七七―七八)、フランスのテュニス占領(一八八二)、Dette Publique Ottomane の設立(一八八二)、ブルガリア事件(一八八五―八六)、バグダード鉄道問題等々イギリスのコミットしない問題はなにもない。二〇世紀に入ってからの英仏協商や英露協商がこの地域における利害の調整であったのも言うまでもないし、ダーダネルス・ボスフォラス海峡問題や大戦の導火線となるバルカン問題が列強間で不断の係争点を形づくり、イギリスは陰微な形で常にこれらに介入しているのも事実だ。大戦中のアジア・トルコ分割の秘密協定、とくにマクマホン書簡やバルフォア宣言が現在の中東問題に対してもつ直接の意味についてはあらためて指摘するまでもあるまい。

最も広範な地域にわたり、最も多くの植民地を有する大英帝国は地球上の到るところで他の列強と対立する。たとえば、英露の対立は東地中海から日本海に及んでいる。それだけにイギリスはそれぞれの地域の問題を世界的規模で考えねばならなかった。英仏協商がエジプト・モロッコにおける相互の優越権の承認と並んでシャムでの勢力範囲にまで言及し、日英同盟の範囲がインド、アフガニスタンに拡大されるのもそのためである。「東方問題」のうち、たとえばバグダード鉄道問題一つを取りあげてみても、こうしたイギリスの世界政策の中で重要な位置を占めている。普通バグダード鉄道はドイツの世界政策(三B政策)の表現として理解される。たしかにそれ自体はそうである。しかし、もともとインドへの道として、あるいはロシアのイラン浸透に対抗してイギリスは一八三〇年代に内陸交通路を計画し、事実アレクサンドレッタからペルシア湾へユーフラテス河沿いの水陸路を開発していた。スエズ開通以前に内陸経由でインドへ達する道にイギリスがいかに熱心であったかは、たとえばムハンマド・アリー事件に際しての挙動にもよく示されている。だからイギリスは最初スエズに関心を示さなかった。ところが運河開通後、とくにディズレーリの株の買収からは事情が変る。イギリスにとってバグダード経由内陸路の意味は減じた。ドイチェ・バンクのゲオルク・フォン・ジーメンスがアンゴラまでの敷設権をアブデュル・ハミトから獲得したのは、このような情勢変化の後であった(一八八八年)。その後この鉄道は、経済的にはあまり利あらず、ために経済界は消極的であったにも拘らず、ドイツ政府およびその出先機関によって次々と延長計画が推進された。イギリスはその際とくに強い妨害を行わず、むしろ同鉄道会社に英人の理事を送り込むなど一面では協力したが鉄道がペルシア湾に接近してくると断固反対しはじめる。結局、一九一四年大戦勃発の直前ドイツがバスラ以南には延長しないことを約束した英独協定で妥協が成立するのだが、こうした一連の事態をみるとき、ドイツの世界政策はイギリスのそれの土俵の中で行われていること、イギリスにとってペルシア湾のもつ戦略的意義(今世紀にはいると石油という経済的意義が加わる)にはあらためて注目しておくべきだと思われる。このことは、第一次大戦の戦史の叙述に際しても、西部戦線や東部戦線の推移と関連したオスマン戦線におけるイギリス軍(インド軍・エジプト軍)の行動がその世界政策の観点から分析さるべきことを示唆している。

大英帝国の世界支配は、言うまでもなく、帝国主義時代の産物ではない。むしろ、この時代には大英帝国の覇権が別の帝国主義国によって挑戦され、動揺し始める。しかし歴史家は大英帝国をいささか簡単に没落させすぎてはいないか。英独対立というのも、大戦に導く列強間の対立としては基本的だったとしても、問題なのはどの国や民族が悪いとか、より悪いとかではなく長期的にみて植民地や従属諸国の主体性をねじまげながら国際関係を反動的に組織していったのがなんであるかであろう。そのような意味で注目したいのは、議会制民主主義、あるいは近代化の最も進んだイギリスが、第一次世界大戦前後において、言葉の真の意味で最も卑劣な世界政策を続けていたのではないかということである。その点はもちろん第一次大戦後の対インド・エジプト・中国政策や中東・アフリカのみならず太平洋地域での委任統治政策との関連でも考えられるべきだが、いわば「パクス・ブリタニカ」の問題を現代史の中で位置づけることは、現在のアメリカを考えるときいっそう重要に見えることなのである。さらに第二次大戦中の英米の対枢軸国攻撃が、特にたとえばドレースデンやハンブルクへの猛爆撃、広島・長崎の原爆などが、反ファシズムの戦い、人間性の蹂躙に反対する戦いとしての側面と同時に明らかに世界支配の妨害者たる「敵」に対する報復としての側面がありながらも、このことは認識されず、第二次大戦→朝鮮戦争→ヴェトナム戦争が等しく「民主主義の戦い」として連続面で考えられているだけに、これは格別に重要である。われわれは、すでに戦前、たとえば矢内原忠雄『帝国主義下の印度、附アイルランド問題の沿革』(大同書院、一九三七)のような仕事をもっており、また江口「第一次世界大戦におけるイギリスの中東政策」(『東大教養学部歴史学研究報告』第一集、一九五二〔もとは一九三九〕)もあるのだが、これらの問題はその後発展させられていないように思えるのである。

b　ロシア革命の問題——大戦結果論に関連して

第一次大戦の結果を総体的に理解しようとするとき、ロシア革命の国際的意義をどう評価するかが現在なお重要であるのは改めて指摘するまでもない。この点を検討するには、一九六七年の歴史学研究会大会における「ロシア革命の時代と世界」という口頭報告および大会のための覚書(『歴史学研究』三二四、一九六七)をも合わせ考えてみる。

ロシア革命の国際的作用は決して単一のものではない。この点に関してわれわれには一種の固定した心理的、思考上の枠組がありはしないか。ごく単純化して言えば次のようになろうか。帝国主義諸国の支配層の反応については、そこにもっぱらボリシェヴィズムへの恐怖感・危機感、あるいは反ソ・反共的言辞や行動を見ようとする。他方、そのような国の大衆的反応については、そこにロシア革命への共感、条件づき共鳴、不安感、警戒心、距離感等々を見てゆき、順次それぞれに評価を与える。同様に植民地や従属国でもロシア革命をいわば曙光として受けとる積極的共鳴は高く評価され、その反対は逆になる、といった傾向、極言すればロシア革命尺度論である。

アメリカについてたとえばウィルソンのボリシェヴィズム観が問題になる場合、彼がボリシェヴィズムを「毒花」と見たとするのはおそらく不当ではあるまい。けれども、「一四カ条」は当時の国際関係において少くとも英仏に対しては民主的意味をもたざるをえなかったし、アメリカの対ソ政策にも英仏と比べて民主的側面があった。現在問題なのはこのような意味をそなえた原則が、実はアメリカの世界政策の宣言となった点ではなかろうか。つまり、「一四カ条」は、ロシア革命への対抗からであったにせよ、ともかく秘密外交廃止や民族自決の原則をかかげたものであり、それにも拘らず、いや、それだからこそ、それはアメリカ合衆国が世界秩序の再編成において自己の影響力と指導性を発揮しようとし、アメリカン・デモクラシーの世界的規模の輸出を試みる最初のマニフェストになったのだ。このことは、第二次大戦における「民主主義のための兵器廠」に連なり、さらに今次大戦後のアメリカの世界政策に連続しているものと思われる。このようなときに、米ソ冷戦時代の産物としてならともかく、米国支配層の反ソ・反共意識をとくに暴露する仕事がなお要求されているのだとすれば、われわれの研究は不充分だったと言わねばならない。

帝国主義国における社会主義者のロシア革命への態度を問題にする場合でも、われわれは、それぞれの国の革命を主体的に捉えうるのがどのような立場であったのかを問うべきであって、ロシア革命の範例との距離によって評価を下すのは正当ではない。ロシア革命を世界史に位置づけるということは世界各地にロシア革命の模倣者の例を探し出すことではもちろんない。かえってロシア革命に順応しない形での主体的受けとめ方もあるように思われる。だから、たとえば、ドイツ社会民主党が革命性を喪失したとしても、それはロシアの方式を拒否したがゆえではあるまい。

ロシア革命と世界各地域の民族の主体性とを問題にする場合には、その点はいっそう明白であろう。たとえばインドの民族主義者がコミンテルンに加入しなかったり、インド共産党が一九二五年まで結成されなかったことが、インドの解放にとってどうだったのかは、もちろんインドの主体的条件に照らして評価すべきであって、コミンテルンの立場から判断すべきではないであろう。中国についても、カラハン宣言(一九一九年七月)が中国民衆に歓迎されたのは当然であったとしても、たとえば第二次カラハン宣言(一九二〇年九月)ではすでに中東鉄道返還が脱落しているといったことをも考慮に入れなければならない。一九二〇年代の中ソ関係にしても充分に再検討されるべき点の多いのは言うまでもあるまい。民族の解放と階級の解放とが予定調和するものとして抽象的に理解される限り、研究は進まない。

そういうわけでソ連外交とコミンテルンの検討がとくに重要になるが、ここでも大英帝国の世界政策——たとえ動揺しつつあったとしても——が再び問題にされてよいであろう。対ソ干渉戦争はまさに戦争が思惑どおりに終結しないことへの連合国側の対策であり、イギリスはその際、バレンツ海——コーカサス——シベリアとロシアをぐるりと取り巻く干渉軍の主力であった。そのようなイギリスは、なんと言っても、一九二〇年代における国際政治の黒幕的存在であり、ヨーロッパのみならず、アフリカ、中近東、アジアをも包含するものとしてのヴェルサイユ体制の、いわば操縦者であった。したがってイギリスは依然として世界的規模でのいわば戦略を考えねばならない。他方、別の意味で世界戦略を考える立場にあったのはコミンテルンであるが、そのような中で一体ソ連外交は帝国主義諸国(就中イギリス)とどのような関係をもったのか、またソ連の周辺諸民族に対してはどのような政策をとったのか、が問題となる。前者については、たとえば一九二一年英ソ通商協定はとくに重要たらざるをえない。イギリスの世界戦略とコミンテルンのそれを妥協させることによってソ連と西側列強との「平和共存」が成立したような側面があるからだ。

ブレスト=リトフスクにおける人民外交との分岐点はどこで生じたのか。また、後者については、中国、アフガニスタン、イラン、トルコなどにおける帝制ロシアの権益放棄の政策がどこまで続けられえたのか、こうした問題は、歴史学研究会大会〔一九六七年〕での「コミンテルンとアジア」の討論とも関係することで、今後の課題でもあるのだが、ここでは帝国主義諸国との関係の推移がアジアの諸民族の解放との関係にどのような影響を与えたかに注目すべきことを指摘するに留めざるをえない。

編者あとがき

或る時、著者、富永幸生は気の置けない仲間に言ったことがある。論文集などというものは、珠玉の名編の場合か執筆者が死んだ時にしか出すものではない、と。文運隆盛に見えてその実、重厚な研究書の少いわが国学界の風潮に対する、自戒を籠めた批判だったが、冗談めかして言った本人もそれを聞いて笑った者も、まさかその第二の場合が到来するとは、そのとき予想だにしていなかった。富永幸生には期する所があった。本書を編集し終ったいま、友人としてむしろ無念の思いを禁じ得ない。

富永幸生は、一九三三年一二月、長崎県に生まれ、中学・高校時代を広島県三次で過ごし、一九五三年、東京大学教養学部に入学した。文学部西洋史学科を卒業後、大学院社会科学研究科国際関係論専攻課程に進み、在学中、二年ほどボールティモアのジョンズ・ホプキンズ大学に留学している。一九六四年に東京大学教養学部歴史学教室の助手となり、四年後、青山学院大学文学部史学科の一員として教鞭をとることになった。その傍、現代史研究会の運営に力を尽した他、国際歴史学会議日本国内委員会の仕事の実質的な担い手の一人であったし、一九七六年度からは歴史学研究会の編集長でもあった。一九七七年三月二日、心筋梗塞の発作で急逝。享年四三歳であった。

富永幸生の残した論文は二十数点あり、*テーマは中近東からアジアにまで及んでいるが、その大部分は、時期としては第一次世界大戦前後、対象としては広い意味での独ソ関係を扱っていると言ってよい。その中から主要なものを選んで一書を構成したのが本書である。

＊ 全作品の一覧が現代史研究会の『通信』三―一(一九七七)、七―一二ページ、主要著作一覧が『歴史学研究』四四六(一九七

七)、六六―六七ページに載っている。力作ながらテーマの関係で本書への収録を割愛した二、三の論稿を挙げておきたい。「『東方問題』――一九世紀の国際関係」中屋健一編『東大教養西洋史 3 近代社会の成立』(東京創元新社、一九六九)、一三四―一六〇ページ。

「G・W・F・ハルガルテンの遺産――ドイツ工業とナチスの関係」『歴史学研究』四三四(一九七六)、五四―六〇ページ。

"Anleihe und Drang nach Norden. Japanische Kriegszielpolitik im Ersten Weltkrieg", J. Radkau/I. Geiss (Hg.), *Imperialismus im 20. Jahrhundert. Gedenkschrift für G. W. F. Hallgarten* (München, 1976), 145-170. 邦訳「西原借款と北進政策――第一次世界大戦における日本の戦争目的」鹿毛達雄訳『歴史学研究』四五一(一九七七)、三三―四三ページ。

独ソ関係史と言っても、富永幸生の場合、それは決して単なる外交史ではなかった。E・H・カーの『独ソ関係史』を訳して出版した時、「世界革命とファシズム」という、原書には無い副題を附した。これは商業政策上の考慮もあったかも知れないが、むしろ彼の関心の標語だったと思われる。彼にとって、もちろん広く国際関係史が問題であったけれど、もし二国間の関係を取り上げるのであれば、それは独英関係や仏米関係ではなく、独ソ関係でなければならなかった。

今から二十年ほど前の、彼が学問を志した頃のことを想い出すならば、ヨーロッパ現代史研究の最も興味をそそられる対象の一つとしてファシズムとロシア革命があった。だからドイツでありソ連邦である訳だが、独ソ関係になぜ関心を寄せたかとなれば、それは、国家関係と階級連帯とが、一方は現実として他方は理念として、具体的にいかに交錯するものなのか、という疑問に発している。単純化して言えば、所詮は国家間の権力政治的な力学で総てが動いている、としたり顔で言う気もせず、かと言って、全世界の解放運動の予定調和も信じられない、といった所に、富永幸生の出発点はあったのではなかろうか。だとすれば、彼の独ソ関係史が単なる外交史ではなく、内政となかんずくイデオロギーの問題を包括するものであったことも当然であろう。そうした彼の関心を説明する文章として、序論とするにはやや不適切であることを承知しつつ、前記E・H・カーの本の邦語版に附された「訳者まえがき」をあえて巻頭に掲げた次第である。

第一章から第六章までは、対象の年代順に排列してあり、一九一七—一九二五年の独ソ関係の、全面的とは言えないが、興味深い様々な局面を知ることが出来るであろう。しかし、執筆順(巻末一覧を参照)から言えば、第六章「ドイツの対ソ政策とイデオロギー」が一番早く、富永幸生の開拓しようとしていた領域と方法が遺憾なく示されている。もっとも、それより早く書かれ、彼の最初の本格的な仕事となったのは、補論一「シュトレーゼマン再評価をめぐって」であった。これは、彼が一九五九年末に提出した修士論文「シュトレーゼマン外交の諸問題」の一部を基にしている。その頃、シュトレーゼマン外交は、欧米学界で重要なテーマの一つとなっており、わが国でも大いに関心が寄せられていた。若き富永幸生が修士論文のテーマにそれを選んだのも蓋し自然の成行きであった。だが彼は、何故か、研究動向の部分しか活字にしていない。きっと、いつの日か、全面的に論じようと思っていたのだろう(そのことは本書二九六ページ、注(224)の文章からも知れる)。シュトレーゼマン生誕百周年(一九七八)を迎えて、再びこのドイツの政治家に対する関心が喚び起されただけに、彼が生きていれば、と思わざるを得ない。

この、シュトレーゼマン研究動向と、次に書かれた「ブロックドルフ=ランツァウ文書」(補論二)との間に、富永幸生のアメリカ留学がはさまっている。彼が教えを受けたのは、ハンス・ガッツケとG・W・F・ハルガルテンだった。留学は学問にとって本来は本質的な意義を持つものではないが、彼や私の世代のヨーロッパ現代史の学徒にとっては、かなり重要な意味を有した。と言うのは、留学によって初めて原史料なるものの多様な姿に接し、その扱い方を覚えたからである。欧米の研究の祖述ではなく、史料に基づいた研究が可能になったのであった。これは、決して個人の能力の問題ではなくて、偶々、そうした機会に恵まれた世代の問題である。しかも、史料が利用できるようになったことは、必ずしも常に歴史研究の前進をもたらす訳ではなく、まかり間違えば、史料に対する物神崇拝やら視野の狭窄やら、退歩から頽廃まで生じかねない。その辺の事情を富永幸生は良く心得ていた。にも拘わらず、わが国のヨーロッパ現代史研究が、ともかく決定的に新たな局面に達したことは否定できない。本書の補論一と二とを読み比べれば、その違いは明らかであろう。

そのような変化を経て、腰を据えて書き始めた長編が、先に触れた「ドイツの対ソ政策とイデオロギー」なのである。一国内のイデオロギーの対抗関係と国家関係との相互連関という問題は、様々な歴史上の場合に即して考えられるが、最近の日中関係も、そうした意味での緊張感が薄れているかに見えるものの、まさにその一例であろう。富永の論文は、第一次世界大戦後の独ソ関係を取り上げ、ふつうは外交史と政治思想史とに分けて論じられる対象を統一的に考察しようとしたものである。双方の分野の諸研究を良く参照しているのもさることながら、かなり異質でさえある様々の史料を駆使しつつドイツの様々なイデオロギー的立場の人びとの対ソ観を分析してまことにユニークな境地を開いている。「革命的」右翼の特徴を浮彫にし、更にヒトラーの独自性を指摘した手際は鮮かである。

独ソ関係史を明らかにするに当たって、富永幸生は、まずドイツの側から始めた。ドイツ現代史もまた彼の主要な研究対象であった。第一章「ドイツの敗戦」と第二章「ドイツ革命」は、共に『岩波講座 世界歴史』のために執筆されたものである。但し、第一章第二節で扱われたプロイセン選挙法改正問題については、別にいっそう詳細な論文があったので、本書に収録するに際して差し替えを行なった。ドイツ革命について、篠原一氏の優れた業績*が出たのは、富永幸生が学部学生の頃であった。その後も今日に至るまで、ドイツ革命はわが国の研究者の関心を惹きつけているが、欧米における史料の公刊や研究の進展にも著しいものがある。富永の論稿は紙幅の都合もあって、新たな綜合を直接めざしてはいないが、問題点を良く整理していると言えよう。対外関係と国内のイデオロギー状況に焦点を合わせている所が、いかにも彼らしい。ここでもロシア革命が隠れた旋律をかなでている。

＊ 篠原一『ドイツ革命史序説』（岩波書店、一九五六）。

右の論稿を書いた後、三十代半ばに達した富永幸生は、そろそろ仕事をまとめていこうと思ったようだ。史料を集めにドイツに出かけたり、ロシア語の勉強を始めたりもした。その際、仕事のイメージを形作る上で新たに示唆を受けたのは、アメリカの歴史家アーノ・J・メイアーの著作だったと思われる。＊ 同時に彼は、社会主義・労働運動史にも強い関心を持つに至った。＊＊ 第三章「ドイツ帝国政府の対ソ断交」、第四章「パリ講和会議と独ソ関係」、第五章「ローザ・ルクセンブルクのロシア革命論をめぐって」は、いずれも、やがてまとめるべき大きな仕事を念頭に置いての、迂回作戦的な準備作業と言えよう。この三篇の中では、第四章が彼の目ざした方向を最も良く示しているように思われる。もし彼が生きながらえて一書を書きおろしたならば、その題は「ヴェルサイユ・モスクワ・ヴァイマル」となったかも知れない。

＊ Arno J. Mayer, *Political Origins of the New Diplomacy, 1917–1918* (New Haven, 1959), *idem*, *Politics and Diplomacy of Peacemaking. Containment and Counterrevolution at Versailles, 1918–1919* (London, 1968).

＊＊ 参照、富永・鹿毛・下村・西川『ファシズムとコミンテルン』（東京大学出版会、一九七八）、第一章。

現代史研究会は、二十年ほど前に富永幸生を含む学生たちが村瀬興雄氏を中心にして結成した研究会だが、一九六〇年代の半ば、同会では「西洋史像の再検討」という統一テーマをかかげて、主として戦後に出版された講座・通史の批判的な検討が行なわれていた。補論三「第一次世界大戦について」は、その一環として富永幸生の行なった報告である。彼が最も深い所で江口朴郎氏の影響を受けていることが分る文章である。ここで彼は、イギリス帝国主義に厳しい眼を向けているが、それは、「議会主義の祖国」といったイギリス像を批判するためであった。或いは、とき恰もヴェトナムに直接侵略を開始した「民主主義国」アメリカを念頭に置いてのことであって、決してドイツ帝国主義やファシズムをいささかなりとも免罪する意図に基づくものではなかった。

富永幸生はまさしく業半ばにして仆れた。栗原優氏が追悼文の中で指摘したように、大きなやり残しに気付かざるを得ない。第五章は本論に入っていないし、第六章は未完のままである。そのことが痛切に惜しまれるだけのものを本書はもっていると信ずる。本書の校訂をしていて、不明の点にぶつかる度に、富永なら知っている筈だと電話に手を伸ばしたくなるのだった。*

* 『国際関係論研究会会報』三三(一九七七)、七—九ページ。

本書を編むに際し、著者自身が保存用抜刷に残した書き入れを生かした他、原論文の明白な誤りは訂正し、固有名詞の片かな表記を統一した。また、本文中に挿入されていた人名の原綴を削除したり、なかんずく注の形式や位置を新たに整えたりしたが、表現上の事柄は不統一な場合でも原文のままにした場合もある。新しい文献の追加も一、二を除いて行なっていない。校訂に当たったのは、伊藤定良、木村靖二、松本彰、西川であり、下村由一も編集に協力した。文献目録と人名索引は富永智津子夫人の作成になる。末尾ながら、著者が生前なにかとお世話になり、本書の出版に御尽力下さった岩波書店編集部の松嶋秀三氏・宮本勝史氏、また、綿密な校正をして下さった方、印刷・製本に当たられた方々に厚く御礼申し上げたい。

一九七八年十月

西川正雄

収録論文に関する書誌的覚え書

序　章

「訳者まえがき」E・H・カー『独ソ関係史――世界革命とファシズム』(サイマル出版会、一九七二)、一―九ページ(一部省略)。

第一章(第2節を除く)

「ドイツの敗戦」『岩波講座　世界歴史』二四(岩波書店、一九七〇)、四六四―四九四ページ(第2節削除)。

第一章第2節

「第一次世界大戦中のプロイセン選挙法改正問題と保守派」『聖心女子大学論叢』三〇(一九六七)、五五―六三ページ。

第二章

「ドイツ革命」『岩波講座　世界歴史』二五(岩波書店、一九七〇)、一三三―一六五ページ。

第三章

「ドイツ帝国政府の対ソ断交」『青山法学論集』一四巻二号(一九七二)、一―三九ページ。

第四章

「ヴェルサイユ・モスクワ・ヴァイマル――パリ講和会議と独ソ関係」(一)(二)、『青山法学論集』一四巻四号(一九七三)、二七―四三ページ、同誌、一五巻一号(一九七三)、二三―四七ページ。

第五章

「ローザ・ルクセンブルクのロシア革命論をめぐって」(上)(下)、『青山法学論集』一六巻一号(一九七四)、三一―五九ページ、同誌、一六巻二号(一九七四)、一二七―一五七ページ。

第六章

「ドイツの対ソ政策とイデオロギー――ロカルノ条約とベルリン条約」(一)(二)、『歴史と文化(東京大学教養学部人文科学科紀要　歴史学研究報告)』八(一九六五)、九九―一四四ページ(但し、一三八―一四四ページの附録資料を省略)、同誌、九(一九六七)、二五七―二九七ページ。

補論 一

「シュトレーゼマン再評価をめぐって」『史学雑誌』六九編一二号（一九六〇）、五九―六四ページ。

補論 二

「ブロックドルフ=ランツァウ文書」『史学雑誌』七二編四号（一九六三）、三一―四四ページ。

補論 三

「テーマ報告――西洋史像の再検討――『第一次世界大戦』」『現代史研究』一（通号一九）（一九六七）、二―一三ページ。

■岩波オンデマンドブックス■

独ソ関係の史的分析 1917 - 1925

1979年3月2日 第1刷発行
2025年5月9日 オンデマンド版発行

著 者 富永幸生《とみながゆきお》

発行者 坂本政謙

発行所 株式会社 岩波書店
〒101-8002 東京都千代田区一ツ橋2-5-5
電話案内 03-5210-4000
https://www.iwanami.co.jp/

印刷／製本・法令印刷

ISBN 978-4-00-731555-8 Printed in Japan

人名索引

ア 行

アイ Ay, Karl Ludwig 76
アイク Eyck, Erich 303, 308, 309
アイスナー Eisner, Kurt 53, 76
相田重夫 148
アイヒホルン(エーミール) Eichhorn, Emil 57, 171
アイヒホルン(ヘルマン・フォン) Eichhorn, Hermann von 109
アブデュル・ハミト Abdül Hamit II 341
アレグザンダー Alexander, Fred 284
アレクセーエフ Алексеев, M. B. 86
アングレス Angress, Werner T. 203, 205, 208, 209
アンダーソン Anderson, M. S. 147
アンダーレ Anderle, Alfred 285, 307
アンリヒ Anrich, B. E. 306

飯田収治 39, 75
池田浩士 214
市古宙三 335
伊藤成彦 112
猪木正道 74, 309

ヴァイル Weil, Felix 177, 178, 203, 208
ヴァルスキ Warski (Warszawski), Adolf 179, 181–188, 191, 196, 198, 210–213
ヴァールブルク Warburg, Max 314, 315, 325
ヴァルロート Wallroth 239
ヴァレンティーニ Valentini, Rudolf von 18
ヴァレンティーン Vallentin, Antonina 307
ヴァンゲンハイム Wangenheim, Conrad Frhr. von 22
ヴァンデルヴェルデ Vandervelde, Emile 199
ヴィートフェルト Wiedfeld 259, 292
ウィーラー=ベネット Wheeler-Bennett, John 43, 286, 290, 292, 295, 307, 309
ウィリアムソン Williamson, John G. 108, 115
ウィルソン Wilson, Woodrow 16, 22, 36, 37, 40, 53, 91, 92, 95, 130, 131, 138, 141–144, 146, 317, 337, 343
ヴィルト Wirth, Joseph 267, 268, 294, 319
ヴィルヘルム2世(カイザー) Wilhelm II 14, 20, 36, 57, 91, 315
ウェイト Waite, Robert, G. L. 289, 290
上杉重二郎 75
ヴェスタルプ Westarp, Kuno Graf von 15, 20, 21, 33, 41
ヴェーデル Wedel, Carl von 313, 316, 324
ヴェーバー(ヘルマン) Weber, Hermann 79, 112, 206
ヴェーバー(ヘルムート) Weber, Hellmuth 40
上原専禄 335
ヴェルメイユ Vermeil, Edmond 307
ヴェント Wendt, Hans 223, 224, 277
ヴォルトマン Wortmann, Karl 42
ヴォルフ Wolff, Theodor 323
ヴォルフハイム Wolffheim, Fritz 53
ウルマン Ullman, Richard H. 147–149, 150, 153
ウンシュリヒト Unszlicht, J. 183

江口朴郎 37, 148, 333, 334, 342
エッカート Eckert, Paul 205
エーバーライン Eberlein, Hugo

71, 101
エプシュタイン(クラウス) Epstein, Klaus 325
エプシュタイン(フリッツ) Epstein, Fritz T. 326
エーベルト Ebert, Friedrich 12, 30, 39, 45, 57-60, 61, 62, 64-66, 73, 256, 259, 261, 266, 267, 283, 284, 292, 317, 320, 328
エールツェン Oertzen, Peter von 74, 78
エルツベルガー Erzberger, Matthias 21, 97, 106, 109, 315, 317
エールトマン Erdmann, K. D. 288, 304, 305, 309
エルベン Elben, Wolfgang 115
エンヴェル＝パシャ Enver Paşa 293
エンゲル Engel, Gerhard 38

オッペン Oppen, Matthias von 57, 96
尾鍋輝彦 335
オラービー Aḥmad 'Urābī 340
オルスフィエフ Олсуфъев 325
オルデン Olden, Rudolf 306
オルランド Orlando, Vittorio Emanuele 139, 145

カ 行

カー Carr, Edward Hallett 4-6, 106, 114, 131, 132, 147, 276, 307-309
ガイアー(アンナ) Geyer, Anna 170, 205
ガイアー(クルト) Geyer, Curt 65, 170, 205
ガイアー(フリードリヒ) Geyer, Friedrich 171
ガウス Gaus, Friedrich 239, 243, 244, 245, 285
カウツキー(カール) Kautsky, Karl 10, 12, 30, 31, 62, 188, 197, 199, 338
カウツキー(ルイーゼ) Kautsky, Luise 213
鹿毛達雄 286
鹿島守之助 332
ガショロウスキ Gasiorowski, Zygmunt J. 282, 309
カーステン Carsten, Francis L. 286, 291, 296
カーゾン Curzon, George Nathaniel 134, 139, 149
ガッツケ Gatzke, Hans W. 37, 44, 280, 282, 285, 289, 293, 295-296, 302, 304, 306, 308, 309, 323
カップ Kapp, Wolfgang 22, 214, 252
カバクチエフ Кабакчиев, Христо 203
神川彦松 332
カーメネフ Каменев, Л. Б. 279
カラハン Карахан, Л. М. 279, 344
カール Kahr, Gustav Ritter von 260, 261, 292
カール大帝 Karl der Große 234
カルスキ Karski →マルフレフスキ
ガンキン Gankin, Olga Hess 39, 112
上林貞治郎 75

キュールマン Kühlmann, Richard von 28, 34, 81-83, 108, 313-316
キルドルフ Kirdorf, Emil 22, 23

クーダ Kuda, Rudolf 74, 78
グーチ Gooch, G. P. 333
クニーフ Knief, Johann 11, 38, 63, 67, 68
クーノ Cunow, Wilhelm 317
クライスト Kleist, Erwin von 15
クライノ Cleinow, Georg 223, 278
クライン Klein, Fritz 40, 43, 110, 306, 307, 308
クラウゼヴィッツ Clausewitz, Karl von 247
クラース Claß, Heinrich 22, 232, 258
クリフ Cliff, Tony 203
グリューンベルク Grünberg, Carl 177, 211

クルック Kruck, Alfred 42, 291
クルップ Krupp von Bohlen und Halbach, Gustav 316, 318
グルーバー Gruber, Helmut 203, 205
クループスカヤ Крупская, Н. К. 160
クレイグ Craig, Gordon A. 286
グレーナー Groener, Wilhelm 43, 45, 64, 92, 104, 110, 249, 250, 256, 287, 315
グレーバー Gröber, Adolf 109
クレマンソー Clemenceau, Georges 92, 138, 139, 142, 144, 149, 151
クレンペラー Klemperer, Klemens von 275, 277, 277
グロムイコ Gromyko, A. 115
クロムウェル Cromwell, Oliver 261
クン Kun Béla 118, 157, 161, 162, 184, 192, 193, 204, 207

ケインズ Keynes, John Maynard 327
ケスラー Kessler, Harry 316
ゲスラー Gessler, Otto 268, 289, 295–296, 310, 319
ゲッベルス Goebbels, Joseph 225, 226, 227, 278
ケーネン Koenen, Wilhelm 209
ゲーリング Göring, Martin 308
ゲールトリンゲン Gaertringen, Friedrich Frhr. Hiller von 43, 110
ゲルリッツ Görlitz, Walter 307
ケレンスキー Керенский, А. Ф. 122
ケント Kent, George O. 282

コーエン Cohen, Max 64
コーツ(ゼルダ) Coates, Zelda K. 151
コーツ(W. P.) Coates, W. P. 151
コップ Kopp, Victor 238, 283, 318
ゴードン Gordon, Harold J., Jr., 286, 289, 290, 292, 293, 296
コーハン Kochan, Lionel 293, 307, 308
コール Kohl, L. von 323
コルシュ Korsch, Karl 3, 212
コルチャーク Колчак, А. В. 85, 137, 141, 148
ゴルツ Goltz, Colmar von der 95, 128, 129, 232
コルプ Kolb, Eberhard 74, 76, 77, 78, 114
コルベル Korbel, Josef 286, 293
コーン Cohn, Oskar 81, 98, 100, 103, 115
コンガー Conger, Arthur L. 315, 316, 326

サ 行

ザイサー Seisser, Hans Ritter von 261
ザウアー Sauer, Wolfgang 286, 289, 290
サヴィンコフ Савинков, Б. 138
坂井秀夫 151

シェードリヒ Schädlich, Karl-Heinz 42
ジェニーキン Деникин, А. И. 137, 141, 142, 148
シェーファー Schäfer, Dietrich 22
シェール Scheel, Heinrich 41
ジェルジンスキ Dzierżyński, Feliks 183
シェーレ Scheele, Godfrey 306
シーダー Schieder, Theodor 282, 285, 310
ジノーヴィエフ Зиновьев, Г. Е. 101, 161, 165–167, 172, 173, 183, 202, 279
篠原一 74, 78
ジーマン Zeman, Z. A. B. 42, 43
ジメルン Simmern, Langwerth von 317
ジーメンス Siemens, Georg von 341
ジーモンス Simons, Walter 97, 269, 270, 284, 285, 295, 316, 320

シャイデマン Scheidemann, Philipp 9, 12, 29, 30, 38, 39, 43, 58–60, 90, 96, 98, 99, 108, 109, 199, 251, 317
シャーデ Schade, Franz 76
シュヴァルツ Schwarz, Hans 223, 277
シュヴィーアスコット Schwierskott, Hans-Joachim 276, 277
シュタイン Stein, Hermann von 17, 41, 82
シュタンプファー Stampfer, Friedrich 77, 190
シュッキング Schücking, Walther 316
シュティネス Stinnes, Hugo 23, 259, 315
シュデコプフ Schüddekopf, Otto-Ernst 115, 276, 277–280, 290–292, 294
シュテッカー(ヴァルター) Stoecker, Walter 157, 171, 209
シュテッカー(ヘルムート) Stoecker, Hermuth 106
シュテルン Stern, Leo 37, 41, 76, 107
シュテルン=ルーバルト Stern-Rubarth, Edgar 306, 323
ジュード Sydow, Reinhold von 19
シュトラッサー Strasser, Gregor 225, 226, 227, 278
シュトレーゼマン Stresemann, Gustav 5, 15, 18, 40, 221, 222, 224, 227, 232, 233, 236, 238, 239, 241, 243, 259–261, 270, 271–273, 277, 278, 283, 284, 285, 292, 296, 298–307, 309, 311, 313, 318, 319, 321–323, 328
シュトレーベル Ströbel, Heinrich 197
シュナイダー Schneider, Dieter 74
シューベルト Schubert, Carl von 238, 239, 240, 243, 244, 283–285
シューマハー Schumacher, Horst 107, 114
シュライナー Schreiner, Albert 41
シュライヒャー Schleicher, Kurt von 291, 292
シュルツ Schulz, Gerhard 289
シュレージンガー Schlesinger, Moritz 239, 312, 318, 319, 322
シュレープラー Schraepler, Ernst 37, 110
ショイヒ Scheuch, Heinrich von 108, 109
蔣介石(Chiang Kai-shek) 287
ショルスケ Schorske, Carl E. 38
ショルツ Scholz, Ernst 284
ショルレマー Schorlemer, Klemens Frhr. von 41
ジョーンズ Jones, Arnita Ament 216

スヴェルドローフ Свердлов, Я. М. 84
スカヴェニウス Scavenius, Erik 141, 142
スターリン Сталин, И. В. 4, 102, 219, 223
スターン Stern, Fritz 276, 277
ステイン Stein, B. E. 146, 147, 148
スマッツ Smuts, Jan Christiaan 143

ゼーヴェリング Severing, Carl 290
ゼークト Seeckt, Hans von 241, 242, 245, 247–251, 253, 254–275, 280, 286–297, 319
セシル Cecil, Robert 134, 139
ゼントナー Sendtner, Kurt 289

ゾルフ Solf, Wilhelm 80, 89, 91–94, 97, 98, 103, 111, 115
ゾントハイマー Sontheimer, Kurt 276
ソンニーノ Sonnino, Giorgio Sidney 139, 142, 145

タ 行

ダイク Dyck, Harvey Leonard 147
ダバーノン D'Abernon, Viscount

283
ダーフィト(エードゥアルト) David, Eduard 12
ダーフィト(フリッツ) David, Fritz 212
タールハイマー Thalheimer, August 52, 114, 157, 159, 166, 200, 209
ダントン Danton, Georges Jacques 136

チェンバレン(オースティン) Chamberlain, Austen 225, 307
チェンバレン(フーストン) Chamberlain, Houston Stewart 313
チチェーリン Чичерин, Г. В. 84,88, 89, 103, 238, 243, 244, 273, 277, 283, 285, 321
チャイコフスキー Чайковский, Н. 137
チャーチル Churchill, Winston S. 134, 135, 139, 149, 332
張治中 288

ツァイグナー Zeigner, Erich 257
ツィマーマン Zimmerman, Ludwig 12, 39, 108, 308
ツェトキーン Zetkin, Clara 31, 44, 56, 114, 157–167, 169–171, 173–175, 179–184, 187–191, 194, 196–198, 200–202, 204–214

ディズレーリ Disraeli, Benjamin 341
ディトマン Dittmann, Wilhelm 48, 59, 60, 62
ティフ Tych, Feliks 107, 114
ティメ Thimme, Annelise 41, 302–305, 307–309
ディルクセン Dirksen, Herbert von 246, 285
ティルピッツ Tirpitz, Alfred von 22, 23
デグラス Deglas, Jane 115
デュヴェル Düwell, Bernhard 170
デュースベルク Duisberg, Carl 23
デルブリュック Delbrück, Hans 18, 41, 318
テールマン Thälmann, Ernst 206, 233
テンパリー Temperley, H. W. V. 146, 147

ドイアーライン Deuerlein, Ernst 293
ドイミヒ Däumig, Ernst 48, 61–64, 157, 171, 200
ドゥンカー(ケーテ) Duncker, Käte 13, 100, 114
ドゥンカー(ヘルマン) Duncker, Hermann 100
ドーズ Dawes, Charles 237
ドストエフスキー Достоевский, Ф. М. 220, 276
富永幸生 75, 79
ドラチコーヴィチ Drachkovitch, Milorad M. 147, 204, 208
ドラブキン Drabkin, J. S. 74, 77
ドルパーレン Dorpalen, Andreas 285
トルミーン Tormin, Walter 74, 77
トレヴァー=ローパー Trevor-Roper, Hugh R. 280
ドレーフス Drews, Bill 90, 97
トロツキー Троцкий, Лев 29,32,70, 84, 138, 149, 161, 167, 176, 200, 206, 208, 279, 319
トロット・ツー・ゾルツ Trott zu Solz, August von 41
トンプソン Thompson, J. M. 146–151

ナ 行

ナウマン Naumann, Viktor 317
長岡春一 332
中村幹雄 39, 75

中屋健一　336
中山治一　333, 336
ナドルニ Nadolny, Rudolf　89, 90, 93, 94, 97, 98, 105, 111, 112

ニーキッシュ Niekisch, Ernst　222, 230, 234, 235, 277, 281
ニコライ Nicolai, W.　231, 232
西川正雄　44, 75, 203, 275, 287, 322
ニョマーケイ Nyomarkay, Joseph L.　282

ヌーランス Noulens, Joseph　141, 142, 150

ネトル Nettl, J. P.　75, 112, 113, 203, 210, 213, 214
ネニング Nenning, Günther　211

ノイバウアー Neubauer, Helmut　74, 76
ノイマン Neumann, Paul　160, 161, 166, 171, 200, 205, 206, 208
ノーヴァク Nowak, Friedrich Karl　42, 106
ノスケ Noske, Gustav　9, 15, 40, 49, 52, 76, 98, 188, 252
野田宣雄　39, 75, 309
ノレ Nollet, C. N. E.　253, 254

ハ 行

パイアー Payer, Friedrich von　91, 98
ハイデブラント Heydebrand und der Lasa, Ernst von　41
ハイバー Heiber, Helmut　278
バウアー(オットー) Bauer, Otto　195, 316
バウアー(ハインリヒ) Bauer, Heinrich　306
バウアー(マクス) Bauer, Max　219, 276
ハウスマン Haußmann, Conrad　109
バウムガルト Baumgart, Winfried　107, 108, 110, 111, 114–116
パケ Paquet, Alfons　316
ハス Hass, Leonhard　326
ハーゼ Haase, Hugo　10, 12, 30, 33, 38, 48, 52, 55, 59–62, 65, 81, 82, 89, 100, 102, 115, 201
バックラー Buckler, William H.　142, 146
バディア Badia, Gilbert　203
パーテマン Patemann, Reinhard　39–41
パネクーク Pannekoek, Anton　192, 197
ハネツキ Hanecki, Jakub　183
パハニケ Pachnicke, Hermann　14, 39
ハーベダンク Habedank, Heinz　307
林健太郎　75
原勝郎　332
バラバーノフ Balabanoff, Angelica　39
バリーン Ballin, Albert　18, 92, 314, 315
ハールヴェーク Hahlweg, Werner　42, 43
パルヴス Parvus　→ヘルファント
ハルガルテン Hallgarten, George W. F.　287, 291, 292
ハルス Hulse, James W.　147, 215
ハルデン Harden, Maximilian　314
バルト Barth, Emil　48, 55, 56, 59, 60, 75, 100, 102, 115, 171
バルフォア Balfour, Arthur James　134, 137, 139, 140, 149
ハーン Hahn, Kurt　316
バーンズ Barnes, George N.　133, 139

ピーク Pieck, Wilhelm　56, 77, 100, 158, 172
ピション Pichon, Stephen　137, 138, 148

ビスマルク Bismarck, Otto Fürst von 22, 24, 26, 239, 276, 279, 284, 300
ヒトラー Hitler, Adolf 3, 4, 5, 225-230, 236, 252, 259-261, 275, 276, 279-282, 297, 299
ヒューズ Hughes, William Morris 139
ピュックラー Pückler 314
ビューロ Bülow, Bernhard W. von 239, 243, 244, 245, 312, 314
ピョートル大帝 Пётр I 228
ビーリク Bieligk, K. F. 306
ヒルガー Hilger, Gustav 107, 116, 295, 296, 323
ヒルシュ Hirsch, Felix 308
ヒルファーディング Hilferding, Rudolf 65, 66, 190
ヒルマン Hillmann, Susanne 211
ヒンツェ Hintze, Paul von 83,84,87, 89, 108
ヒンデンブルク Hindenburg, Paul von 23, 104, 232, 243, 246, 285, 320, 328, 333

フィーチュ Vietsch, Eberhard von 281
フィッシャー(H. H.) Fisher, H. H. 39, 112
フィッシャー(フリッツ) Fischer, Fritz 28, 37, 40, 43, 108, 110, 325
フィッシャー(ルイス) Fischer, Louis 114, 285
フィッシャー(ルート) Fischer, Ruth 209
フィッシュベック Fischbeck, Otto 89
フーヴァー Hoover, Herbert 128
フェインソッド Fainsod, Merle 38, 147
フォッシュ Foch, Ferdinand 36,128, 138, 146, 317
フォルクマン Volkmann, E. O. 42
深見秋太郎 309
フーゲンベルク Hugenberg, Alfred 23, 232
ブッシェ Bussche, Hilmar Frhr. von dem 81
フットマン Footman, David 204
ブハーリン Бухарин, Н. И. 100, 172
ブーフハイム Buchheim, Hans 281
ブーフルッカー Buchrucker, Bruno Ernst 254
ブライテンバハ Breitenbach, Paul von 16
ブライトシャイト Breitscheid, Rudolf 82
フラウエンディーンスト Frauendienst, Werner 329
ブラウンタール Braunthal, Julius 38, 147
ブラス Brass, Otto 65, 157, 171, 205
ブラッハー Bracher, Karl Dietrich 286, 289
フランケン Franken, Paul 160, 166, 206
フランソワ=ポンセ François-Poncet, André 307
ブランデンブルク Brandenburg, Erich 312, 314, 328
ブラント Brandt, Willy 209
ブラントラー Brandler, Heinrich 159
ブリアン Briand, Aristide 232
フリースラント Friesland →ロイター
ブリット Bullitt, William C. 132
ブリュッヒャー Blücher, Wipert von 111
フルダーマン Huldermann, Bernhard 314
プレスアイゼン Presseisen, Ernst 297
ブレット Bredt, Johann Viktor 39
ブレトン Bretton, Henry 302, 303, 308
プレハーノフ Плеханов, Г. В. 199

フレヒトハイム Flechtheim, Ossip K. 211

フレーリヒ Frölich, Paul 11, 53, 71, 113, 159, 203, 209, 211

フレンケル Fraenkel, Heinrich 279

フロインド Freund, Gerald 282, 283, 294, 295, 304, 309, 327

フロストフ Khrostov, V. 115

ブロックドルフ=ランツァウ Brockdorff-Rantzau, Ulrich Graf von 222, 238–246, 250–252, 266–270, 272, 277, 282–285, 288, 289, 294, 295, 304, 311–323, 325, 329

フロート Flotow, Hans von 313

プロトポポフ Протопопов, А. Д. 325

ヘイ Hey 319

ベイカー Baker, Ray Stannard 117, 119, 146

ベヴァン Bevan, Edwyn 38, 39

ベーゼラー Beseler, Maximilian von 17

ヘッカート Heckert, Fritz 65, 165, 172, 207

ヘッチュ Hoetzsch, Otto 231

ベートマン=ホルヴェーク Bethmann-Hollweg, Theobald 9, 10, 14–17, 19, 21, 27, 29, 40, 87, 108

ベラット Beradt, Charlotte 114, 200, 201, 203, 205, 208, 210, 214

ヘルクト Hergt, Oskar 89

ヘルチェ Höltje, Christian 285, 308

ヘルツフェルト(ハンス) Herzfeld, Hans 323

ヘルツフェルト(ヨーゼフ) Herzfeld, Joseph 171

ヘルトリング Hertling, Georg 28, 29, 82, 84, 315

ヘルビック Helbig, Herbert 282, 283, 285, 295, 305, 323, 324, 328

ヘルファント Helphand (Parvus), Alexander Israel 42, 313, 315

ヘルフェリヒ Helfferich, Karl 17, 19, 83–87, 94, 108, 115, 332

ヘルマン Hermann, Alfred 307

ベルンシュタイン Bernstein, Eduard 12, 82, 195, 197

ベルンハルト(ヘンリ) Bernhard, Henry 301, 307, 321, 329

ベルンハルト(リリ) Bernhard, Lilly 329

ヘンケ Hencke, Andor 312, 319, 323, 324

細谷千博 151

ポチョムキン Potjomkin, W. P. 147

ボック Bock, Hans Manfred 38, 78, 112

ボーデン Borden, Robert 133, 136, 139

ポノマリョフ Ponomaryov, B. 115

ホーファー Hofer, Adolf 81

ホフマン(アードルフ) Hoffman, Adolf 157, 171, 200

ホフマン(マクス) Hoffmann, Max 25, 28, 81, 94, 225

洞富雄 337

ボルジヒ Borsig, Ernst von 23

ホルター Gorter, Herman 192

ホルツェンドルフ Holtzendorff, Hans Henning von 314, 316

ホルヌング Hornung, Klaus 280, 280

ボルヒャルト Borchardt, Julian 11, 79, 82, 101, 103

マ 行

マイアー(アルフレート) Meyer, Alfred 107, 116, 297, 323

マイアー(エルンスト) Meyer, Ernst 55, 100, 114, 212

マイスキー Майский, И. М. 151

マイネッケ Meinecke, Friedrich 276

牧野伸顕 145

マクス・フォン・バーデン Max von Baden, Prinz 36, 57, 75, 76, 88–91, 104, 109, 115

マスロフ Maslow, Arkadij 200
マティーアス Matthias, Erich 109
マーラウン Mahraun, Arthur 225, 231, 232
マルクス Marx, Karl 185, 226
マールツァーン(アーゴ・フォン) Maltzan, Ago von 238, 239, 267, 282, 315, 318, 321, 328
マールツァーン(ハインリヒ) Malzahn, Heinrich 160, 161, 166, 167, 171, 200, 205, 206, 208
マルフレフスキ Marchlewski, Julian 82, 100, 107, 112-114, 182, 183
マールマイスター Mahlmeister, Erich 224, 278
マン Mann, Thomas 299, 306
マンヴェル Manvell, Roger 279
マンク Monk, George 261

ミッチェル Mitchell, Allan 76
ミヌー Minoux, Friedrich 259
ミハワク Michałak →ヴァルスキ
ミヒャエーリス Michaelis, Herbert 21, 29, 37, 110
三宅立 277, 291, 292
三宅正樹 276, 337
ミュラー(クルト) Müller, Kurt 161, 206
ミュラー(ヘルマン) Müller-Franken, Hermann 77
ミュラー(リヒャルト) Müller, Richard 44, 48, 56, 65, 72, 77-79, 200
ミラー Miller, Susanne 76
ミルナー Milner, Alfred 134
ミルバハ Mirbach, Wilhelm Graf von 83, 84, 94, 96, 107, 109

ムーア Moor, Karl Vital 317, 326
ムハンマド・アリー Muḥammad ‘Alī 340
村川堅固 332
村瀬興雄 39, 74, 286, 289, 291, 333, 335

メイアー Mayer, Arno J. 37, 131, 146-150, 337
メラー・ファン・デン・ブルック Moeller van den Bruck, Arthur 219-223, 276, 277
メーリング Mehring, Franz 31, 44, 81, 82, 100, 185, 188
メルヒオル Melchior, Carl 318, 320
メンル Meynell, Hildemarie 38

モーザイ Morsey, Rudolf 109
望田幸男 39, 75
モムゼン(ヴィルヘルム) Mommsen, Wilhelm 41
モムゼン(ヴォルフガング) Mommsen, Wolfgang 288
モルトケ Moltke, Helmuth Graf von 295
モンタギュー Montague, Edwin Samuel 139, 143

ヤ 行

ヤーゴ Jagow, Gottlieb von 313
ヤーコプ Jacob, Mathilde 112, 113, 166, 167, 174, 175, 177, 189, 190, 200, 208, 212, 214
矢内原忠雄 342
山口定 286, 292
山本達郎 335

ユンガー Jünger, Ernst 222

ヨギヘス Jogiches, Leon 56, 68, 69, 100, 107, 156, 159, 173, 180, 182, 184, 186, 188, 189, 210, 214
吉村励 74
ヨッフェ Иоффе, А. А. 80-82, 88-90, 93, 98-103, 107, 108, 112, 114, 115, 279, 315

ラ 行

ライスベルク Reisberg, Arnold 113, 115, 204, 209

ライヒェンバハ Reichenbach, Bernhard 207
ラインバーベン Rheinbaben, Rochus Frhr. von 318
ラインハルト Reinhardt, Walther 252, 287
ラーウェンタール Lowenthal →レーヴェンタール
ラウフェンベルク Laufenberg, Heinrich 53, 64, 78
ラーカー Laqueur, Walter Z. 277
ラーコシ Rákosi Mátyás 203
ラジッチ Lazitch, Branko 147, 204, 208
ラシッツァ Laschitza, Annelies 203
ラーデク Radek, Karl 5, 11, 68, 115, 157, 161, 164, 167, 169, 170, 172, 176, 183, 193, 200, 202, 205, 206, 209, 265, 293, 314-317
ラーテナウ Rathenau, Walther 267, 314
ラーデマッハー Lademacher, Horst 39
ラトチューン Radczun, Günter 203
ラドリーン Radolin 313
ラーベナウ Rabenau, Friedrich von 287-293, 296
ラールゾン Larson, M. J. 106
ランシング Lansing, Robert 133, 317
ランツァウ(ウルリヒ) →ブロックドルフ=ランツァウ
ランツァウ(エルンスト) Rantzau, Ernst zu 312, 320, 324
ランツベルク Landsberg, Otto 60

リヴォーフ Львов, Г. Е. 138
リッター(G.) Ritter, Gerhard 29,43
リッター(G. A.) Ritter, Gerhard A. 76
リデル Riddell, Lord 150
リトヴィーノフ Литвинов, Максим 142, 277
リヒトホーフェン Richthofen, Oswald Frhr. von 316
リープクネヒト(カール) Liebknecht, Karl 31, 48, 55, 56, 58-60, 64, 70-72, 97, 99, 100, 111, 113, 156, 160, 203, 214
リープクネヒト(ゾフィー) Liebknecht, Sophie 82
リュック Rück, Fritz 52
リュトヴィッツ Lüttwitz, Walter Frhr. von 257
リュールップ Rürup, Reinhard 74, 77, 78
リューレ Rühle, Otto 66, 70, 101
リンケ Linke, Horst Günther 115, 147
リンジンゲン Linsingen 82

ルイコフ Рыков, А. И. 242, 278
ルカーチ Lukács, György 175, 176, 181, 191-198, 211, 212, 214, 215
ルクセンブルク Luxemburg, Rosa 11, 13, 31, 32, 37, 44, 46, 56, 63, 64, 66, 68-73, 75, 99, 107, 112, 113, 154-156, 160, 165, 173-191, 194-199, 201-203, 208, 210-215
ルター Luther, Hans 310
ルーツ Lutz, Ralph H. 38
ルーデンドルフ Ludendorff, Erich 25-27, 29, 32, 34, 36, 40, 42, 43, 47, 81, 83, 85-87, 91-94, 103, 107, 108, 219, 249, 257, 260, 261, 314, 316, 318
ルーバン Luban, Ottokar 112, 114

レーヴィ Levi, Paul 70, 100, 111, 113, 114, 156, 158-164, 166-184, 187-191, 194, 195, 198-206, 210-213, 216
レヴィーネ Leviné, Eugen 71
レヴィーンゾーン Lewinsohn, Richard (Mohrus) 282
レーヴェンタール Löwenthal, Richard 204, 209
レーヴェントロ Reventlow, Ernst Graf zu 230, 231
レギーン Legien, Carl 12

レーシェ Lösche, Peter 38, 43, 44, 74, 78, 111, 114
レット Lettow-Vorbeck, Paul von 96, 97–99, 111
レーディガー Rœdiger 312
レディング Reading, Lord 139
レーデブーア Ledebour, Georg 10, 12, 30, 33, 48, 55, 58, 61, 62, 65, 72, 89
レーデルン Roedern, Siegfried Graf von 89, 97, 109
レーニン Ленин, И. В. 11, 12, 25, 30, 32, 38, 42, 70, 81, 84, 99, 101, 104, 111, 115, 149, 157, 158, 160, 162–171, 173–176, 180, 182, 191–195, 198, 205–207, 209, 210, 216, 220, 226, 279, 314, 317, 319, 337–339
レヒベルク Rechberg, Arnold 225, 231, 232, 281
レープ Loeb, Walter 316
レーベル Loebell, Friedrich Wilhelm von 16, 40, 41
レメレ Remmele, Hermann 172
レンツェ Lentze, August 20, 41

ロー Law, Andrew Bonar 134, 139, 149
ロイター Reuter, Ernst 159, 172, 207
ロイド=ジョージ Lloyd George, David 123, 133–135, 136, 138–144, 149, 150, 151, 277, 332
ローゼン(A.) Rosen, A. 310
ローゼン(フリードリヒ) Rosen, Friedrich 316
ローゼンバウム Rosenbaum, Kurt 282, 294–295
ローゼンフェルト Rosenfeld, Günter 43, 44, 106, 108, 115, 285
ローゼンベルク(アルトゥル) Rosenberg, Arthur 37, 38, 41, 44, 46, 74
ローゼンベルク(アルフレート) Rosenberg, Alfred 225, 227, 230, 276, 279
ロッソ Lossow, Otto von 260
ロベスピエール Robespierre, Maximilien de 138
ローマン Lohman 318
ローラント=ホルスト Roland-Holst, Henriette 213
ロリオ Loriot, Fernand 165, 207
ローン Roon, Waldemar Graf von 15

ワ 行

ワインバーグ Weinberg, Gerhard L. 289

引用史料・文献目録

I 史　　料

A　未刊行文書

Germany, Auswärtiges Amt, *microfilm*, National Archives, Washington, D. C.
Büro des Reichsministeriums
Rußland 1925
Büro des Staatssekretärs
Rußland 1925
Politisches Archiv
Deutschland 131
Nachlaß Brockdorff-Rantzau
Nachlaß Stresemann
Germany, Heeresarchiv Potsdam, *microfilm*, National Archives, Washington, D. C.
Nachlaß Seeckt
Archiv der sozialen Demokratie (Friedrich-Ebert-Stiftung), Bonn-Bad Godesberg
Nachlaß Levi

B　議事録・資料集など

Akten der Reichskanzlei. Weimarer Republik, hrsg. v. K. D. Erdmann und Wolfgang Mommsen, *Das Kabinett Scheidemann, 13. Februar bis 20. Juni 1919* (Boppard am Rhein, 1971).

Die Auswirkungen der Großen Sozialistischen Oktoberrevolution auf Deutschland, "Archivalische Forschungen zur Geschichte der deutschen Arbeiterbewegung", 4. Reihe, I–IV, hrsg. von Leo Stern (Berlin (O), 1959).

Balabanoff, Angelica, *Die Zimmerwalder Bewegung 1914–1919* (Leipzig, 1928).

The Bolsheviks and the World War. The Origin of the Third International, ed. by Olga Hess Gankin and H. H. Fisher (Stanford, 1940).

Deutsch–sowjetische Beziehungen von den Verhandlungen in Brest-Litowsk bis zum Abschluß des Rapallovertrages, hrsg. vom Ministerium für Auswärtige Angelegenheiten der DDR und Ministerium für Auswärtige Angelegenheiten der UdSSR, II : 1917–1918 (Berlin (O), 1967).

Dokumente und Materialien zur Geschichte der deutschen Arbeiterbewegung, hrsg. vom Institut für Marxismus-Leninismus beim ZK der SED, 2. Reihe, I–III (Berlin (O), 1957–1958).

Документы Внешней Политики СССР, под. ред. министерства иностранных

дел СССР, I (Москва, 1957).
Hahlweg, Werner (Hg.), *Lenins Rückkehr nach Russland. Die deutschen Akten* (Leiden, 1957).
Der interfraktionelle Ausschuß 1917/18, "Quellen zur Geschichte des Parlamentarismus und der politischen Parteien", 1.Reihe, Bd.1, bearbeitet von Erich Matthias unter Mitwirkung von Rudolf Morsey (Düsseldorf, 1959).
Kolb, Eberhard/Reinhard Rürup (Hg.) *Der Zentralrat der Deutschen Sozialistischen Republik, 19.12.1918–8.4.1919* (Leiden, 1968).

Kommunistische Internationale:
Protokoll des III. Kongresses der Kommunistischen Internationale (Moskau, 22. Juni bis 12. Juli 1921) (Hamburg, 1921).
Thesen und Resolutionen des III. Weltkongresses der Kommunistischen Internationale (Moskau, 22. Juni bis 12. Juli 1921) (Hamburg, 1921).
Die Tätigkeit der Exekutive und des Präsidiums des E. K. der Kommunistischen Internationale vom 13. Juli 1921 bis 1. Februar 1922 (Petrograd, 1922).
Bericht über die Tätigkeit des Präsidiums und der Exekutive der Kommunistischen Internationale für die Zeit vom 6. März bis 11. Juni 1922 (Hamburg, 1922).

Kommunistische Partei Deutschlands:
Bericht über den Gründungsparteitag der KPD (Spartakusbund) (Berlin, n. d. [1919]).
Gründungsparteitag der KPD. Protokoll und Materialien, hrsg. von Hermann Weber (Frankfurt a. M., 1969).
Bericht über die Verhandlungen des 2. [7.] Parteitages der Kommunistischen Partei Deutschlands (Sektion der Kommunistischen Internationale), abgehalten in Jena vom 22. bis 26. August 1921 (Berlin, 1922).
Lademacher, Horst (Hg.), *Die Zimmerwalder Bewegung. Protokolle und Korrespondenz*, 2 Bde. (The Hague/Paris, 1967).
Locarno-Konferenz 1925. Eine Dokumentensammlung, hrsg. vom Ministerium für Auswärtige Angelegenheiten der DDR (Berlin (O), 1962).
Ludendorff, Erich, *Urkunden der Obersten Heeresleitung über ihre Tätigkeit 1916/1918* (Berlin, 1920).
Lutz, Ralph Haswell, *Fall of the German Empire, 1914–1918*, 2 vols. (Stanford, 1932).
Die Regierung der Volksbeauftragten 1918/19, "Quellen zur Geschichte des Parlamentarismus und der politischen Parteien", 1. Reihe, Bd. 6, eingel. von Erich Matthias, bearbeitet von Susanne Miller unter Mitwirkung von Heinrich Potthoff (Düsseldorf, 1969).
Die Regierung des Prinzen Max von Baden, "Quellen zur Geschichte des Parlamentarismus und der politischen Parteien", 1. Reihe, Bd. 2, bearbeitet von Erich Matthias/Rudolf Morsey (Düsseldorf, 1962).
Die Reichstagsfraktion der deutschen Sozialdemokratie 1898 bis 1918, "Quellen

zur Geschichte des Parlamentarismus und der politischen Parteien", 1. Reihe, Bd. 3, bearbeitet von Erich Matthias/Eberhard Pickart (Düsseldorf, 1966).

Ritter, Gerhard A./Susanne Miller (Hg.), *Die deutsche Revolution 1918–1919. Dokumente* (Frankfurt a. M., 1968).

斉藤　孝編『ヨーロッパ外交史教材』(東京大学出版会, 1971).

Schneider, Dieter/Rudolf Kuda, *Arbeiterräte in der Novemberrevolution—Ideen, Wirkungen, Dokumente* (Frankfurt a. M., 1968).

Schulthess' Europäischer Geschichtskalender 1917 (München, 1918).

Soviet Documents on Foreign Policy, ed. by Jane Degras, 3 vols. (London, 1951–1953).

Spartakusbriefe, hrsg. vom Institut für Marxismus-Leninismus beim ZK der SED (Berlin (O), 1958).

Die Ursachen des deutschen Zusammenbruchs im Jahre 1918, I–XII (Das Werk des Untersuchungsausschusses der Deutschen Verfassungsgebenden Nationalversammlung und des Deutschen Reichstages 1919–1928), 4. Reihe (Berlin, 1927–1929).

Ursachen und Folgen. Vom deutschen Zusammenbruch 1918 und 1945 bis zur staatlichen Neuordnung Deutschlands in der Gegenwart. Eine Urkunden- und Dokumentensammlung zur Zeitgeschichte. Herausgeber und Bearbeiter Prof. Dr. Herbert Michaelis und Dr. Ernst Schraepler unter Mitwirkung von Dr. Günter Scheel, I, II (Berlin (W), n. d.).

U. S. Department of State, *Papers Relating to the Foreign Relations of the United States. The Paris Peace Conference, 1919*, 13 vols. (Washington, D. C., 1942–47).

——, *Papers Relating to the Foreign Relations of the United States. Russia 1919* (Washington, D. C., 1937).

——, *The Treaty of Versailles and After. Annotations of the Text of the Treaty* (Washington, D. C., 1947).

Stenographische Berichte über die Verhandlungen des Deutschen Reichstages, Bde. 309, 310, 311 (Berlin, 1917, 1918), 387, 388 (Berlin, 1925).

Zeman, Z. A. B., *Germany and the Revolution in Russia, 1915–1918* (London, 1958).

C　回想録・同時代文献

Barth, Emil, *Aus der Werkstatt der deutschen Revolution* (Berlin, n. d.〔1919〕).

"Die Bolschewiki, die Ehrenretter des internationalen Sozialismus", *Inprekorr*, I-43 (1921. XII. 31), 380–81.

Brockdorff-Rantzau, Ulrich Graf von, *Deutschlands auswärtige Politik. Reden des Grafen Brockdorff-Rantzau, gehalten am 14. Feb. bzw. am 10. April 1919* (Berlin 1919).

——, *Dokumente und Gedanken um Versailles* (Berlin, 1925).

Chamberlain, Austen, *Down the Year* (London, 1936).

D'Abernon, Viscount, *An Ambassador of Peace*, 3 vols. (London, 1929–1930).

(David) *Das Kriegstagebuch des Reichstagsabgeordneten Eduard David 1914 bis 1918*, "Quellen zur Geschichte des Parlamentarismus und der politischen Parteien", 1. Reihe, Bd. 4, in Verbindung mit Erich Matthias bearbeitet von Susanne Miller (Düsseldorf, 1966).

Dirksen, Herbert von, *Moskau, London, Tokio* (Stuttgart, 1949).

"Einkreisung von Westen und Osten", *Völkischer Beobachter*, 1925. VII. 20.

Fischer, Ruth, "War die Märzaktion eine 'Bettelheimerei' ?", *Die Internationale*, III-5 (1921), 160-170.

François-Poncet, A., *De Versailles à Potsdam* (Paris, 1943).

Frölich, Paul, "Der Fall Levi", *Die Internationale*, III-4 (1921), 115-122.

Gessler, Otto, *Reichswehrpolitik in der Weimarer Republik*, hrsg. von Kurt Sendtner (Stuttgart, 1958).

(Goebbels) *Das Tagebuch von Joseph Goebbels 1925/26 mit weiteren Dokumenten*, hrsg. von Helmut Heiber (Stuttgart, n. d.[1960]).

Groener, Wilhelm, *Lebenserinnerungen. Jugend, Generalstab, Weltkrieg*, hrsg. von Friedrich Frhr. Hiller von Gaertringen (Göttingen, 1957).

Hitler, Adolf, *Mein Kampf* (München, [16]1932).

邦訳『完訳 わが闘争』全3巻，平野一郎・将積茂訳(黎明書房，1961)，(角川文庫，全2巻，1973年).

Hitlers Zweites Buch : Ein Dokument aus dem Jahre 1928, eingeleitet und kommentiert v. G. L. Weinberg (Stuttgart, 1961).

(Hoffmann), *Die Aufzeichnungen des Generalmajors Max Hoffmann*, 2 Bde., hrsg. von Karl Friedrich Nowak (Berlin, 1929).

Hoffmann, Max, *Der Krieg der versäumten Gelegenheiten* (München, 1924).

Keynes, John Maynard, "Dr. Melchior", in : *Two Memoirs* (New York/London, 1949).

Kohl, L. von, "Ein deutscher Staatsmann. Persönliche Erinnerungen an Graf Brockdorff-Rantzau", *Berliner Monatshefte*, XVI (1938), 1070-1110.

Ленин, В. И., *Полное Собрание Сочинений* (Москва, [5]1958-1965), XLIV, L, LIII.

『レーニン全集』マルクス・レーニン主義研究所訳(大月書店，1953-1969)，第25, 28, 31, 32, 33, 35, 44, 45巻.

Levi, Paul, *Was ist das Verbrechen? Die März-Aktion oder Kritik daran? Rede auf der Sitzung des Zentralausschusses der VKPD am 4. Mai 1921* (Berlin, 1921).

——, *Zwischen Spartakus und Sozialdemokratie. Schriften, Aufsätze, Reden und Briefe*, hrsg. und eingeleitet von Charlotte Beradt (Frankfurt a. M., 1969).

Liebknecht, Karl, *Gesammelte Reden und Schriften*, hrsg. vom Institut für Marxismus-Leninismus beim ZK der SED, VIII (Berlin, 1966).

"Liebknechts Rede in der Sowjetbotschaft 1918", *BzG*, XV-6 (1973), 947-949.

Lloyd George, David, *The Truth about the Peace Treaties*, I (London, 1938).

Luban, Ottokar, "Zwei Schreiben der Spartakuszentrale an Rosa Luxemburg", *Archiv für Sozialgeschichte*, XI (Hannover 1971), 225-240.

Ludendorff, Erich, *Meine Kriegserinnerungen 1914–1918* (Berlin, 1919).

Lukacs, Georg, "Kritische Bemerkungen zu Luxemburgs 'Kritik der russischen Revolution'", *Die Internationale*, IV (1922), 186–189, 232–239, 259–262.

——, "Organisatorische Frage der revolutionären Initiative", *Die Internationale*, III-8 (1921), 298–307.

——, "Spontaneität der Massen, Aktivität der Partei", *Die Internationale*, III-6 (1921), 208–215.

ルカーチ(ジェルジ)『ローザとマルクス主義』平井俊彦訳(ミネルヴァ書房, 1965).

——, 『ルカーチ初期著作集・政治編 I』池田浩士訳編(合同出版, 1971).

Luxemburg, Rosa, *Briefe an Mathilde Jacob 1913–1918*, hrsg. von Narihiko Ito (Tokio, 1972).

——, *Gesammelte Werke*, hrsg. von Clara Zetkin und Adolf Warski, Redaktion Paul Frölich, III, IV, VI (Berlin, 1923–1928).

——, *Die Krise der Sozialdemokratie* ("Junius Brochure") (Zürich, 1916).

——, *Politische Schriften*, hrsg. und eingeleitet von Ossip K. Flechtheim, 3 Bde. (Frankfurt a. M./Wien, 1966–1968).

——, *Politische Schriften*, hrsg. von Günter Radczun (Leipzig, 1969).

——, *Die russische Revolution. Eine Kritische Würdigung. Aus dem Nachlaß von Rosa Luxemburg*, hrsg. und eingeleitet von Paul Levi (Berlin, 1922).

——, *Die russische Revolution. Eine Kritische Würdigung. Aus dem Nachlaß von Rosa Luxemburg*, hrsg. von "Neuer Weg" (Paris, n. d. [1939]).

——, *Schriften zur Theorie der Spontaneität*, hrsg. von Susanne Hillmann (Hamburg, 1970).

(Luxemburg) *Rosa Luxemburg im Gefängnis. Briefe und Dokumente aus den Jahren 1915–1918*, hrsg. u. eingeleitet von Charlotte Beradt (Frankfurt a. M., 1973).

(Luxemburg) Weil, Felix, "Rosa Luxemburg über die russische Revolution. Einige unveröffentlichte Manuskripte", *Archiv für die Geschichte des Sozialismus und der Arbeiterbewegung*, XIII (1928), 283–298.

ルクセンブルク(ローザ),「ロシアの悲劇」富永幸生訳『未来』54(1971), 2–8.

Mann, Thomas, "Deutsche Ansprache. Ein Appell an die Vernunft", in : *Sorge um Deutschland* (Frankfurt a. M., 1957), 45–64.

Max von Baden, Prinz, *Erinnerungen und Dokumente* (Stuttgart, 1927).

Mehring, Franz, *Gesammelte Schriften*, hrsg. von Thomas Höhle *et al.*, XV (Berlin (O), 1966).

"In Memoriam Graf Brockdorff-Rantzau : Dokumente 1922–1928", *Europäische Gespräche*, VII (Jan., 1929), 36–142.

Moeller van den Bruck, Arthur, *Das Dritte Reich* (Berlin, 1923).

——, *Das Dritte Reich*, hrsg. von Hans Schwarz (Hamburg, 1931).

——, *Sozialismus und Außenpolitik* (Breslau, 1933).

Müller-Franken, Hermann, *Die Novemberrevolution. Erinnerungen* (Berlin, 1929).

Müller, Richard, *Der Bürgerkrieg in Deutschland* (Berlin, 1925).

——, *Vom Kaiserreich zur Republik*, 2 Bde. (Wien, 1924–1925).
Niekisch, Ernst, *Gewagtes Leben. Begegnungen und Begebnisse* (Köln, 1958).
——, *Hitler. Ein deutsches Verhängnis* (Berlin, 1932).
Noske, Gustav, *Von Kiel bis Kapp* (Berlin, 1920).
Pieck, Wilhelm, *Gesammelte Reden und Schriften*, I (Berlin (O), 1959).
Radek, Karl, "Der Fall Levi", *Die Kommunistische Internationale*, II–17 (1921), 55–78.
——, "Die Krise in der V. K. P. D.", *Die Internationale*, III–3 (1921), 71–79.
——, *Der Weg der Kommunistischen Internationale* (Hamburg, 1921).
Riddell, Sir George, *Lord Riddell's Intimate Diary of the Peace Conference and After, 1918–1923* (London, 1933).
Rosen, A., *Aus einem diplomatischen Wanderleben* (Berlin, 1960).
Rosenberg, Alfred, *Der Mythos des 20. Jahrhunderts* (München, 1930, 1936).
邦訳『二十世紀の神話』吹田順助・上村清延訳(中央公論社, 1942).
——, *Die Spur des Juden im Wandel der Zeiten* (München, 1920).
邦訳『猶太民族の歴史的足跡』野一色利衛訳(新太陽社, 1944).
Scheidemann, Philipp, *Memoiren eines Sozialdemokraten*, 2 Bde. (Dresden, 1928).
——, *Der Zusammenbruch* (Berlin, 1921).
Seeckt, Hans von, *Gedanken eines Soldaten* (Leipzig, 1935).
邦訳『一軍人の思想』篠田英雄訳 (岩波書店, 1940).
——, *Wege der deutschen Außenpolitik* (Leipzig, 1931).
Severing, Carl, *Mein Lebensweg* (Köln, 1950).
Stampfer, Friedrich, *Die ersten vierzehn Jahre der Deutschen Republik* (Offenbach, 1947).
Stoecker, Walter, "Vom Bakunismus", *Die Internationale*, III–5 (1921), 171–175.
Stresemann, Gustav, *Vermächtnis. Der Nachlaß in drei Bänden*, hrsg. von Henry Bernhard (Berlin, 1932–33).
"Über den Rücktritt von fünf Mitgliedern aus der Zentrale der V. K. P. D.", *Die Kommunistische Internationale*, II–17 (1921), 80–81.
Warski, A., "Rosa Luxemburgs Stellung zu den taktischen Problemen der Revolution", *Die Internationale*, IV (1922), 99–106, 125–131, 147–154.
——, *Rosa Luxemburgs Stellung zu den taktischen Problemen der Revolution* (Hamburg/Petersburg, 1922).
Westarp, Kuno von, *Konservative Politik im letzten Jahrzehnt des Kaiserreiches*, 2 Bde. (Berlin, 1935).
Wolff, Theodor, *Der Marsch durch zwei Jahezehnte* (Amsterdam, 1936).
Zetkin, Clara, *Ausgewählte Reden und Schriften*, hrsg. vom Institut für Marxismus-Leninismus beim ZK der SED, II (Berlin (O), 1960).
——, *Erinnerungen an Lenin* (Berlin (O), 1957).
——, *Um Rosa Luxemburgs Stellung zur russischen Revolution* (Hamburg, 1922).
——, *Zur Theorie und Taktik der kommunistischen Bewegung*, hrsg. von Katja Haferkorn und Heinz Karl (Leipzig, 1974).

II 参考文献

Geschichte der deutschen Arbeiterbewegung. Biographisches Lexikon, hrsg. vom Institut für Marxismus-Leninismus beim ZK der SED (Berlin (O), 1970).

Lazitch, Branko/Milorad M. Drachkovitch, *Biographical Dictionary of the Comintern* (Stanford, 1973).

Sachwörterbuch der Geschichte Deutschlands und der deutschen Arbeitbewegung, 2 Bde. (Berlin (O), 1970).

Die bürgerlichen Parteien in Deutschland. Handbuch der Geschichte der bürgerlichen Parteien und anderer bürgerlicher Interessenorganisationen vom Vormärz bis zum Jahre 1945, hrsg. von Dieter Fricke *et al.*, 2 Bde. (Leipzig, 1968–1970).

Mommsen, Wilhelm (Hg.), *Deutsche Parteiprogramme* (München, 1960).

Handbuch der Verträge 1871–1964, hrsg. von Helmuth Stoecker (Berlin (O), 1968).

Deutsche Geschichte in Daten, hrsg. vom Institut für Geschichte der Deutschen Akademie der Wissenschaften zu Berlin (Berlin (O), 1967).

Geschichte der deutschen Arbeiterbewegung. Chronik, hrsg. vom Institut für Marxismus-Leninismus beim ZK der SED, 3 Bde. (Berlin (O), 1965–1967).

Index of Microfilmed Records of the German Foreign Ministry and the Reich's Chancellery covering the Weimar Period, ed. by the National Archives, General Services Administration (Washington, 1958).

Kent, George O. (comp.), *A Catalog of Files and Microfilms of the German Foreign Ministry Archives, 1920–1945*, 4 vols. (Stanford, 1962–1972).

西川正雄「ドイツ現代史史料概観——いわゆる『押収ドイツ文書』を中心として」『史学雑誌』LXXII-4, 6 (1963), 45–66, 70–91.

III 研究文献

相田重夫「ソヴェト政権をめぐる列強の外交」江口朴郎編『ロシア革命の研究』(中央公論社, 1968), 625–676.

Alexander, Fred, *From Paris to Locarno and After. The League of Nations and the Search for Security, 1919–28* (London, 1928).

Anderle, Alfred, *Die deutsche Rapallo-Politik. Deutsch-sowjetische Beziehungen 1922–1929* (Berlin (W), 1962).

——, "Die deutsch-sowjetischen Verträge von 1925/26", *ZfG*, 3 (1957), 470–502.

Anderson, M. S., *The Eastern Question, 1774–1923: A Study of International Relations* (London/New York, 1966).

Angress, Werner T., *Stillborn Revolution. The Communist Bid for Power in Germany, 1921–1923* (Princeton, 1963).

Anrich, B. E., *Deutsche Geschichte von 1918 bis 1939* (Leipzig, 1940).

Aye, Karl Ludwig, *Die Entstehung einer Revolution* (Berlin (W), 1968).

Badia, Gilbert, *Le Spartakisme. Les dernières années de Rosa Luxemburg et de Karl Liebknecht, 1914–1919* (Paris, 1967).
Baker, R. S., *Woodrow Wilson and the World Settlement*, 3 vols. (Garden City, N. J., 1922).
Bauer, Heinrich, *Stresemann, ein deutscher Staatsmann* (Berlin, 1929).
Baumgart, Winfried, *Deutsche Ostpolitik 1918. Von Brest-Litowsk bis zum Ende des Ersten Weltkrieges* (Wien/München, 1966).
Beradt, Charlotte, *Paul Levi. Ein demokratischer Sozialist in der Weimarer Republik* (Frankfurt a. M., 1969).
Bevan, Edwyn, *German Social Democracy during the War* (London, 1918).
Bieligk, K. F., *Stresemann. The German Liberals' Foreign Policy* (London/New York, 1944).
Bock, Hans Manfred, *Syndikalismus und Linkskommunismus von 1918–1923* (Meisenheim am Glan, 1969).
Bracher, Karl Dietrich, *Die Auflösung der Weimarer Republik* (Villingen/Schwarzwald, ³1960).
Bracher, K. D./W. Sauer/G. Schulz, *Die nationalsozialistische Machtergreifung* (Köln/Opladen, 1960).
Brandt, W./R. Löwenthal, *Ernst Reuter. Ein Leben für die Freiheit. Eine politische Biographie* (München, 1957).
Braunthal, Julius, *History of International*, 3 vols. (London, 1966–71).
Bretton, Henry, *Stresemann and the Revision of Versailles* (Stanford, 1953).
Buchheim, Hans, "Ernst Niekischs Ideologie des Wiederstandes", *VfZ*, V–4 (1957), 334–361.
Carr, Edward Hallett, *German–Soviet Relations between the Two World Wars, 1919–1939* (Baltimore, 1951).
邦訳『独ソ関係史』富永幸生訳(サイマル出版会, 1972).
——, *A History of Soviet Russia. The Bolshevik Revolution, 1917–1923*, I–III (London, 1950–1953).
Carsten, Francis L., *Reichswehr und Politik 1918–1933* (Köln/Berlin, 1964).
Coates, W. P./Zelda K. Coates, *A History of Anglo-Soviet Relations* (London, 1945).
Craig, Gordon A., *The Politics of the Prussian Army, 1640–1945* (Oxford, 1955).
David, Fritz, "Zur Geschichte der Zeitschrift 'Die Internationale' (1919–1933)", *BzG*, XV–6 (1973), 967–986.
Deuerlein, Ernst, *Der Hitler-Putsch* (Stuttgart, 1962).
Dorpalen, Andreas, *Hindenburg and the Weimar Republic* (Princeton, 1964).
Drabkin, J. S., *Die Novemberrevolution 1918 in Deutschland* (Berlin (O), 1968).
Drachkovitch, Milorad M./Branko Lazitch (eds.), *The Comintern: Historical Highlights. Essays, Recollections, Documents* (New York/London, 1966).
Dyck, Harvey Leonard, *Weimar Germany and Soviet Russia, 1926–1933. A Study in Diplomatic Instability* (London, 1966).
Elben, Wolfgang, *Das Problem der Kontinuität in der deutschen Revolution*

(Düsseldorf, 1965).
Engel, Gerhard, "Johann Knief und die Bremer Linken in der Vorgeschichte der KPD", in : *Das Ringen um eine Wende*, 11-72.
Epstein, Fritz T., "Zwischen Compiègne und Versailles. Geheime amerikanische Militärdiplomatie in der Periode des Waffenstillstandes 1918/19 : Die Rolle des Obersten Arthur L. Conger", *VfZ*, III-4 (1955), 412-445.
Epstein, Klaus, *Erzberger and the Dilemma of German Democracy* (Princeton, 1959).
Erdmann, Karl D., "Das Problem der Ost-oder Westorientierung in der Locarnopolitik Stresemanns", *GWU*, 1955-3.
Eyck, Erich, *Geschichte der Weimarer Republik*, 2 Bde. (Zürich, 1956).
——, "Neues Licht auf Stresemanns Politik", *Deutsche Rundshau*, 1955-2, 111-119.
Fainsod, Merle, *International Socialism and the World War* (Cambridge, Mass., 1935. Reprint ; New York, 1966).
Fischer, Fritz, *Griff nach der Weltmacht. Die Kriegszielpolitik des Kaiserlichen Deutschland 1914/1918* (Düsseldorf, 1961. Sonderausgabe ; 1967).
邦訳『世界強国への道』村瀬興雄監訳, I (岩波書店, 1972).
Fischer, Louis, *Men and Politics* (New York, 1941. Reprint ; 1966).
——, *The Soviets in World Affairs*, 2 vols. (New York, 1930).
Freund, Gerald, *Unholy Alliance. Russian-German Relations from the Treaty of Brest-Litovsk to the Treaty of Berlin* (London 1957).
Frölich, Paul, *Rosa Luxemburg. Gedanke und Tat* (Frankfurt a. M., [3]1967).
邦訳『ローザ・ルクセンブルク』伊藤成彦訳(思想社, 1967).
深見秋太郎「シュトレーゼマンの実利主義」『埼玉大学紀要』5(1956), 65-84.
Gasiorowski, Zygmunt J., "The Russian Overture to Germany of December 1924", *JMH*, XXX-2 (1958), 99-118.
Gatzke, Hans W., *Germany's Drive to the West* (*Drang nach Westen*). *A Study of Germany's Western War Aims during the First World War* (Baltimore, 1950. Paperback ; 1966).
——, "Von Rapallo nach Berlin. Stresemann und die deutsche Rußlandpolitik", *VfZ*, IV-1 (1956), 1-29.
——, "Russo-German Military Collaboration during the Weimar Republic", *AHR*, LXIII-3 (1958), 565-597.
——, *Stresemann and the Rearmament of Germany* (Baltimore, 1954).
——, "The Stresemann Papers", *JMH*, XXVI-1 (1954), 49-60.
Gordon, Harold J., Jr., *The Reichswehr and the German Republic, 1919-1926* (Princeton, 1957).
Göring, Martin, *Stresemann. Mensch, Staatsmann, Europäer* (Wiesbaden, 1956).
Görlitz, Walter, *Gustav Stresemann* (Heidelberg, 1948).
Gruber, Helmut, "Paul Levi and the Comintern", *Survey : A Journal of Soviet and Eastern European Studies*, 53 (1964), 70-85.
Haas, Leonhard, *Carl Vital Moor 1852-1932* (Zürich, 1970).

Habedank, Heinz, *Zur Geschichte des Hamburger Aufstandes 1923* (Berlin (W), 1958).

Hahlweg, Werner, *Der Diktatfrieden von Brest-Litowsk 1918 und die bolschewistische Weltrevolution* (Münster, 1960).

Hallgarten, George W. F., *Hitler, Reichswehr und Industrie* (Frankfurt a. M., 1955).

邦訳『ヒトラー・国防軍・産業界』富永幸生訳(未来社, 1969).

ハルガルテン(G. W. F.)『帝国主義と現代』西川正雄・富永幸生・鹿毛達雄編訳(未来社, 1967).

林 健太郎『ワイマル共和国』(中央公論社, 1963).

Helbig, Herbert, "Graf Brockdorff-Rantzau und die Demokratie", in: *Zur Geschichte und Problematik der Demokratie. Festgabe für H. Herzfeld* (Berlin (W), 1958).

——, "Die Moskauer Mission des Grafen Brockdorff-Rantzau", *Forschungen zur Osteuropäischen Geschichte*, II (Berlin (W), 1955).

——, *Die Träger der Rapallo-Politik* (Göttingen, 1958).

Hermann, Alfred, "Gustav Stresemann. Vom deutschen Nationalisten zum guten Europäer", in: *Aus Geschichte und Politik. Festschrift zum 70. Geburtstag Ludwig Bergsträssers* (Düsseldorf, 1954), 139–151.

Hilger, Gustav/Alfred Meyer, *The Incompatible Allies. A Memoir-History of German-Soviet Relations, 1918–1941* (New York, 1953).

Hirsch, Felix, " 'Nicht ein Verlust, ein Unglück', zum Gedächtnis G. Stresemanns", *Gegenwart*, 1954–9.

Höltje, Christian, *Die Weimarer Republik und das Ostlocarno-Problem 1919–1934* (Würzburg, 1958).

Hornung, Klaus, *Der Jungdeutsche Orden* (Düsseldorf, 1958).

細谷千博『ロシア革命と日本』(原書房, 1972).

Hulse, James W., *The Forming of the Communist International* (Stanford, 1964).

飯田・中村・野田・望田『ドイツ現代政治史』(ミネルヴァ書房, 1966).

Illustrierte Geschichte der deutschen Revolution, hrsg. von der KPD (Berlin, 1929).

Illustrierte Geschichte der Novemberrevolution in Deutschland, hrsg. vom Institut für Marxismus-Leninismus beim ZK der SED (Berlin (O), 1968).

猪木正道『ドイツ共産党史』(弘文堂, 1950).

——,「自由主義者シュトレーゼマン——党派政策か国民協同体か?——」『国際政治の展開』(有信堂, 1956), 128–158.

Jones, Arnita Ament, "Paul Levi and the Comintern: A Postscript", *IWK*, XI–4 (1975), 437–451.

鹿毛達雄「独ソ軍事協力関係(1919–1933)——第一次大戦後のドイツ秘密再軍備の一側面——」『史学雑誌』LXXIV–6 (1965), 1–43.

上林貞治郎『ドイツ社会主義の成立過程』(ミネルヴァ書房, 1969).

Klein, Fritz, *et al.*, *Deutschland im ersten Weltkrieg*, 3 Bde. (Berlin (O), 1968–1969).

Klein, Fritz, *Die diplomatischen Beziehungen Deutschlands zur Sowjetunion 1917–1932* (Berlin (O), 1953).

—— (Hg.), *Politik im Krieg 1914–1918* (Berlin (O), 1964).

Klemperer, Klemens von, *Germany's New Conservatism. Its History and Dilemma in the Twentieth Century* (Princeton, 1957).

Kochan, Lionel, *Russia and the Weimar Republic* (Cambridge, 1954).

——, "Stresemann and the Historians", *The Wiener Library Bulletin*, VII–5/6 (1953).

Kolb, Eberhard, *Die Arbeiterräte in der deutschen Innenpolitik 1918/19* (Düsseldorf, 1962).

——, "Rätewirklichkeit und Räte-Ideologie in der deutschen Revolution von 1918/19", in: Neubauer (Hg.), *Deutschland und die Russische Revolution*, 94–110.

Die Kommunistische Internationale. Kurzer historischer Abriß, hrsg. vom Institut für Marxismus-Leninismus beim ZK der KPdSU (Berlin, 1970).

Korbel, Josef, *Poland between East and West. Soviet and German Diplomay toward Poland, 1919–1933* (Princeton, 1963).

Kruck, Alfred, *Geschichte des Alldeutschen Verbandes 1890–1939* (Wiesbaden, 1954).

Laqueur, Walter Z., *Young Germany. A History of the German Youth Movement* (London, 1962).

Laschitza, Annelies/Günter Radczun, *Rosa Luxemburg. Ihr Wirkung in der deutschen Arbeiterbewegung* (Berlin (O), 1971).

Lazitch, Branko/Milorad M. Drachtovitch, *Lenin and the Comintern*, I (Stanford, 1972).

Lewinsohn, Richard (Mohrus), *Das Geld in der Politik* (Berlin, 1930).

Linke, Horst Günther, *Deutsch-sowjetische Beziehungen bis Rapallo* (Köln, 1970).

Lösche, Peter, *Der Bolschewismus im Urteil der deutschen Sozialdemokratie 1903–1920* (Berlin (W), 1967).

Lowenthal, Richard, "The Bolshevisation of the Spartacus League", in: *International Communism*, ed. by David Footman (London, 1960), 23–71.

Luther, Hans, *Politiker ohne Partei* (Stuttgart, 1960).

Manvell, Roger/Heinrich Fraenkel, *Doctor Goebbels. His Life and Death* (London, 1960).

Mayer, Arno J., *Political Origins of the New Diplomacy, 1917–1918* (New Heaven, 1959). アメリカ版のペーパーバックは, *Wilson vs. Lenin* (Cleveland, Ohio, 1964).

——, *Politics and Diplomacy of Peacemaking. Containment and Counterrevolution at Versailles, 1918–1919* (London, 1968).

Meynell, Hildemarie, "The Stockholm Conference of 1917", *IRSH*, V (1960), 1–25, 202–225.

Mitchell, Allan, *Revolution in Bavaria 1918/1919* (Princeton, 1965).

三宅正樹「ワイマール・デモクラシーと知識人——モェラー・ファン・デン・ブルックとF・マイネッケ」『思想』438(1960), 86-100.
三宅　立「シュトレーゼマンの大連合政策について」『歴史学研究』295(1964), 31-42.
村瀬興雄『ドイツ現代史』(東大出版会, 1954).
——,『ヒトラー』(誠文堂新光社, 1962).
——,「ワイマール共和制とドイツ国防軍」『思想』400(1957), 57-75.
——,「ゼークト」上原・江口・尾鍋・山本監修『世界史講座』VI(東洋経済新報社, 1956), 337-342.
長尾　久「二月革命から七月事件へ」江口朴郎編『ロシア革命の研究』(中央公論社, 1968), 455-591.
Nenning, Günther, "Biographie C. Grünberg", in: *Indexband zu Archiv für die Geschichte des Sozialismus und der Arbeiterbewegung* (Zürich, 1973).
Nettl, J. P., *Rosa Luxemburg*, 2 vols. (London, 1966).
Neubauer, Helmut (Hg.), *Deutschland und die Russische Revolution* (Stuttgart, 1968).
——, *München und Moskau 1918/1919* (München, 1958).
西川正雄,「ローザ・ルクセンブルク解釈の流れ」『歴史学研究』239(1960), 45-53.
——,「ローザ・ルクセンブルクとドイツの政治」『史学雑誌』LXIX-2(1960), 1-46.
野田宣雄「シュトレーゼマンの対ソ政策について」『西洋史学』39(1958), 1-18.
Nyomarkay, Joseph L., "Factionalism in the National Socialist German Workers Party, 1925-26: The Myth and Reality of the Northern Faction", *Political Science Quarterly*, LXXX-1 (1965), 22-47.
Oertzen, Peter von, *Betriebsräte in der Novemberrevolution* (Düsseldorf, 1963).
Olden, Rudolf, *Stresemann* (Berlin, 1929).
Patemann, Reinhard, *Der Kampf um die preußische Wahlreform im Ersten Weltkrieg* (Düsseldorf, 1964).
Potjomkin, W. P. (Hg.), *Geschichte der Diplomatie*, I (Berlin, ²1948).
Ponomaryov, B./A. Gromyko/V. Khrostov (eds.), *History of Soviet Foreign Policy, 1871-1945* (Moscow, 1969).
Presseisen, Ernst, *Germany and Japan. A Study in Totalitarian Diplomacy, 1933-1941* (The Hague, 1958).
Rabenau, Friedrich von, *Seeckt. Aus seinem Leben 1918-1936* (Leipzig, 1940).
Reichenbach, Bernhard, "Moscow 1921. Meetings in the Kremlin", *Survey: A Journal of Soviet and East European Studies*, 53 (October, 1964), 16-22.
Reisberg, Arnold, *An den Quellen der Einheitsfrontpolitik. Der Kampf der KPD um die Aktionseinheit in Deutschland 1921-1922. Ein Beitrag zur Erforschung der Hilfe W. I. Lenins und der Komintern für die KPD*, 2 Bde. (Berlin (O), 1971).
——, *Lenins Beziehungen zur deutschen Arbeiterbewegung* (Berlin (O), 1970).
Das Ringen um eine Wende. 50 Jahre Kampf von Kommunisten und linken Sozialisten um eine Alternative (Berlin (W), n. d.〔1968〕).

Ritter, Gerhard, *Staatskunst und Kriegshandwerke. Das Problem des 》Militarismus《 in Deutschland*, III: *Die Tragödie der Staatskunst. Bethmann-Hollweg als Kriegskanzler* (München, 1964); IV: *Die Herrschaft des deutschen Militarismus und die Katastrophe von 1918* (München, 1968).

Rosa Luxemburg und die Oktoberrevolution 1917 (Hamburg, 1970)

Rosenbaum, Kurt, *Community of Fate. German-Soviet Diplomatic Relations, 1922-1928* (Syracuse, 1965).

Rosenberg, Arthur, *Entstehung und Geschichte der Weimarer Republik* (Frankfurt a.M., 1955), 邦訳『ヴァイマル共和国成立史』足利末男訳(みすず書房, 1969),『ヴァイマル共和国史』吉田輝夫訳(東邦出版, 1970).

Rosenfeld, Günter, *Sowjetrußland und Deutschland 1917-1922* (Berlin (O), 1960).

Rürup, Reinhard, *Probleme der Revolution in Deutschland 1918/19* (Wiesbaden, 1968).

斉藤　孝『第二次世界大戦前史研究』(東京大学出版会, 1965).

坂井秀夫『現代の開幕』(福村出版, 1965).

Schade, Franz, *Kurt Eisner und die bayerische Sozialdemokratie* (Hannover, 1961).

Schädlich, Karl-Heinz, "Der 'Unabhängige Ausschuß für einen Deutschen Frieden' als ein Zentrum der Annexionspropaganda des deutschen Imperialismus im ersten Weltkrieg", in: F. Klein (Hg.), *Politik im Krieg 1914-1918*, 50-66.

Scheel, Heinrich, "Der Aprilstreik 1917 in Berlin", in: Schreiner (Hg.), *Revolutionäre Ereignisse*, 1-88.

Scheele, Godfrey, *The Weimar Republic. Overture to the Third Reich* (London, 1946).

Schieder, Theodor, *Die Probleme des Rapallo-Vertrags: eine Studie über die deutsch-russischen Beziehungen 1922-1926* (Köln, 1956).

篠原　一『ドイツ革命史序説』(岩波書店, 1956).

Schorske, Carl E., *German Social Democracy 1905-1917. The Development of the Great Schism* (Cambridge, Mass., 1955).

Schreiner, Albert (Hg.), *Revolutionäre Ereignisse und Probleme in Deutschland während der Periode der Großen Sozialstischen Oktoberrevolution 1917/1918* (Berlin (O), 1957).

Schüddekopf, Otto-Ernst, "Karl Radek in Berlin. Ein Kapitel deutsch-russischer Beziehungen im Jahre 1919", *Archiv für Sozialgeschichte*, II (1962), 87-166.

——, *Linke Leute von rechts. Die nationalrevolutionären Minderheiten und der Kommunismus in der Weimarer Republik* (Stuttgart, 1960).

Schumacher, Horst/Feliks Tych, *Julian Marchlewski-Karski. Eine Biographie* (Berlin (O), 1966).

Schwierskott, Hans-Joachim, *Arthur Moeller van den Bruck und der revolutionäre Nationalismus in der Weimarer Republik* (Göttingen, 1962).

Sontheimer, Kurt, *Antidemokratisches Denken in der Weimarer Republik. Die politischen Ideen des deutschen Nationalismus zwischen 1918 und 1933*

(München, 1962).
ソビエト科学アカデミー『世界史現代』第二巻，江口・野原・林 監訳(東京図書, 1964).
Stein, B. E., *Die 'Russische Frage' auf der Pariser Friedenskonferenz 1919–1920* (Leipzig, 1953).
Stern, Fritz, *The Politics of Cultural Despair. A Study in the Rise of Germanic Ideology* (Berkeley/Los Angels, 1961).
Stern-Rubarth, Edgar, *Graf von Brockdorff-Rantzau. Wanderer zwischen zwei Welten* (Berlin, 1929).
——, *Stresemann, der Europäer* (Berlin, 1930).
Temperley, H. W. V. (ed.), *A History of the Peace Conference of Paris*, 6 vols. (London, 1920–1924).
Thimme, Annelise, *Gustav Stresemann. Eine politische Biographie zur Geschichte der Weimarer Republik* (Hannover, 1957).
——, "Gustav Stresemann. Legende und Wirklichkeit", *HZ*, CLXXXI-2 (1956), 287–338.
——, *Hans Delbrück als Kritiker der Wilhelminischen Epoche* (Düsseldorf, 1955).
——, "Die Locarnopolitik im Lichte des Stresemann Nachlasses", *Zeitschrift für Politik*, III-1 (1956), 42–63.
Thompson, J. M., *Russia, Bolshevism, and the Versailles Peace* (Princeton, 1966).
富永幸生「ドイツの再軍備問題とロカルノ条約」『歴史評論』111(1959), 63–69.
——,「ドイツ共産党創立大会—『大会議事録』を中心に—」『現代史研究』24 (1970), 12–61.
Tormin, Walter, *Zwischen Rätediktatur und sozialer Demokratie* (Düsseldorf, 1954).
Trevor-Roper, Hugh R., "Hitlers Kriegsziele", *VfZ*, VIII-2 (1960), 121–133.
上杉重二郎『ドイツ革命運動史』上・下(青木書店，1969).
Ullman, Richard H., *Anglo-Soviet Relations, 1917–1921*, II : *Britain and the Russian Civil War* (Princeton, 1968).
Vallentin, Antonina, *Stresemann. Vom Werden einer Staatsidee* (Neudruck; Berlin, 1948).
Vermeil, Edmond, *L'Allemagne Contemporaine, social, politique, culturelle, 1890–1950*, 2 tom. (Aubier, 1953).
Vietsch, Eberhard von, *Arnold Rechberg und das Problem der politischen West-Orientierung Deutschlands nach dem 1. Weltkrieg* (Koblenz, 1958).
Waite, Robert G. L., *Vanguard of Nazism. The Free Corps Movement in Postwar Germany, 1918–1923* (Cambridge, Mass., 1952).
Weber, Hellmuth, "Zum Problem der Wahlrechtsreform in Preußen während der Jahre 1917–1918", in : F. Klein (Hg.), *Politik im Krieg 1914–1918*, 189–203,
——, *Ludendorff und die Monopole. Deutsche Kriegspolitik 1916–1918* (Berlin (O), 1966).

Weber, Hermann, *Die Wandlungen des deutschen Kommunismus. Die Stalinisierung der KPD in der Weimarer Republik*, 2 Bde. (Hannover, 1969).

Wheeler-Bennett, John, *Brest-Litovsk. The Forgotten Peace* (London, 1938).

——, *The Nemesis of Power. The German Army in Politics, 1918–1945* (London, 1953).

邦訳『国防軍とヒトラー』山口　定訳，全2巻(みすず書房，1961).

Williamson, John G., *Karl Helfferich, 1872–1924. Economist, Financier, Politician* (Princeton, 1971).

Wortmann, Karl, *Geschichte der Deutschen Vaterlandspartei 1917–1918* (Halle, 1926).

山口　定「グレーナー路線とゼークト路線——ドイツ国防軍とワイマール共和国，その一——」『立命館大学人文科学研究所紀要』6(1959), 73–143.

吉村　励『ドイツ革命運動史』(青木書店，1953).

Zeman, Z. A. B./W. B. Scharlau, *The Merchant of Revolution. The Life of Alexander Israel Helphand (Parvus)* (London, 1965).

Zimmermann, Ludwig, *Deutsche Außenpolitik in der Ära der Weimarer Republik* (Göttingen, 1958).

——, *Das Stresemannbild in der Wandlung. Studie zur Geschicht eder Weimarer Republik* (Erlangen, 1956).